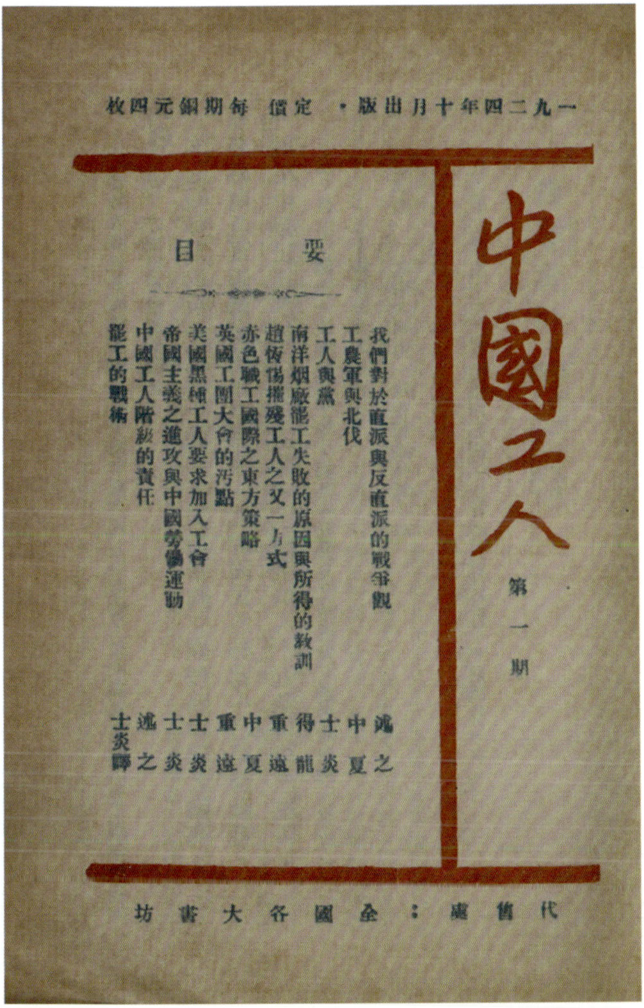

一九二四年十月出版・定價 每期銅元四枚

中國工人

第一期

要目

我們對於直派與反直派的戰爭觀　鴻之
工農軍與北伐　中夏
工人與黨　士炎
南洋烟廠罷工失敗的原因與所得的教訓　得龍
趙恆惕摧殘工人之又一方式　重遠
赤色職工國際之東方策略　中夏
英國工黨大會的汚點　重遠
美國黑種工人要求加入工會　士炎
帝國主義之進攻與中國勞働運動　士炎
中國工人階級的責任　鴻之
罷工的戰術　士炎譯

代售處：全國各大書坊

《中国工人》1924年创刊号

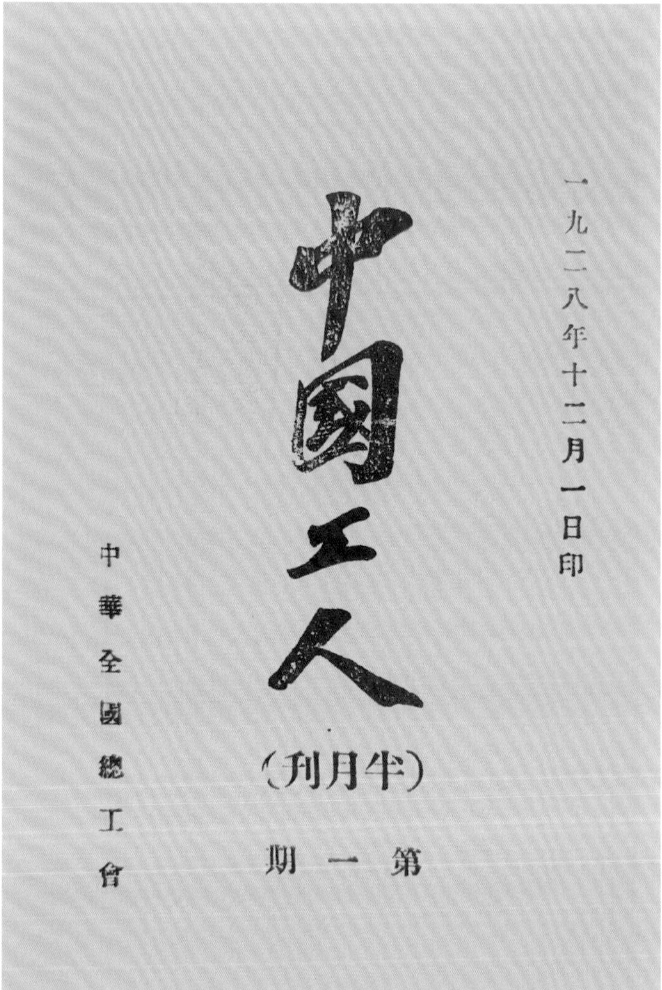

《中国工人》1928年创刊号

《中国工人》1940年创刊号

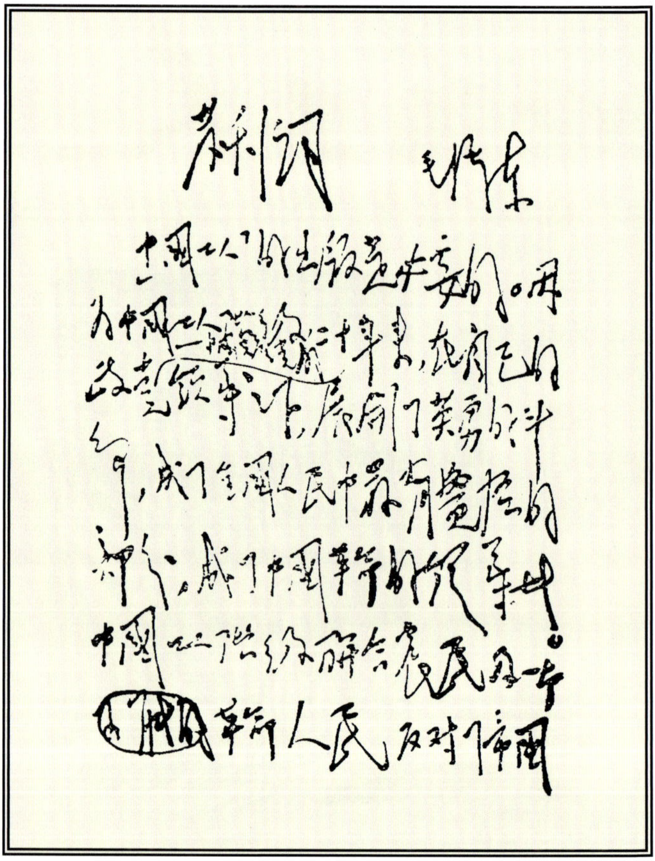

发刊词　毛泽东

中国工人的出版是必要的，因为中国工人阶级二十年来，在自己的政党领导之下，进行了英勇的斗争，成了全国人民中最有觉悟的部分，成了中国革命的领导者。中国工人阶级联合农民及一切革命人民反对帝国

毛泽东1940年为《中国工人》题写的发刊词

（全文刊发时共6页，图为第1页）

中国工人

《中国工人》文选

1924 — 1941

张刃 选编

中国工人出版社

图书在版编目（CIP）数据

《中国工人》文选（1924—1941）/ 张刃选编 .—北京：中国工人出版社，2023.9
ISBN 978-7-5008-8034-9

Ⅰ. ①中…　Ⅱ. ①张…　Ⅲ. ①工人运动—史料—中国　Ⅳ. ①K261.307

中国国家版本馆CIP数据核字（2023）第153952号

《中国工人》文选（1924—1941）

出 版 人	董　宽
责任编辑	蒋佩轩　蔡杰锦
文字编辑	李卫民　罗　娜
责任校对	张　彦
责任印制	栾征宇
出版发行	中国工人出版社
地　　址	北京市东城区鼓楼外大街45号　邮编：100120
网　　址	http://www.wp-china.com
电　　话	（010）62005043（总编室）
	（010）62005039（印制管理中心）
发行热线	（010）82029051　62383056
经　　销	各地书店
印　　刷	北京美图印务有限公司
开　　本	710毫米×1000毫米　1/16
印　　张	37.25
字　　数	449千字
版　　次	2023年11月第1版　2023年11月第1次印刷
定　　价	128.00元

本书如有破损、缺页、装订错误，请与本社印制管理中心联系更换

出版说明

《中国工人》创刊于1924年，是中国共产党领导下迄今唯一没有更名且延续出版了近一个世纪的工人读物。它在新民主主义革命时期三次出刊（1924—1925、1928—1929、1940—1941）又三次停刊，1940年2月第三次在延安出刊时，毛泽东为之撰写了发刊词，其中提出的办刊宗旨、编辑要求，不仅成为办好《中国工人》的指南，而且至今对工会工作和新闻出版工作仍有重要指导意义。

2024年是《中国工人》创刊100周年，为纪念这本在革命和战争年代诞生，在新时代依然闪耀着独特光芒的工人阶级红色刊物，我们启动了《〈中国工人〉文选》系列丛书的编辑出版工作，旨在通过汇集中国工人运动历史上宣传工作的经典文稿，为广大工会工作者、相关研究者了解中国工人运动和工会工作的历史提供第一手的珍贵资料。

《〈中国工人〉文选（1924—1941）》是《〈中国工人〉文选》系列丛书的第一本，收录了同期《中国工人》杂志中的部分重要文稿，分阶段按照文章发表时间依次排列，文末注明原载期次。

早期《中国工人》出版迄今已近百年，难觅原件；抗日战争时期在延安出版的《中国工人》同样存世有限，特别是由于当时物资供应困难、出版环境恶劣、印刷技术落后等条件制约，原刊排印错讹较多，编者查阅、辨识遇到很大困难，几番周折收集原始文本，并对照原刊进行逐一核校，终得以完成编选工作。

为尽量真实再现《中国工人》当年风貌，体现早期中国工人读物特点，在编辑过程中，我们力求保持《中国工人》文稿原貌，凡文中字词不构成阅读障碍或误读的，均保留旧时用法，仅对文中明显错字、漏字、衍字和误排做了校勘和订正；个别存疑却又无从稽考，且不能删节处，亦保持原貌；辨认不清的字，用“□”表示；文中涉及的外文地名、人名的旧译法原则上保持原貌。鉴于文稿都是几十年乃至近百年前撰写，文中涉及事件、人物都已成为历史，观点或措辞与现在或有不合之处，我们根据需要做了少量的注释，以便读者更好地理解。

由于编者水平所限，加之此次选编出版由原来的繁体字竖排版改为简体字横排版，难免仍有错讹，请专家、读者批评指正。

目　录

1924—1925

1928—1929

1940—1941

《中国工人》发刊词

毛泽东

《中国工人》的出版是必要的。中国工人阶级，二十年来，在自己的政党——中国共产党的领导之下展开了英勇的斗争，成了全国人民中最有觉悟的部分，成了中国革命的领导者。中国工人阶级联合农民和一切革命的人民反对帝国主义和封建主义，为建立新民主主义的中国而斗争，为驱逐日本帝国主义而斗争，这个功劳是非常之大的。但是中国革命尚未成功，还须付出很大的气力，团结自己，团结农民和其他小资产阶级，团结知识分子，团结一切革命的人民。这是极大的政治任务和组织任务。这是中国共产党的责任，这是工人阶级先进分子的责任，这是整个工人阶级的责任。工人阶级和全体人民的最后解放，只能在社会主义实现的时代，中国工人阶级必须为此最后目的而奋斗。但是必须经过反帝反封建的民主革命的阶段，才能进到社会主义的阶段。所以，团结自己和团结人民，反对帝国主义和封建主义，为建立新民主主义的新中国而奋斗，这就是中国工人阶级的当前的任务。《中国工人》的出版，就是为了这一个任务。

《中国工人》将以通俗的言语解释许多道理给工人群众听，报道工人阶级抗日斗争的实际，总结其经验，为完成自己的任务而努力。

《中国工人》应该成为教育工人、训练工人干部的学校，读《中国工人》的人就是这个学校的学生。工人中间应该教育出大批的干部，他们应该有知识，有能力，不务空名，会干实事。没有一大批这样的干部，工人阶级要求得解放是不可能的。

工人阶级应欢迎革命的知识分子帮助自己，决不可拒绝他们的帮助。因为没有他们的帮助，自己就不能进步，革命也不能成功。

我希望这个报纸好好地办下去，多载些生动的文字，切忌死板、老套，令人看不懂，没味道，不起劲。

一个报纸既已办起来，就要当作一件事办，一定要把它办好。这不但是办的人的责任，也是看的人的责任。看的人提出意见，写短信短文寄去，表示欢喜什么，不欢喜什么，这是很重要的，这样才能使这个报办得好。

以上，是我的希望，就当作发刊词。

（选自《毛泽东选集》第二卷，
原文刊载于1940年2月《中国工人》第一期）

团结到底[①]

毛泽东

抗日战争的三周年，正是中国共产党的十九周年。我们共产党人今天来纪念抗战，更感到自己的责任。中华民族的兴亡，是一切抗日党派的责任，是全国人民的责任，但在我们共产党人看来，我们的责任是更大的。我党中央已发表了对时局的宣言，这个宣言的中心是号召抗战到底，团结到底。这个宣言希望得到友党友军和全国人民的赞同，而一切共产党员尤其必须认真地执行这个宣言中所示的方针。

一切共产党员须知：只有抗战到底，才能团结到底，也只有团结到底，才能抗战到底。因此，共产党员要作抗战的模范，也要作团结的模范。我们所反对的，只是敌人和坚决的投降分子、反共分子，对其他一切人，都要认真地团结他们。而所谓坚决的投降分子、反共分子，在任何地方都只占少数。我调查了一个地方政府的成分，在那里办事的有一千三百人，其中坚决反共的只有四十至五十人，即是说，不足百分之四，其余都是希望团结抗战的。我们对于坚决的投降分子和反共分子，当然是不能容忍的，对他们容忍，就是让他们破坏抗战，破坏团结；所以必须坚决反对投降派，对于反共分子的进攻必须站在自卫立场上坚决地打退之。如果我们不是这样做，那就是右倾机

① 这是毛泽东为延安《新中华报》写的纪念抗日战争三周年的文章。

会主义，是对于团结抗战不利的。但对于凡非坚决投降和坚决反共的人，则必须采取团结政策。其中有些人是两面派，有些人是被迫的，又有些人是一时之错，对于这些人都应争取他们，继续团结抗战。如果我们不是这样做，那就是“左”倾机会主义，也是对于团结抗战不利的。一切共产党员须知：我们发起了抗日民族统一战线，我们必须坚持这个统一战线。现在国难日深，世界形势大变，中华民族的兴亡，我们要负起极大的责任来。我们一定要战胜日本帝国主义，我们一定要把中国造成独立、自由、民主的共和国；而要达此目的，必须团结全国最大多数有党有派和无党无派的人。共产党人不许可同人家建立无原则的统一战线，因此，必须反对所谓溶共、限共、防共、制共的一套，必须反对党内的右倾机会主义。但同时，任何共产党员也不许可不尊重党的统一战线政策，因此，一切共产党员必须在抗日原则下团结一切尚能抗日的人，必须反对党内的“左”倾机会主义。

为此目的，在政权问题上，我们主张统一战线政权，既不赞成别的党派的一党专政，也不主张共产党的一党专政，而主张各党、各派、各界、各军的联合专政，这即是统一战线政权。共产党员在敌人后方消灭敌伪政权建立抗日政权之时，应该采取我党中央所决定的“三三制”，不论政府人员中或民意机关中，共产党员只占三分之一，而使其他主张抗日民主的党派和无党派人士占三分之二。无论何人，只要不投降不反共，均可参加政府工作。任何党派，只要是不投降不反共的，应使其在抗日政权下面有存在和活动之权。

在军队问题上，我党宣言中已表明：继续执行“不在一切友军中发展党的组织”的决定。某些地方党部尚未严格执行此决定的，应即加以纠正。凡不向八路军新四军举行军事磨擦的军队，应一律采取友好态度。即对某些举行过磨擦的军队，在其停止了磨擦之时，亦应恢复友好关系。这就是在军队问题上实行统一战线政策。

其他财政、经济、文化、教育、锄奸各方面的政策，为着抗日的需要，均必须从调节各阶级利益出发，实行统一战线政策，均必须一方面反对右倾机会主义，一方面反对“左”倾机会主义。

目前的国际形势，是帝国主义战争正向世界范围内扩大，由帝国主义战争所造成的极端严重的政治危机和经济危机，将必然引起许多国家革命的爆发。我们是处在战争和革命的新时代。没有卷入帝国主义战争漩涡的苏联，是全世界一切被压迫人民和被压迫民族的援助者。这些都是有利于中国抗战的。但同时，日本帝国主义正在准备向南洋侵略，加紧向中国进攻，势将勾引中国一部分动摇分子对其投降，投降危险是空前地加重了。抗战的第四周年将是最困难的一年。我们的任务是团结一切抗日力量，反对投降分子，战胜一切困难，坚持全国抗战。一切共产党员必须和友党友军团结一致去完成这个任务。我们相信，在我党全体党员和友党友军及全体人民共同努力之下，克服投降，战胜困难，驱除日寇，还我河山的目的，是能够达到的，抗战的前途是光明的。

（选自《毛泽东选集》第二卷，
原文刊载于1940年7月《中国工人》第六期）

1924
|
1925

工人与党

赵世炎[①]

什么是党？就是代表某一个阶级的觉悟分子所组成本阶级的先锋队。工业资产阶级有它的政党，农业地主阶级有它的政党，军阀与官僚阶级也有它的政党。因此，社会上占大多数的生产者——工人与农人——也应该有一个政党，是同样的道理，一点没有什么稀奇。

并且世界上最可靠的，只有工人、农人的党。因为工农阶级是一个最后的阶级，工农的党担负世界未来政治改造、经济建设的最后责任。在现在呢，工人、农人赶早就要组织起党来，训练自己的战士，做目前日常的争斗，做将来革命的争斗。这是事势的必然，这一点没有什么客气。他们——军阀与官僚——要组织“宪政党”捧曹锟，组织“头发党”捣阁，组织“研究系”捧军阀，组织“外交系”卖国。我们——工人与农人——当然也要组织我们的党，为打倒军阀与官僚，为打倒国际帝国主义，为革命！

来了！他们军阀官僚现在利用站在统治的地位，公然“下命令”干涉我们加入党了！北京交通部对各铁路局下了一个混蛋的训令，“严禁工人入党”，又发出一种什么“职工永不入乱党之誓书”，强迫各处无论新旧工人，一律填写签名。可是这件事，我们也并不以为奇

① 文章发表时署名士炎。

怪，他们怕我们入党，与我们痛恨他们组织“宪政党”“头发党”“研究系”“外交系”是一个样。我们将来革命成功时，也可以照样严禁他们。所以，我们交通工人现在“誓书”上填写签名的意义是：我们起一个誓，我们入党成功后，就禁止他们组党！

（1924年10月《中国工人》第一期）

南洋烟厂罢工失败的原因与所得的教训

项　英[①]

罢工为工人唯一的武器，若用之不善，结果必遭失败。所以无论何种罢工，应先具有两个必要条件：

1.强固的组织　有了强固的组织，就具有尖锐战斗的武器，不但指挥统一能坚持长久，并且不至发生破坏和解体一类的事；

2.时机问题　时机问题，是乘资本营业正发达、销路甚旺的时候，一有罢工，资本家损失甚大，罢工愈久，资本家损失亦愈多，发生的恐慌也愈甚，使资本家不得不屈服于工人之下；同时亦应注意当时社会情形和影响。

有了以上的条件，罢工才有胜利的希望。再议一步说，二者之中必有其一。否则，失败居八九，侥幸成功的只有一二了。这是罢工胜败的一定原则。

此次南洋烟厂罢工，在组织上虽有一个“职工同志会”，实际上却只限于一部分长工工人，其他四五千散工都没有组织在里面，这种缺破无力的团体，平时在工友中，就容易分加入及未加入的不好界限，感情也不易融洽，一经罢工，当然不能统率全体工人成一精密组织的战线，在自己军队中就发生使人乘际而入的缺点。资本家一威吓利诱，一般未加入工会的工人，就容易被煽惑来破坏罢工，这是罢

① 文章发表时署名得龙。

工失败的第一个原因。烟草业在社会上不占重要产业地位，此种消耗品之有无，在社会上亦不发生重大影响，同时在江浙战争中，香烟销路亦随之受了影响，资本家对于生产上不视为重要甚欲减少生产的时候，故罢工不足引起资本家的恐慌，这是一定的事实。罢工时资本家的态度，所以异常强硬，从容不迫的来施行压迫破坏的手段。这是罢工失败的第二个原因。

我们由这次罢工失败的教训，推测其他罢工失败的原因，大多数无不由于无强固组织和时机的不宜。我们要由这些失败的教训当中，以后要注意是：一、团结上应注重全部的组织——产业的组合，并且是精密有力的组织；二、部员的训练为团体最重要的职务；三、权力应当集中，成为铁一般的纪律；四、注意罢工的时机。

此外我们得来的教训尚有两项：

一、劳资两阶级是处在利害相反的地位，并无协妥调和之可言。不是资本家将工人压迫下去，就是工人将资本家打倒，除了行阶级斗争外没有别的方法。南洋烟厂，以“劳资调协”素称，从这次罢工结果，我们就可以看得出来。二、工人利益是靠工人自己力量来争。此次南洋罢工，工贼李邝均是国民党的党员，工人加入国民党的也有数百。论理，该党应挺身出来帮助工友解决此事，方算履行他们白纸黑字保护工农的宣言。实际上怎样呢？不但不用实力帮助工人，连他的机关报——《民国日报》，都不肯为工人说一句话，倘使工人不拿出血汗钱来，恐怕广告亦未必敢登。并且在他们报上，一面登工人的广告，一面登资本家的广告，这真是“相映成趣”的事。这般不愿革命的右派，他们只认得大洋钱，那里还顾我们工人的死活。向全国宣言保护工农的国民党，尚且如此，其余的人更可知。所以我们工人利益，只有靠我们自己的力量来争。

（1924年10月《中国工人》第一期）

帝国主义之进攻与中国劳动运动

赵世炎[①]

一

自从二七惨变以后，这年余以来中国劳动运动大大的退步了。这种退步的原因，在表面上由于军阀的摧残，实际是由于帝国主义之进攻。换言之即我们劳动运动退步状况的经济背景，是紧靠在支配半殖民地之中国劳动生活全部的帝国主义侵略关系上面。

原来欧美各帝国主义国家的工业，正是在这个时期里发生浩大的恐慌。我们深知道资本主义崩坏的内容，与宗主国发生工业恐慌时亟亟向殖民地与半殖民地寻找出路的必然趋势。所以在最近时期内，欧美的资本，特别是英国的资本，在东方的活动趋向愈更增加，帝国主义的强盗行为愈更暴厉。我们在中国政治上已经看出，美国帝国主义在北方扶助军阀反动，英国帝国主义以香港为大本营从南方进攻，日本于满洲地位已十分稳固，在北京时谋领袖帝国主义使团以支配中国，法国金佛郎案虽不得逞，而对中东路的野心未已。所有这些状况，从骨髓里观察其经济侵略的背景，都很明显地摆在我们劳动阶级面前。

① 文章发表时署名士炎。

在这个宗主国的恐慌现象与对殖民地进攻的过程中，我们同时又可以看出本国幼稚的工业主义，其资本、技术与组织的薄弱，都不能够支持对于欧美日本大工业的竞争，而且即使有竞争，结果都失败。因为这个原故，所以大部分的本国工业资产阶级都投降于洋大人，接近外国的资本，联合向幼稚的无产阶级进攻，使劳动者的生活状况愈更变坏。同时又藉政治的权力，压迫得我们丝毫动弹不得。这是我们劳动运动退步的最明显的原由。这种现象在东方以印度与中国表现最甚，而中国又由“门户开放，机会均等”八个大字判定了命运，成为国际资本主义的屠杀场，比印度专压在英皇御座下的情形更为复杂。

同样因为这个原故，我们又可以看出殖民地与半殖民地资产阶级的民族运动势力十分弱小。他们偷安苟活于外国势力之下，不肯革命，并且时时与帝国主义妥协。印度的民族运动自从去年九月会议右派胜利以后，资产阶级的自治党完全与英国的统治妥协，无产阶级一年以来受尽痛苦，屡次罢工，屡次流血。中国的民族运动也是这样，不争气的中国国民党自改组以后，大多数的分子不懂得什么是群众，怎样组织群众，怎样教育群众，除少数左派分子努力工作外，其余占据在各级机关里与做官僚一样，只计划如何推翻党纲宣言，恢复旧时与军阀官僚相同的国民党军事政策。所以自从今年五一运动时，在国民党地盘的广州城内就暴露阶级斗争的痕迹，法西斯蒂的商团（香港帝国主义与广州商业资产阶级的雇用卫队）杀了工人，而号称革命政府的只以“兹后不再滋扰”了事。在虚名号召的广州工人代表大会席上，我们的工友痛切指明革命政府并不能为工人谋利益，算不得革命政府，而国民党的右派与所谓中派都充耳不闻。广州的商业资产买办阶级是料定政府不敢与他们为难的。我们当初说，国民党要想“肃清东江”，要想打倒反革命的陈炯明，应该先宣传组织工农群众，给工农群众以政治的利益，而右派却说先倒陈后讲别的，殊不知惟其如此，绝不能倒陈，而实际他们又并不倒陈，所以为时不久，以无政府党而兼国民党右派资格的吴敬恒就去求和去了。商团军械事件爆发，这正是工人阶级取得武装，国民党与帝国主义抗争，与买办阶级战斗的惟一机会，而右派包围与小军阀“武装调停”结果，给孙中山送一笔路费，逼中山下“罪己诏”，而实现传统政策，公然“北伐”了。总而言之，中国的民族运动已经堕落，形势虽与印度不同，而屈服于帝国主义，投降于买办阶级，受制于军阀官僚，在东方则别开生面，集中华民族耻辱之大观！政治上的现象既如此，中国劳动阶级的痛苦更不言可喻。

帝国主义者本不许殖民地有什么民族运动，对于以工农为主体而左倾的民族运动当然更加忌刻。我们拿东方问题全部看起来，在资产阶级曾经少许得些政治胜利的各国（如土耳其、埃及以及印度之一部分）乃至帝国主义至今犹完全统治的各国（如荷属爪哇、中国与朝鲜）无产阶级的势力与组织都受极剧烈的压迫，这是客观环境事实极明显的解释。无产阶级一方面既受残暴的压迫，另一方面又因经济生活之变动与失业之众多，所以从欧洲大战教训及俄国十月革命经验而发展不甚强壮的劳动组织，现在受不住两重的打击，自然很容易衰败了。

二

二七事变的正确解释，一方面是取媚于外国帝国主义的北洋军阀的反动必然现象，另一方面是中国幼稚无产阶级勇于一战而转入黑暗新时期得了更进一步的觉悟。在此后黑暗的新时期里，无产阶级含垢忍辱，一方面于忍受不堪时仍爆发阶级争斗（二七后到现在全国大小罢工不下百余次），一方面参加极左派的民族运动。殖民地与半殖民地劳动阶级做生力军参加民族运动是不可免的工作，现在中国国民党虽然右倾，而中国劳动阶级仍然可以代表真正的民族革命。

工业化的速度是与无产阶级之壮大成正比例的。我们知道俄国工业化速度的历史很与现代中国相像。俄国工人运动的斗争史，正是工业化速度催促的结果，自从一九〇二年以后，罢工、暴乱、巷战、流血，屡见不鲜。中国自二七后到现在百余次罢工之不可免，亦正如俄国一九〇五年正月九日彼得堡大屠杀后，继续八九年中屡起或大或小之罢工与暴动一样。阶级斗争之发展与资本之进攻及军阀宪兵之压迫又是成正比例的。在这个历史的必然性中，无产阶级总是竭尽使命，以至最后的胜利。

二十年来中国工业化的速度，在欧洲大战时及大战后几年里很有些增进的现象——因此在几个大都市里及几种产业里工人渐渐增多起来。我们相信无产阶级之集中与资本之集中是同进的。半殖民地中国资本集中的趋向还不明了，乃由于帝国主义侵略宰割之故。因此中国工人阶级目前的紧急问题，仍有含带民族运动性的要求，外而解除帝国主义的压迫，内而打倒军阀的横暴。所以本届赤色职工国际第三次大会对东方问题的议决案说：

东方各国目下劳动运动的当前责任仍与当初一样：

（A）与各国的真正民族革命派分子联合对帝国主义奋斗；

（B）为工人阶级自己的利益奋斗。

“因为在数量上是很弱小的，东方各国的工人阶级应该联合最无产阶级化的，有觉悟的、有革命性的农人与手工业者分子做联合的战斗，以求做到上面所说的两种基础事业。”

三

殖民地与半殖民地各重要产业的内容是与帝国主义资本之进攻直接衔接的。矿山、铁道、造船、河海运输、金属业，以及丝纱纺织……等几种中国重要产业里，那一件不是与帝国主义直接有关系的？惟其如此，在这些产业中的工人，正是反抗外国资本势力，反抗帝国主义的中坚势力。在将来反抗帝国主义斗争里，这些产业工人的战斗力是决定胜负的生力军。

目前在高压下的中国劳动运动，工人阶级组织的方法与表现活动的形式都十分困难。但是我们常常看见不时爆发的罢工运动，以及与帝国主义及军阀的反抗表示，很自然的由工人群众中或小组织中发生出来。我们深相信压力愈大，反抗力也是愈涨的。坚强的工会组织与群众的权力表现，往往从事变里产生出来。工人阶级的生活，原是在不断的压迫之下寻找事变的。事变变，群众的力量亦变。工人阶级的本质是革命的，是对准着资本之进攻而反抗的。半殖民地落后经济的工人在遗传习惯上或者有保守性，惟有对于切身利害之资本进攻决不保守。摆在中国工人阶级面前的目下问题只是：怎样从事变中产生权力与怎样运用方法提起组织坚固组织。

进步无产阶级坚强有力的工会组织，其初步的形式是：在工厂、作坊、手工业厂、矿山及海船上组织小组，于可能时举行代表会议，组织工厂委员会；为组织较大的群众，十人队、百人队、千人队都是可能的方法。在西欧，工厂委员会是工人对准资本进攻的经济组织，而工厂小组纯为党的或政治的组织。受资产阶级压迫活动时，一切协作社、夜校、技术班，以及其他教育形式的组织，都能作为组织运动的中心。依照国际工人运动的经验，还有一个组织的原则告诉我们：对于黄色的、非革命的乃至挂假招牌的旧有工会，我们决不另起炉灶组织反抗的工会，以分散群众的势力，淆乱群众的注意力；我们的惟一方法是能够加入到里面去，宣传煽动群众，以改造其组织。因为，我们的观点是一个阶级的群众观点，我们处处不离群众，而且要能深入群众。这是工人运动的第一原则。

在现在的中国，劳动阶级团结的权力，集会与言论的自由，罢工的权利与劳动立法等易懂的口号都应作为在相当时机中无产阶级力量的实际运用。凡是口号，都要具体，要易懂，才能深入群众。公开与不公开的工作要有连接，这都是中国劳动运动之基础问题。

无产阶级有一件武器，这件武器就是团结的权力，而我们在未能运用这个权力之先，就要求如何达到这个权力。在这里，我们科学的社会主义者之方法就是，站在阶级的观点上，把四周的环境分析清楚。我们要了解一种社会的势力，以及这个势力与本阶级之关系。我们必须懂得资本之进攻，才能知这劳动运动的进程。尤其刻刻不可忘记的就是：在每日的环境中工人阶级的政治关系以及较近一步的乃至最后工人阶级革命的政治问题。

（1924年10月《中国工人》第一期）

山东鲁大公司压迫工人

周 章

胶济沿路三矿自鲁大公司接收以后，不到数月的工夫，便实行裁了三分之一的熟练工人一千余人（该矿熟练工人原有三千余人），一方面便增加了由八小时而至十二小时工作，这就是该公司第一步的发财政策。在未裁人以前的时候，工友方面异常恐慌，各人要保持自己的饭碗。就有少数觉悟分子高唱团结便可救急，而多数保守分子的心理却以为努力作工装出极老实而谨慎的样子便可保险不致被裁。当时因为群情不一致，结果竟被裁了一些很努力作工的保守分子。从此保守分子受此重大打击，也就起了感觉团结的需要。

今年四月一日为鲁大接收周年之期，在以前早又有了裁人及减薪的消息，全厂工人已是成了“惊弓之鸟”，所以在两星期的时间居然成起了千余人的一个团体，定名为学艺研究社，并且不准工头加入；当时便收了二百余元的会费，租了会所便开始办起公来了；会员也一天一天的增加起来了，所以社的势力也尚一天一天的发展了。这个社产生以后，公司方面果然惧怕工人的威势，就没敢实行裁人减薪的政策。

在接收周年纪念的时候，鲁大公司的大财东——靳云鹏来矿视察他的私产。许多奴才走狗向他面前献殷勤，说“工人组织的什么团体，是公司的障碍”。意思是想藉主人口中的势力，便可用武力压迫工人。谁知靳云鹏更乖觉，不肯自落骂名；更在大宴职员的筵席演说：“应注意工人的利益；并自承认是马克思学会的会员，承认工人结团体是应当的。”可是他嘴里这样说，他走了以后，不到一月的工夫，便将他素所豢养的卫队，调来许多改编成矿上的武装警察。该公司自有了这一项压迫工人的利器，对于工人方面时常挑衅，而工友更遵守社章，不与他们较论长短。

最近好了！鲁大公司正式嗾使地方警局干涉工人团体了，地方警局局长本来是受该公司豢养起来的，所以他也就直接到社址勒令十日内限期解散研究社。该社自得这个命令，便召集紧急代表会议，讨论对待方法，全体代表甚为愤激。多数主张警局不来干涉便罢，如来干涉便先包围警察局。但是现在十日限期已过十数日了，警局方面尚没敢以武力来干涉工会。可是工友方面于这一月期间，更召集了七八次代表会议，议决最好的方法，其中最可注意的是：（一）预备一、二、三批代表向警局坐狱。（二）又由全体工友每月工资中，每一元抽出二角之多的特别费来，以作最后奋斗的基金。

我们看了这段事实，所以我们更相信世界上没有不压迫工人的资本家；没有不为本阶级利益而反抗资本家的工人，这些都是自然进化的现象……

一九二四年九月六日，于淄川

（1924年10月《中国工人》第一期）

海员宣传问题

邓中夏[①]

海员是中国重要产业工人之一。他是最先表现中国民族性和阶级性的斗争的。如一九二二年相持五十六天之大罢工，在世界上亦是不可多得而最有荣誉的事。

可惜自那次大罢工以后，到现在却寂寂无闻了；据深悉内幕的工友说，内部亦涣散得不堪了。这是我们所引为隐忧的。所以现在海员工会应加倍努力作一番宣传工夫，以为重新整顿之预备。我把今天和林伟民君说话贡献他宣传的几个口号，分述于下：

（一）打破帮口——海员以粤籍甬籍人为最多，向来有“广东帮”、“宁波帮”之分，彼此漠不相关，甚或互相嫉妒。漠不相关是乡土的言语和习惯不同的关系；互相嫉妒却是职业的位置和利益相妨的关系。同是中国民族，同是无产阶级，这些缺点，都应当极力改正。不然，徒然予资本家有机可乘，分散我们的势力，破坏我们的营垒。所以“打破帮口”这一句口号是海员运动中首先要宣传的。

（二）统一工会——海员内部组织，从前异常复杂，如宁籍海员有“焱盈”、“均安”之分，粤籍海员又有“联义”、“群益”之别。此外还有什么“关帝会”、“同心社”、“慈善会”……等名目。香港

---

① 文章发表时署名中夏。

大罢工前后，方有“海员工会”之组织，于广州、香山、汕头、上海设分部，这算是大有进步了。不过加入海员工会的十分之八是粤籍海员，而甬籍海员未能尽量吸收，是一大缺点。此后海员工会亦应极力矫正。要知道我们的组织是宜合不宜分的，合则势力雄厚，分则势力薄弱。最好是采用产业组合的原则，这样，固然不为籍贯所限制，而亦不为职业所分割。只要是海员，籍贯上不论是广东人也好，宁波人也好，福州人也好，天津人也好，总之，一律加入。职业上不论是司机也好，烧火也好，西崽也好，厨子也好，水手也好，总之，一律加入。如把所有的海员集中组织在一个总工会之下，你想这种力量是何等坚固而伟大！所以“统一工会”这一句口号是海员运动中也要宣传的。

（三）建立基本组织——海员工会的最大毛病就是忽略了这一点。你想一个几万人的团体，仅仅只上层有一个工会组织，而下层没有基本组织，这个工会不是“上不在天，下不在田”悬了空吗？比方军队，光有总司令部是不行的，必得有“连”有“排”有“棚”的基本组织。工会也是一样，上面固然要有个总工会以总其成，下面必得有“支部”有“小组”的基本组织。最好每条船上设一个“支部”，由全船海员选举三人或五人组织“干事会”，负执行本船一切事务及对外交涉之责；“支部”下可分设若干“小组”，五人至十人为一“小组”，每组举一组长，负传达消息分送出版物及收集会费交纳干事会之责。“干事会”每周至少要开会一次。“小组”每两周至少要开会一次。此外又要有一个“全体大会”，每月至少开会一次。于必要时，亦得召集“组长联席会议”。这样，每条船上都有了基本组织，那上面的总工会才不至悬空。总工会每年择适当时期和适常地点召集一次“代表大会”，每船出代表一人或二人，检查前此一年内总工会的工作是不是做得好，讨论此后一年内总工会要做一些什么事情；并改选总工会的职员。这样一来，我们的工会才能够像军队一样紧严和坚固。所以“建立基本组织”这一个口号，又是海员运动中应当宣传的。

（四）民族平等——同是一条船，同是一样工作，并且同是一样时间，然而外工的工资却与华工独多。又如吃饭，外工有五个菜，又有酒喝；华工却只三个菜，无酒喝。又如住处，外工二三人一间房，并有人司洒扫之劳，华工不论数十人只住在两间房，无人洒扫，污秽不堪。外工做错事至多斥责几句，华工做错事至少拳足交加。船上游戏场跳舞会，外工可以去，华工不能。船抵外国各港时，有许多地方不许华工登岸，西贡海防虽准登岸，一至晚间，如无随身护照，即便捉去。由此种种，可见外国资本家看不起中国人，以为中国人是劣等民族、野蛮民族，所以不应该有与白种人同样之待遇，你看可恶不可恶。但是又要知道外国工友也是我们同阶级的兄弟，我们对于他们并不是嫉妒他们的生活比我们好，我们是希望我们的待遇要和他们一样。所以我们所反对的是外国资本家，不是外国工友。

外国工友我们还要很亲密的和他们联合哩。我们并且要告知外国工友，我们要求民族平等，于他们不特无损害，而且有好处，因为这是使我们势力壮大，可为他们同阶级中添上一得力的援军。再则，中国之所以弱亡，表面上是军阀为恶，实际上是外国资本帝国主义作祟，我们要中国好，只有打军阀和资本帝国主义这两个恶魔。所以要求民族平等，便是海员为保存国家保存民族尽了责任。“民族平等”这一个口号，又是海员运动中应当宣传的。

（五）联络世界无产阶级——我们从前的眼光实在太短浅了。我们从前只看见几个中国人，甚至于只看见几个同乡，决不注意和外界联络。我们海员固然要和国内的铁路工友、码头工友联络，我们也要和全世界无产阶级联络。你看现在的俄国不是无产阶级专了政吗？德国的无产阶级去年十月不是起了革命要打倒资本制度吗？英、美、法各国的无产阶级不是公开的组织大规模的工会和随时乘机进行社会革命吗？他们现在都团结得铁桶一般，而且都成立了一个国际的组织，叫做“赤色职工国际”，设在莫斯科。这些便是我们的兄弟，我们的援军，我们的先锋。我们务要和他们紧密的联合起来，然后才有打倒资本制度之希望。外国资本家常常造谣，说“赤化”是如何如何的危险，“过激派”是如何如何的可怕，自然啦，他们要根本打倒你们资本家，解除我们工人的锁链，你们虽然认为他们是“过激”，我们却认为他们是“过善”哩。再则，各殖民地民族，不论是马来人也好，是印度人也好，是波斯人也好，是埃及人也好，他们和我们一样是受外国资本家之压迫和蹂躏，他们亦是和我们同一阶级的人，我们也要联合他们。这样西欧东亚，美洲澳洲，我们都联络成一气了，那怕资本帝国主义不倒。所以“联络无产阶级”这一个口号，也是海员运动中不可不宣传的。

这五个口号，如果海员明达的领袖都能细心体会，都能彻底懂得，都能切实的不畏劳苦的尽力向所有海员宣传，我敢说，不到数个月海员工会便有整顿之希望，海员不难为世界上最有力量最有光辉的主力军。

（1924年11月《中国工人》第二期）

我们的力量

邓中夏[1]

一

中国自从国际资本帝国主义侵入之后，宗法社会的小农及小手工业经济日益崩坏，新式工业经济日益发达，因此，我们无产阶级在这当中也就随之日益发展而长成壮大了。

在初，帝国主义对于中国原不过只欲销售商品和采得原料，本不欲中国新式机器工业有大规模的增进与发达——因这会引起殖民地的工业对宗主国的工业剧烈之竞争对抗，以至于排斥的。所以那时帝国主义只容忍中国本国的“商业资本”之存在，至于本国的“工业资本”那是他们所引为隐忧、引为大患而在所必斥的。

本国的商业资本家渐渐学会组织生产，发展了所谓“家庭工业”（如商店散给小户女工以绒绳洋线而令其织腊帽手套等）和“工厂手工业”（如手机的小工场等），这些小小生产因与帝国主义无多大的妨害，亦为他们相当的容让。

但是，自从鸦片之战以来，帝国主义的进攻和压迫实在太猛了，使得中国不能不起一种“自强御侮”的反感；那时帝国主义间亦有互

---

① 文章发表时署名中夏。

相倾轧的裂痕，中国政府得利用这些机会购入机器以制炮造舰，于是就成就了中国的“军用工业”。

再则帝国主义对殖民地半殖民之侵略，除掉投货，还要投资，这是他的本性使然；故当时铁路投资为各帝国主义者所垂涎欲滴，争先恐后的。此外，他们还有采取煤铁和将商品输入内地的需要。故借款官营，中国得以兴修铁路及开掘矿山。于是又成就了中国的“交通工业”“煤矿工业”。

随后因机器既已输入，又引起中国本国资本发展的自然要求，而兴工制造；并且外国资本利用中国劳力的低廉，原料取携的便利，运输周折的免除，海关定税的减轻，亦宜于在华设厂制造；因此，本国资本的和外国资本的各业制造工厂也就如云而起了。于是终于成就了中国的“制造工业”。

中国的工业是在这些原因上发展起来的，虽先为帝国主义所不能容忍，然而终究为投货，投资，攘夺富源种种矛盾冲突中，而不得不使中国建立相当的工业。谁知工业化的速度是与无产阶级之长成壮大成正比例的。中国的无产阶级公然因三四十年来工业之进展而组成一个雄厚而伟大的队伍，掉转头来便向帝国主义举行“背叛”，举行反攻，这那里是他们始料所及的事哩。

现在且把我们的力量，先来检查一下。

二

首检查我们的总人数。

说到这个问题，使我们感到无穷困难的，就是没有精确而完备的统计可资依据。现在只好把比较可靠的略为说说。

先前我们说中国所有产业工人总人数是六十一万人，这是根据农商部民国七年的统计估量而定的；可是民国七年到现在又是六年了，这六年之间，工厂增加不少，故我们有时鼓着勇气大胆猜度说：总加至八十万人了。其实这是错的。农商部统计所指六十一万人完全是制造工厂工人，而铁路工、矿工、海员、市政工、码头工、车辆劳动者、农业工人，以及政府直辖的造币厂、造船厂、兵工厂等工人和依外国法律注册的工厂工人均不包括在内。

据我们最近的考订，中国所有产业工人总人数是一百八十五万余人（手工业工人当然不在其内，合手工工业人总人数据农商部民国四年的统计，是一千余万人）。兹分述于下：

制造工厂工人　农商部民国七年的统计，因其时南方护法军兴，故川、湘、粤、桂、滇、黔六省无从调查，所以缺而不全。我们现在还是根据民国四年的统计较为完全。该统计民国四年填注的制造工厂工人总数是六十四万八千五百二十四人。民国四年以后，工厂增多无数，现在总人数当然还有增加。

铁路工人　交通部民国八年的统计，所有国有各路人员总共是七万三千六百五十一人（外有建筑人员二千二百七十四人未算在内）。现将非工人如会计处九百四十人；车务处的管理员、巡查员等一百六十人，站长六百三十八人，副站长、电报生、车站司事等二千二百七十二人；机务处视察员、段长、工厂工头三百九十七人；养路工程处视察员等七百〇七人：共五千一百一十四人除外，加上建筑人员，铁路工人实数总共是七万一千八百一十一人。但有数点须注意的：（一）这里数目仅限国有铁路而言，其余省有的江宁路、民有的潮汕路等和外国建筑的如南满路、滇越路等尚不在内。（二）就是这数目恐有不尽确实之处，就中如机务处工匠（即铁路附设工厂的工匠）据该表细数长辛店机器厂工人仅填七百四十五人，与我们所知道的有三千人以上的数目相差太远；又该表江岸机器厂工人仅填三百七十二人，与我们所知道的有二千人上下的数目又相差太远。以此类推，其他各项数目当亦有不尽确实的。（三）铁路附设工厂和修路有采用包工制，这些包工，路局是无法按名注册的。所以铁路工人如果一人不漏，当然还有增加。

矿山工人　农商部民国七年的统计，是以工数计算，探矿采矿工数总共是四千二百九十九万余人。工数是以一人一日为一工，然而究竟不好从工数推定工人人数，现在是根据该统计民国四年填注的人数为准。探矿工人数是一万六千七百一十一人，采矿工人数是五十一万四千一百七十四人，合计总人数是五十三万〇八百八十五人。矿山采用包工制的尤多，这些包工亦未计算在内。

海员　无统计可查。因为远洋轮船固然完全为帝国主义者所有，就是沿海及内河轮船亦百分之九十五六是帝国主义者所有，我们何从调查呢。中国远洋轮船只中国邮船公司一家有三艘，现在已卖去了。中国沿海及内河轮船亦只招商局、三北公司、宁绍公司三家有数十艘，可惜都无从调查。据深悉海员情形的人说，外国轮船航行远洋的，华籍海员，宁波人约四万以上，广东人约六万以上。假使此话若确，那么加上沿海及内河的海员，总人数当有十五万人。

市政工人　指邮差、电灯、电话、电报、自来水、清道夫而言，然而均无查统计表可考。惟邮差一项，交通部民国十年总计，全国邮局共为二千四百所。邮局有管理局一二三等邮局暨邮务支局五等之分，我们假定邮局最低数为五人，那么全国邮差总人数当是一万二千人。码头工、车辆劳动者（人力车在内）这两项如果有统计可察，其数目之大，当更使我们吃惊。

农业工人　指用新式机器的农场工人而言，现在亦无从考查。惟据海关册机械类输入农业机器额逐年均有增加，虽然一部分是用之于各省农事试验场及农业学校，其他一部分确为农业资本家用于垦荒及种田，可推知中国农业工人当亦有一个相当的数目。

政府直辖工厂工人　农商部民国七年的统计，合计是三万一千八百一十二人。除交通部所管辖之各铁路附设工厂一万〇一百七十人已算入上面铁路工人项下之外，尚余总人数为二万一千六百四十人。此外由各省政府设立的工厂工人还不算在内。

依外国法律注册的工厂工人　这种工厂自然完全为外国资本家所有，本国资本家扯洋旗的亦有一点在内。可惜无从调查。惟自“马关条约”订立以后，外商在华设厂逐年增加，据“最近支那经济”所调查，民国二年其数已达一百六十六家。民国二年到现在已是十一年了，所增必多无疑。兹举一例证明，如该书所列的纱厂民国二年共是十家，但据华商纱厂联合会民国十年所调查，外商纱厂已达三十六家。又举一例证明，欧战期间，日人在山东、津浦增厂甚多，单就青岛及山东之日人工厂而论，已为一百三十九家。并且外商工厂，资本皆极雄厚，规模亦皆宏大，其所用的工人往往比华商工厂多。我们姑且假定外商工厂工人总人数只有华商工厂总人数之一半，那么亦当为三十二万余人。

列表于下：

类别		人数	类别		人数
制造工厂工人	织染	三〇二六六六六人	矿山工人		五三〇八八五人
	机械及器具	一六三六一人	矿山工人	邮差	约一二〇〇〇人
	化学	一一九七八九人		电灯	
	饮食物	一五一六七七人		电话	
	杂工厂	三五〇八五人		电报	
	特别工厂	一三〇六三人		自来水	
	计	六四八七二五人		清洁夫	
运输工人	铁路	七一八一一人		计	一二〇〇〇人
	海员	约一五〇〇〇〇人	农业工人		
	码头工		政府直辖工厂工人		二一六四〇人
	车辆劳动者				
	计	三七一八一一人	外国工厂工人		约三二四三六二人
总计		一八五九四二三人			

三

再检查我们的组织。

我们自己承认我们的组织还是很幼稚的，但是我们开首组织还不到三年，以这样短的时间，公然能够组织二十七万余人，在向无组织习性的中国说来，不能不说是一件可惊的事。虽然自京汉“二七”失败以后，各地不免受了些重大的打击和连带的影响，然而大部分还仍旧存在，不过存在的形式，有些是公开有些是秘密罢了。兹分述于后：

（一）铁路——铁路运动是一九二一年才开始进行的。不到一年，京汉路组织一万三千余人，有一总工会，每站满五十人以上成一分工会，计全路有十六分工会。此路有一特色，就是全路工人概行组织在一个总工会之下。不幸“二七”失败，受打击不小，现在只能秘密的存在一部分罢了。京奉路最先组织的是唐山，其次是山海关，再其次是天津、丰台，现共组织有八千余人，并有成立总工会之进行。津浦路最先组织的为浦镇、浦口，随后蔓延至徐州、泰安、济南、德州、天津，共组织有三千五百余人。京绥路全路概行组织起来了，共有七千余人，微有欠缺的就是机务、车务，大厂分成三部分，尚未统一。正太路全路完全组织，共二千余人，有一总工会。道清路亦全路完全组织，共一千余人，焦作煤矿工人亦有不少加入，原拟附入京汉路总工会之内，后因京汉大罢工失败，不果。陇海路先亦全路完全组织了，因有监工工头参入其中，任工会高级职员，后来这些工贼卖工人的事实层见叠出，工人愤，遂分裂，现尚保存一千余人。粤汉北段全路完全组织，共一千余人，有一总工会。株萍路亦全路完全组织，共一千余人，附入安源路矿工人俱乐部。胶济路组织二千九百余人，以四方大厂为中心，青岛港工亦加入在内。粤汉南段组织一千四百人。广九路组织一千三百余人。广三路组织三百余人。沪宁、沪杭两路因帝国主义防范厉害及工人工资较优，虽有组织，系员司、监工、工头、工人共同组织的，惟最近有四百余纯粹工人秘密另组织进行。南满路最近组织四百人。中东路俄工早已完全组织了，华工组织的已有六百余人。全国铁路工人已于今年一月在北京举行各路代表会议，成立了一个“全国铁路总工会”。共计全国路工已经组织的为四万四千八百余人。

（二）海员——海员以广东人、宁波人为最多。大概从上海以南至欧美各国，粤籍海员约占五分之三，甬籍海员约占五分之二；从上海以北至天津以及长江一带，几全为甬籍海员，粤籍海员甚少。先前甬籍海员有小组织，名叫“焱盈社”“保安水手公所”等；粤籍海员亦有小组织，各叫“联益社”“群义社”等。此外还有“关帝会”“同心会”种种名目。人数少则五百，多至数千。然而这些组织不离同乡主义和秘密结社的性质，故无甚大用。颇有新式意义的组织，要算是香港的“中华海员工业联合总会”，据说前年大罢工后，会员增至四万五千人。虽组织稍差，近因与印度、日本、菲列宾、爪哇以及西欧各国运输工人颇有联络故，感观所激，已有改进之动机。

（三）矿工——中国矿山虽多，惟有全部组织的，只江西之安源及湖南之水口山二处。安源组织有一万二千余人；水口山原组织三千余人，惟去年遭赵恒惕惨杀后，归于停顿了。其余只山东之淄博，直隶之开滦，湖北之大冶，河南之焦作，颇有一部分之组织。淄博约为六千人，开滦约为四千人，大冶约为一千人，焦作约为二百人。合计全国矿工已有组织共有二万六千二百人。

（四）湖南——城市工人依产业组织而公开存在的，只有湖南。除粤汉株萍路工和安源水口山矿工已见上外，长沙造币厂、黑铅炼厂、第一纺纱厂，以及机械、电气、印刷、陶器、辗谷、泥木、缝纫、理发、人力车、笔业组成工会十五个；并共同组织一“湖南工团联合会”。合计组织人数二万六千余人。

（五）武汉——武汉新式产业约十余万人，在全国中居第二位。当时已组织的，除京汉、粤汉路工和大冶矿工外，如铜铁、水电、造船、造币厂、煤油栈、染织、棉花、香烟、缝纫、皮鞋、蛋厂、洗衣、电话、牛皮业、人力车、轮驳、调剂、杂货等共有工会二十个，并组织一“工团联合会”，合计人数三万二千三百人。惟因京汉大罢工失败的连带影响，亦一部分归停顿了。

（六）上海——上海原为中国工业第一位发达的地方，然而劳动组合却比其他各劳业区落后。其原因有二：一、帝国主义防范周密压迫惨酷；二、劳动界失业众多，生活恐慌，因此，工人有所畏惧而不敢前。上海劳动运动最盛时代，要算一九二二年之下季。那时浦东纺织工组织了一万余人，烟草工组织了八千余人，华洋两界金银业工组织了一千余人，但不久皆因罢工先后摧残殆尽。此后虽有二三十个工会，多半是一块空招牌罢了；就中只南洋烟草职工会有七千人，机器工会有三千人，粤侨工界联合会八百人，机器工人俱乐部五百人，算是有群众。最近新生的劳动组合，颇有雨后春笋之观，虽多系混合制而非产业制，然已有组织的不下五千余人。总共约一万六千三百人。

（七）粤港——广州和香港工会数目共有二百以上之多，广州原来新式工业甚少，工会多至如此，则他们的组织未脱旧式“行会”性质可知。在政治上比较自由之地，而不利用时机作统一的劳动组合运动，当地有觉悟的工友不能不负其责。该处组织，虽旧虽软弱无力，可是所有工业及手工业工人概行组织起来了。组织人数总共约五万余人。

（八）其他各地——济南组织八千余人，太原组织三千余人，重庆组织六千余人，成都组织一千余人，天津组织五百余人，九江组织二百余人，青岛组织二百余人，大连组织三百余人。合计约三万余人。

列表于下：

铁　路	四四八〇〇人	武　汉	三二三〇〇人
海　员	四五〇〇〇人	上　海	一六三〇〇人
矿　工	二六二〇〇人	粤　港	五〇〇〇〇人
湖　南	二六〇〇〇人	其他各地	三〇〇〇〇人
总　计	二七〇六〇〇人		

四

我们的总人数和组织既如上述，由此，我们现在的力量固然可以征验，就是我们将来的力量亦不难推测了。至于我们力量的试验与表现，在此数年内已经有许多战斗的事实（他日再详述之）可以证明。我们不敢夸张我们的力量已可与欧美产业先进国的无产阶级絜长比短，然而在中国各阶级民众中比较起来，恐谁也不能否认我们的领袖地位罢。

不幸自去年二月七日京汉大罢工失败以后，不仅是同情者对于我们的力量加以意外的轻视，就是笃信共产主义的社会革命家亦抱持过分的怀疑。那时我在《中国青年》一节《论工人运动》的短文里，曾这样说："工人群众不论在民主革命或社会革命中都占在主力军的地位。"又这样说："中国欲图革命之成功，在目前固应联合各阶级一致起来作国民革命，然最重要的主力军，不论现在或将来，总当推工人群众居首位。"这些话便是对他们说的。我并且指明："不幸京汉路失败以来，许多社会运动家不免动摇减少了他们向来重视工人运动的观念与热心，这未免太没有信心和毅力了。"我又大声直呼："我所敬佩负中国革命唯一使命的社会运动家呵！望你们仍鼓励向来重视工人运动的精神与热心，持续的努力呵！如此基础已立，功亏一篑的工人运动，你们因稍稍受了一点挫折，便认为此路不通，要另辟他道，我恐怕你们再革命一万年，也不能成功呢。"

怀疑无产阶级革命力量的不外两点理论，兹分别指出及纠正于下：

（一）从数量上讲——说无产阶级在数量上很幼稚，他们并没有举出实际的数目，仅持一种形式的理论说：殖民地或半殖民地产业还未发达，连资产阶级都很幼稚，无产阶级在客观上更是幼稚了。这种理论用之于产业先进国是对的，用之于殖民地或半殖民地就似是而非了。何以呢？因为殖民地或半殖民地的资产阶级有本国的和外国的之分。有少数地方虽是本国的资产阶级比外国的资产阶级强壮，但是多数地方却反而是外国的资产阶级比本国的资产阶级强壮或是本国的资产阶级和外国的资产阶级均势了。中国的外国的资产阶级，虽现在无确实的调查可断定他比本国的资产阶级强壮，我们至少可推测其必为均势。“商业资本”“银行资本”不用说是外国的比中国的强壮了，就以“工业资本”举数例来讲：

一、如铁业。中国铁的产额最近几年（一九一八年）约共三五五〇〇〇吨，而日本之山东金岭镇铁矿，“二十一条”所要求的奉天、海城等地铁矿，奉天庙儿沟中日“合办”的铁矿，总共产额是三三六五六一吨，外人在铁业中简直占全数。二、如煤业。中国煤的产额最近几年约共二〇〇〇〇〇〇〇吨，而日本之奉天抚顺、山东淄川以及中英“合办”之开滦等煤矿，所产就有九九一八八六三吨，外人在煤业中，几乎占一半。三、如纺织业。一九二一年底，全国共有纱锭三二六六六六六枚，计华商一百三十四万枚，日商八十六万七千枚，英商二十五万九千枚，其余未开车者一百三十万枚，外人在纺织业中亦占一半。四、又如烟草业。中国烟草业之三雄：一为英美合办之英美烟公司，一为日本人之东亚烟草股份公司，一为华人之南洋兄弟烟草公司。英美在上海、汉口、奉天三处均设立工厂，东亚在营口、天津、上海三处亦设立工厂，南洋只在香港、上海二处设立工厂，可见外人在烟草业中又几乎是垄断独登了。由此种种例证，我们说中国工业资本本国的和外国的处在均势的地位，总不算近于夸张罢。既是如此，中国的无产阶级是在本国的和外国的两个资产阶级之下发育孳长的，那么我们可以得一个结论，是中国本国的资产阶级尽管幼稚，“在客观上”中国的无产阶级却能长成壮大。看上面第二段所列举工人的总数目更可见得这个结论是不错的了。

（二）从质量上讲——说无产阶级在质量上也很幼稚，其理论是说：中国无产阶级的心理，大多数还沉睡在宗法社会里，还未与家族、亲属、帝王、神权等旧观念绝缘；有国家觉悟的是少数；有阶级觉悟的更是少数中的极少数。这种理论近乎说“哲学”了，马克思主义反对以心理来解释社会现象，今姑且退一步假定心理是可能解释的，然而亦应有平时心理和战时心理之分。无产阶级平时心理尽管沉睡在宗法社会里，尽管未与家族、亲属、帝王、神权等旧观念绝缘，然而一到战时（罢工），他们的眼里却清清楚楚认识资本主义了，他们的心理却完完全全表示出阶级的意识和觉悟了。如以平时心理来断定无产阶级质量之幼稚，我们同样以平时心理来检查资产阶级是如何？上海新兴的资本家不是办了什么“同乡会”吗？不是仿刻什么“太上感应篇”“袁了凡四训”赠送亲友吗？不是还有佞佛茹素的吗？这些是否可说他们已有资产阶级的意识和觉悟？但是资本家一到战时（应付工人罢工）却和工人一样的将阶级的意识与觉悟表示得显露无余，以压迫工人甚至残杀工人起来了。我们考查工人心理最好是以罢工条件来做根据。一九二二年九月至十二月罢工次数是四十一次，提出的条件是九十七项，其内容如下：一、要求增加或维持工资三十七项；二、反对管理规则十五项；三、承认工会十一项；四、给假休息十项；五、养老抚恤金六项；六、恢复革工五项；七、反对工头五项；八、响应他处五项；九、减少工作时间三项。试问这九十七项之中除反对工头五项似为对人问题而近于所谓宗法社会思想者以外，其余的那一项不是具体表现阶级的意识和觉悟？原来无产阶级的觉悟，是由他被压迫被掠夺的地位反应出来的，他的觉悟程度是随他的反抗的争斗之经验而发展的，断乎不能因其有宗法社会心理而能阻止他的觉悟。所以以心理断定他的质量幼稚是不对的，况乎是拿了平时心理而非战时心理。

五

老实说罢，中国将来的社会革命的领袖固是无产阶级，就是目前的国民革命的领袖亦是无产阶级。其理由如下：(一)资产阶级不能革命，即革命亦是少数中的极少数，而且革命亦不得贯彻到底。何以呢？兹分别言之："商业资本"是贩卖洋货及代办原料出口，固然不能脱离帝国主义的关系而独立存在；"银行资本"(即官僚资本)是买卖公债及政治投资，又与军阀有深厚之关系，而并受外国资本之操纵；试问他们能革命吗？"工业资本"虽因外货外资之竞争或军阀扰乱之阻碍，而往往促起他们有政治革命的动机，然而终因顾虑目前之利益，亦不过只有动机罢了；即或有时动机见诸行为，亦不能坚持到底，终出于与军阀及帝国主义调和妥协之一途。这是事实，去年上海资产阶级不曾发电否认曹锟有候选总统资格吗？后来又如何？又不曾做什么修改税则、废止厘金、废督、裁兵、制宪等运动更进而组织"民治委员会"吗？现在又如何？这些和平的运动尚且如此，若采用革命的手段，并进行革命到底，他们那里有此大胆和魄力呢？(二)小资产阶级有革命要求和倾向，惟势力不能集中，只能为革命的助手。何以呢？亦分别言之：手工工业家和小商人因竞争而致企业之崩坏，生活之不安，往往造成其浪漫的革命心理，比大资产阶级为猛进为坚决，如上海各马路商界联合会比总商会急进，便是一例。可惜他们终因资本微小，而且组织亦甚为歧纷，不能集中其势力，是其大病。农民（雇农除外）因外货侵入破坏农业经济日甚一日，兵匪扰乱，天灾流行，官绅鱼肉种种原因亦驱使他们有加入革命之可能。如广东、湖南、陕西、直隶、江西、山东等省往往发生抗税罢租运动及组织农会，最近广东甚至成立农民自卫军，可见他们可以革命了。可惜他们居处散漫，安土重迁，不易集中其势力，也是其病。知识阶级因受帝国主义之经济侵掠，家庭已渐次贫困；一方面读书时固常觉得经济的压迫，又一方面毕业后亦感到社会地位的恐慌，于是也趋向于革命了。并且因其有知识之故又往往为各阶级革命势力间之连锁，褎然为革命之中心人物，如辛亥革命、五四运动便是其证。可惜他们本来没有经济的基础，只能附属于有经济实力的各阶级方有所成就，并且他们因经济条件之限制，使他们富有浪漫、自由、无政府种种思想，亦不能集中其势力，亦是其大病。

由此说来，资产阶级和小资产阶级的力量有限是可知了。所以只有无产阶级有伟大集中的群众，有革命到底的精神，只有他配做国民革命的领袖。只有无产阶级一方面更增进强大他们自己的力量，一方面又督促团结各阶级微弱的散漫的力量——联合成一个革命的力量，方能成就目前国民革命以及将来社会革命的两种伟大事业。

（1924年11月《中国工人》第二期）

启汉同志出狱！

邓中夏①

启汉同志，乃是一个无产阶级的先锋，劳动运动的健将；他于一九二一年在上海做劳动运动，开办劳工半日学校，指导工人阶级向光明的路上走；帮助工人组织工会，把工人阶级一致团结起来去谋改良生活与待遇；援助工人的罢工，使无产阶级得着最后的胜利。凡是对于劳动阶级有利益的事，他无不尽心尽力的去干。因此惹动了帝国主义者和资本家的怀恨，把他当着一个眼中钉，无日不想设法谋害他。所以一九二二年二月，因他扶助香港海员罢工的事，就把他捕入巡捕房去拘数日，罚洋伍十元才释放。那年的六月一号，又把他捕入巡捕房，说他是发起四月廿四的邮差大罢工的领袖，会审公堂（帝国主义者合伙压迫中国的机关）因此把他判处了三月徒刑，关在西牢里执行。后来，三月徒刑已满，帝国主义者和资本家还不甘心放他，并且是骇怕着放他；乃用了一条借刀杀人的毒计，将他送到龙华的军阀何斗林那里去，把他关在军法科的拘留所里，大镣大铐的锁着他的手脚，待遇比杀人放火的大盗还要严酷。但是，他总是不屈服。一月后，才移到陆军监狱里去优待，从此一直押到二年多，不审不问，今年（一九二四年）江浙战事发生后，英美帝国主义者扶助直派与浙卢

① 文章发表时署名原源。

沪何撤手；浙卢沪何逃走之前，才把他于十月十三号早晨释放出狱。他在这二年四个月中间，受尽无限的痛苦，经过无限的磨折；但是他现今出来，仍旧是很猛勇的，很强健的为无产阶级奋斗的革命者！

最亲爱的工友们！我们的健将出来了！我们的先锋出来了！但是我们还有许多的先锋和健将被军阀监禁在北京、保定、洛阳、天津各地的牢狱里，我们赶快和我们出狱的同志努力向前奋斗呀！

一九二四，十，廿四，上海

（1924年11月《中国工人》第二期）

启汉出狱，喜极而泣，诗以志之

邓中夏[①]

一

阴森黑暗的狱囚，
冰冷沉重的镣铐，
粗沙巨细的牢饭，
哦哦！我们的战士！
苦了你了！
屈指算来，
已是两年四个月了。
你的神彩似乎比从前还光辉了些。
但是，你乱蓬蓬的发呢？
你短鬑鬑的须呢？
呵！出狱时剃去了。
但是，解开你的衣襟，
笞疤减去了没有？
脱下你的足袜，
镣痕销去了没有？

① 文章发表时署名中夏。

呵！斑斑犹存。
我涔涔的泪流了。

二

你莫往下细问罢！
浦东之破灭，
开滦之败北，
京汉之流血，
都不过是几页的伤心史呀。
保定狱里的伙伴，
洛阳狱里的伙伴，
北京狱里的伙伴，
天津狱里的伙伴，
都不减于你今日以前的痛苦呀！
哦哦！我们的战士！
你莫再往下细问罢。
我涔涔的泪流了。

三

你出来了，
你我的责任更重大了。
你看——猛虎一样的军阀呀！
巨蟒一样的帝国主义呀！
毒蝎一样的资本家呀！
他们联合着——而且紧密的联合着，

长蛇般向我们进攻了；
铁桶般向我们重围了；
磐石般向我们压榨了。
哦哦！我们的战士！
准备的迎战！
准备的厮杀！

一九二四，十，十三，于上海

（1924年11月《中国工人》第二期）

送启汉赴□□

邓中夏[①]

去罢！战士呀！
我们是为群众而入牢狱的。
我们从牢狱出来，
我们仍回群众间去。
战士呀！去罢！

一九二四，十，十四，于上海

（1924年11月《中国工人》第二期）

① 文章发表时署名中夏。

南洋烟草工人罢工的经过

李立三[①]

（一）工会成立之经过，及其组织上之缺限。（二）资本家的进攻。（三）罢工的爆发和策略的错误。（四）资本家压迫罢工的恶辣手段。（五）阶级的对垒。（六）国民党右派假面具的暴露。（七）将来的胜利。

一

南洋兄弟烟草公司上海总制造厂，成立至今仅八年，已成为中国的烟草大王。资本由一百二十万，累积到一千五百余万。工厂机器，由四部卷烟车加至一百七十三部卷烟车。雇用工人，由三百余人增至七千余人。都是剥削工人的剩余价值累积起来的。工人的生活因受剥削而陷于极端困苦的境遇；但以毫无组织的原因，没有反抗的力量。到前年十月间，公司中一部分高级职员，因事受资本家的督责，不安于位。欲挟工人以自重，乃发起上海烟草工会，工人乘机而起，提出种种改良生活的条件。资本家初欲施以压迫，后见全体工人一致，势不可侮，乃承认工人条件。又不欲工人组成真正

① 文章发表时署名能至。

产业组合的工人团体，阴图破坏。遂勾结一部分高级职员，将工会改为南洋烟草职工同志会，全体职员一概加入工会。工会的最高权力机关——委员会，完全握于高级职员之手。所以当时名义上虽为工会，实际上工人毫无权力。工人与资本家发生冲突，工会毫不能拥护工人利益。到今年二月间，工人渐渐觉悟起来，知道一般高级职员不可靠，极力攻击。委员会全体辞职，新选委员大多数是工人，才成为纯粹工人的工会。

统观南洋烟草职工同志会的组织，有三点很大的缺限：一、起初组织的时候，是职员工人混合的组织，不是纯粹工人的团体。我们知道：无论那一个工厂的职员——工头也是一样，通通是资本家的走狗。因为靠他们主人——资本家吃饭，所以极力压迫工人，来博主人的欢心。在某一个时候，因为他们的舞弊营私，被他的主人发觉了，恐怕地位动摇，因联络工人，以要挟他的主人，这也是常有的事。但是这是为他们自己利益，来利用我们，并不是真正为我们工人的利益。工会是工人阶级反抗资本阶级的斗争组织，一定要是纯粹工人阶级的组合，到了斗争的时候，才有行动的可能。若让资本家的走狗——职员，渗入了工会的组织，就无异让敌人的间谍，来做我们的司令，到了战争的时候，自然只有扯白旗，投降，使我们全军覆没。所以我们自己阶级的组织，决不可让不是我们同一阶级的人，参加进来。南洋工友，好在今年二月间，已把这般资本家的走狗，逐出了工会。不然恐怕这一次连罢工都不能发生呢。二、工会不应该有高级和低级工人的界限。他们章程第四条，“凡我南洋烟草工厂各部职员，均须入会为会员；惟各部散工，加入与否，听其自由”。他们的惯例，以月计给工资的长工，通通叫做职员，以日计，或以出货计给工资的，通通叫做散工。本来同是工人，长工把自己看做与职员是一个阶级；而把散工看做另一个阶级。这无异“认敌作友，认友为仇”。我们要知道，即要是工人，不论是高级低级，长工散工，通通是被资本家压迫剥削，利害相同，祸福相同，即是同一个阶级。就应该亲密的联合起来，团结起来，与资本家奋斗。散工的工钱，常常比长工少，生活自然更困苦，所以他们反抗资本家更加坚决，更加热烈，力量也自然更大。长工决不可因他们的生活苦，地位低，来歧视他们，甚或轻视他们。总之同是工人，即同处在被资本家压迫剥削的地位，无分帮口，不论职业，不论有无技能，不论高级或低级，就应该一致团结起来，反抗我们的敌人。决不可把我们自己的队伍，分出界限来互相敌视，堕入敌人的计中。至于职员是资本家的走狗；他是靠资本家从我们工人身上剥夺来的剩余价值中，分一点馂余以为活的。所以他们就是压迫剥削我们的人，就是我们的敌人。我们应该当他与资本家一例的看待，组织我们纯粹工人的工会来反抗他们。这次南洋罢工，长工罢了工，散工仍旧上工。散工又占全体工人中的多数，因把罢工也弄得心慌意乱，资本家反倒毫不慌乱。这是罢工失败的最大原因，就是平日长工歧视散工的结果。三、没有基本的组织。工会犹如军队一样，是一种战斗的营垒。所以在组织上也应该如军队一样，严密有系统。工会的基本的组织就是小组。每十人成一小组，举组长一人。再联合同一工作部分的若干小组，成一支部。再合这个工厂的所有各工作部分的支部，举出执行委员会，办理工会的一切事务。这就是工会的组织系统。在这个系统里面，最重要的就是下层的小组，要小组组织得严密完善，行动的时候，才可整整一致。南洋职工会的组织，委员会之下，仅有一个各部代表会，每部的代表，又仅一二人。所以到了罢工的时候，简直无法指挥。这种工会组织上之缺限，是这次罢工失败的最大原因。

二

工会成立以后，资本家为与工会协订的条约所限制，不能肆意剥削压迫工人，对于工会的嫉视已深。因勾结一部分高级职员，想把工会弄成“御用式”的机关。工人对于这种“御用式”的工会，自然万分不满，结果把一般高级职员通通推倒了，资本家的“偷天挟日”的诡计也破坏了。因此资本家视工会如眼中钉，日谋打倒工会的方法。从此遂积极的向工会进攻，第一步将工人反对的高级职员，一律予以要职；第二步遂将与工人协订的条约，想挑起工人的罢工，为解散工会的藉口。所以今年四月间受工人反对离职的邝公耀，复任公司工务长后。遂将工人病假给资的旧例消灭，又新订管理工人的苛例三十余条，工会屡次交涉请求，都无结果。过后又无故开除十余人，工会要求复职亦无效。这都是资本家想挑工人罢工的毒辣手段。后见这种手段无效，遂更进一步，开除工会代表，陈倩如、伍蕙芬两女工，工人忍无可忍，遂有此次大罢工。资本家处心积虑的恶辣手段，从此实现了。所以这一次罢工，完全是资本家向工人进攻。资本有计划的进攻；工人毫无防御的计划，所以结果工人失败了。本来罢工结果与资本家所订的条约，不过是我们为预备一个新的斗争、重新聚集力量的手段。所以我们在每一次罢工胜利以后，要利用条约的机会，重新整顿我们的队伍，集中我们的组织，观察时机，预备一个新的进攻。尤其要注意的，就是要时时防备资本家的反攻。我们要知道他们对于工人的进攻，在每一个步骤上，都是极残酷毫不迟疑的，所以我们决不可有些微的忽略。南洋职工会第一次的胜利，本来已经是侥幸的胜利，过后资本家积极的反攻，工人却毫没有利用条约来重新集中力量，结果安得不失败呢？（1924年11月《中国工人》第二期）

十年以来的世界工会运动

罗章龙

工人阶级发生是很早的，但是工人运动成为历史上的事实不过百余年事，然而像现代我们所见的工会运动，直到欧战前十余年才渐渐发展，十九世纪末叶以前的工会只不过一种原生形态，现代工会的远景罢了。所以我们研究近十年以来的工会运动，是很重要的，并且是很有兴趣的。

欧战以前的工会运动仅以欧、美、英国殖民地（如加拿大、澳洲、南非）为范围，直到大战以后亚洲大陆及太平洋海国才有工会产生。欧战前欧美及殖民地有组织的工人约有一千余万人，在欧美方面的：英国四百万，德国三百五十万，美国二百七十万，法国一百万，意国九十万，比国二十万，荷兰二十二万。……这一千余万工人分属于许多政党及宗教，就中真有阶级斗争性质的只占少数之少数。

这时候有一点我们可以注意的，便是工会运动渐渐倾向国际化了，这是廿世纪初期的工会运动与十九世纪工会运动的不同之点。为甚么渐向国际化呢？因为此时资本主义掠夺的方法国际化了，风行世界的资本家所开的托拉斯、星迪加等组织正是集中力量压迫世界无产阶级的好工具，在这样组织的下面，这国的资本家与那国的资本家连成一气，不分彼此的共同对付工人阶级，于是逼着各国的工人阶级也就越过国界联合起来共同对付资本家了。所以一九〇二年欧洲各工会便组成一个“国际工会书记部”，此外各种职业所组合的职业国际（如纺织工人国际、五金工人国际等）也不在少数。虽然这些团体阶级的观念还很模糊，组织也很松懈，然而比较上总算大有进步。

一九一四年欧战爆发，各国的工会运动受一极大打击，协约国、联盟国两方面的工人成千成万被征赴战场去了，各国工会会员的数目暴落下来，如德国工会战前有三百五十万人，一九一五年末减至一百五十万人，法国工联会原有五十万人，一九一五年终只剩十五万人，其余各国皆然，于此足见工会所受战争的影响了。

大战不只是减少了工会会员的数目，并且根本改换了工人阶级的本来面目，简单一句话：“祖国是超越一切！”以前所主张的国际无产阶级联合的话再也无人记及了。许多极左极左的无政府工团主义的工会首领，平日切齿痛恨说爱国不应该的，现在都摇身一变，肩枪赴战场做为国捐躯的勇士去了。此时各国工会，各为其祖国效死，互相吞噬，互相仇视，原为资产阶级利益发动的战争竟变成各国无产阶级交互间的大屠杀！那时各国无产阶级如饮狂药，辨不清真正谁仇谁友，只拼命为资产阶级化身的“祖国”打仗，至死不悟！

同时各国资产阶级的政府为着他们战胜敌国起见对内又尽力压迫工人，减少工资，延长工作时间，废除劳动保护法，各国的工人们很明大义似的丝毫不反对的一口应允了。他们心中以为这是为祖国牺牲的忠勇行为，洋洋得意的，暗自吃苦的忍耐挣扎着。

那时有些中立国（瑞士、荷兰诸国）工会实在看不过意，总想出来召集一个国际工会会议，劝各国工会不要再替那资本阶级继续打下去了，协约国的政府因不愿停止战争，于是协约国的工会领袖仰承政府的颜色便拒绝出席会议，他们的理由：不愿与联盟国工会代表同坐在一张桌子旁边，坐在一起，便禁不住要愤火中烧了！于是屡次的建议，均没有结果。工人阶级的悲惨命运竟愈堕愈深，莫知所届！

由此看来，欧战期内可说是工会运动史上最暗淡的一页，不仅各国工人阶级的生活坏到无可坏了，尤堪叹息的是国际工会的分裂到了极点！

一九一八年欧战告终，一场恶斗，毁家碎身，尽是各国的劳苦群众。战败国的工人们平日梦想的胜利固然是烟消云散了，战胜国的工人所得到的好处又在那里？此时各国工人，蒙头一想，竟不知道以前互相厮杀，所为何来？他们眼前一切的生活均比战前坏到十倍百倍，这便是“祖国”给他们的报酬，于是他们才明白过来，又相率加入工会。

据一九一三年正式统计：英国原有工会会员四百万人，一九一九年（大战告终后第一年）增加到八百万人；德国原有三百五十万人；一九二〇年增加到一千二百万人；美国原为二百七十万人，一九一九年增加到五百六十万人；法国原有一百万人，一九一九年增加到二百五十万人。此外意大利、比利时，及其他各国增加的也很多，一九二〇年全世界工会会员已达五千万人。工会运动从此便又入坦途了！这也可以说欧战给工会运动的又一影响，此外还有更大的影响，便是俄国的大革命。

当一九一七年二月俄国革命推倒沙皇时，正是欧战最后五分钟决胜负的时候。此时各国工会的领袖们各有各的心事，联盟国的工会以为俄国革命，协约国将跟着瓦解，虽不敢十分恭维，心里未尝不暗自欢喜，今后俄国或将不加害于他们的祖国了。协约国工会则又以为俄国腐败，政府推倒，新政府产生，认为协约国方面增加了一种新分子，足以强厚反德战线的势力，这两方都是从他们的国家胜利上设想的。但是不久俄国的十月革命发生，布尔塞维克政府首先宣布停战，签订有名的《伯力士特里托士克条约》，这个国际的新号召，给予沉沦于“祖国”迷梦的欧洲工人们一个刚强的刺激。国际工会运动前途，如拨阴霾，渐露了一线光明。

这里要补说的，上面已将欧战后工会运动勃兴的情形叙述过，但是读者要知道，当欧战终止后各国政府见工人们窥破他们主张战争的心理，料定是一件危险的预兆，于是他们便继续出许多诡计以谋和缓工人的革命要求。他们一方面照旧挑拨各国工会间的感情（协约与联盟国工会在战争中感情十分恶劣）。另一方面利用少数假倡和平的工会领袖做他们的走狗，将工会机关变成资产政府的工具，所以此时的工会虽然人数很多，因为被工会叛徒改良派霸占了，工人阶级的正当组织是不能发展的。工会运动仍不能称为真正阶级斗争的团体。荷京亚姆士特丹的国际职工协会，对于世界革命没多大贡献，就是这个缘故。

俄国革命首先冲破了欧洲的层层雾障，放出强烈的光彩，照闪着全世界。邻近欧洲无产阶级所受的影响自不待说，近东远东殖民地半殖民地的劳苦群众们也同时从千年大梦中觉醒过来，素来埋没在双重压迫下的工人们纷纷团结起来了。自俄国无产阶级政府成立后工会运动又辟了一个新生面。

所谓新生面：第一是专制皇朝底下的全俄工人，一旦得了解放，革命的工会声势如怒潮般汹涌出现。其次是全世界的革命工会处于改良派的捉弄中，树立了一座极有权威的营垒，汇流全世界无产阶级的革命热潮于苏维埃俄京的莫斯科。——这便是名震全球的赤色职工国际！

自此以后，世界工会运动于反对资产阶级争斗外更有革命派与改良派的争斗，但改良派即是资产阶级的附属品，所以这不过是阶级斗争史上的一插幕罢了。

这两方面争斗的形势现在是怎样呢？这与世界工会运动的关系是十分重大的。

改良派工会的领袖们一面利用大战后工人好和平的心理，花言巧语想尽种种方法，蒙住工人阶级的耳目，要他们暂时不必革命，静候资产阶级给予工人们甚么恩典；一面暗中勾结资产阶级阴图达到他们自身升官发财的目的。于是这些工会的叛徒们因得资产阶级政府的援助，便有许多人都从工会的职员一变而为资产阶级政府的官僚了。像近来英国的工人政府，完全是他们包办的，法国、德国、荷兰、札克、意大利等国的内阁，都有这些叛徒的席位，他们的运气亨通，真可谓极尽人间的荣华富贵了。他们既食资产阶级政府的俸禄，便不得不替资产阶级忠心办事，从前是资产阶级压迫工人，现在是工会的首领压迫工人了。工人阶级被骗的次数太多，工作情形坏得忍无可忍时，于是由失望而仇恨，而反抗，他们的领袖也就没有方法可以阻止他们革命。他们的革命第一步自然是离开这些工会的叛徒，或者竟把他们赶掉，这样，改良派的工会，便渐渐失其团结力，以至于瓦解！

赤色职工国际成立的动因就是专为反对这班改良派工会领袖。起初他只是一个世界革命的煽动机关，没有很多的工人，后来因为工人反对改良派一天比一天厉害，赤色职工国际中革命的工人群众便一天一天加多了，自他成立迄今总共已有一千五百万的工人，真算成功一个能向资本阶级作战的国际机关了。他们所以能这样迅速的发展，自然是因为改良派在工人中的信仰坠落，但是也因为赤色职工国际有依据阶级争斗的好政策，及好的策略，足以引起全世界的工人阶级归附。

据我们所知的，赤色职工国际除全俄五百万人全为其所管理外，还有下列各种工会的工人：

（一）各国有完整系统组织的并有最高中央机关的：澳洲四十万人，保加利亚四万人，阿根廷五万人，波斯二万人，亚斯特兰二万五千人。

（二）有组织有中央机关的立于改良派之外而反对改良派占优势的：法国四十五万人，札克三十万人，爪哇二万七千人，中国若干人。

（三）有中央机关较本国改良派势弱的：荷兰二万人，比利时一万二千人，德国十五万人，美国二万五千人。

（四）有中央机关属于赤色职工国际而因反对势力障碍不能形成连结的：芬兰五万八千人，罗马尼亚六万人，南斯拉夫十万人。

（五）各自独立而无联合机关的：德国四万人，奥国十万人。

（六）改良派工会中直隶共产党指挥的小组：德国三百万人。日本、意大利、瑞典、丹麦均有。

（七）还有些在无政府派工会中的人数不详。

改良派的国际职工协会内容又怎样呢？他们的公布尝自夸有会员二千万人，假定此数目可靠，然决不能据此以判断他的实力。他在德国的八百万人至少有三百万人属赤色职工国际。英国的五百五十万人一九二二年已减去百万，所余四百五十万有百分之十二已隶赤色职工国际。奥国一百〇七万九千工人之百分之十，比国六十九万工人之百分之八，丹麦二十四万二千工人之百分之十，均归赤色职工国际。法国号称七十五万六千人，实际仅二十五万，保加利亚号称一万四千人，实只一千，希腊号称十七万，赤色职工国际占其中八万五千人，波兰三十六万五千，意大利亦不过三十万左右，赤色职工国际均占其半数。瑞典三十一万三千中之百分之十五。瑞士二十二万五千中之百分之二十五，加拿大十六万四千人之百分之四十，南非五万中之百分之二十，阿根廷与秘鲁十万人中之百分之五十，均归莫斯科方面节制。此外札克三十五万人是全属赤色职工国际的。

综计以上改良派各国工会中有百分之三十至三十五是隶属赤色职工国际的。更从纵的方面观察，最重要的国际运输工人、五金工人，赤色职工国际约占其中半数。建筑工人占百分之四十至百分之五十。木工人占百分之五十，皮革工人占百分之四十。更概括的说，国际职工协会有一千四百万至一千五百万会员，约占英国与德国工人之百分之七十，协会中现在分为左右两翼，左翼工人现在十分同情于革命的赤色职工国际，他与改良派的首领们，久已是同床异梦了。

由上面看来我们知道国际工会运动的统一前途是大有希望了。此外更有两点是很显然的:（一）赤色职工国际的会员日有增加，而国际职工协会却正相反而日渐减少。（二）国际职工协会范围大部分尚限于欧洲一隅，早已失去国际机关的特性，而赤色职工国际会员则地球之上，到处有他们的踪迹了。西谚有云:“一切的路均到罗马”，现在我们也敢向世界的工人们说道:“一切的路均到莫斯科啊!”

更从历史上观察：我们知道这十年来世界工会运动确有长足的进步，拿今天与法兰西大革命时比较，最近六年间的工会运动远胜于前一百三十年间的进步，他的凌厉无前，大有一日千里之势，这是何等乐观的现象!

一九二四,十月，八日，黄海舟中稿

（1925年1月《中国工人》第三期）

北京政变后的政局与工人阶级

瞿秋白

一

北京政变到现在，差不多已经三四个月了。这一政变的内幕，显然是日本帝国主义排挤英美帝国主义势力的结果。然而北京政变之前，国内民族运动的发展。——国民党的镇压商团，反抗英国干涉等，劳动阶级的斗争——广东农工运动的兴起，上海工人的罢工等，都不能不影响到政变后的政局上去。本来中国平民的仇敌，是一切帝国主义和一切军阀；他们之间的内哄，当然使民族运动和工人运动得着某种发展的机会。这种民族运动和工人运动发展的倾向自然是要趁着军阀和列强内哄的机会，根本铲除军阀制度，消灭帝国主义的势力。然而政变后民族运动和工人运动的急进，一方面固然使军阀恐惧而让步；别方面，这种让步，却也可以分裂平民的联合战线：上层阶级，因此与军阀协妥，而下层阶级重新受着反动的压迫。其实军阀的这种让步，完全是欺骗平民的缓兵之计，等到他们镇压住了工人运动，转过身来，连一切民族运动，甚至极普通的稍为进步些的运动，都用高压手段来镇压了。这样转变的将来的政局，应当在我们意料之中。——这种反动势力的第一个目标便是工人阶级，因为只有工人阶级是最彻底的、最勇猛的反抗军阀和帝国主义的势力。我们应当十分注意，应当格外努力自己的自由权——这不但是工人的阶级争斗的职任，这同时就是工人的保障民族革命胜利的职任。

日本帝国主义和英美帝国主义有甚么区别呢？他们的利益，同样是和中国的一切发展及进步相冲突的。段张和曹吴可有甚么区别呢？他们的政权，根本性质上是同样压迫一切平民运动的。日本和段张对于中国平民，难道比英美和曹吴对于平民的“感情”好些？决不然的。段政府现时的政策，所以比曹吴不同些，不过因为他还没有曹吴般的实力罢了。段政府对于商界、教育界难道比对于工人、农民格外关切些？他所代表的日本帝国主义，正是最不愿意中国工商教育事业能有独立发展的。段政府对于商界、教育界的让步，不过是想借此分裂国民运动，一方面满足些商界的极少部分的要求，别方面便可以下手镇压工人运动罢了。所以不但工人阶级应当独立的努力去争自由，反抗一切反动派压迫的尝试；而且各阶级共同的民族运动，也应当承认工人阶级是他们的主力军，尽力去赞助他，拥护他，方能防止反动政局的再现，方能达到真正的民族解放——民族革命的成功，中国的独立。

二

北京政变后的政局总趋势，大概是如此；我们还可以从最近国民会议运动，工人阶级的政治运动及北京政府的政策三方面来说明。

北京政变后，国民党便发表宣言，主张召集国民会议，根本重造民国；一切军阀都应当以政权还之于人民——所以国民会议的组织法等，便应当由人民团体代表组织预备会来制定。这种要求实在是代表全国一切民众的。国民会议产生的革命政府，立刻便要要求列强废止一切不平等条约，收回海关，取消协定关税，实行极广泛的民权，劳动阶级得有多量的自由去保卫自己的阶级利益，并且要镇压一切军阀的反革命行动。这种呼声，这种政纲，当然促起大多数的民众的运动，连各地半官式的商会都声言要求参加国民会议了，甚至于有几处地方，他们直接加入国民会议促成会。

本来曹吴既倒，名义上的中央政府——军阀政府已经崩坏，重新建设共和的唯一办法，只有人民组织国民会议。因此，国民会议促成会运动便普遍了全国，普遍了各阶级。差不多全国人同声反抗段祺瑞的军民长官的善后会议来解决国是，而赞成国民党的国民会议预备会的主张，以及废止不平等条约的要求。

这种高潮里，显然看得出民族运动的兴起：各地学生、小商人、工人、农民、妇女，都加入这一运动。尤其是各地劳动民众的参加最剧烈。广东几十万农民和工人的通电。汉冶萍工会的主张，以至于其他各地——劳动人民的奋起参加国民会议促进会。这是中国工人第一次最广泛的参加政治的运动。同时北部铁路工人，从一九二三年二七之后到如今，一直处于军阀高压之下，现在也公开的恢复工会——在郑州开全国大会。

工人阶级在政变之后，日益发展他的政治势力，组织团结他的力量，是一件很明显的事实，再加那各地国民会议促成会倾向于代表劳动平民的利益——实在足以使帝国主义和军阀栗栗危惧。

政府方面呢？政变之初，冯玉祥和张作霖的暗斗，双方的冲突是很显然的。张作霖背后的日本势力，当然不能容纳接近国民党的国民军势力发展。然而双方的力量，暂时都不利于立即冲突，因此便拥出一个段祺瑞的缓冲，其实段氏和张作霖同属于日本帝国主义的势力，所以段张之间虽然有许多不同的意见，有许多暗斗，而对于国民党和国民军的排挤是一致的。

于是直系军阀失势以后，政局便成一极复杂的形势；一方面是日本帝国主义，张作霖、段祺瑞；别方面是国民党，各地国民会议促成会之中的商人、学生、工人、农民、妇女等平民团体，其中特别是产业工人的组织，海员工会、铁路总工会等最有实力。介乎这双方互斗的势力——大致可以说是军阀与平民之间的，还有些动摇不定的分子如国民军，各省半官式的所谓人民团体、省议会，一部分的商会、教育会、农会等。这种分子，可以称之谓“中间势力”。

当直系军阀初倒的时候，新起的军阀和渐得优势的日本帝国主义，在全国国民会议呼声很高的当口，当然不敢遽行高压手段。何况那时的中间势力：国民军呢，因为要对抗段张实力又不足，自然表示倾向于国民党；大商阶级和所谓名流呢，因为要趁此时机逼迫新兴军阀对资产阶级让步，也就有争开国民会议的表示。段张这时期的策略，便是敦请国民党首领入京，“共商国是”；段氏并有“待中山北上，始定入京就职与否”的表示。然而段氏看见那些“中间势力”的态度——拥护中山主张的态度并不坚决，所以不久便不等中山北上，先行入京组织所谓临时执政政府；并且发表善后会议主张，与国民党的国民会议预备会相抵抗，同时，这就是试一试国民军及所谓“中间势力”的态度。虽然当时全国工人、农民的团体，广东的农民协会、工人代表会，上海机器工人俱乐部，以及各地先后继起的国民会议促成会，早就否认军阀官僚专决国是的阴谋，——段氏式的善后会议；然而当初倾向于国民党的国民军，对于善后会议以及其他政治问题的态度，始终暧昧不明；——于是段政府知道平民的实力有限，一方面预备帮助陈炯明在广东方面进攻，方本仁在江西方面镇压，别方面决然公布善后会议条例。

善后会议的组织纯然是军阀官僚的成分，可是还不敢不请孙中山先生出席。这时候国民军方面已经有软化的形势；中山先生及国民党员之被邀请者还没有决定参加，而国民军代表的参加已经显然有了暗示。这是段氏政策的第一步成功——使“中间势力”的实力派在政治上中立。等到国民党进而要求善后会议里参加人民团体代表，工会当然在内，——实际上是要变段氏式的军民长官会议为国民党所主张的国民会议预备会；段祺瑞又亟亟聘请各省议会、教育会、商会、农会的议长、会长为善后会议之审查委员，以为抵制，这是段氏政策的第二步——想使“人民”中的上层阶级，因此而软化，辟开工会及农民团体，甘心去做段氏政府会议的谘议。换句话说，他想完全吸收所谓“中间势力”。这一步政策能否成功，现在还是一个问题。因为全国商会、教育会、农会团体是否因会长个人受聘请而退出平民的联合战线，现时还没有明确的态度。其实，北京政府不但不准工人加入会议，并且商会的会长也只有审查员的资格，并没有参与议决的权。至于真正的平民方面，仍旧积极的要求参加善后会议——即改善后会议为国民会议预备会；代表这种要求的各地国民会议促成会，并且要召集全国联合大会于北京。段氏对于这种民众运动的政策，一方面公布什么工厂条例，京汉路上加年终的红薪等以市小惠；别方面，始终否认工会有参加讨论国是的权，置各地国民会议促成会于不顾；已经显然是蔑视民众的专制政治。

总之，北京政府从政变到如今，一步一步的想灭杀民众方面的势力：先将国民军勾住，进一步又勾结大商人，再则假意声言实行工厂条例，想以空言缓和工人参与政治的运动。如今大商阶级是否完全受这日本帝国主义的北京政府之指使，虽未可知；然而北京政府新近通令严缉共产党——工人阶级的政党。这件事实似乎告诉我们：反动的政局已经开始了。对工人的政党压迫，必定继之而压迫一切工人群众，收回一切市惠政策；平民方面若不能团结一致反抗这种一步一步紧来的专制政治，那么，等到劳工群众的势力镇压下去之后，连商会、教育会的要求也都可以置之不问，可以消消停停去借所谓善后借款，——所谓善后会议，真要完全变成军阀朋分政权的会议了。

三

中国工人阶级处于这种政局之下，应当：（一）负起督促全国各阶级努力奋斗的责任，——一致力争人民代表速开国民会议的预备会，至少也要全国国民会议促成会参加那善后会议，使民族运动领袖的国民党及孙中山也能参加，——联合平民势力，争回解决国是的主权；（二）努力在全国争职工运动的公开—建筑工人阶级的巩固的团体，以为工人阶级政治斗争的后盾；（三）全国工人阶级团结一致，参加国民会议促成会的运动，参加一切政治运动；（四）在经济斗争里，全国工人阶级团结极巩固的统一战线，造成工人阶级的独立的政治势力；（五）暴露大资产阶级及一切反动政党附和段氏而不力争农工平民参加国民会议的罪恶——这是造成反动政局的助力，是违反中国民族利益的举动，是妨碍民族解放运动的行为。

中国工人阶级应当知道，只有工人阶级是民族革命运动里的最彻底的最勇猛的主力军，只有民族革命运动日益急进的过程里，工人阶级争得到日益扩大的自由权，以利于自己的继续斗争，只有勇猛不辍的阶级斗争，能督促民族革命运动的进行。中国工人阶级应当守卫民族革命运动，防止军阀阶级、士大夫阶级及大资产阶级的破坏式怠工，尤其是在现时的政局之中。

反动的政局已经有重新开始的朕兆！

中国工人阶级，应当守卫民族革命运动！

（1924年4月《中国工人》第四期）

工人的知识问题

硕　夫

一般学者先生们，一听到劳动运动，即联想到工人没有他们那种哲学思想，因此他们说：工人太无知识，应该先受教育，应该先从普及教育下手。他们却未想到现今中国的教育，不外帝国主义的教会教育、军阀鉴定的教育和资产阶级的教育——再明白点说，即洋奴化的教育、复辟的教育、机械的教育或高等游民的教育。而且在他们的教育观点上，欧美资本主义极发达的国家中，教育总算是很普及了；然而欧美的学者先生们仍然一样地说：工人没有知识，还没有管理政治的程度。可见自己没有生产工具跑到资本家的工厂中去卖劳力以维持生命的工人，是永远得不着像那般学者先生们所称赞的教育。

是的，工人没有知识，特别是现在的中国工人。现在中国工人尚被外国的资本家和本国的官僚资本家采用欧美"文明人"的严密方法和本国特产的封建社会的专制的威权压迫在中世纪的农奴状态之下，居处不自由（无钱不能跑！），饮食不自由（必须吃把头的贵饮食！），工作不自由（不送礼物给监工的即常被殴辱！）；言语集会不独没有自由，并且每做过十二、十四、十六小时，甚至三十六小时的工作（说来真是怕人：轮流做日夜班的工人遇着下班的同伴不能上工时，即被迫要为他代替；代替完了工轮到自己的班。假定每班是十二小时，连做三班即三十六小时！）也没有言论集会的机会和精力了！工作场即是他们的世界，他们每日所目睹不外欺压、殴辱、贿赂、劳动市场上互相排挤等。他们的神经也昏乱了，精神也麻痹了。

这种生活状态之下的奴隶，不独资产阶级的学者先生们瞧不起，即出身知识分子而信仰无产阶级革命的志士，着手做工人运动时，也觉得这种工人太难接近。殊不知工人自有工人的知识，他们的教育底方法。客观的条件已给他准备好了，资产阶级学者先生们所谓的教育不但他们享不到，而且也不是他们所必需的。

工人的知识就是阶级觉悟，阶级觉悟是从阶级争斗中一步一步地发展来的，因此工人的教育方法也就是他们的阶级争斗。

资本家要得剩余价值，必须要剥削工人们的剩余劳动；并且要取得最大量的剩余价值，必须用尽可能的手段压迫工人以夺取最大量的剩余劳动。工人受了无限制的压迫，为保全生命的奋斗，终究是要起来反抗的。资本家的压迫无有底止，工人的反抗即无有已时。压迫愈甚，反抗力愈大。压迫的方法愈严，反抗的方法也就随之愈密。

工人们要抵御资本家强暴的压迫时，他们开首即感觉到个人无势力，有团结的必要。部分的团结往往为资本家所破坏时，他们即知道有全工厂团结的必要，全工厂的团结还不够时，又进而知道有全地方、全产业或全中国的总团结的必要。因争斗而得到国际无产阶级的援助时，于是他们更发展了他们的世界主义。争斗胜利一次，他们固然更认清了他们的团结力量；即失败一次，他们也看出资本家种种欺诈、种种破坏他们团结的方法和他们内部的种种弱点，即重新集中他们的组织，考究他们作战的方法，以谋再接再厉的争斗。

工人们与资本家对抗时，开始即遇着警察和军队；言论集会的自由，即被官厅下令禁止，于是他们便知道现在的政府是只拥护资本家的，经济的争斗与政治的争斗是不可分离的，当政治争斗到了最高度时，稍一退让，反动的势力即乘之而起施以最残暴的压迫，于是他们又认清了有根本解除统治阶级的武装和施行专政之必要。

工人的知识是这样顺次发展来的，各国的工人都是如此。书本子里的知识也不过是过去的阶级争斗的经验，作他们在争斗中的参考。

经过长期的争斗，工人们从这争斗的过程中，认清了社会阶级利益的冲突，即由此而认清了一切社会问题和一切科学的价值。到这时，即请鼎鼎大名的大学教授胡适先生来讲什么实验主义，他们一定懂得而且回答道：幸亏你衣食丰裕，跑到资产阶级的学府里研究到这样高妙，不过你这些东西在我们是一文钱不值的！

（1925年4月《中国工人》第四期）

评职工运动中的反动派

瞿秋白

中国的工会，发生以来，已经有好几年；工人阶级的奋斗，虽然受着各方面的压迫，始终继续不断的进行。资本家、官僚军阀、帝国主义者，已经觉得工人阶级团结的可怕。他们固然用警察、巡捕等武装势力来压迫工人，可是工人阶级屡次受着这种压迫，只会格外觉悟、格外团结、格外精密的组织自己的力量，仍旧绝不让步的和他们奋斗，因为工人受着残酷的压迫，更加容易明白自己的利益和资本家的利益是相反的，是冲突的。于是资本家等，知道一味的高压手段是永世不能消灭工人运动的，便又用一种极狡猾的手段。这种手段，便是利用一种流氓或者工会内部的不良分子来破坏工会或罢工运动。这种分子便是职工运动里的反动派——普通所谓工贼。

工贼的行为往往表面上还算办工会，替工人奔走的；而实际上呢，他们串通了帝国主义者或本国资本家，遇有罢工，或者工人和厂主冲突的时候，他们一面私通资本家，教他们压迫或欺骗工人的方法，一面在工人里主张让步，主张调和，恐吓工人。或者呢，这种分子是官僚军阀的走狗——例如交通系在铁路工人里勾通了几个工头，想官办工会，假意答应工人这样那样，实际上只想把持着工会在自己手里，使工人的组织变成官僚的。这些工贼的目的，便在于叫工人不敢反抗资本家或官僚，所以他们在意义上必定假借什么工会，使工人自己不能独立组织，为自己的利益去奋斗，却做官僚资本家的工具。因此他们遇见真正代表工人利益说话的人，便骂他是过激派，想尽方法造谣中伤，使工人不相信有利于自己的办法，然后他自己的目的便达到了。

这些反动的工贼实际上都是资本家、官僚军阀、帝国主义的奸细。帝国主义、军阀官僚、资本家利用他们来破坏工人运动——实在比屠杀拘禁工人的手段还要狠辣，因为工人遇着这种似是而非的办工会的人，误信了他们，便中了工人阶级的仇敌的奸计——不去积极反抗或者不注意自己的组织，那就只能永世受人家的剥削压迫。所以我们工人不但要反对资本家，并且要反对这种资本家的奸细。

（1925年4月《中国工人》第四期）

全国铁路总工会第二次代表大会之始末

张国焘[①]

全国铁路总工会产生于去年二月七日，为全体铁路工人共同奋斗的总机关。在二七以前，九路工会代表曾于西山举行会议，议决组织全国铁路总工会筹备委员会；计期成立全国铁路总工会。不幸二七事变发生，直至二七后的第一周年，十路的工人领袖代表始能于北京秘密集会，正式成立全国铁路总工会。该会成立后虽在曹吴严重压迫之下，尚能秘密，一时路工运动颇有复兴之势；谁知于去年五月间又遭重大打击，铁路总工会秘密机关被抄封，工人领袖被捕及被开除者数十人。曹吴倒后，被捕者均得出狱，失业者亦渐次恢复工作，京汉、正大、陇海、胶济已被封禁之工会，均乘机复活，如是铁路工会运动又进入新时期。此次代表大会，即于此新时期开始之今年二月七日在郑州举行。在事实上看来，此次大会实为路工运动之一大关键。

大会开会共计四日，到十二路代表，共四十五人；议决要案十余件。广东、广三、广九和粤汉南段亦派代表与会，只可惜他们到时，大会已闭幕。此次大会的议题和议决案之重要，自不待说。还有两大特色，堪为吾人注意者：一、除沪宁、沪杭尚无工会组织来派代表外；北自黑龙江，南至广州，所有主要铁路，莫不有代表到会，表现

① 文章发表时署名张特立。

全国路工运动之大统一。二、代表中曾为工会入狱者共计八人，曾为工会失业者十四人，又代表中几乎全体都曾为工会受过极大的牺牲，现在都依然代表工人群众为工会运动努力，是证铁路总工会是一个充满了阶级斗争精神的机关。我们知道了这两种特色，便知道大会本身是极有价值的。

大会的议事日程如下：（一）二七纪念会与预备会；（二）总工会执行委员会报告；（三）各路代表报告；（四）工人阶级与中国现状报告；（五）进行方针报告；（六）太平洋交通工人会议报告；（七）汉堡万国交通工人会议报告；（八）本会与赤色职工国际之关系报告；（九）组织问题；（十）宣传及教育问题；（十一）合作社问题；（十二）审查抚恤款项报告；（十三）救济失业及死伤问题；（十四）各路代表提案；（十五）讨论并通过各种议案；（十六）宣言；（十七）改选；（十八）闭会式。我们细看这个议事日程，确能总括铁路工人所有的问题。

大会四日中，每日开会时间总在十二小时以上，各路代表的精神，均十分振作；对于各个问题亦能作细密的讨论，报告极有条理，会场秩序甚为严肃。故能于四日之内，解决如许要案，比之段祺瑞御用之善后会议，终日扰嚷，一无所成，实在高明万倍。

会场正中，悬着二七诸烈士姓名，会场周围挂着路工运动的口号。全体代表都曾参加二七运动，因此会场中充满了二七的奋斗精神。在第一天的二七纪念会和全体郑州工友的二七纪念露天大会中，都充分表现壮烈的气象。所以我们可以说：二七奋斗精神的承继者，实为代表全体铁路工人之此次大会。

从总工会执行委员会报告和各路代表报告看来，我们知道路工运动是决非武力可以摧残得掉的，铁路工人的运动，是在痛苦和压迫之下，从未有间断的。各路代表都将他们所代表的工人群众受痛苦的事实和奋斗的经验和盘托出，因此大会更能有声有色，各种问题遂得根据这些正确的报告，为实际的解决。

在“工人阶级与中国现状”议题中，大会指明中国工人阶级目前的责任及其未来的责任。中国工人阶级之发展与中国的政治经济状况有密切的关系。帝国主义者之冲突与军阀势力的消长，是中国工人阶级采取战略之客观条件。铁路工人是集中的产业军之先锋，工会的组织是由资本制度社会中孵化而出的工人阶级之武器，所以大会规定工会的责任，着重于统一的阶级性的组织。全国铁路总工会在目前实担负了两重的工作：一方面是本会的基础组织之建立与群众化，另一方面则是开始担负引导本国各种产业工人阶级的劳动运动。

根据大会中的各种报告，大会议决下列的重要进行方针：（一）恢复所有曾经组织之工会；（二）整顿现有工会，建立坚固的组织基础；（三）力谋工会之统一；（四）确立经济基础；（五）救济失业及死伤；（六）要求以前罢工争得之条件实行；（七）争工人切身的经济利益；（八）争集会、言论、罢工之自由；（九）赞助国民革命，并参加国民会议；（十）训练并教育工友群众。

大会又重新审查第一次代表大会所议决的全国铁路总工会简章，并制成铁路工会之组织系统表，按照章程和组织系统表来组织的铁路工会，将是最新式的、利于战斗的阶级统一的产业组合。大会认为铁路工会要确立基础，一方面须由组织着手，另一方面也要由宣传教育下手，因此又议决一个重要的宣传和教育的议决案。

全国铁路总工会成立一年之中，曾派代表参加过三次国际会议，这三次国际会议，都有他们的特殊意义。据参加代表报告之后，全体代表一致认为满意。一面从国际工会运动中得着许多良好的教训；一面即是表现幼稚的中国工人运动，已实际加入国际工人运动之林。

审查抚恤款项问题，由大会组织委员会仔细审查之结果，证明过去事实的真相，尤证信因卷款潜逃而造谣中伤之工贼的行为，大会认为满意[①]，并议决交新执行委员会编辑账目宣布全国。从此造谣者不但失其作用；还证明他们确系受人利用藉口抚恤款项，实际破坏工会。

在全国铁路总工会第二次代表大会的同一时候，并举行京汉全路代表大会，到者共十二分会代表，共十六人，复活京汉铁路总工会，并一致议决立即恢复京汉各分会。对于张德惠的反对行为，京汉代表一致认为系受交通系利用，欺骗工人，破坏铁路工会的统一。一面由京汉全体代表指出他的破坏行为，并提交大会宣布他为工贼，将其罪状暴露于全国工人；一面由京汉代表大会劝告长辛店工人勿受张德惠愚弄，从速成立分会。

现在我把这次大会的大概情形说完了。我会知道这次大会是很重要的，在此次大会之后，铁路工会运动必定有很大的进步。最近胶济津浦等路工会之成立，即此种进步之开始表现。兹将大会的几种重要文件介绍于下，读者自能寻出其中的重要意义。

全国铁路总工会第二次代表大会宣言

一年来，世界资本阶级向工人进攻的险恶形势，丝毫没有减轻，中国的反动军阀，在这个大趋势之下压迫工人，也和去年二七以前没有两样。这一时期内，我们工人的一切自由，罢工流血争得种种胜利，被帝国主义工具的军阀摧残净尽，我们一年来的生活只有饥饿，被监视、辱骂、拘留，入狱罢了。

我们所受的压迫越大，我们的精神越奋发，去年今日只能在

① 原文如此。

密室中开会，现在我们于第二次二七纪念日又到郑州开会了，我们因此愈觉阶级势力的伟大，这是历史的教训，鼓舞着我们无限的勇气。我们的工会运动从此又到一个新时期了。

固然我们并不过分的乐观，我们也知道我们的敌人，在最短期间内将有很凶猛的反攻，这是不可免的，我们只有坚强我们的组织，严密防守。全国铁路总工会，他便是中国铁路工人防守的武器。

全国铁路总工会是谋全体工人阶级的福利，是现代中国产业工会的中心，他的任务不只是为二七复仇，也不单是防守敌人进攻，他的中心工作，乃为工人阶级日常生活的利益不断作经济和政治的奋斗，他为实行这个任务起见，所以号召全国铁路工人建立一个统一的阶级性的工会。二七这一日是他产生的日子，他便充满二七的全部精神。

我们更要告诉全国工友的：最近国内战争和民族革命运动的发展，一方面证明中国军阀快解体了，一方面又表示国际资本主义的末日来到，这正是工人阶级解放自身第一步工作的时候到了。你们要解除重要的枷锁么？只有组成你们的工会，不妥协的奋斗最后的出路！全国铁路总工会在这里将尽他的能力，实行他应有的使命！

一九二五，二，十

（1925年4月《中国工人》第四期）

上海日本纱厂罢工中所得来的经验

邓中夏

上海日本纱厂这一次的大罢工，参加的厂数至二十二个之多，人数至四五万人之众，相持至十八日之久，确是“二七”后一个空前的伟大运动。他不特在中国劳动运动史上辟了一个新纪元，便在中国民族解放史上也添了一层新意义。所有一切详情，拟编专书论述，这里且把几项所得来的经验先写出来。

我们一说到罢工，便会想到“时机相宜不相宜”、“组织坚固不坚固”这两个先决问题，因此，不能不先把这次大罢工的时机和组织略略叙说几句。

（一）时机——当酝酿罢工的时候，工人领袖们，也曾经想到这个问题，也曾经打听目前纱花的行情怎样，也曾经侦查工厂存货和交货日期是怎样，然而都不过是一个模糊影响的概念罢了，但在又一方面，工人群众愤于一百余工友的开除，愤于领袖被捕被打，群情异常激昂，恨不得立刻就要下手，领袖们在这种紧张情势之下，那里还有你选择时机的余地呢？虽然此时正当纱价高涨之期，是在罢工以后四五天才从报上证实。所以这次罢工，老实一句话，时机是碰巧的，并不是选择得来的。

（二）组织——在罢工以前，小沙渡方面，虽然进行过秘密的工厂小组，实际上人数不到千人，而且并不是各厂平均发展，有些厂一二百人，有些厂数十人，有些厂一个也没有；并且训练期间亦不长久。在杨树浦方面，工厂小组有一千数百人，训练期间比较的长久。虽然两方面都有一个混合的工会雏形，实际上基础并不稳固。所以这次罢工，老实一句话，组织是不完备的，坚固更说不到。

“时机是否相宜”、“组织是否坚固”，都被资本家暴虐的高压和工人群情的愤激这一个紧张环境逼迫得没有丝毫考量的余地了，工人领袖当此时只好“背城借一”，只好“死里求生”，只好在万分危急的当中，竭心尽力运用种种战术，以求万一的补救。因此善于运用种种战术，终于得到相当的胜利，总算是侥幸极了。这些战术是很可宝贵的经验，也就是这次相当胜利的主观原因，现将其条叙于下：

（一）事先领得工钱——内外棉第八厂粗纱间开除工人，是二月一日的事，这消息传布后，工人奔走相告，群谋对付。同间的夜班工友，迫不及待，便先行罢工起来。工人领袖们见此情形，极力劝告“莫乱动”，劝告“领得工钱再举”，百端解譬，方才稍稍安贴。并在此时期中极力联络各厂工友。至八九两日领取工钱完毕，突于九日的下午四时宣布罢工。这样一个长的时间和大的数量之大罢工，假使当日不领得此项可以支持半个月生活的工钱，那么不出一星期，工人便要因生活恐慌而归于失败了。所以事先领得工钱，是罢工时要注意的。

（二）临时组织得力——群众平日既无完善的组务，又无相当的训练，自然一到罢工，就显出一种原始状态，乱如纷丝，不可疏理，狂如怒马，不可羁勒。幸而工人领袖们，当罢工酝酿得，秘密的组成了一个“总指挥处”，又确悉杨树浦方面之大康纱厂，亦因裁减工人而酝酿罢工，于是索性于小沙渡和杨树浦两方面各设一“分指挥处”，皆听“总指挥处”的命令。“总指挥处”之下：设一“书记处”，内分

"文书"、"宣传"、"新闻"、"印刷"、"交通"五股；又设一"联络处"，负接洽社会团体之责；又设一"护卫团"，负保护工人领袖之责。"分指挥处"之下，只设组织员、宣传员和交通员。指挥机关既定，所以罢工发动后，一切措施才没有慌张。一面于大会中宣布"工会"成立，由各厂择其勇敢能干者为该某厂代表，组务"代表会"。再一面组织"纠察队"，维持秩序，安慰人心，并劝导不明白的工友莫上工。并提出"要听工会的话"的口号，利用种种机会，极力解释，极力宣传，费尽九牛二虎之力，方把数万群众部署在工会的指挥之下。工人要有战斗的组织，才能战胜资本家，即或平时没有，临时也应用神速的手段组织起来，这也是罢工时要注意的。

（三）口号适当——九日下午四时罢工发动后，五个厂一万余人蜂拥出厂，当有旗帜引导到一个大坪里开露天大会，台上一面大旗，便是"反对东洋人打人"斗大的七个大字。这个口号可说是将工人身受的隐痛简单明了的描写出来了，自然刚刚打在他们的心坎上，所以一经传开出去，不特是已罢工的工友看到眼底，至于心酸涕零，就是未罢工的工友听到耳里，也不觉深深感动，而一致同情的罢起来了。就是后来颇得社会上之同情援助，以及官厅起初之不大压迫，和反动派（如工贼，研究系，国民党的一些所谓"护党党员"）之稍存顾忌，这个带有民族性的口号都是有相当的力量的。其副口号如"中国人抱中国人的义气，工人抱工人的义气"；"大家一条心，反对东洋人；大家一条心，反对资本家"。又都是工人自己的俗语所构成，自己的意识所凝集，自然一听得就风靡一时勇气百倍了。其后由内外棉五个厂，扩大到内外棉全部十一个厂；再扩大到日华、同兴、丰田；并扩大到杨树浦方面之大康、裕丰，未尝不是这些口号有所感动（自然被虐待的经济条件是主要成分）。

（四）传单得力——应付有对内对外两方面。这次大罢工，对内尤难于对外。因为罢工的群众既这么大，平日的组织和训练又那么欠缺，不能安内，何以攘外？虽然工钱领得，目前生活不生问题，然而一时激于义愤而随众罢工起来了，及至回家蒙头一想，人人心目中不免引起一个“罢工期间取不得工钱”、“罢工失败停掉生意”种种的恐慌，况乎家人的交谪，厂家的恫吓，走狗的挑拨，更是纷至沓来，怎不人心惶惶。到此时，“镇定军心”和“鼓励军心”是当前的大问题了。固然此时工会每日要将消息和办法揭条宣布，并要寻事给群众做（群众是不甘寂寞的，故必有事做，但切忌天天雷同，不知变化），使群众不致因无指望或无事干而怀疑，冷淡以至于颓唐，然而关于道理的解释，谣言的揭破，消息普遍的流传，敌方弱点的露布，……都靠文字的传单。（但传单要注意简单明了，最好用工人自己的话。）所以传单可说是罢工战线上的子弹，一日没有他，人心便恐慌起来了。（但发传单要注意盖章，和命令纠察向群众说明，以免敌方有传单来时，鱼目混珠。）

（五）对准敌方弱点猛攻——讲到敌方的弱点可说甚少，因为日本资本家的组织太完备（如此次发动的内外棉，在上海十一厂、青岛三厂、日本二厂，在一个株式会社统辖之下，还有政府资本，势力已不可侮。这还不算，日本在上海不论是公家资本或私人资本的纱厂已有同业的组织。这还不算，日本不论在国内的或国外的纱厂并有同业总会的组织，设在东京。），资本太雄厚（日本纱业资本雄厚，简直不可预测，在此纱贱花贵的长期恐慌中，就是英国纱厂也只有仅够维持现状的力量，不久以前，英商的老公茂纱厂股东大会还有收盘的消息。至于幼弱的中国纱业资本更不用说了，数年来倒闭者五六家，其余亦仅足自保。日本怎样呢？恰恰相反，不特可以维持，而且还有扩充，时常有收买中国纱厂的事，最近宝成纱厂亦被收买去了。大家疲敝不堪，而日本独游刃有余，可见其资本之雄厚。中国纱业资本亦正因被日本雄厚资本所挤，故陷于岌岌不可终日的危境。)，行动太一致（此次大罢工消息传到东京后，该地纱业总会立电上海日纱厂嘱其“严厉对付，誓为后盾”。除内外棉株式会社总社长阿部彦太郎立即渡海来华外，该总会亦派代表多人跟踵而至。扩大罢工后，资本稍弱的纱厂，颇有单独解决的进行（如大康)，但旋即联合一致了)。后援太强大（他们不特有同业实力的援助，而且利用他们帝国主义对殖民地的传统政策，利用政府外交，提起国际交涉，利用海军舰队，声称登陆示威。这还不算，英美帝国主义者在扶植中国军阀构成内乱以各遂其私欲的政策上虽与日本帝国主义有剧烈之冲突，而在压迫中国民族革命势力，特别是压迫中国无产阶级势力的政策上，却完完全全归于一致，而采取联合战线。此次罢工，英美帝国主义一面在报纸上捏造许多谰言，摇惑社会观听；一面指使租界巡捕不断的捕拿工人领袖，调遣马队践踏工人群众，对被捕者非刑拷打，无所不用其极。这还不算，又胁迫无耻的中国官厅执行与租界同样的残酷行为以摧残穷而无告的苦同胞。经济的、政治的、外交的、武力的种种后援，无一不备。)，工人在此种严重的高压之下，几乎无力抵抗，无法应付。在无可奈何之中，只好一方面激励军心，坚持到底，以博最后胜利；一方面扩大民族宣传，运用机会，引起其他日本纱厂工人之同情，相率罢工，以增厚其战斗力；并扩大民族宣传，取得社会上同情为有力之声援。再一方面，见到日本资本家最恐惧的是怕打坏厂中机器，于是工人又准对着这一个弱点猛攻，罢工的第二日，便乘其不备，率队打入第九厂、第十三厂、第十四厂，捣毁一些机器，以为暴力的示威，其后工人领袖暗中虽极力制止群众不继续“打厂”政策，而在外仍然扩大并普遍"打厂"的宣传，而以"里应外合"、"从里面打出"做口号。日本资本家听闻之下，那得不魄散魂飞，心惊胆落？最后虽明知工人方面日就疲敝，只须再忍痛一星期，工人便会失败，然而亦不得不容纳调解者之请，与工人开对等会议，作相当的让步。苟不如此，工人愤气尚是填满胸臆，进得厂来，难保不再生暴动，后患在在可虑，前途不堪设想，这是日本资本家胸中雪亮的。

（六）有自卫的特殊组织——罢工起后，因为工人的大本营在纱厂的对门河中国地界，为租界权力所不及的地方，这个地方荒僻得很，仅有小小茅屋数十家，起初并未为中国官厅所注意。租界内的巡捕包打听和厂内的一切走狗，虽欲过河来摧残工会捕拿领袖亦不可能。于是想尽方法，则有收买大批流氓打手以求一逞之企图。再一方面，上海著名的以破坏工人事业取得资本家津贴的工贼和国民党中所谓"护党"党员，又欲从中挑拨破坏，大发其传单，大肆其狂吠，无非是想破坏罢工，好向帝国主义请赏。工人在此四面八方破坏压迫之中，不能不有自卫的特殊组织，除总指挥处已秘密组织"护卫团"外，又公开组织"义勇队"。所有领袖和加入做队员的，都要歃血为盟，宣誓，其誓辞如下："反对东洋人到底，不占面子不上工，保卫工会，铲除工贼，同生死，共患难，听总队长的话，如有假心，天雷打死。"这有此组织后，一班破坏奸徒，相戒不敢过河，于是大本营得以相安无事。

此外自然还有许多：如领袖到紧急时勇于牺牲；运用种种方法使有意破坏罢工的分子软化；善于收拾罢工；对军警煽动以减少他们被驱使来压迫罢工的愚蠢行为；利用民族口号抵制中国官厅之压迫等等，限于篇幅，暂行从略。

惟有一事不能不再略为述及的，就是开工之后，资本家如不履行条约，如条约承认恢复工人工作，他虽不明白揭示开除，他却谢绝工人入厂，藉此以探试工人的态度。工人在此时怎样呢？再罢工吗？“在一罢工胜利后，不宜紧接着惹起新的冲突”；不反抗吗？条约便从此宣告死亡。这次大罢工后，日本资本家对于罢工中出力分子便是谢断入厂，而且甘言厚币，使人啼哭不得。工会在此时唯一的方略，便是怠工。大家都入厂，只是不作工；表面上虽然机器开着，实际上没有半点出货。资本家也无法，终于不能不履行条约。这也是这次大罢工开工后对付资本家毁约的一个有效的手段。

（1925年4月《中国工人》第四期）

“二七”失败后的安源工会

刘少奇

中国的工人运动，自民国十二年二月七日京汉罢工失败后，所有各处的工会，除广东以外，差不多都被封闭，或无形消灭了。一直到今年二月七日，仍是继续这种情形。但是在这种全国工人运动极沉寂的时期里面，独有一个安源路矿工会，偏偏不是这样，偏偏还能打破一切障碍发展自如。

“二七”失败以后，全国空气十分恶劣，安源工会也经过很多的危险：资本家时时想法来破坏，甚至勾结军阀，贿买官厅，豢养工贼……从种种方面设法来破坏工人的组织。安源工会眼见全国工会的失败，立取守势，并劝戒工人不要骄傲，不要乱动，竭力团结内部，以防资本家之进攻；一方对资本家的破坏，奋斗到底，毫不退缩。结果，因为工人能够服从指挥，一致奋斗，资本家的破坏手段着着失败，工人反能更加团结坚固，声势日大。

安源工人在“二七”失败后，不独没有被资本家取消已得的利益，并还争得不少的胜利条件：如矿局每月津贴工会教育经费一千元，每日工资在一元以上之工人增加工资百分之五，学徒每年考查成绩一次，以后矿局增加工人工资须通知工会同意，路局按月送给工会长期免票三张，年节、中秋、端阳工人回家者咸用半票，矿局增加工人或添补工人尽先由工会劳动介绍所介绍等。都是“二七”后所争得的利益。此外还争得各种小的部分的利益，不计其数。

安源工人在“二七”失败后，创办了不少的事业。如设立工人学校七所，工人读书处五处，工人图书馆一所，有工人子弟学生七百余人，工人补习学生六百余人。又办有消费合作社二所，资本二万元。建筑大讲演厅一所，能坐听众二千人，购买房产三栋，并有化妆讲演，各种游艺。又组织有青年部、经常纠察团、裁判委员会等。现在安源的工人，作完了工可以读书，可以看戏，可以听讲，又可以做各种游艺。子弟读书不要钱，秩序有自己的纠察团维持，不受兵警的蹂躏；犯事有自己的裁判委员会裁判，不致受腐败法庭的虐待；青年工人有工会的青年部游戏教育，不致年长失学；买东西有自己工会的合作社，不致受商家的剥削。此外工会订购有各种报纸，印刷各种传单小报，及工会纪念册等，工人处处都可看到的。

安源工人在“二七”失败后，各种大的会议及示威运动，仍是继续公开的举行，并无一时停顿。如两次“五一”纪念，均举行大游街，一万三千会员，个个加入。罢工胜利纪念，“二七”纪念，列宁，李卜克内西纪念，黄、庞纪念，十月革命纪念等均有数千人之公开集会，游行讲演，及扮演新戏等。此外如学校之游艺会，成绩展览会，及各例定代表大会等时常举行。每次游行及集会，群众精神异常振作，秩序异常严肃，旗帜、口号、呼声等，莫不惊振一时。

安源工人在“二七”失败后，不独强固自己的工会，竭力向前发展，并于援助同阶级的伙伴和谋全国工人的团结上，尽了很多的力。如以经济援助唐山、京汉、水口山、汉阳铁厂等处失业工人者近二千元；援助株洲、长沙被水灾的难民千余元；又尽力联络各处工友组织汉冶萍总工会、湖南工团联合会、粤汉铁路总工会，又加入全国铁路总工会，并每月缴纳各总工会联合会之月费一百五十元。

“二七”失败以后，全国各处的工会都被军阀解散。反动势力弥漫全国，安源工会处在这样黑暗的环境里面，为什么做出那样光明的事业呢？军阀、资本家为什么不用军队去压迫他、解散他呢？资本家的破坏手段，为什么次次失败呢？这是我要替安源工友告诉全国各处工友的。

安源工友其所以在“二七”失败后能做到这样好的原因，就是工友能够齐心，能够奋斗，又能够看清环境。“二七”失败后，军阀资本家向工人进攻，安源工会在那时候，能够立取守势，叫工人团结内部不要乱动，不要骄傲，莫假敌人以破坏之机；又能乘着资本家与军阀勾结未深，资本家内部党派纷歧之际，拉拢地方绅商，制止资本家之破坏手段。资本家之诡计无从施展。工人反能借资本家破坏工会之口实，提出种种要求，资本家内部党派纷歧，彼此都想凭借工人势力，推倒异己，巩固自己地位，结果，工人得利用其党派取得种种实际的利益，不为任何派别利用。此为阶级争斗的手段，巧妙复杂，除“二七”以前所用之硬的方法外，还有软的方法，也可以对付资本家致胜。

安源，市镇甚小，工人集中，每当工会危急之际，个个工人无不拼命保护工会，常自动的做侦探，把口子，四处逡巡，日夜不息，满市只见工人密布，如何尽力维护工会，如何向资本家示威恐吓。如有工贼，工人即群起提至工会，加以惩戒，或在工人寄宿舍禁止自由行动。所有各军警及重要机关，与邮政、电报、电话等交通机关均有工人暗中把守。如此在一小市镇之中，万余工人全体动员出发，资本家稍有动作，工人即刻知道。如是资本家的秘密不能保守，行动不能自由，工贼的破坏无从下手。在工会方面的，一切秘密反能保守，行动反能自由，工会能够知己知彼，所以百战百胜。资本家彼此消息不能互通，更不知道工会的消息，所以百战百败。如果资本家以军队包围工人，工人即包围工厂，包围资本家、职员等，要死即行大家死在一块，资本家终有投鼠忌器之忧，不敢与工人流血，又工人每当工会危急时，内部意见及扯皮打架等事即刻完全消灭，一心对外。资本家当这种时候，意见就更加纷歧、互相倾轧。故安源工人能够齐心、奋斗，所以能打破一切障碍，拥护自己的工会日见坚固发展。

安源工友办得这样好，我们无不羡慕，但原因不过就是工友能够齐心、奋斗，与看清环境取决阶级争斗的手段而已。我相信无论哪处的工友只要能够齐心、奋斗、并能服从指挥，看清环境，也一定能够致胜，能够办得安源工会那样好或还要更好。工友们！注意！注意学安源工友的战术——齐心、奋斗、看清环境决定自己战斗的方式！

（1925年4月《中国工人》第四期）

上海的童工问题

李大钊[①]

近读大阪《编军英字日报》和上海《密勒氏评论周报》第二九卷第八号，内载有关于上海童工问题的资料，颇值我们注目。兹为约叙其要如次：

上海的外人自治会，曾为调查和研究上海的童工组织一委员会。委员会费了一年的工夫，研究这个问题。据其调查的结果，系把上海市分为十区，共得雇佣童工的大小工厂二百七十五个。童工总数有十七万三千二百七十二人；就中含有十二岁以上的男工四万四千七百四十一人，女工十万〇五千九百二十一人；十二岁以下的男童工四千四百七十五人，女童工一万八千一百三十五人。这二百七十五个工厂厂主所隶之国籍：日本三十二，英国二十四，美国十二，意大利七，法国五，葡萄牙、瑞典、比利时各一，英美合办者二，其余一百九十厂，均为华人所营办。

兹更按其所分十区调查的结果，统计之如下：

（一）哈尔滨路（Harbin Road）区

工厂数　　七三（日四、英二、美一、葡一、华六五）

① 文章发表时署名守常。

十二岁以上的男童工总数	二六七五
十二岁以上的女童工总数	三〇三六
十二岁以下的男童工总数	〇
十二岁以下的女童工总数	八三
合计	五七九四

（二）提篮桥区

工厂数　　七三（英五、日二、美二、华六四）

十二岁以上的男童工总数	八三二一
十二岁以上的女童工总数	八三〇〇
十二岁以下的男童工总数	四三三
十二岁以下的女童工总数	三一〇
合计	一七三六四

（三）杨树浦区

工厂数　　三一（日十五、英三、美一、华十二）

十二岁以上的男童工总数	一一七五七
十二岁以上的女童工总数	二九七九三
十二岁以下的男童工总数	一二五四
十二岁以下的女童工总数	三三二七
合计	四六一二一

（四）小沙渡区

工厂数　　三四（日本十、英三、美二、瑞典一、华十八）

十二岁以上的男童工总数	一七二〇六
十二岁以上的女童工总数	三〇三六三
十二岁以下的男童工总数	一〇八七
十二岁以下的女童工总数	一九三四

合计	五〇五九〇

（五）西虹口区

工厂数	十一（英五、意三、法二、华一）
十二岁以上的男童工总数	三八九
十二岁以上的女童工总数	四九三六
十二岁以下的男童工总数	一四五四
十二岁以下的女童工总数	六七九四
合计	一三五七三

（六）新闸区

工厂数	七（英一、意一、华五）
十二岁以上的男童工总数	三〇六
十二岁以上的女童工总数	四四七二
十二岁以下的男童工总数	〇
十二岁以下的女童工总数	九〇
合计	四八六八

（七）虹口区

工厂数	三（比一、华二）
十二岁以上的男童工总数	一五〇
十二岁以上的女童工总数	一九五〇
十二岁以下的男童工总数	〇
十二岁以下的女童工总数	二〇〇
合计	二三〇〇

（八）中央（Central）区

工厂数	二（英）
十二岁以上的男童工总数	四五〇

十二岁以上的女童工总数	一〇〇〇
十二岁以下的男童工总数	〇
十二岁以下的女童工总数	〇
合计	一四五〇

（九）闸北区

工厂数　三八（美六、意三、英三、法三、华二三）

十二岁以上的男童工总数	一〇三八
十二岁以上的女童工总数	一五八〇二
十二岁以下的男童工总数	〇
十二岁以下的女童工总数	五〇七九
合计	二一九一九

（十）浦东区

工厂数　三（日一、英美合办二）

十二岁以上的男童工总数	二四四九
十二岁以上的女童工总数	六二六九
十二岁以下的男童工总数	二四七
十二岁以下的女童工总数	三一八
合计	九二八三

又据他们的调查，上海的下层劳工（如苦力、人力车夫等）的所得，比中国任何地方，算是较高的，平均计之，苦力月得十五元，人力车夫月得八元，而一人及其妻眷的生活费，最苦的月亦须十六元，方能过活；今其所得，最多者且不过十五元，上海苦力及人力车夫生活的苦况，可想而知了。中国乡下儿童的身体尚好，至于都市儿童的身体，都在西方各国的准位以下，含有结核性的病症，流行极多，而

以上海为尤甚；上海工人在身体上精神上都受极重的损伤，而以童工为尤烈，这都是长时间工作疲劳过度之所致。童工被佣于家内铺店、小工厂、家庭工业、洗衣房，并建筑业及大工厂等。女童工间有沦落而为娼为婢者。徒弟的年龄，以工作的性质而有不同，其期限，则依惯例为五年。在此期间，普通多不给报酬，即偶有给予报酬者，其数亦极少。很多的不过六岁的童工，在大工厂里作工。十二小时内，仅给他们一小时的工夫去吃饭。他们大都是站立着作工。分日夜两班换班，直到一星期终了的时候，才停一班。工钱只按工日给予。一天的工钱，至多不过二角。工作场所的卫生设备极坏。那些儿童，多由包工者（Contractor）由乡间招来，一个月只给他们的父母银二元，而包工者则一个月由工厂主得到银四元。那些儿童们的衣食住，均极惨苦，而不得一钱。作了工厂主和包工者的小奴隶，听他们的剥削而不自知，真可怜啊！他们在各种工厂里的生活状况，大要如次：

（甲）棉厂　通气卫生的设备不良。一班十三个半或十五个小时。无夜工。有的在一定的时候，给以一小时的工夫去吃饭；有的则令择空间的时候去吃饭。纺纱部童工最多。长时间站立着作工。许多的工厂，当夜工的时顷，有些小孩子，在喧阗的机器声中，被放在摇篮中，或睡或醒。有些儿童太疲乏了，辄藏在屋角或棉花堆里，偷尝一点香甜的睡乡的滋味。此类工人生活准位较高，十二年前他们有百分之七十是着不上衣履的。据说日本组合，在中国有很多的纱厂，设备些初级教育机关。这不过是资本家想要造就些更有用的奴隶，还可以猎取温情主义的美名罢了。

（乙）丝厂　丝厂中的工人，几全为女（童）工及青年女工。常听人说，“一个小孩可当两个成人”，这句话可以表示资本家欢迎童工的态度了。小女孩子们在那里作些刷茧，去障碍，剖出丝纤的工作，为机工作预备工夫。此苦工作，须临于盛着沸水的盘盆前边，他们的小手，须和沸水相接，以致手受痛伤，显出粗丑的样子。一定的工时，是由上午六时至下午六时，夜工亦偶有之。这些小女孩们，须先十五分或二十分钟到厂，报告他们的工作。早餐给予十五分钟，午餐一小时。一气要站立五点或六点钟的工夫。室中的温度，在常准以上，为湿气所包孕。久在炎蒸湿气之中，精神殊易疲惫。他们的工钱，一日由二角至二角五分。他们在身体上、在精神上都是很不幸的，有时且受成年工人不良的感染与虐待。

（丙）烟厂　烟厂童工不甚多，且情状较棉厂、丝厂好。工作时间较短，通常由上午九点至下午十点。吃饭的时间不在此内，他们常坐着作工。工钱一日由二角至三角。夜工不像纺纱业那样常有。

（丁）火柴厂　火柴厂的童工，九枚铜板一天。有不过五岁的小孩，作的非常的快的。白磷有毒，殊害卫生，听说上海官吏将于来年禁用。工厂内无防火的设备。作火柴盒的外工，多系母子。每千个盒的内部九枚铜板；每千个盒的外部七枚铜板。一个妇人同两个小孩，一天能完成二千至三千个部分，以补其丈夫赚钱养生之不足。该委员会调查既毕，随着亦有所建议，其要点如下：

1.禁用十岁以下的童工。

2.年龄的决定，与其根据出生的证据或他项文书的证明，毋宁依据明定的身高尺寸。

3.此条例施行后四年以内，须将年龄的限制提高到十二岁。

4.禁止用十四岁以下的童工，在任何二十四点钟的时间内，超过十二点钟以上的工作；每一个十二点钟内，必须休息一点钟；每一个十四天的作工时间内，至少要拿二十四点钟来休息。

5.禁止用十四岁以下的童工，作危险不安全的工作（如机器或场所含有危险性等），或于儿童有伤的严重工作。

6.在租界内暂不禁止童工的夜工，此事留待四年后再议。

7.设监察机关，违禁者查明处以惩罚或罚金。

北京政府所发布的条例，无监察的机关，无处罚的办法，而此则无此缺点。但租界内的外人行政机关，一方受资本（家）的驱使，一方复观望北京政府在江浙间如何施行其所发布的条例，一切皆是"以待来军"攘鸡办法。残民的北京政府和租界的外人行政机关，断乎不会施行为保护童工利益的行政的。为拥护这十七万三千二百七十二人的利益和免除他们的损害，非赖上海的劳工团体的本身不可，为帮助他们智能的发育、娱养的得宜，非赖上海的献身于无产同胞的青年团体不可。吾跻身在苏俄，目睹工人儿童的幸福、娱乐、教育，不禁想起这一班沦于黑暗生活中的十七万多的幼年群众。因特函述其要，愿贵报记者及留心社会的青年同志们，看一看你们的小朋友们的生活状况，是如何的悲惨，如何的痛苦，而设法一改进之，幸甚幸甚！余容续白。

守常　九月二十八日在莫斯科

（1925年4月《中国工人》第四期）

军阀官僚支配下之胶济铁路工人

复 元

一 团结的起源

胶济铁路在德管日管两个时代中，工人受了外人的虐待极有民族界限的抵抗，而阶级观念，却还薄弱。当胶济铁路实行归还中国之时，日本工人曾因回国失业问题及善后恤金问题，罢了一次工，结果，得着很大的胜利。因此中国工人脑筋内亦起了刺激，觉得工人不是没有势力，团结起来就是势力。所以接踵而起的，青岛一带四方工厂、港政局、水道部和电灯厂等工人，就合组了一个工业圣诞会。高密工人有一个储金赎路同志会；坊子工人有一个司机同人会；店工人有一个路业工会并附设一个工人俱乐部，济南有一个工人同志会，及德管时代一般失业人所组织的接收协进会。在此时期，看出工人团体有几种缺点：一无远大眼光；二部洛观念太深[①]；三投机色彩太浓。在这个工会组织不完善的时期。胶济路发现了大批工贼，那时各路工会，驱逐工贼的势焰最盛，胶济路简直成了工贼的逋逃薮。他们这般工贼在各路都是工头监工等地位，大半都饱受过工会的教训。这般工贼见胶济路工人团体如此之多而复杂，于是几个狡猾的工贼秘密协商

① 原文如此。

了几种破坏工会的手段:(一）专将各工人团体中的中坚分子提升或加薪，以消灭工人团体反抗的力量。(二）利用工人心理造出一种爱国的空气，谓“我们中国才将胶济路接收回来，大家都要好好的干事体，如果我们自己干不好，再让日本人藉口接收回去，岂不是太不好么”，因为工人屡次受德日交替的痛苦，此种空气，更大见效果。工人只拼命去做工，对于创办工会的热烈，渐渐消退下去。在此时期，工人内受败类之愚弄，外受京汉二七之影响。可怜，工人团体存在的只有一个四方方面的工业圣诞会，并且，还是一个神权的产物呵！工人势力，可想而知了。

二　压迫的开始

胶济铁路自经过这次内外夹攻以后，工人势力是更趋于散漫而不集中，工人的心理，又分出许多省及派别的界限。险狠的路局及一班工头工务员们更利用工人派别观念务使工人阶级只知互相倾轧而放弃向真正的敌人——管理局及一班工头工务员们抵抗。于是管理局方面知工人可欺，更大肆其压迫手段。对于工人之告假，除病假（须有医院凭单）、父母丧假及本身婚假外，其他事假，一概不准！一日不到班，便罚二日工资。日管时代之工人宿舍，概被工贼之私党占据，官煤一律取消，接年加薪概不提起，并另外订了许多苛例。工人由此虽渐渐觉悟了。因各路横被摧残，不敢轻于尝试。及至年终分配红利问题双饷问题（因为这是一年来，路局所藉为引诱工人之口号)。年终反无消息。至此，工人始愤不可遏！四方工厂首倡罢工，各段站亦将相继而起，卒以四方之五日间罢工，包围管理局。索局长，轰轰烈烈之奋斗，争到结果。——转年关发双饷并红利。因此，四方工厂之工业圣诞会，益成为管理局之眼中钉，日夜亟思解散或开除重要分子以减少其团结与奋斗力。与工会工人有郭绪荣者，系吴佩孚之秘书长郭梁丞的族弟，曾代表工会控告四方工厂厂长杨毅于洛阳吴佩孚之前。谋杀工人之吴佩孚此时用什么方法对待工人呢？他真险恶！他一方面对工人代表：“你们回去好生作工！本帅自有办法！”一方面即向管理局来电报云：“急速解散工会！”但在此时，管理局方面尚有投众忌器之想。即将郭绪荣由油漆匠而提升于工务及为桥梁监工。此时适值全国铁路总工会成立之时，该会曾派代表参与，该会代表并被选为总工会副会长。接着张店成立工业圣诞分会，此事被管理局方面侦悉，而解散工会之计划遂决定了。工人败类为管理局作侦探者日夜不离会所。终藉端于二月十五日（老君圣诞日）因该会演剧酬神之事而开除工人领袖四人，并逐出四方工厂工人宿舍外。此时，管理局方面更大造谣言，侮辱被开除工人领袖，麻醉工人心理，无所不用其极！近更用全国铁路总工会案，而波及于该路总分会，开除逮捕多人，总欲一网而打尽之！来日方长，压迫尚无宁日！恨哉！

工会虽受了这样的摧残与压迫，但工人团结心理，仍不稍懈，此次政变以后，胶济路工人，即亟起谋恢复工会，于本年二月，曾举行一次大罢工，结果使路局屈服，承认工人所要求的许多条件，罢工胜利以后，胶济路的分工会，相从成立，并于四方组织了总工会，已于前月正式开成立会了，似此工会前途发展，正未可限量，而工人对于支配他们的军阀官僚及帝国主义者，当尽力反抗云。

（1925年4月《中国工人》第四期）

资本家何等残暴！

石 夫

工人何等痛苦！

博山车站附近有一个轻便铁路。这个轻便铁路是专从黑山炭脉一带二十余井口运输煤炭下山的。这个铁路的轨道是从矿山的起点到下煤的终点倾斜而下，长约二十五里。运输的方法就是每两个工人跟随一辆车，去时全用人力推进，来时即顺着斜坡随车流转。全路工人共是一千余。工人的寄宿舍是什么呢？——上窝芦席棚的土洞。每一间屋大长方形的土洞约居三四十人。夜间这三四十人排在这地窖中排列下去，四围即无人能再插足！工人的工作时间是多少呢？——每人每天推两次要从早五点到晚八点。中午时可停止一两点钟。工人的工资是多少呢？——以每次车六十个子儿计算，每人要每天推两次才可得一百二十个子儿；这一百二十个子儿中还要送十余个给把头！工人每天要消费多少呢？——造饭要花五十几个子儿，因必须买公司里的贵面！咸菜四个子儿，烟卷六个子儿，每四五日要费一双布鞋……所余还有几何呢？——……衣服呢？……据居在工洞附近做小买卖的向我说：因为铁路在偏僻地方，没有女人经过，工人在夏天还可随便点，冬天来确就不得了……幸亏公司的“恩典”，礼拜日还给工作！天天就可勉强支持劳动力的基础——生命！但是设不幸遇着生灾害病呢？那就是死的日子到了。公司查得某工人生病，又无余积，赶快驱逐出境！——这是工人的生活情形。

还有工人工作时的生命的危险。这个铁路虽是倾斜而下，但并非一线路途中是有曲曲折折高低不平的。当铁车向下滑走到了倾斜的高度处，或转弯抹角处，往往有出轨或先后车相撞的事实发生。工人遇着这个机会即血肉横飞而死！这种惨剧在轻便铁道上至少每礼拜有三四次！每死一人还待公司考究致死原由，有时侥幸得二十元恤金。但白死了的也就不少了！更有一件令人摇头伸舌的事，就是公司于去年十一月间，已购买到了火车头，更想以蒸汽机来代替这“太贵的”劳动力，于是这一千工人中就有五百人被裁撤了！但对着这大批饥寒交迫的奴隶用什么方法可以裁撤呢？——开军队驱逐！家在东路的工人，即由军队压送张店遣散；在西南路的，即压送泰安遣散！

全中国的工人伙计们呀！试看我们工人处在一种什么奴隶地位呀！生活不得保障，生命常发生危险，连牛马都不如了，因为牛马尚不致这样任意被人召来遣去呀！没有人能援助我们，只有赶快大家齐心齐意地团结起来共同谋目前的生活的安全、生命的保障和最后的全工人阶级的解放，扫除一切压迫掠夺的阶级！

（1925年4月《中国工人》第四期）

徐典案的真相

林育南[1]

一、徐案由来　二月十七日，汉口租界车夫徐典，拉车经过鄱阳街，因为避让汽车，误撞英租界巡捕房第一百三十号巡捕，那巡捕登时大发雷霆，对徐典乱打，最后一脚，将徐典踢倒，再加上一脚，以泄其余愤，而徐典便人事不省了！徐典受伤以后，抬到天主堂医院，不到一刻，大叫数声死了！国际帝国主义的走狗，直接是打死车夫徐典，间接是奴视中国国民，特别是残害中国劳动阶级。

二、英国帝国主义之对付方法　英巡捕房得到了这个消息，急忙把那巡捕调回去，不许他外去，以图抵赖；一方则将徐典的尸首运出，打算悄悄的埋掉。不料事不凑巧，单单被几个车夫看见，大家不依，他只得赴地方厅去报验。检察官检验的结果，在左胁验出致命伤，该伤显系巡捕皮鞋底上的铁钉踢，当要求巡捕房调出巡捕，由证人石大贞（车夫）指认，巡捕房第一次调出数名，第二次调出数名，大贞认不出来，第三次便调出二十多名出来，大贞一眼看见凶手，遂指定一百三十号巡捕，并出具证人甘结，确系那巡捕打死。检察官当时要求引渡，英国巡捕不答应，后来听说车夫要罢工援助，到十八日才承认引渡；但另一方面密令各巡捕，拿捉车夫到捕房来，严重罚

---

① 文章发表时署名若愚。

金，以威吓车夫和预备作徐案的用途，因此在这几天之内，车夫所受的压迫比从前更加厉害了！

三、官厅的态度　这件案子发生了以后，官厅方面，不肯援助可怜的劳动阶级，更为不敢得罪洋大人，那是当然的情形，可不必说，然而汉口警察厅，并且通令各署，说怕内地车夫，以罢工援助徐案，务须一体防范，毋使风潮发生。果然号令风雷迅，各处警察，都武装起来了。这样看来，中国官厅，不特不敢得罪洋大人，援助劳动阶级；并且极端对洋大人献媚，来压迫劳动阶级。至于检察厅，当着这人证物证俱全的案子，还借口在侦查期间，不肯起诉，这个意思，当然是和警察厅的意思一样。

四、社会的愤激　徐案发生后，社会上于国际帝国主义这种很明的压迫中国人民的事实，当然认得清楚，于是大家都起来援助，如汉冶萍总工会、轮驳工会、汉阳钢铁厂工会、染织工会、武汉学生联合会、湖北外交委员会、律师公会、公团联合会等，均先后发表宣言；舆论界方面，也多极力援助；并且各方面进而主张收回租界，从这种主张中，便可想见其激昂慷慨的情形了。

五、车夫的进行　徐典死后，已经激成车夫的公愤，加之连日英捕对于车夫动辙严重处罚，每日被捕受罚的七八十人；重则罚洋一元，最轻也要罚五角，全体车夫愤不可遏，开了几次代表会，结果组织车夫工会执行委员会，对外发表宣言，对内散布传单，并推举代表向各界求援，再决定三月三日全体停工一天组织示威运动，并提出下列五条件，要求交涉署速向英领交涉，同时组织维持秩序委员会，维持秩序，指导游行。他们所提的条件：（一）中国官厅依刑律严办凶首，（二）英租界巡捕房厚恤徐典的家属，（三）英租界巡捕房即予革除虐待车夫的第九十五号，一百号及一百十一号巡捕，（四）租界巡捕，以后不能任意鞭挞车夫，（五）租界巡捕房，对车夫不得任意处罚，罚金最多不得过一角。

六、三日的游行示威　三日便是车夫工会预定示威的日子，是日大雨淋漓，不便游行，临时决定选举代表数十人，向交涉署请愿，行至英界三码头，突来英捕房武装巡捕和英国海军数十人，东冲西撞，鞭挞交加！结果捕去工人代表八人，将请愿团解散！未逾三十分钟，此讯已传到各码头车夫方而群情愤激，势不可遏，遂相率罢工，未二十分钟，租界以内，没有一辆洋车的踪迹了。

英捕房看见车夫罢了工，立即将海军全数调上，于大智门方面，架巨炮二尊，其余各隘口，均架机关枪，如临大敌！同时法日各国捕房，也采一致行动！更有不作美的特别区，也步武后尘，武装起来压迫本国劳动者！刹那间，文明的清明的租界，弄到一个野蛮的混乱的杀气冲天的战场了！

这件事在英国巡捕看来本不算一回事，在车夫方面，也没有什么。我由租界华街走过，曾听到处处车夫说："怕什么，我们横竖得不到活路，不如和外国人拼一个死活！"可是急坏了中国官厅！什么警察署长，处长都出面来调和起来了。并且对车夫代表说："无论如何，你们要救我们的面子！"车夫代表当提前述五条件之外，再加上释放被捕和赔偿损失两条件，并声明车夫的起初是代表请愿，没有罢工意思；罢工是英捕房激起来的。如果英捕房不承认车夫的条件，决不能上工，中国官厅答应三天之后答复条件，要求先上工，车夫代表要求即日答复，谈判遂没有结果，这是三日晚下的事。本日—四日—各署长，处长又找车夫去谈判去了，结果如何，俟再报告。

（1925年《中国工人》第四期）

告全体海员同志！

林伟民

一九二二年我们为要求加薪总同盟罢工，经过五十六天之久的奋斗，因海员团结坚固的力量及工人阶级的一致行动。终于战胜了我们的敌人——英国香港政府及资本家。这次罢工很值得东方被压迫民族及全世界工人阶级注意。我们知道，一八四二年，英国帝国主义者用兵舰用大炮，打破了广东，强迫中国订立不平等条约，以便英国资本家侵略中国人民，并且霸占香港做英国资本家的殖民地。从此以后，各国都跟着英国打进中国来，资本帝国主义的势力在中国一天强大一天。他们的目的想把全中国的领土都变成他们的殖民地，全中国的人民都变成他们的奴隶。中国人民受了这种压迫，当然要起来反抗。一九二二年的海员罢工，乃是中国工人阶级第一次起来反抗资本帝国主义的压迫。在这第一次的反抗运动中已经表现了中国工人阶级团结的力量。这次罢工胜利的影响，使全中国的劳动运动兴起，使全中国的工友知道阶级团结的必要，知道只有我们自己团结起来才能与压迫我们的资本帝国主义奋斗，保护我们自己的利益。

但是我们第一次罢工的胜利已经是过去的事了。近年来帝国主义者压迫全中国人民尤其是我们工人，比较从前更加厉害了。我们还记得在我们罢工胜利之后，一九二三年英国帝国主义的走狗吴佩孚怎样惨杀京汉铁路工友。去年香港政府怎样帮助商团惨杀广东的工农群众，各国兵舰怎样在广州恐吓孙中山的革命政府。看呐！全体海员同志们，现在香港政府及船东又要破坏我们的条约了！帝国主义的强盗从前用大炮强迫中国与他订立种种不平等条约压迫中国人民，现在又利用军阀强迫中国尊重他们藉以压迫中国人民的这些条约，而他们自己却破坏我们为反抗他们压迫，保护自己利益，由罢工辛苦得来的条约。这样强横无理的压迫，我们能忍受么？准备呵！同志们，我们十余万中国海员，要准备起来拥护我们前此罢工所得的胜利呵！不许英国香港政府及船东资本家破坏我们的条约！要达到这个目的，全靠我们自己团结力量，全靠我们海员同人继续一九二二年罢工的奋斗精神。

同志们！在我们罢工的三周年纪念日，我们印行这本小册子，只宣布近来香港政府及船东破坏条约的事给大家看，不讲什么别的庆祝的话，为的是帝国主义者仍然压迫我们，要把我们罢工的胜利品夺去，我们还要更坚固的团结起来，准备反抗呀！我们要得到最后的胜利，还要继续不断的努力奋斗呀！

一九二五年三月五日

（1925年4月《中国工人》第四期）

敬祝第二次全国劳动大会

张国焘[①]

将于五月一日在广州举行之全国劳动大会，实为全国工人所应注意的事件。中国工人从来没有全国统一的组织，民国十一年之第一次全国劳动大会，曾有全国工人一致联合的表示，但是没有达到具体的全国统一组织；这次全国劳动大会，当然是谋全国工人更密切的结合和共同的奋斗。全国工人密切的结合和同一目标的奋斗，为全国工人所最需要的，因此这次大会对于各个工人的争斗都是很重要的。

这次大会是由中华海员工业联合总会、全国铁路总工会、汉冶萍总工会、广州工人代表会四大工会发起召集的。现在全国有工会组织的工人不过二十万人，但是这四个发起全国劳动大会的工会却有十万以上的会员。而且由这四个大工会所召集之全国劳动大会，全国各工会必能派代表到会，所以这次全国劳动大会是个真正代表全国有组织的工人的大会。这样一个真能代表全国有组织的工人的大会，必能产生重要的结果，这是我们敢预言的。

现在全国职工运动正在复兴的时期中：北方及中部各工会均次第恢复，上海、汉口、山东各处均发生热烈的罢工；南方海员亦正在准备新的斗争，所以全国劳动大会是在职工运动复兴中开会，即是在全

① 文章发表时署名张特立。

国工人热烈争斗复兴中开会，换句话说，此次劳动大会，是职工运动复兴的产儿。因此这次大会必是一致团结、一致奋斗的最高表示；换句话说，即是这次大会必能表示全国工人共同奋斗的精神，具体的密切结合。而且在这次大会以后，必定更能促进职工运动，从此职工运动必能迅速的依轨发展，这也是我们敢预言的。

全国工人们！我们——中国的工人——很了解这次劳动大会的重要，对于这次大会有许多的希望。我们希望大会成功，因为这是工人阶级争斗上所必要的成功。而且我们希望大会要在下列的几点基础上成功。

（一）职工运动主要目的之一，是改良工人阶级目前生活条件；中国工人阶级所最深切感受的痛苦也是经济痛苦。所以大会必定要团结全国各工会，手携着手，从此缓急相通，患难相助；这是使各地各种工人能以全国工人的势力为后盾，解决各自的切身痛苦。进一步说，最重要的经济痛苦，并不是某地某种工人单独的问题，乃是全国工人共同的问题。所以大会要注意全国工人普遍的痛苦，如最低工资之制定，八小时工作制之获得；并须用全国工人的伟大团结力奋斗力才能争到的。而且只有大会才能发动和指导全国工人实际进行这种奋斗。

（二）由世界各国劳动运动的经验看来，不是资产阶级剥削工人阶级，就是工人阶级打倒资产阶级，这两阶级是决没有调和妥协之可能的。不断的阶级斗争，便是达到打倒资产阶级的惟一方法。除非打倒资产阶级，工人阶级进于夺得政权，是没有方法解除工人阶级的经济痛苦的。因此中国工人阶级为负担历史使命起见，为获得真正解放起见，应以打倒资产阶级，夺取政权，以达于全人类解放之社会为最终目的。这是历史上有价值的第二次全国劳动大会必须毫不游移的认定的。我们既然有了最终目的，我们还要审查中国实际情形。中国是被列强侵略的半殖民地，也是被封建军阀宰制的国家；所以目前压迫中国工人最厉害的敌人，是在中国握有无上实权的国际帝国主义者和与他们勾结的军阀，所以每次屠杀工人、封闭工会、摧残罢工的事件，不是由帝国主义者直接下手，便是由帝国主义者勾结军阀下手。因此中国工人阶级在目前的奋斗中，是要打倒直接间接摧残工人的国际帝国主义和勾结国际帝国主义摧残工人的军阀，为初步解放的目的。但是这个初步解放也是最重要的，须先打倒了这两种最厉害的敌人，才能进而达到最终目的。然而打倒国际帝国主义和军阀的运动，并不是工人阶级单独的运动，乃是全民族最需要的运动，这种运动就叫作国民革命运动。所以国民革命运动之发展，工人阶级应与有民族觉悟的革命分子同负其责，为工人阶级达到最终目的之初步奋斗方针。

（三）工人阶级是有特殊争斗的，国民革命运动成功，工人阶级不过达到初步解放的目的；所以工人阶级的运动决不就此中止；同时工人阶级是有独立阶级组织的，在政治上在经济上都有独立的成系统的争斗的。所以工人阶级为国民革命运动之一成分，须在国民革命运动不违反工人阶级利益的条件之下，和不丧失工人阶级运动独立旗帜之下。反过来说：违反了工人阶级利益的国民革命运动便不是工人阶级努力的运动；在客观的事实说来，也不是真实的国民革命运动，因为工人阶级事实上是这一运动的主要成分。工人阶级只有在上述的条件下，实际担负国民革命运动的使命。目前实际发展全国工人阶级国民革命运动，或须以争自由的运动为主干；因为自由是工人阶级最需要中的需要，也是全民族的最需要。而且争自由的运动事实上可以在全国人民中发展出来，可以用为攻打帝国主义和军阀的最切近的口号；自由的获得又为攻打敌人和发展职工运动的根本条件。

（四）中国的劳动运动，决不能单独达到劳动解放，因为中国劳动运动是整个国际劳动运动的一部分。这就是说国际帝国主义，非有各国工人向他攻击，决非中国工人或中国民族所能单独打倒的。西方工人攻击国际帝国主义更为有力，中国工人和全民族便更容易脱离他们的压迫；中国工人和全民族攻击他们更为有力，西方无产阶级的革命也是更易成功的。所以中国工人和世界各国工人在客观的条件上，实是捆绑在一块，有一个共同的敌人，共同的奋斗目的，共同的命运的。愈能互助，愈能密切结合，愈易打倒敌人，达到共同需要的解放。所以中国工人要与世界各国革命的工人，密切的联合起来。这种联合的形式，就是由全国工人的总组织加入赤色职工国际。

（五）现在农民运动也渐渐的兴盛起来了，最近广东农民运动实有可惊的进步，农民和工人在国民革命运动中和在种种要求解放的运动中，好像是左右手一样；而且在工人阶级努力全人类之解放时，是良好的伴侣。农民占中国人口百分之七十五，所以中国工人尤其不得不与农民密切联合。因此这次大会须与农民运动建立永久的共同奋斗的密切关系。

（六）为实现上述的各种方针起见，大会必须整理全国工会组织的系统；须使各种产业工人组织于整个的产业组合之下，此种组合数目愈少愈好，愈集中愈好；并须使所有市镇手工业工人，组织在统一的市镇工人组合之下，此种组织须以市镇为单位，由市镇而县，由县而省，由省而全国的种种层次团结起来。这种组织在积极的方面须是阶级的组织、斗争的组织和阶级教育的组织。在消极的方面，要铲除一切黄色的工会、冒牌的工会、流氓侦探的工会、资本家和包工头的工会，按地域界限组织的工会以及种种工贼分子；并要改造旧式的行会或公所。

这次全国劳动大会势必产生全国工人的总组织，这是我们敢断言的。惟有根据上述这些基础点产生的全国总组织，才是真能担负全国工人阶级历史使命的集体；也是能为全国工人奋斗的有力机关；更是全体中国工人需要的团结。

这次大会又在五月一日举行，五月一日是万国工人示威的日子。我们相信大会在五一举行，将更能促动全体代表和全国工人的革命热情。大会亦必能对于五一为极彻底的表示，使五一运动成为此后中国工人的有力运动。

在五月一日这一天，全国工人的热情都会向着广州大会发露出来，必定充满了希望的、赞美的、庆祝的、拥护的意思。我们也谨以这些简短的意思，敬祝全国劳动大会成功——中国工人阶级的成功。

全国劳动大会万岁！

全国工人大团结万岁！

（1925年5月《中国工人》第五期）

五一纪念与共产国际

瞿秋白

五一纪念是各国无产阶级的国际日。这是什么意思呢？——无产阶级的解放一定是世界的；一定要全世界各国无产阶级共同团结起来，才能推翻世界的资本主义，工人阶级才能得到最后的胜利，完全的解放。一八八九年的时候，各国社会党的总联合机关组织成功——就是所谓第二国际，便议决定五月一日为国际日，这一天各国工人全体罢工一天，表示无产阶级的团结力，表示各国工人能一致齐心，要求八小时工作制。一八八九年的前两三年，美国工人便有这一提议的，到一八八九年第二国际成立，算是实现了五一的国际运动。

由此看来，我们知道五一纪念有两个意思：（一）各国工人同日罢工示威，要求八小时工作制；（二）各国工人要求国际的联合组织，真正的一致团结。

第二国际三十多年的运动，是否符合这两层意义呢？第二国际里的各国社会党，虽然决定了要求八小时工作制，可是他们始终不肯实际上去进行革命运动。欧洲大战以前，各国社会党改良派只想用和平方法，恳求资本家实行八小时制。欧洲大战以后，这些改良派社会党居然捧着美国总统威尔逊的国际联盟，说这“资本家政府的国际联合会”会改良工人的待遇，会实行社会政策，会教各国政府不压迫工人。于是由各国资本家、工人及政府三方面，召集了一个华盛顿的世界劳资会议（一九一九年）。当时议决各国实行八小时制——唯有中国、日本除外，说中国有特别情形，工人应当做十小时的工作。这样一来，第二国际的各国社会党便高呼起来，说五一运动的目的达到了。事实上呢，各国政府和资本家至今也不肯实行八小时制，他们串通了改良派的社会党，欺骗工人的。不但如此，过不了一年（一九二〇年），各国工人已经做八小时工作，或九小时工作，反而要增加起时间来。

再则，第二国际的成立，虽则和五一纪念的发起同时，可是各国社会党并不真心组织国际的工人阶级。欧洲大战，本是各国资本家的战争，若说第二国际的各国社会党，真是代表世界工人的联合，那么，欧洲大战发生的时候，他们应当引导各国工人联合起来，反对战争，各国工人应当趁此革命，各自去打国内的资本家，决不应当帮着自己的资本家去打别国的工人。——本是打仗起来，在战场做炮灰的，原是工人和农民，不是资本家，资本家是不会去当兵的，他们只想拿工人、农民去做炮灰，打胜了自己享福。然而各国社会党居然帮助资本家宣传，说工人应当保卫祖国，说欧战是主持人道正义的战争。这样一来，第二国际简直完全破产，完全丧失了三十年前提五一国际纪念的精神。

只有俄国革命之后，各国共产党发展起来，组织了共产国际（第三国际），才真正恢复那五一纪念的国际主义。

共产国际里的各国共产党都认定革命的方法，必能推翻资本主义，必能实行八小时制。所以年年五一纪念，共产党引导各国工人示威罢工，都指示出革命的道路：要各国工人自己团结一致，组织成一个整个儿的阶级斗争的队伍，反抗资本家，才能争得到八小时制。恳求政府，恳求资本家的方法是决没有目的，非革命不可。俄国共产党革命成功了，工人自己组织了政府——八小时工作制才真正实行，规定在劳动法上，无论甚么厂主资本家，都不能违背。现在全世界只有俄国（苏联）一国实行了八小时工作制——就是因为只有俄国一国工人革命得着了胜利。

共产国际的组织，亦就是真正统一的世界的工人阶级的政党。共产党不但反对资本家的战争，并且认定要实行工人阶级反抗资本家阶级的战争。共产国际真正力争全世界工人团结，所以五一国际纪念的精神，只有共产国际能代表。

如今各国社会党，各国改良派的工会还是存在，还在天天欺骗工人。他们看见自己的改良主义破产了，革命的共产党发展起来了，实在害怕得不得了。为什么呢？因为共产党的革命的国际主义发展，资本主义便要倒了，原来他们都是资本家派到工人阶级里的奸细，所以要这样害怕。他们因为害怕，所以竭力排斥共产党，开除工会里的共产党党员。世界的资本家现在正向工人进攻；共产党请他们来共同反对这种进攻，他们都托故推辞。所以现在共产国际及各国共产党都向工人群众说：凡是工人都应当联合起来，反对资本家的进攻，世界各国工人的统一战线！各国改良派的社会党却要排斥革命派的共产党，破坏工人阶级的统一——这实是帮助资本家的行为！

所以我们在五一纪念——世界无产阶级同时示威罢工，要求八小时工作制，表示工人的国际团结力的日期，应当力争："世界工人的统一战线"。

推翻资本主义！

推翻资本家奸细的改良派！

世界工人统一战线万岁！

共产国际万岁！

（1925年5月《中国工人》第五期）

劳动运动复兴期中的几个重要问题
——贡献于第二次全国劳动大会之前

邓中夏[1]

自从第一次全国劳动大会开过以来，到现在已经整整的三个年头了。开第一次大会的时候，正是中国劳动运动发生第一次高潮的时候，所以那一次大会，影响所及，更使中国劳动运动更激成奔腾澎湃的怒潮，震撼一世，莫之与惊了。不幸九个月后，京汉“二七”惨变发生，而劳动运动为之一落，全国工人阶级几乎全取纯粹的退守态势。随后虽随时因利乘便，企图改守为攻，究因外界的强暴压迫太甚，终未能恢复旧观。去年北京政变以后，直系军阀势力颠覆，新兴的军阀还在相持之中；帝国主义者亦因政局之变化，而相互间发生冲突的现象。在这时，劳动运动确已进入一个复兴的时期，又有开始第二次高潮的可能。现在上海纱厂罢工、胶济铁路罢工、北京印刷罢工、武汉人力车夫罢工和烟草工人罢工，以及北方铁路工会之恢复，南方海员新斗争的准备，都是这第二次高潮潮信的预告。所以第二次全国劳动大会召集之不容缓，已是明明白白的不用说了。这个第二次大会，确实是一个中国最神圣最光荣超越一切的会议，比之军阀分赃丑声四播的什么善后会议，真是有一朵金花和一团狗屎之别了。我们在这第二次大会里面，自然要把这三年中间一切丰富的经验，大家检

① 文章发表时署名中夏。

查一下，同时我们亦应该将各种运动的重要问题，给全国工人阶级一个完满精密确定的规定与指导。

鄙人不敏，且把我个人的见解，写在后面，贡献于大会之前。

一　组织问题

在我们这次大会第一个要讨论的重要问题，不用说是“组织问题”。

大家都知道，资本家是最少数，我们工人是最大多数，但是我们向资本家反抗奋斗，往往是我们失败，资本家胜利，这是什么原因呢？旁的原因固然有，而最重要的原因，还是我们没有组织，或者组织不好。

这是有许许多多的实例可以证明的。虽然也有没有组织偶然战胜资本家的事件，但是确系侥幸得来，不足为法；因为乌合之众，虽然有时用迅雷不及掩耳的手段，吓得资本家手足无措，不得不容让屈服，但这种“纸老虎”，以之吓“暴出河”的资本家有时或能生效，若以之吓“老精怪”的资本家那就碰上钉子要倒霉了。上海洋资本家开设的工厂，所有罢工，十次就有九次失败，就是因此。所以我们人数虽众，我们如不紧紧的组织起来，组织得像军队一样，那么向资本家作战，是没有用处的。所以组织问题是我们当前第一个重要问题了。

这里分三段来说明。

（一）组织的性质与作用——首先要弄明白的，就是我们的组织，决不是什么同乡的组织，也不是什么帮口的组织，他是一个阶级的组织。只要是卖劳力赚饭吃的工人，便是同一阶级，便应该不分籍贯、性别、老少都组织在一起，因为同一阶级的人，所受的痛苦是一致的，要求的利益也是一致的。并且这个组织是一个斗争的组织，显明些说，它是为了工人阶级的利益向资本家作战的组织。只有我们的组织发展与坚固，才能战胜资本家，才能使我们的利益之获得并保障。我们并且要从此种组织去促进我们所有工友更深切的觉悟力，去训练我们所有工友更勇决的奋斗力，在另一方面，故这种组织又是教育工人群众的。

（二）组织法的原则——组织法的原则有两种：一种是“产业组合”。什么叫做产业组合呢？比方一条铁路，是一个产业，所有机务处、车务处、工务处、养路处等等，都属于这一个产业。在这铁路产业底下做工的人，不论是在那一处，开车升火也好，打旗挂钩帮札也好，修车擦车也好，火车上卖茶的也好，车站上帮运的也好；总而言之，都要组织在一个铁路工会里，这就叫做产业组合。其他可以类推。一种是“职业组合”。什么叫做职业组合呢？比方机器匠是同一个职业，于是各个产业中把机器匠这一部分的工人，分了出来，不论是在那一个工厂，铁路上的机器匠也好，轮船上的机器匠也好，纱厂里的机器匠也好，自来水厂的机器匠也好，造船厂的机器匠也好；总而言之，都组织在一个机器工会里，这就叫做职业组合。其他可以类推。

我们现在把两种组织法的得失来比较一下。（一）产业组合可以使工人团体的势力扩大而统一，因为他是以产业机关为本位的，并且是以产业类别而有全国组织的。反之，职业组合则完全相反，因其每一产业机关里的职业，少者数种，多者数十种，那么以职业来区分，不是每一产业机关要组织数个或数十个工会吗？虽有以职业谋全国组织者，但是新式产业发达的结果，资本家的营盘（产业机关）是整个的，我们却由整个中划分出来，零零碎碎的结合，这不是破坏工人的营盘吗？何能损坏资本家势力之毫末！（二）产业组合可以致资本家的死命。比方罢工，假如是一个产业机关全体工人一致动作，资本家把他没法。反之，职业组合又与之相反。比方一个厂，有一部分罢工，有一部分不罢，资本家便可以操纵于其间，消极哩，不理；积极哩，开除。即或不罢的一部分工人后来也起而援助，同情罢工，但是晚了，资本家已布置妥贴，施以小计，便可把我们的战线破坏无余了。（三）产业组合可以消除工人间之等级。因为厂中有熟练工与不熟练工之分，然而产业组合则不分熟练与不熟练，只要是卖劳力赚饭吃的工人，便组织在一起，所以不致再有等级发生。反之，职业组合却恰恰相反。熟练工组织在一起，不熟练工组织在一起，他们两者的工钱与地位是不同的，自然发生熟练工瞧不起不熟练工的坏现象。不熟练工依然是工人本色，依然谨守阶级战线，而熟练工却变成了工人中的"贵族"了，却离去工人地位而附属于资本家甚或为资本家的走狗了。

产业组合比职业组合好，即如上述。但是职业组合在目前在有些地方亦有相当的用处。如手工业中就可采用他（裁缝店、理发铺、泥水作……等）。因为手工业的小工厂作坊采用职业组合，是没有害处的。并且可借此去改善那些"行会制度""公所制度"，引导他们从原始组合到阶级组合来。总结一句话，新式工业是绝对宜于采用产业组合的，若手工业亦可采用职业组合。若新式工业里亦用职业组合，直接是破坏产业工人整个的势力，间接是帮助资本家，那是我们要彻首彻尾的觉悟的。凡新式工业中之已采用职业组合者，要赶快改变过来才是。

（三）组织的系统——一个军队，三班为一排，三排为一连，三连为一营，三营为一团，二团为一旅，二旅为一师。为什么要这样？因为这样才便于指挥，才能够和敌人作战。资产阶级便是我们工人阶级的敌人，他们一天不倒，我们一天受苦，所以我们要不断的和他们作战。我们亦是一个阶级的军队呀！假使我们的组织系统，不与军队相仿，那么何从指挥呢？何从指挥去和资产阶级作战呢？我们因受不了暴虐的待遇，无情的压迫，天天高叫“打倒资本家”，如果组织不严明，不是放空炮吗？

工会组织的系统应该是这样：“支部”设一“干事会”；“干事会”之上有“工厂委员会”，“工厂委员会”之上有工会“执行委员会”，便成为某个产业机关的工会。再由此地彼地同一产业的工会，组织全国某产业总工会“中央执行委员会”。

“支部”为基本组织，也叫做基本单位。依工作部分而分（如纱厂之粗纱间、细纱间、摇纱间、打包间等；铁工厂之车床部、打磨部、翻砂部、锅炉部等）。支部之下，可组织若干小组。人数不必拘定，少则五人，多则十人，均可（类似十人团）。由各支部下之小组代表大会（他是该支部之最高机关）选举三人组织支部的“干事会”，执行某一间或某一部的各项公务。由各支部代表大会（他是一厂的最高机关）选举五人或七人组织某厂“工厂委员会”，执行这一厂的各项公务。再由各厂代表大会选举七人或九人组织某产业工会的“执行委员会”，执行这一个产业机关的各项公务。更进一步，由此地彼地同一产业的工会代表，召集全国大会，选举若干人组织全国某产业总工会的“中央执行委员会”，执行全国某产业的各项公务。

这里对于“支部”的作用须得解释一番。“支部”这样东西他在组织上是有严重的意义，我们不可忽略看过的。因为新式产业的工厂里每一工作处是他的单位，我们就在每一工作处组织一个支部，这个“支部”便是工厂的核心。其职能有数种：（一）“支部”是工会的基础。只有支部组织好，然后上层构造的工会才不至于发生动摇；我们看见许多工会或是软弱无力，甚至逐渐解体，就因没有做建立基础——组织支部这一步工夫哩。（二）“支部”是训练工友的养成所。全体大会因客观情形之限制，是不容易开的，所以使个个工友都得着训练的机会，只有支部有可能，因为每日同在一处，人数也不甚多，所以开会是轻而易举的。（三）支部是便于战斗的武器。发生大罢工，固然要靠各支部羁勒部伍以听工会之指挥；如发生小事件，此小事件又仅限于每一工作部分（如管工打人或开除一二人等事件），那就犯不着小题大做，举行全厂大罢工，只由支部当工友入厂的时候，向工友说明事实，并决定本工作处举行若干时的罢工或怠工，这种威力是可制服资本家的。这种手续也不要多少预备，只数分钟便可以实现。所以“支部”在组织上占有极重要的地位。他不仅在工会公开的地方应该进行，就在严重压迫的地方亦极其适用。因为在严重压迫之下，工会即令不能进行，然而支部是潜伏于一工作份的小组织，可以避免厂家的压迫；即使厂家发现了这种组织，亦不能消灭全部，除非工厂倒闭或将全部工人开除，才能消灭全部。

关于组织的系统，我们还有两点要说：

一是“地方组合”，就是不论你是那一个产业的工会，只要是在一个地域内，都得联合起来，共同组织一个某地方的“工团联合会”。二是“全国组合”，就是不论你是那一种产业的总工会或那一地方的工团联合会，只要是在一个国境内，都得联合起来，共同组织一个某业的“全国总工会”。

工人阶级要有地方组合和全国组合的理由，是很明白的。“团结即力”是我们唯一的信条。我们团结，不能存狭隘的眼光，以为只团结某一个产业机关的工友就满足了，我们还要扩而大之，扩大到一个地方的团结，更扩大到全国的团结，并且要扩大到全世界的团结。因为资产阶级是整个的，我们工人阶级亦是整个的，我们如要推翻整个的资产阶级，那么我们须有整个的工人阶级的团结，才有可能。你不看见资产阶级方面的组织吗？不仅一个公司的组织是很严密的，他们还有地方的全国的世界的组织。比方上海，纱业一项，日商华商各有“纱业联合会”，其余类推。此外各业联合组织的，外商华商各有“总商会”，各国联合组织的，又有所谓“万国商会”。工友们！试想：他们这样的严密组织，用这样严密组织压迫我们，我们已是难以抵抗，况且他们还有国家、政府、法庭、警察、军队，种种的组织，来重重压迫我们，我们如不有大规模的统一组织，以与之对抗，以与之搏战，试问我们工人阶级那能战胜资本家而得到解放之路呢？

我们这次大会，讨论组织“全国总工会”是绝对必要的。我以为决定这次大会成绩有没有，头一件便看“全国总工会”成立不成立。至于全国总工会的组织法及章程，我此地不能细说了。

二　经济斗争问题

其次，我们这次大会应该讨论的重要问题，就是“经济斗争问题”。

在帝国主义和资本制度没有根本推翻以前，工人阶级的经济问题是不能够得到圆满的彻底解决，这是我们大家一致确信而无疑的。但是我们在此时亦应尽我们所有的力量，为经济生活的改善而奋斗，奋斗到帝国主义和资本制度根本推翻为止。

我们现在提出经济斗争的几个大的目标来：

（一）八小时工作制——四十年来，欧美工人阶级即为八小时工作制而奋斗；至欧战后，资产阶级为缓和无产阶级革命，曾在所谓“国际联盟”里，规定各国皆采用八小时工作制；独日本与中国说是有特别情形，规定十小时工作制。什么特别情形呢？真是日本、中国工人的身体比欧美工人格外强健些，可以做十小时工作吗？不是的。不过因为中国、日本工人的组织没有强盛，革命的潮流没有高涨，他们以为可欺，这就是所谓特别情形罢。可恶呵！不仅八小时工作制不能行，就是十小时工作制又何曾做到。请看国内工厂普通不是十二小时以上的工作吗？甚至还有十八小时的工作哩。而且都是整天的站立着作工。

孩童与妊妇亦然。一个人做了十二小时以上的工作，其疲倦辛苦何如？无怪工人要得脚肿病、肺结核病了。无怪工人死亡率要逐年增进了。至于工人因工作时间无教育、无娱乐，犹算小事。所以我们经济斗争之第一要事，就是要求八小时工作制。

（二）最低度的工资——中国工资至不齐一，大概的标准是这样：粗工：纱厂每月平均九元，钢铁及机器十五元。精工：纱厂每月平均十六元，钢铁及机器二十五元。女工童工，其工资更为低下。由此可知中国工资比世界任何国家为少。以日本资本家所办的纱厂做个例：在日本国内的纱厂工资，平均男工日币一元五十四钱六厘，女工一元二十二钱五厘。在中国境内的纱厂工资，平均四十九钱五厘，女工四十六钱一厘。日本一工可在中国雇佣三工有零。中国工资如此之低下，何怪洋资本家不在华遍地设厂呢？当此百物腾贵，十年以来，物价均超重过数倍以上，然而工资并未增加，独身工人所得工资已有不能糊口之虞，若五口之家更何能免号寒啼饥之苦。所以我们经济斗争之又要一事，就是要各地斟酌生活程度，规定一个最低的工资率来，资本家雇用工人，工资最低限度不得少于此数。

（三）反对一切虐待——中国境内不论是洋商的或华商的工厂，厂家对于工人待遇异常残酷，克扣、罚工、非刑拷打、开除……种种暴虐行为，罄竹难书。工人的身体既遭荼毒，工人的人格亦被侮辱，言之伤心，思之下泪。工人出卖劳力而吃饭，竟受此惨无天日之虐待，真奴隶牛马之不如。所以我们经济斗争之又一要事，反对一切虐待，务要将厂中不合理之管理苛章与无人道之管工人员，尽行撤废及驱除。

（四）女工童工生活的改善——资本家之喜用女工和童工，自然是因为他们工资极低，可以多得利润；体力较弱，可以任意欺负。女工和童工在工厂中的苦况，除掉受男工一般的苦楚以外，还有其他不可计数的痛苦。工资比男子成年工为低，而工时却是一样，此外女工遭管工之调戏侮辱，妊妇之无休息时间，不准携儿入厂哺乳；以及童工做笨重工及危险工，不仅妨害身体发育，而且危及生命安全。所以我们经济斗争中，女工童工生活的改善，亦为必要。做同样的工作，必加至同样的工资，其厂中并应为女工、童工设置特别之设备与教育娱乐等机关。十六岁以下的童工，只能作六小时工作，工资仍旧。

（五）劳动保险——劳动保险的范围，有健康保险、残废保险、失业保险、老年恤金、死亡恤金及遗族恤金等种种。试问中国工厂有实行者否？我们经济斗争，对此点亦宜注意，应限令资本家对于工人因工作上及其他故障，不能作工的时候，给以经济上的补助，以维持工人本身的疗治和生活，并减少工人家属生活的困难。此项保险金或抚恤金皆应由资本家完全负担。

以上为我们经济斗争之较大事项，其他暂缺不录。但是我们怎样去达到这些要求呢？据历来的经验与教训，磕头请愿是无半点效果的，惟有靠我们的组织力，利用时机实行罢工或怠工的手段，才能强制资本家屈服承认而执行。

至于互相援助的方法，则第一次大会“罢工援助案”所定者虽然简约，还可供参考。兹撮录于后：

> “（一）凡遇某地某工会发生罢工时，应设法通知全国各工会；或即以现在的中国劳动组合书记部担任通讯义务（按：此项条文现在当然要全改）。
>
> （二）凡某地某工会知道别处有罢工事情发生时，即通知各会员干下列各事：（甲）一处罢工，所有工人均不受该处东家之雇请；（乙）派人慰问或通讯慰问；（丙）派人帮忙办理事务；（丁）捐助经费以维持罢工伙食；（戊）如东家势力强大，不易压服，则举行相当程度之同情罢工。”

末了，我们须得郑重一说的，就是一个经济斗争，同时也是政治斗争。我们千万不可专为经济斗争的狭隘意义所囿，而忘记了政治斗争。须知经济问题与政治问题有绝对之关联，如政治问题未解决，经济问题绝对没有解决之可能。所以我们须把经济斗争接连着政治斗争乃有意义。这是我们不可一时忘记的。

三　争自由运动问题

再其次，我们这次大会里要讨论的重要问题，应该是“争自由运动问题”了。

我们工人没有自由的痛苦，真是罄竹难书。中国的临时约法，明明规定“凡是中华人民”的种种自由权，我们工人却被驱逐于“中华人民”范围之外，是不能享受的。你看，商人可以组织商会，银行界可以组织银行公会，教育界可以组织教育会……总之，什么人都可以组织会，只有工人不可组织工会，不是禁止，便是封闭。又看，官厅的小官僚可以罢官，学校的教职员可以罢课，甚至警察也可以罢岗……总之，什么人都可以罢，只有工人不可以罢工，不是捕人镇压，便是派兵打散。此外如开会、言论、出版，都是一样，只有工人没有自由。不但如此，他们还定了什么罢工刑律，什么治安警察法，以及什么取缔工会的种种条例，唯恐其不多，唯恐其不密。重重网罗，啼笑皆罪，你看压迫阶级是何等毒辣横暴呀！

我们历年来所受不自由的痛苦不少了，我们自“二七”以后更感觉着自由是我们的第二生命。因为没有自由，便不能使工会发展；没有工会，便不能取得和保障经济利益。所以自由是工人阶级所急切需要而不可少的东西，简直和菽粟水火一般。

有些朋友，以为去年北京政变，“直系军阀吴佩孚倒了，我们的敌人去掉了，我们从此可以自由了，北方不是逐渐恢复了工会吗？各处罢工的运动不是多半得了胜利吗？”其实这不过是这些朋友久困复苏后一种直觉的快感，而事实却不是这样。事实是怎样呢？直系军阀的势力诚然颠覆了，杀我们的刽子手吴佩孚诚然倒了，但是我们在此时能够稍为发展，不过是继承的军阀尚有剧烈的冲突，帝国主义在华势力亦发生新的变化，而国民革命势力亦有相当的增进的原故。但是奉系军阀张作霖、安福军阀段祺瑞，以及其他新兴的军阀，能够好过于吴佩孚吗？帝国主义相互间在中国政治上的政策尽管冲突，而对于民族革命势力特别是工人阶级的势力之伸张，是他们所能容忍的吗？我们真自由了些吗？请看上海日本纱厂大罢工，奉系军阀的爪牙（上海警察厅）是如何帮助外人压迫同胞？英美帝国主义的报纸和巡捕房是如何帮日本压迫中国人？工友们！我们仍旧没有自由呵！我们仍然要继续“二七”争自由的壮举而奋斗而牺牲。我们争自由的大目标是三个：

（一）组织工会的自由；

（二）集会言论的自由；

（三）同盟罢工的自由。

我们怎样去争得这些自由呢？我们这次大会应该有明确的规定。我以为下列几项是必要的：

（一）定“二七”为中国工人争自由的纪念日。“二七”之役虽是京汉路为成立他的总工会而起，然而他确是争自由的开始，确是为全国工人争自由的壮举。应规定为中国工人争自由的纪念日。每年在这一天全国各地应举行广大的示威运动，一方面追悼为我们争自由的死者，一方面提出争得自由的呼声向政府严重警告。

（二）要求政府废除罢工刑律及治安警察法。可以联合各界表同情的人士共做。北京曾发生了过“废止治安警察法运动”，我们要连络各地各界做此项运动，同时并举。

（三）参加废止出版法这一类的运动。上海租界还有印刷附律，华人全体反对，我们亦应表同情并参加之。因为这些东西虽不为工人而定，然而于工人自由的剥夺，是与各界一样的。

（四）反对政府制定什么工会条例、工人协会法以及工会规程（湖南有）这一类束缚工人自由的法律。因为政府制定对于工人的法律，不出两个大原则：一、根本不愿意纯粹工人的团体成立［如会员要劳资合组或工人与高级职员（资本家的爪牙）合组之条款］。二、成立的可以随意由政府取缔和解散。所以这种法律有不如无。

（五）政府如制定劳动法或保护劳工法时，须准全国各地总工会代表出席，共同订定，否则，绝对无效。

（六）如政府制定何项选举法时，我们工人应发起争选举的运动。因为争得选举可以使我们的代表出席，可以将我们取得自由及改善劳动条件的议案提出，可以揭破压迫阶级的黑幕并监督其行动。此次军阀的善后会议通过之国民会议条例，不依孙中山先生之职业选举，我们不能承认。

四 参加国民革命问题

这里还有一个很重要很重要的问题，就是“参加国民革命问题”，我们这次大会应加以详密的讨论，确定一个合理的正确的态度。

“国民革命”亦叫做“民族革命”。各阶级对于国民革命之目的各有不同：封建阶级参加国民革命，是为了他民族侵犯贵族的威严与领土；资产阶级参加国民革命，是为了他们的产业发展和他民族起了竞争，然而无产阶级参加国民革命，却是为了要推翻一切民族中资产阶级的资本帝国主义及其工具——封建军阀之压迫。故国民革命是无产阶级解放运动之必要的初步。因为资产阶级固然是我们的仇敌，而帝国主义和封建军阀尤其是我们目前最厉害的两个仇敌。我们必得参加国民革命先打倒这两个最厉害的仇敌，得到初步的解放，再进而实行社会革命，打倒资产阶级，以得到全部的解放。总而言之，无产阶级参加国民革命，不是附属什么资产阶级而参加，乃是以自己阶级的目的而参加，所以我们在国民革命中应以自己阶级的利益为前提的。

就国民革命要求的本身上说，他虽不过只推翻帝国主义在中国之特权（关税权、领事裁判权、租界权等），并不根本没收帝国主义在中国之一切经济机关（工厂、洋行、银行等）；虽只打倒封建军阀的政治，并不没收国内一切生产机关；虽只主张建设对外的民族独立和对内的民族统一国家，并不主张建设“工人政府”或“无产阶级专政制”；然而我们无不参加在国民革命中去，推翻帝国主义之侵略，打倒封建军阀之压迫，固然已可得到一部分的利益与自由，若是我们无产阶级在国民革命中表现独多的力量，那末我们无产阶级特殊的利益要求（集会、结社、言论、出版、罢工的自由，八小时工作制和最低度工资的规定，以及取缔苛待，改善待遇，劳动保险等），不断的去奋斗，亦可一步紧一步的去取得。就目前国民革命的现象来看，他确有左倾的趋向，这就因为我们无产阶级参加而奋斗之故。所以我们可以大声说：殖民地半殖民地里国民运动如不顾及工人的利益要求，那便是假国民革命，不是真国民革命。所以我们对于国民革命是为了阶级利益而参加的。

复次，我们知道资本主义发达而资产阶级得势以后，一切政治的经济的军事的权力，都给他们把持了，垄断了。政府、国会、法庭，是他们的；工厂、机器、铁路、矿山、田地、船舶，也是他们的；军队、警察、侦探，和一切军需用品枪械、大炮、飞机、军舰，都是他们的。他们有了这些东西，所以能够对无产阶级施行横暴无比的压迫与残杀。中国的资产阶级虽因有帝国主义和封建军阀之阻碍而尚没有充分的得势，然而已经开始了。假使我们不努力，听资产阶级安然去取得一切权力，那么我们将来的命运一定更要坏。所以我们此时固然要作目前的经济争斗，然而尤应要作目前的政治争斗，因为不如此，则无产阶级因无政权的原故，目前固踏践在帝国主义和军阀的铁蹄下，将来必钳束在新兴资产阶级的铁网里，其痛苦永不能够解除，幸福永不能够得到。现在中国目前的政治争斗就是国民革命。无产阶级从事国民革命:(一)固可使我们目前的经济斗争和经济组织得到若干的自由与机会，能够更使之格外发展，格外稳固;(二)并可使我们在政治上的地位与势力日见增长而巩固，消极方面得防范资产阶级在革命中之妥协软化，并制止其在革命后之政权独揽；积极方面，造就我们在政治的深厚的基础，为将来建设“工人政府”或“无产阶级专政”预为准备。政权不是从天外飞到我们工人手中的，是要我们从实际政治斗争去一点一滴的以至于全部的取得。政权我们不取，资产阶级会去取的。所以我们对于国民革命，即为了取得政权而参加的。

复次，更放大眼光观全世界，我们又知道自从欧美资本主义发展到帝国主义，它直接的间接的支配了全世界之经济与政治，资产阶级的资本帝国主义之统治成了整个的，我们无产阶级对付他们的革命运动也成了整个的。全世界各民族的经济发展程度不同，革命的性质亦随之而异，如在欧美资本制度发达的国家，遂形成无产阶级的社会革命运动，在东方殖民地半殖民地的国家，遂形成多阶级的国民革命运动。虽然这两种革命之性质不同，而革命之目的却有一共同点，就是推翻资本帝国主义；前者成功固然影响于后者，后者胜利亦有利于前者，两种革命运动都含有世界性，这两种革命运动汇合起来，才是整个的世界革命。中国还不是资本制度完全成熟的国家，同时却又是帝国主义侵略之半殖民地的国家，所以中国目前并不是一个单纯的无产阶级的社会革命，而是一个复杂的多阶级的国民革命。这种国民革命:(一)可对帝国主义施以最大的打击。殖民地半殖民地的财富，是维持帝国主义生命的源泉，国民革命把此源泉断绝了，帝国主义的江山去了一大半，不倒而自倒。(二)可以使无产阶级的势力更加扩大。各国无产阶级虽有国籍的不同，而受资本帝国主义压迫的痛苦则一致。须得全世界联合起来，对准资本帝国主义进攻，并根本推翻之，然后才能得到全部的解放。（三）即从消极方面说，殖民地半殖民地的资产阶级，特别是买办阶级，他们的老板就是帝国主义，如果我们把他们的老板打倒，擒贼擒王，那么国内的资产阶级亦容易连带的推翻了。所以我们对于国民革命，又是为的实行世界革命得到全部解放而参加的。

总而言之，国民革命是无产阶级解放运动之必要的初步。他参加国民革命是为了他自己阶级的目的，推翻目前两个最厉害的仇敌——帝国主义和封建军阀。同时他并不放弃阶级斗争，而且必要阶级斗争，打倒外国的资本主义，也反对本国的资本主义，并从此国民革命引导到无产阶级的世界革命，完成他历史的使命。所以这次大会里，对于参加国民革命问题，应有一个合理的正确的决议，以为全国工人阶级之指导。

五　工农联合问题

还有一个重要问题也要在大会里讨论的，就是“工农联合问题”。中国自从资本帝国主义用武力强迫中国销售外国工业品以来，农民破产和失业的速度异常猛烈。一千九百年影响全国的义和团运动，便是农民对于帝国主义的第一次大反抗。辛亥革命后，帝国主义所扶植的军阀战争，连年不息，加以贪官污吏之横征暴敛，地主劣绅之鱼肉把持，以致农民生活愈益困难，失业愈益普遍，于是到处发生土匪，其实便是一种变相的农民反抗运动。所以中国农民群众实早已由帝国主义、军阀政治、重租、苛税、高利贷等等，驱之于反抗动乱之一途。近年来如湖南、陕西、广东等省的农民运动，已由原始的自然的农民反抗运动而进入经济组织与政治斗争，已表示他们是中国国民运动中的重要成分。这种现象，特别是在广东已有组织之十六万农民群众中可以看得出来。

工人与农民，因地位关系，利害关系，可说是天然的同盟者。

我们工人固然不能忽略了城市劳动者之紧紧的团结，然而为增厚援军以打倒共同敌人，亦不能忽视了与乡村中农民之紧紧的联合，因为农民占全国人口百分之八十，其数量远超过我们数百倍以上。我们工人阶级要领导中国革命至于成功，必须尽可行的系统的帮助并联合各地农民逐渐从事于经济的和政治的斗争。假使没有这种努力，我们希望中国革命成功以及在国民革命中取得领导地位，都是不可能的。

广东全省农民协会，本年五月一日与本会同在广州省城举行全省农民代表大会，本会应与开一联席会议，讨论共同奋斗的目标，以及彼此间结合之方法与互助之计划。

六　国际联合问题

末了，我们这次大会要讨论的重要问题，就是“国际联合问题”了。

这里我们随便举出一二件极浅近的事实，可以证明国际联合之必要：

从经济斗争上说：比方这次上海日本纱厂罢工，日本资本家破坏罢工之一手段，便是想从日本国内的纱厂中，调一批日本工人来华，替代中国工人；幸而日本工人深明大义，起而反对，于是资本家的诡计遂不得逞。现在中日无产阶级的国际联合还未建立，尚且如此，假使建立了，日本国内纱厂亦举行同情罢工，不是更足以致资本家的死命吗？

从政治斗争上说：比方俄国无产阶级革命后，劳农政府成立，于是各资本家帝国主义国家，大惊失色，调遣军队去打，特别以英国政府为尤烈，英国的无产阶级大家起来反对，事遂终止。那时英俄无产阶级的国际联合并未建立，尚且如此，假使建立了，同时英国亦起革命，不是更给帝国主义一个致命伤吗？

由此可见国际联合之必要了。我们不仅是此一国与彼一国的无产阶级要联合，而且扩而大之，全世界各国间的无产阶级要有总联合；因为自从资本主义发展到帝国主义，他们掠夺无产阶级的方法国际化了。在经济组织方面，他们有所谓“托拉斯”“星迪加”；在政治组织方面，他们有所谓“国际联盟”。这些是他们集中力量压迫世界无产阶级的好工具；在这样组织的下面，这国的资本家与那国的资本家连成一气，不分彼此的共同对付工人阶级。假使我们工人阶级不越过国界联合起来共同对付资本家，我们真会死无葬身之地了。

欧美各国的国际联合，数十年前便已实行了，至一九〇二年更有进步，各国组成一个“国际工会书记部”，此外各种产业还组成一些产业国际（如纺织工人国际、五金工人国际等）。不过至一九一四年欧洲大战的影响，被出卖阶级的工会领袖们所破坏瓦解了。至一九一七年欧战告终，俄国大革命，于是国际运动又勃然而兴。

现在世界的工人国际有两个：一个在俄国之莫斯科，叫做“赤色职工国际”；一个在荷兰之亚姆士丹，叫做“国际职工协会”。这两个国际，我们究竟应该加入那一个呢？我们加入的标准，最好看他们那一个是真正为无产阶级解放而奋斗。原来亚姆士丹的“国际职工协会”，现在尚在社会民主党手里，社会民主党是主张改良的，换句话说，主张维持资本制度，要工人忍耐着吃苦，好好替资本家作工，不要说话。社会民主党这种勾当，简直是资本家的走狗，出卖工人阶级的蟊贼。若莫斯科的“赤色职工国际”却不然了，刚刚与社会民主党的主张相反。他是主张工人要革命，因工人不革命，资本制度不倒，工人的幸福是绝对得不到一丝半缕的；工人如不欲解放则已，如要解放，除了革命，并且是联合世界无产阶级共同革命，绝不可能。所以他只主张工人统一的联合战线，根本推翻资本制度，打倒帝国主义。由此可看出谁是真正为无产阶级解放而奋斗的了。所以我们在这样显明的路途上，我们是毫不犹豫主张加入“赤色职工国际”的。

我们这次大会固要决定加入“赤色职工国际”，并且对于与国际结成亲密的关系之种种方法，亦要有具体的规定。

（1925年5月《中国工人》第五期）

“五一”纪念与农民

罗亦农[1]

“五一”是万国劳动者争得八小时工作制的纪念日，是万国劳动者向资产阶级定期示威的日期，是万国劳动者向资产阶级定期校阅自己军队测量革命实力的日期，他的历史已经是三十六年了。在这三十六年当中为奋斗而牺牲的战士，他们的骨可堆积成山，他们的血可蓄聚成海呵！在这样牺牲代价之中，才换得了资本主义先进国家中的八小时工作制，才换得了无产阶级革命胜利的苏联。然而无产阶级的根本解放，并不是在八小时工作制，也并不仅仅是在一个革命胜利的苏联；而是在世界革命的成功，资本主义的消灭，共产主义社会的实现。

资本主义已发展到最后一阶段，他从娘胎中所带来的残疾，已一天天的膨胀溃烂——帝国主义者间的相互冲突，殖民地的革命运动，国际劳动者统一运动的趋势，苏联经济的巩固等……——促他寿终正寝了。同时他为保持将死的残生，必然的结果，是要用最野蛮最残酷的手段来压迫无产阶级，来剥削殖民地，因此现在的“五一”纪念形势已更加严重了。其原因是：

一、在资本主义已发展的国家中，因为：

① 文章发表时署名一农。

1.在大战当中殖民地的资本主义乘机兴起，现在已有抵制宗主国商品销路的趋势；因此，宗主国的资产阶级对于殖民地的高度利润的剥削，受了打击，于是遂不得不倒转枪头来向本国的无产阶级。

2.世界商场——殖民地或半殖民地——的分割已告终结，再无方法别图发展，而资本主义仍旧要向前发展的；于是遂不得不更残暴的来侵掠殖民地或半殖民地甚至钩心斗角互谋世界市场的重行分配，相因而至的必然现象即是引起各帝国主义者间的相互冲突和殖民地或半殖民地的民族独立运动，于是又逼得不能不转其锋芒来向本国的无产阶级。在这样矛盾现象之中，资产阶级素所凭藉以调和阶级斗争的殖民地政策，遂从此破产。于是在这些所谓“文明先进国家”之中，无产阶级由不断的奋斗，无量数的牺牲所换来的八小时工作制，现在居然被破坏了！我们试看在帝国主义的英、美、法、日等国，那个不延长工作时间到八小时以上，以至九小时，十小时呵！那个不减少工资到生活的水平线以下！在这样情况之中，自然要增加无产阶级的阶级觉悟，自然要提高无产阶级的阶级斗争情绪了。

所以现在资本主义先进国家中的“五一”劳动纪念节，已比从前格外的严重。他不特要努力作推翻资本主义的准备，并且要保持已取得的八小时工作制。

二、在殖民地或半殖民地的国家中，因为幼稚的资产阶级要在帝国主义压迫之下图生存，惟一的方法只有更刻骨的剥削劳动者，无限度的延长工作时间，不近人情的克扣工资。这还不算稀奇，除此之外，他们在不可生活之中，还要受工头的剥削，在日常生活之中，一事不到，还要受监工的打骂。他们备受了精神上的痛苦，还要受肉体上的刑罚！这样的生活，已经不是工钱劳动者的生活，而是古代奴隶的生活了。谁无血性，能甘忍受，自然是要引起反抗的。呵！说到这里，可更痛心了，在资本主义先进国家中的无产阶级的朋友们，拿了无量数的代价才换得了集会、结社、言论、出版……等的自由，工人阶级的利益，还有合法的工会政党去为他们奋斗。而在殖民地或半殖民地的国家，尤其是在中国，连这最低限度的集会、结社、言论、出版自由权至今都还没有！资产阶级用来压迫我们的种种机关，如国家、政府、军队、警察以及企业公会商会等……则是应该的。劳动者的工会组织则是非法的；资产阶级用来欺骗劳动者的种种出版物，则是应该的，无产阶级用来陈述自己的痛苦的种种出版物，则是被禁止的。这是什么道理？呵！他们压迫我们，还不许我们抵抗，他们欺骗我们，还不许我们答辩。我们的痛苦是不许申诉的，我们的要求是不许提出的。这是何种黑暗世界！自然中国的资本主义才开始发展，无产阶级斗争的历史还短，牺牲的代价还小，然而中国的无产阶级毕竟是人，是要图生存的，他们为争生存，怎样不起来斗争。他们所受的压迫太深了，他们不图反抗则已，图反抗是非常猛烈的！可惜组织太弱，往往收效很少。

总之，目前殖民地或半殖地的阶级斗争，形势是日趋于剧烈的。若在半殖民的中国，无产阶级之受压迫则不特是本国的资产阶级，还有最凶猛的帝国主义呵！他不特是用商品来剥削一般人民，并且利用中国的贱价劳力直接经营工商业。他们的压迫剥削手段，更较中国的幼稚资产阶级为高明。在这样重重压迫之下的中国工人，自然他们的革命性要比目前所有一切阶级都要高。虽然他们的组织还很幼稚，然而较之资产阶级还算是强大，所以在资产阶级性的国民革命中，无产阶级尚站在指导的地位。当此国民革命潮流高涨中的“五一”劳动纪念节，形势自然严重了，他不仅仅要作日常生活的经济斗争，还须领导国民革命。

这样说来，"五一"不过是劳动者的"五一"罢了。究竟与农民有什么意义？呵！这样着想，那便错了，我们要知道"五一"纪念对于农民有无意义？首先须知：

一、中国人民目前最重要的责任是什么？很明显的人人都可回答是："被压迫民族的解放运动"，那末，农民究竟是不是被压迫民族的一部分，或者是一大部分的一大部分呢？这个问题是很清楚的，谁也知道农民——尤其是贫苦的农民——所受的压迫，比一切人都大。天灾兵灾匪灾之外，还要加上政府的苛税、地主的重租、债主的重利盘剥、劣绅的强迫敲诈等，……这些都是他们直接所感受的痛苦和压迫。最使他们看不清楚而又是他们一切痛苦之根源的，还是帝国主义的间接压迫呀！何以见得？请一分析这些痛苦的来源：

1. 中国的匪为什么这么多？是不是农民不断的破产，城市工厂无以容纳所造成的现象？为什么会有这种现象发生呢？是不是因为外货输入，占据了中国的市场，提高了一般社会生活的程度，造成了农产品贱、工业品贵、两不调济的现象，使农民日趋破产的结果呢？是不是大资本克服小资本，挤倒了中国旧式的手工业者，而又无处谋生的结果呢？

2. 中国的兵为什么这么多？中国的内乱为什么循环不已？是不是国际帝国主义者在中国势力范围的冲突，各想挟一军阀互相争斗所演成的把戏呢？

此外如天灾、租税等……，无一不是帝国主义者阻碍中国经济不能顺利发展的结果。明乎此，则中国农民要从重重压迫之下解放出来，第一步的责任不就是打倒制造内乱的帝国主义和他的走狗军阀，以谋民族的独立吗？

农民因客观环境的限制，天然无独立完成之可能，他只有很忠实的辅助无产阶级，站在无产阶级指挥之下，以扑灭他们的共同敌人。那末，无产阶级的壮大，即不啻是他的好兄弟的壮大了。“五一”岂仅是劳动阶级所应该纪念的，农民也应纪念的呵！岂特农民，所有一切被压迫的民众都应该纪念的呵！因为只有工人才能负起民族解放运动的指挥责任，只有被压迫民众与全世界无产阶级联合起来，才是他们解放的生路！

二、解决农民问题，究竟要在什么条件之下？农民不是一个纯粹的阶级。他的经济地位是很复杂的，一个整个农民之中，可分许多等级来。最明显的事实，地主则居于压迫和剥削的地位，佃户贫农则居于被压迫和被剥削的地位；至于雇农则完全是农民中的无产阶级。姑无论中国农民是否被压迫和被剥削者在大多数，而这部分或最大部分的农民最后希望，总不外是：“土地归农民”。俄罗斯革命经验告诉我们：“土地归农民。”仅仅只在无产阶级革命胜利之后，才有实现的可能。保护私有财产是资本制度的特色，要在资产阶级德谟克拉西之下图农民问题的解决，是绝对没有的事。他不过是使土地资本化，使农村中的阶级分化更明显，阶级对抗的形势更加急烈而已。被压迫的农民群众们，要想从经济基础上去解放自己，也只有很亲切的与最革命的无产阶级联合起来，努力助成他最后的胜利。总之，无产阶级要完成他历史的使命，是非拉拢农民群众不可；贫苦的农民群众要想解放自己，也只有很亲切的与劳动阶级联合起来。如此，则工人农人不已经是兄弟相依了吗！谁谓“五一”纪念对于农民无意义！

中国的农民群众呵！“五一”一样是你们的“五一”，“五一”的要求即是你们的要求，“五一”的胜利即是你们的胜利。你们应当立着“五一”这天向你们的敌人高呼：

打倒帝国主义！

打倒军阀！

打倒重利盘剥者！

打倒劣绅！

减轻地租！

免除苛税！

工农联合万岁！

被压迫民族解放万岁！万岁！

（1925年5月《中国工人》第五期）

1928

|

1929

卷头语

罗登贤[①]

《中国工人》是中国工人阶级的革命先锋，是全中国工人的灯塔，这个灯塔，有好久没有照耀着全国工人阶级了，现在中华全国总工会要将这个灯塔重行建立起来，使全国工人在黑暗世界可以得到一线的光明，这是再好没有的事了。现在将最近全国工人的生活的苦况及反抗运动概况作一个简要的叙述，以作为这个灯塔复活的发引词。

中国工人，在帝国主义及走狗军阀统治之下，无日不在辗转呻吟的痛苦中，自国民党反叛革命以后，中国工人却如坠入在十八层地狱之下，天天受着残酷的压迫与屠杀丝毫得不到一点自由。甚至工人在工厂谈话亦被禁止，任意开除工人，乃是资本家的家常便饭。现在京汉铁路的工人，欠薪至十八个月之久，南洋兄弟烟草公司工人每日工钱不过五分。工人要求加薪，反抗资本家的剥削，国民党政府就加以共产党的罪名，捉去枪决，这就是国民党“统一中国”、“北伐完成”到“训政时期”，工人阶级在过去参加革命运动所得的“酬报”啊！

现在豪绅资产阶级为要企图反动统治的稳定，对于消灭工人运动的政策，花样愈更翻新，五中全会桂系坚持“分治合作”，取消青年运动，继续停止民众运动，现在国民党中央又来欺骗工人说：（一）工

① 文章发表时署名登贤。

人所受的痛苦，是帝国主义的种种压迫，完全与国民党无关。（二）中国没有大资本家压迫工人，只有小工厂为工潮所摧毁，造成工人的压迫者。（三）目前工人之生活比其他职业界中人生活优裕，否认工人现在的痛苦……这些都是他们欺骗工人的话，还有所谓训政时期国民党的工作大纲，如造林、教育、筑路等，将来也要如缪斌所说的，“振兴工业的工会，振兴农业的农会”，这是国民党用复古的政策来消灭革命运动的。

资产阶级不但是利用工人来维持反革命统治权，且要用改良主义来欺骗工人，如他们的什么“劳资仲裁”、“阶级调协”皆是，他们御用第三党及革命评论派为其宣传反革命理论的工具，在群众中摇旗呐喊说什么三民主义是革命的，这样一来，他们仍可拿出厕所里的三民主义做诱骗民众的工具，他们欺骗民众最重要的事实，一见于压迫邮工罢工，再见于蒋介石的合法宣言，三见于欢迎第二国际领袖汤姆生之来华，还有受过基督教洗礼的冯玉祥也学得这些时髦政策，颁布矿工八小时工作制，而实际则减少一半的工资，因此，工人要作两班（十六小时）才可生活，又派政治指导员充当工会秘书，收买工贼来做委员长，开训练班来研究压迫工人的方法，一切的一切都是资产阶级国民党的恶毒手段的实施，尚有上海七大工会的领袖们，更是国民党的走狗，他们赞成什么欺骗的修约，恭祝军阀的“五中”会议的成功，承认社会局的工商法则，由这些事实看来，七大工会的领袖们，简直是工人阶级的蟊贼。

帝国主义一面继续封锁革命的苏联和压迫殖民地的弱小民族，另一面对本国工人极力剥削和欺骗。而对于中国的侵略，更是凶厉，如英帝国主义帮助桂系军阀，日本帝国主义豢养张学良做走狗，美帝国主义以蒋派军阀做工具，他们各个利用一个或数个工具，在中国造成久远的内乱，施行白色恐怖，屠杀工人民众，他们对工人的屠杀与压迫加厉，工人群众的反抗运动便愈烈，如五卅运动、省港罢工、收回汉浔租界、上海工人暴动，及最近广东、安源等处工人之酝酿罢工反抗压迫阶级。

全国工人阶级在帝国主义、国民党、豪绅资产阶级重重剥削压迫之下，所过的生活，简直比牛马不如，惟一的出路，只有大家一致的组织起来，与全世界工人阶级站在一条路线上，用自己的力量，推倒帝国主义及走狗豪绅资产阶级的国民党政权，建立工农民权独裁制的苏维埃政权！现在全国工人的灯塔，工人阶级的指导者——《中国工人》复刊了，我们庆祝它永远指导着工人阶级，长久的照耀着全国工人，引导我们出黑暗而入光明！！帮助我们苏维埃革命的成功！！

（1928年12月《中国工人》第一期）

军阀割据下铁路工人的生活与斗争

罗章龙[1]

中国铁路工人是中国工人运动中的先锋队伍，他们的产业的地位的重要，工人文化的先进，工会组织的强大，斗争的发展，在过去职工运动的历史上均占有极重要的位置，自一九二七年反革命统治建立以来，全国的工人遭了极大的摧残，铁路工人更是军阀国民党眼中的死敌，所以他们所受的反革命的进攻也特别厉害。

因为中国铁路纯粹在军阀政府管理之下，铁路工人是在直接的反动统治下面过生活的，几年来的军阀内战已将铁路经济毁坏不堪，不用说铁路工人的痛苦是不可以言语形容，就是现在军阀战争暂时停息，所谓"训政时期"，铁路工人的情形，何曾见着半点改善！

我们要明白这一问题，请先说说国内各铁路工人的生活实际状况。

现在全国仍然是一个军阀割据的局面，这一个政治上的割据情形反映到铁路工人方面是再明显没有的了，所以我们必须就各军阀割据的地域去说明铁路工人的生活情状。大体的归纳可以分为下列各部分：

（一）京津区的京绥、京奉、京汉北段、正太四铁路是属于阎军

① 文章发表时署名沧海。

阀的。

（二）河南的京汉中段、陇海、道清三铁路是属于冯军阀的。

（三）满洲的南满、中东、吉长、呼海、四洮、安奉、京奉东段，各铁路是属于日本帝国主义及其走狗张军阀的。

（四）两湖之株萍、粤汉北段、京汉南段，广东之粤汉南段、广三、广九、潮汕，铁路是属于英帝国主义及其走狗桂系军阀的。

（五）江浙之津浦南段、沪宁、沪杭，三铁路是属于蒋系军阀的。

（六）此外如云南之滇越、个碧二铁路属于法帝国主义与当地军阀的，山东之胶济路，江西之南浔路，也是本地军阀的私有物一样。

在军阀割据之下，铁路行政的紊乱，管理的军事化，因战争而使交通遭受极大的破坏，以及战祸中所给予民众的普遍灾难，铁路工人是首当其冲的。所以就全国的情形观察，铁路工人的一般生活状况是一天一天的恶化，他们的待遇不但没有一丝一毫的改善，而且是江河日下，亟亟不可终日了！现在我们且进一步看看那些军阀怎样恶毒的对付铁路工人。

在桂系军阀下面的广东铁路工人，生活的条件素来是比较不十分坏的，尤其是在“共产时代”，工人得到了很多经济条件，自从去年广东暴动失败后，桂系军阀竟将铁路工人前期所得的经济条件根本推翻了，那时工人群众起来反抗桂系军阀，便以机关枪大炮镇压工人的罢工，枪毙工会领袖十余人，并将从前凡属加入过广州工人代表会的革命工人通通开除了。除广东外，如武汉的京汉工人，粤汉北段的工人，“共产时代条件”一律取消，即在江岸一处便开除四百多个机器工人。不准工人开会，不准工人说话，不准工人罢工，以兵队警察监视工人，工人的生活完全回复到古代奴隶的境遇。

在满洲的铁路工人呢，除了中东路一部分工人是在苏俄劳动法保护之下生活十分较好外，其余的铁路工人是在日本帝国主义与当地军阀最严酷的有系统的压榨之下生活着。南满铁路工人的工资通常少于当地日本工人一倍至三倍，即此一端就可见他们的生活是怎样惨苦的呵！在反革命政治建立以后，日本帝国主义更大规模的进攻工人，大连沙河口工会几年来领导工人向满铁会社争取的劳动条件，日帝国主义均以武力收回去了，他封闭沿路各站工会，逮捕革命工人，处以极重的徒刑，解散工人一切的文化组织，禁止工人任何的要求，经常预备屠杀以对付他们心目中的支那人。张学良对铁路工人的压迫与榨取是在同样轨范之下进行的，只要看看他别的最反动的事实（如最近屠杀哈尔滨和平请愿学生百余人）就可以推得他对工人的辣手了，满洲的铁路工人生活与桂系军阀下没有多大分别。

就以沪宁、沪杭两路工人说吧，以前不是铁路工人中生活比较优裕的吗？现在呢，自国民党反动后铁路工人负担了极重的北伐捐，每人每月捐一工、两工不等，强迫工人向反动工会缴纳高额的会费，这还不算，最近竟是绝对禁止工人请假了，无论工人有病，或因工受伤均是不准请假的，这是怎样奇怪的剥削呵！同时还禁止按章加薪，取消工人一切做工时的服物用具（如雨衣、手电、冬衣等），加重工作强度，据沪宁、沪杭工人代表会议的报告，他们的生活已比孙传芳军阀时代坏得多了，至于一切政治上的野蛮镇压，以及工头员司等的加倍仇视工人、欺侮工人，工人生活的低降，已呈空前未有的现象。

京津、河南、山东的铁路工人，当军阀战争的中心，两三年以来他们都说不上有正当工资的，军阀的此仆彼兴，使发给工资成为一种互相推诿的现象，所有的军阀都希望在铁路收入榨取大批款项为他们拥兵自卫的资料，而对于铁路工人的工资是不肯发给的，所以铁路工人的欠薪成为京汉、京奉、津浦、陇海、正太、京绥几条主要铁路的普遍现象。欠薪最多有达十八个月以上。这就是说工人白做一年的工作，没有得到一个工钱，试问世界上铁路工人中还有比这个更残酷的制度吗？欠薪少的也有四五个月。工人的要求发欠薪，有时只得到半斤或一袋的面粉。就是有时发一点工资，也是七折八扣不兑现的纸币，于是工人的生活不能不变为乞丐生活了。一方面工作没有工资，另一方面军阀为防止饥饿的工人反抗起见，工厂的管理完全军事化。工厂中驻有重兵（以前的张宗昌，最近的冯玉祥、阎锡山均如此）经常以武力威胁工人，以军法裁判工人，工人在军法逮捕、拷问、禁锢、枪毙之下而牺牲的不可计数。

在上述总的情况之下，军阀阎锡山与冯玉祥对于铁路工人丝毫没有分别，不过冯玉祥对工人更奸诈一点，所以他表面上常有一点欺骗京汉、陇海工人的事实，如允许郑州、开封的铁路工人（他处不在内）实行八小时工作制，同时主张增加工作的效能，提高生产率，用军队监督工人工作，使工人喘息不遑。如允许打倒北京时发清工人欠薪，并发双薪，后来他却是说，他还是一个穷小子，不能实现他的允诺，至于甚么改良工人生活，提高工人教育等，都是他所提出的口号，然而也不过说说罢了。距事实还差天样远！

此外如云南滇越路的铁路工人在法帝国主义野蛮的统治之下，他们的工资，他们的待遇，是比中部、北部的铁路工人还要坏的。南浔路工人在军阀资本两重进攻之中，生活已回复到比孙传芳时代更不如。胶济路工人在军阀混战之中，现在还在度那军事恐慌与饥饿的日子。

总之，全国铁路工人的生活，在国民党反动后，军阀割据的继续状况下，如果说他有甚么变动，那么，可说是向着最恶劣的不能忍受的方面变动。现在他们的生活水平线，已届空前的降落点了。

铁路工人这样恶劣的生活，难道就能长此忍受么？难道反动派的白色恐怖已能将铁路工人历史的争斗情绪消灭么？难道冯玉祥的空洞牛皮就真软化了工人的争斗雄心么？显然是不能的！纵然帝国主义、军阀、资本家有严酷的政法的压迫，但是作工须得到工资，是任何工人都了解的，作工须得到足够维持生活的工钱，也是工人都了解的。过重和过长的工作使工人不能忍受，工人也是必要求减轻的，野蛮的军事管理，是个个工人都痛恨的，这一切是不能禁止铁路工人反抗的。所以最近如河南京汉路的工人为要求欠薪，有在彰德强索“公事车”工饷的事，结果工人们用腕力取到他们欠薪的一部分。陇海工人召集全路会议向冯玉祥提出发清欠薪、要求八小时工作制、改善待遇的口号，并积极反对冯派的御用工会。沪宁、沪杭工人最近举行两路会议反抗路局新增苛待工人的条款。京绥工人在南口有大索薪运动，株萍工人在长沙有大索薪运动，满洲南满铁路的工人反对日本帝国主义虐待的斗争，是时刻没有停止的。

铁路工人的争斗，经过长期的酝酿，现在已有普遍待发的形势，更大的争斗就在不远的将来，不过我们应该明白的，铁路是帝国主义和军阀的命脉，他们害怕这一争斗是比其他任何工人运动还厉害的。他们将竭一切的力量、种种的方法，企图消弭铁路工人的斗争，因此铁路工友们应该利用过去历史上一切争斗的经验和教训，有系统的计划目前的争斗，确定目前行动的总方略。

目前行动的方略最主要的应该有下列几个要点：

第一，团结全体工友群众，组织群众的赤色工会，在中华全国铁路总工会指导之下，联合全国十五万工友，作彻底反帝国主义军阀的斗争。

第二，在发清欠薪，恢复旧有条件，八小时工作制，改善待遇，反对军事管理，反对白色恐怖，集会、结社、罢工、言论的绝对自由等口号之下一致团结争斗，不达目的不止。

第三，积极反对冯玉祥、国民党等欺骗工人的宣传，退出他们组织的御用工会。驱逐国民党及政府机关派来工会当侦探、收会费的指导员及秘书等。

第四，继续打倒交通系及著名工贼军阀走狗杨德甫等，不要使其死灰复燃。

第五，采取不妥协的争斗形式，继续“二七”争斗的精神，拿出打倒吴佩孚、张作霖的精神来打倒现在的新军阀。

以上诸项，是目前铁路工人运动过程中最主要的，全国铁路工人只有在这个方略之下努力，才能减少目前生活上过分的痛苦，只有完成了这些任务之后，才能说得到争取工人自身的最后解放。

全国的铁路工友们！

国民党新军阀的统治你们已经看得很清楚了，你们过去的光荣战绩指示着你们的出路，你们应尽一切努力去团结你们的力量，巩固你们的队伍，攻打你们的仇敌，你们的唯一胜利的保障就是勇敢的斗争呵！

一九二八年十一月二十四日，天津

（1928年12月《中国工人》第一期）

工人运动中青工工作之重要

炳　辉

青年工人是整个工人阶级中之一部分，所以在整个工人运动中是占了很重要的位置。有许多地方不大重视这种工作，任其轻轻的过去，这实在是工运一个极大的损失。历来工作经验给以我们证明了，在每次斗争当中无不见青工的力量和作用之表现。我们可以看见伟大历史意义的英勇广州暴动，其重要斗争部队青工占极主要的成分（如印务、汽车、钢铁等的青工特别勇敢）。其次在各种大小的工人斗争中青工亦是的确积极参加，其例子不可胜数，总之这一切如铁一般的事实，是不可磨灭的。

在现在两大的势力不两立的形势（革命的工农兵与反革命豪绅资产阶级）之下，资产阶级及其反动的国民党，更采其积极的手段，如狼似虎般的向工人阶级进攻。例如，大批的开除革命工人（甚至一般工人），增加工作时间，减低工资等。在这些惨状之下，青工特别受其痛苦，因为每在斗争中特别表现其勇敢之原故，所以青工亦是资产阶级进攻的一个极重的目标。以下两个事实，人人可以很明显的看到：

（一）厂主或店主大批的开除青工（差不多超过成年），尤其勇敢的分子，加紧采用改良主义（假的）的方法欺骗工人特别是青年工。

（二）豪绅资产阶级国民党加紧屠杀政策，稍有点革命认识的工人也要杀头或枪毙了。在济难会统计中国从国民党反动以后，所牺牲在反动政府屠刀之下，其数量达到六万余人（没有统计不在内），其中三分之二是青年工人，由这死难工人数目上就很明白的知道资产阶级向工人进攻的情形，尤其特别对青年工人的厉害。因此就可知敌人对青工的重视，认为眼中钉的样子。总之，在现在中国的青年工人是反动的资产阶级和反革命的政府一个极大的进攻目标。换句话说，青工工作更为严重，更值得我们注意。其次关于青工数量极为浩大，尤其在现代的中国较发达的是轻工业，以及还未脱离封建社会范围之外的，所以手工业，亦极浓厚。这两种工业状况之下，青工成分较为发达。故此我们从各方面都可了解青工在职工运动中之重要和意义了。因此我们就得个结论便是：中国的青年工人在现在的资本主义社会，在经济上、政治上，也同样的受痛苦，受白色恐怖的摧残尤为厉害，在一般斗争很积极的参加，尤其在斗争中特别勇敢，表现其力量和作用。再者，青年工人在中国的现代社会里其数量特别浩大，所以在斗争中的作用亦特别强大，这是毫无疑义的。由此可知，青年工人在整个职工运动中占极主要部分，所以目前摆着这种严重工作在我们面前，我们应该用很大的努力去建立青年工人工作基础，作工会中的一个强有力的力量。我们以后应该把青年工人工作放在职工运动中主要工作之一的位置，更应放在议事日程中去，时常都要切实的讨论青工问题，这才不会有意无意中轻过去了，我们始终都要有个明确观念，就是要把青工工作看作是职工运动中之一部分主要的工作。

十一月三十日

（1928年12月《中国工人》第一期）

中华全国总工会反国民党宣言

全国工友们！

从国民党背叛革命以来，残酷的屠杀工人阶级及勇敢领袖，下令改组和解散赤色工会，保卫资本家向工人进攻，尽量地剥削工人，劫夺工人的一切自由，全国工人阶级处在反动势力联合向我们进攻的环境中，我们的生活，比北洋军阀时代还要痛苦百倍，我们的牛马奴隶般的境遇，只是随着反动的统治而一天一天的更惨酷与增加！

狡狯而又阴险的国民党，他们一方面采用空前的白色恐怖政治镇压中国工人的革命，同时又向工人阶级极力利用改良主义的欺骗宣传，企图利用劳资妥协、阶级调和等等的所谓合法运动的甜言来模糊我们工人阶级的意识，同时更唆使和收买一般走狗工贼来做其新式工具（如七大工会等的领袖），欺骗工人，想根本消灭工人阶级的斗争，达到资本家最有力的剥夺的保标。

中国工人阶级在国民党双重政策（铁血政策与欺骗政策）软硬兼施之下屈服了吗？幻想国民党吗？半点也没有！全国工人不能忍受痛苦的生活中，唯一的出路，只有运用本阶级的力量而团结起来争斗，一年来反抗国民党的事实，旗鼓相当地英勇地与资本进攻相反抗，仅就最近六个月的情形观察，上海一隅，前后发动罢工九十九次，参加人数二十万人，国内铁路矿山无不波及，就是最落后的北方群众，对国民党的幻想残余，也消灭了，由不满意进而到愤恨和直接的冲突（天津纱厂罢工等）。尤其是五三济案以后，全国工人运动的发展，更形成新的阶段，直到上海邮务总罢工，更表示工人阶级在长期镇压中对于国民党铁血政策与欺骗政策的总答复！

上海邮务罢工爆发了，伟大的阶级斗争号召全上海工人热烈的赞助，全国各地的工人群众，表示同情和援助，使反动的国民党政府惊惶与发抖！他们的丑态暴露在群众的面前，这时候国民党更勾结帝国主义，唆使法西斯蒂的邮务员工会，以及邮务工人的工贼走狗等积极的破坏罢工，并用武力拘捕罢工工人、封闭工会，贿买工贼走狗的上海七大工会职员及上海市党部等，多方压迫工友，召集非邮务工友开大会通过了非骡非马的条件，强迫工友复工，这种把戏不仅见于邮务罢工，这是国民党对付工人阶级的家常便饭了。但是他的政策不但不能欺骗邮务工友，只有听得邮务工友普遍喊出“乌天黑日的国民党”的呼声。

邮务罢工虽被强迫复工了，但是斗争继续，现在积极的准备着呵！这个充分证明国民党对待工人的镇压与欺骗是怎样的凶横和无耻，证明屠杀工农的国民党，对待工人只是加劲的剥削与加劲的榨取罢了。但是资产阶级的代表蒋介石等还恬不知耻的先后发表告中国工人的宣言，在这些宣言里面（见“国民党中央告诫中国工人书及蒋介石告邮务工人书”），他们：一、否认中国工人的生活痛苦，谓中国工人生活且优于农民兵士及一般社会人民。二、工人应服从甚么“总理遗教”，为训政时期而牺牲，努力作工，增加生产，应牺牲工人自己的利益而为“国家”谋利益。三、工人应忍受目前的痛苦，应看祖国面上，整日不要休息的作工，否则民族子孙必遭绝灭。四、工人万一有要求须在合法运动，不得怠工罢工，妨碍公共秩序。罢工要反动的国民党许可才能罢工！

工友们！你们看国民党这样狰狞的面孔，这样狂妄的言论，是怎样的肆无忌惮呵！他们在宣言中这些怪陆离奇的鬼话，到底是甚么意思呢？他们否认工人生活痛苦，这无异说：虽然现在中国工人的工作时间有超过十八小时的，工资有低至每日一角的，以及一切恶劣的待遇，均是工人们的“优裕生活”，是不容许丝毫改善的了。他们说要工人增加生产，为他们“总理遗教”牺牲，为他们的“国家”牺牲，那就是说工人只应该无限制的受剥削受压迫，做孙中山的“孝子顺孙”，为那些党国要人多谋利润罢了。至于他们说工人应忍受目前的痛苦为将来子孙而牺牲，那等于要求现在工人为资产阶级将来的子孙负担增值财富的责任，尤其是荒谬可笑的话。

他们也明知工人的苦痛不是几句空言所可解决的，他们十分的恐惧工人的反抗，所以他们惴惴于工人争斗的发展，在对工人的宣传中更提出所谓“合法运动”，想藉着这一狡狯的策略去和缓工人的争斗。所谓“合法运动”，就是利用请愿、调解、仲裁等方式限制工人争斗的发展和言论、集会、结社等的一切。直到这些欺骗的方式作用完毕时，他们的屠杀政策便继续试演于后了。他们更唆使法西斯蒂的反动工会以及工会中的工贼叛徒，领导这一“合法运动”（上海九大工会筹备上海特别市总工会等），企图欺骗工人走到他们已经安置的屠杀场上去，利用工人阶级来与豪绅地主阶级争夺反革命的领导权！

工友们！国民党对工人的凶狠政策，到现在是再明白再露骨也没有的了！他们的欺骗宣传是时时在迷惑工友的心灵，可是他们的行动只是最高度的压榨，中国资产阶级的经济背景和力量，没有实施半点改良主义的可能。反动工会以及过去口头上表示为工人谋利益的上海七大工会的领袖们，他们就是国民党御用的新工具，他们甚至于公开宣言情愿领导工人们在青天白日旗帜之下做枉死鬼，也不愿工人有自决的争斗（上海邮务工会宣言），这些奴颜婢膝的东西，不显然证明了他们已经是工会的工贼，革命的叛徒？

中国工人目前的出路，显然地陈在我们的眼前，这就是说：希望资本家自动改善你们生活是根本没有的了，希望国民党在你们身上减轻一丝一毫的压迫，更是一个大大的骗局，在“训政”口号掩护的假面具之下，资本进攻还在继续进行，国民党便是执行资本进攻的代理，杀人不眨眼的刽子手，所以你们的出路便是抛却和平等待的幻想，用本阶级的力量与团结，为着自己的经济条件，采取坚决的阶级斗争的方式和行动，只有如此才能达到胜利的目的。你们在斗争中只有严厉的给予敌人以打击的办法，才是有效的办法；一切请愿、调解、仲裁的合法运动，是企图消灭你们的斗争，是引诱工人走到敌人已经安排的屠杀剥削场上去。一切改良主义的欺骗宣传，如上海七大工会的职员是工人队伍中的汉奸，你们更应该起来将他们驱逐出去，才能更加巩固自己的战线，整齐自己的步伐和队伍，为自己的利益坚决的起来斗争。中华全国总工会用十万分的热诚的态度，致敬全国工友之前，领导全国工友奋斗与前进！

中华全国总工会　一九二八年十一月七日

（1928年12月《中国工人》第一期）

云南职工生活及工运概况

侠　君

云南虽不是产业区，但工人的数目也有二十万以上，并且云南的工人在经济上在斗争上有几个特点是值得注意的：

（一）个旧锡矿是云南最重要的财富，政府的经济、商业上的经济，都依靠个旧锡矿，锡是云南唯一的出口货。其次，云南的食盐完全出产在白、蓝、黑、猴、阿满五个井泉，五井的盐业工人掌握全省盐食的命脉。

（二）滇越铁路是完全属于法国的军用铁道，贯穿云南及法属安南达于海防，铁路工人除云南、广东人外，还有三分之一的安南工人，言语不通，也不容易团结一气。

（三）个旧锡矿工人还是一种在暴力压榨之下的奴隶，不得工钱，完全没有生命的保障，极人世间的痛苦，很容易卷入革命的浪潮。

云南工人，因为在生活上、在经济的意义上具有这几个特点，所以在革命中有很大的作用，具有了在土地革命中完成其领导农民之历史的客观条件，现在把云南工人的生活及工运分为：一、矿工；二、铁路工人；三、盐井工人；四、城市工人。四项分别叙述：

一、矿工

（一）云南矿厂有锡、铜、铁、锑、煤……锡矿产于个旧；铜矿产东川永北及其他各地；铁矿产地甚广，以陆凉、鹤戾、麻栗坡数处为著；锑矿在芷村，煤则各地均产，而以可保村为较著。开采公司，锡有锡务公司，官商合办，资本千余万，煤锡工厂有工人千余人，采掘者万余人、其余多系私人开采，均用土法，每家所雇工人多者千余，少者数十人不等。采铜公司有东川铜矿公司，官商合办，惟营业不振。探锑者有宝华公司，在芷村车站，营业亦不振。煤矿公司，大者为可保村公司，有工人数千人，用机器采煤，其他各处，均用土法零碎采掘。

（二）工人数目

甲、个旧锡矿在欧战期间有工人二十一万,一九二六年有工人十三万,一九二七年个旧市被土匪大焚劫后，现更减少，无确实调查，但总不下十万人（工人减少的最大原因，是工人受不住资本家的压迫，逃散为土匪，又多死亡）。

乙、铜矿无确实调查，东川铜矿公司从前有工人二万余人，近因营业不振减少，连永北及各地合计，现在最少还有一万人。

丙、铁矿散于各地，多无调查，据所知道的麻栗坡厂约三千人，用它来比例鹤戾、陆凉，则鹤戾最少应有六千人，陆凉应有八千人，合计各地最少二万人。

丁、锑矿，宝华炼锑公司有工人三百人左右，采锑工人不详，比算应有二千人。

戊、煤矿，可保村有工人约二千人，合计全省，最少有三万人，惟散处各地，不易团结。

总计云南矿工，现在最少有十五万人而大多数集中于铁路沿线。

（三）矿工的生活

我们可以用个旧锡矿的矿工来代表的说明，锡矿的工人，普通工人叫作“沙丁”，沙丁的来源是由资本家派人到灾区去收买失业的农民来的，说不上工资，买的时候，给他几块钱工资，运气好的打旺矿，则做完一年，“仁慈”的资本家每一工人最多给他二三十元回家过年，打不着旺矿，则一年到底，不会得到工钱，甚至有倒欠的。工人的待遇，更也坏到无以复加。个旧的物价异常高贵，肉价一元五角，工人的伙食每月要二十元以上，但吃的非常坏，顶多每天有一点青菜，能够吃“老妈妈汤”（用黄豆面和青菜煮，因黄豆蛋白质多，能降毒，工人工作苦，又不得吃肉，用此代替）的就算漂亮，每月打两次牙祭，才得见肉，吃的水是微生物混集的，雨水缺乏时候，贵到五六角一挑，所以工人有“洗脸不得吃汤”的限制，睡的地方更是湿暗的小草屋，五方丈的地方，差不多要堆聚五十人以上。工作时间，每天下洞的限定背的次数，背完洗澡后还要去割烧草（没有柴烧），不下洞的则自黎明到夜分都是工作时间。

个旧工人受这样非牛马的待遇，为什么还会去当工人呢？这只有坐着吃闲饭的先生们才会发这样的蠢问。他们是无路可走的灾民，最下贱的失业农民，或者是受人俘虏的猪仔，拍花者拍去的小孩（我这次在滇越车上还遇着一个黄泥衣服、黄菜脸、烂眼的十二三岁的小孩，遇着他的伯母，相抱痛哭，知道是二年前被人买去个旧当沙丁的），只要不饿死的人，没有愿意当沙丁的，因此沙丁也就越发痛苦，逃亡的，资本家可以铐镣，可以枪毙，资本家自己有句格言：“黑不得心打不得厂。”我们要知道个旧沙丁的痛苦，最好看那有名的走厂调，它叙述失业农民去个旧的情况说：“三月里闷沉沉，个旧街心找熟人，找得熟人不认我，眼泪汪汪转店门!”描写沙丁工作的情况说：“鹞子翻身葫芦口，长虫钻洞蛇蜕皮。”他描写工人生活及资本家的待遇说：“七月里是中元，朋友约我去赌钱，是什红黑摇两宝，输了十吊还有零，同来问老贩怎整顿‘头冷蓑衣盖，脚冷灶灰埋’。”又描写沙丁的生活说：“十月里十月中写封书信寄给妈‘要了银钱做那样，快快回家掌威风。’”这样的叙述可以看出个旧沙丁生活的痛苦。

沙丁的分业，锡务公司则分工厂、矿山两部，工厂中分洗沙、翻沙、打磨各部；矿山分下洞、不下洞两样，下洞的背矿，不下洞的洗矿磨矿。一般土法采矿者，分为下洞、洗矿，或磨矿及炼矿三部，而炼矿炉全在个旧市。

沙丁的文化程度，当然是最落后的，他们的生活，完全与社会隔绝，不知道什么叫作国民党、共产党，什么叫做工会，但是他们对于阶级斗争是最了解的，因为他们在生活中真正了解资本家的压迫，及斗争的要求，他们知道沙丁与厂主是势不两立的，厂主的利益就是沙丁的血汗，在这点上也可以说他们的文化程度是很高的。

（四）青年工人在沙丁中占十分之七，因为成年工人在个旧活动不灵敏，青年骨节柔软，才能适应那“鹞子翻身，长虫钻洞”的活动，青年的年龄由十二岁起到二十岁，他们的苦楚，更是不堪言状。洞中的空气非常恶浊，每人顶着一个油灯，背很大两袋矿砂，头上特别插一片中肋骨，叫作“汗片”，用来括汗，每次出到洞口，汗喘到不能说话，这样所以沙丁中尤其青年中没有不害痨病的。

（五）沙丁在厂主这样残酷压迫之下，连喘气的自由都没有，当然更说不上组织，厂主都是有武装的，动一动就会丧掉生命，原有的组织完全没有，沙丁与厂主的斗争不得发生，但都是阴谋的暴乱的冲突，逃亡或作匪。现在个旧盗匪遍地，杀人无间日，就是表现沙丁与厂主变形的冲突。

因为资本家秘密营业的关系。很难进到矿厂去接近沙丁。而沙丁又是与社会绝缘的，第二，因为个旧的阶级分化得太明显了，个旧市完全是豪绅、资本家团聚的地方，除了亲戚的关系，连个旧都不能去，我们经过了几个月的活动，才找到工作路线，得与沙丁接近，但是沙丁在这样残酷压迫、解放要求迫切的情形下，他们的组织必定很快的发展起来。其他煤、铜、铁等的矿工也是如此！

二、铁路工人

（一）云南铁路，有滇越、个碧两条，滇越路全是法资经营，由昆明达安南海防，在云南境内者长二百八十九哩，由昆明经宜良、婆兮、阿迷及蒙自之碧色寨芷村达河口，有工人二千余人，停车厂大者为昆明。宜良、阿迷、芷村均各设机器场。个碧路由个旧起，经蒙自达滇越路之碧色寨长七八十公里，停车厂大者为个旧。个旧、蒙自设有机器房，现又由蒙自、鸡鸣修临安，为临个铁路，长亦七八十公里，均为个旧商营铁路。公司设有银行，操有个旧、蒙自、临安各县的经济实力。

（二）铁路工人，滇越路约有三千（单指在云南的），个碧路有一千余（连筑路恐不止二千），此处是指大工，小工是随时雇来修筑道路山洞的，数目无一定，随来随去，不在此数。

工作分机务车务，车务为开车、摇旗、挂兜等，开车工及查票者在滇越路尽是安南人，与公司最接近，机器房两路都是广东人，多工资由每月滇币二十元至八十元。工作时间，滇越路每天十点钟，个旧路九点钟，公司对工人的待遇，滇越路最压迫，不能请假，无故请假一天扣工资三天，在工作时间，法国人一查见偷闲者即处罚（我亲见一搽车工友代一妇人开水壶，法国人骂他，他多辩两句，就罚他三天工资）。违抗者即打骂，对安南工友更是无顾忌的压迫。

铁路工人的文化程度颇高，他们日与外国资本家接触，感觉直接的压迫剥削，斗争情绪也很高，滇越铁路旧的组织完全没有，现在组织起来的阶级工会，只有昆明车站机器房、芷村车站机器房，已有组织，但还没有经过公开成立的手续。其他阿迷、碧色寨各车站正在进行组织，全路的真正阶级的群众工会，现在正在酝酿成立。个碧路的职工联合会是资本家走狗的招牌工会，只是去年四月间利用他来反对胡若愚的军官打站长发表宣言，以后即无声无息，工人自己的工会现在也正进行组织，今年一月开了一次代表大会，但是现在实际成立的只有蒙自车站，碧色寨的没有完全成立，个旧的还完全没有成立。

（三）铁路工人的帮口：分为广东帮、云南帮、安南帮、广东帮的最有团结，安南帮的完全依附在公司之下，仰法国人的鼻息，所以在工会组织上，广东、云南的最容易发展，而安南的则很难发展，一则言语不通，再则很多是公司的侦探。

（四）铁路工人的斗争：在滇越路只有些小反对打人的斗争，但是半年以来，很久就酝酿着一个普遍的加薪罢工运动，因为铁路收车票按西贡纸涨价，而工资不与车票同涨。

个旧路蒙自车站工会领导工人作过一次年关发薪运动，已得胜利，又作打倒工头枝培元的运动（枝以组织工会为名向工人每月扣工钱，亦作会费，压迫工人最厉害）。到现在都还没有得到胜利，但工人这个运动中团体很坚固。

三、盐井工人

（一）云南距海远，无盐田，全食井盐，盐井大者为西盐丰县的白井，东盐兴县之黑井，普洱镇元县之磨黑井及蓝井、猴井、阿陋井，工人无确实调查，然合计各井工人，总不下二万人。

（二）盐井工人生活与沙丁一样，是很苦的，工人分背水、砍柴、守灶三种，而以背水工人为最苦，终日赤足渍盐水内，背脊复受水淋，工作之苦，不堪言状，而连年政府财政困难，官吏贪囊无厌，工人的薪金时常不发，工人的生活越发困难，可惜交通不便，不能把他们即刻组织起来，听说一九二七年磨黑井的工人已经略有组织，作要求发欠薪的斗争。

四、城市工人

（一）云南的城市工人差不多全是手工业工人，比较多的是昆明、蒙自、个旧、阿迷几个城市。种类可分机器、印刷、邮政、电灯、市政、木工、泥工、力夫……昆明约有二万人，工厂较大者为兵工厂、造币厂、华安机器厂、猪毛公司、火柴公司、官印局、电灯公司，各厂工人约三千人，邮政、市政工人约一千五百人，其余均小手工业工人或散工苦力。

阿迷有电灯工厂，工人百余人，挑夫、水夫六七百人，连其余各行，工人不下一千五百人。

蒙自城及碧色寨有挑夫五六百人，海关、邮政、电灯及各种手工业工人千余人，铁路工人二三百人，合计二千人左右。

个旧电灯、电话工人百余人，挑夫二百余人，砖瓦、竹木、石五行工人二三千人，铁路工人三四百人，炉房工人千余人，锡务公司（单指工厂）千余人，合计六七千人。（恐不止此。）

总计昆明、蒙自、阿迷、个旧四个城市的工人，在三万至四万之数，而店员尚不在内，连店员计算，总在六万至七万之数。较小地方的城市工人，现在无法统计。

（二）城市工人的生活：因为昆明、蒙自、个旧的生活程度不同（个旧最高，蒙自次之），职业不同，当然不会一样。工人的工资在昆明者每月由十五元至四十元。蒙自者，每月由三十元至七十元，其余各种工人每月由十五元至三十元不等，但我们要注意一点，云南的币价，只值沪币十分之四，伙食每人至少要十四元，一切用品，在上海值一元的，至云南值三元，所以工人的生活，不是十五元所能维持的。工作时间除官印局是八小时外，都是九点到十二点，并且工厂中差不多都有夜工，星期放假的很少，厂主对于工人的打骂，更是常事，华安的厂主甚至把工人的手打断了，不发医药费还要诬报工人是共产党。

（三）一九二七年以前云南工人是丝毫没有组织的，虽虞晋侯（烟草公司主人）、李俊等走狗组织云南总工会，杨小华等组织印刷工业协会，纺织行的店东组织织布工会，但都是些空招牌。一九二七年三月以后，工人自己才开始有真正的组织，最先组织起来的是机器工会、印刷工会、猪毛工会，到六月间各工厂的工会，及土木行工会都渐次组织起来，昆明车站的铁路工会也组织起来。上月一号成立昆明总工会，遂把招牌的云南总工会打倒，并且争得工会的总组织自由。红牌工会开始在云南出现，一直到现在，昆明总工会的公开组织还继续存在着。

蒙自在一九二七年四月间，个旧铁路成立职工联合会，在高等职员的手中，曾经发过大张宣言，反对胡若愚的副官打铁路职员，但这个工会也是招牌，不过这次高等职员的运动，却引起工人自己，尤其是蒙自工人组织的觉悟。九月以后，蒙自工人即开始有组织，海关、电灯、挑夫的组织，都相继成立。到一九二八年一月，蒙自车站的铁路工人，也组织起来，碧色寨的挑夫已经有长期的活动，但是还没有组织起来。

个旧工人在店东影响之下，成立砖瓦木石竹五行工会，于一九二七年五月，作了一次剧烈罢工，反对苛捐运动，但这次运动，实际是小商人领导的，五行工会的团结很坚固，但只是领袖的信仰，而不是群众的组织，工人自己一直到现在还没有一个真正工会的组织出现。

（四）斗争，在昆明已经有很多次的零碎斗争，并且大半都得到胜利，如官印局的反对监工制，要求加薪运动，不独得到胜利，还表示在斗争中的一致行动——一致对监工的罢工示威、兵工厂的索薪运动、自来水工人的斗争，都得到相当胜利。而猪毛公司的加薪罢工则完全是自发的，等到罢工实现，才来找到工人接洽，受工会的领导而要求组织，华安工厂及昆明车站的反对打工友，虽然失败，但都能够推进工人对于组织的兴趣。

蒙自车站机器房工人，自一九二七年七月组织开始，就是在打倒工头枝培元的斗争中发展，虽工头还没有打下去，但已经把云南帮、广东帮的界线打破了（从前广东帮为工程师所把持，云南帮为枝培元把持）。今年一月又曾作一次索薪运动。

个旧五行工人一九五七年五月曾作一次猛烈抗捐运动罢工罢市，县公署房子倒了不去修理，县官另找人修理跌死了人不买棺材，斗争终于胜利，不过五行工人完全是在小商人领导之下，所以组织终于没发展。

（五）云南工人中的帮口，普遍的都是分为广东、云南、安南三帮，还是因为言语习惯的天然界线，广东、云南帮在工会起来后即消灭，而安南则受政治影响，不看而组织团结，这是云南工运中的难题。

行会的组织，现在还显然存在的，有鲁班会，老君会，土木工、铁工的行会，不过只是迷信的组织，没有什么坚固的团结。

（六）女工，只是纺织、烟草、火柴三种工业有，数目不多，但是很痛苦，有一天只得二角钱吃稀粥的，但是女工的文化落后，组织发展较困难。

青工、童工的数目很多，童工最痛苦的是学徒制，机器工人有三分之二是学徒，学徒期限三年。

（七）工会的宣传品很少，到一九二八年才有一个《斧头》周刊，是昆总出版的，一个小张油印的《青年工人》，但《斧头》因经济及压迫又停刊了。

（八）反动派及黄色工会，虽然有前述的各种组织，但对于工人毫无影响，因为云南工人组织的发起，开始于国民党反动以后，所以工人对于国民党的组织比较更清楚些——都认清它是白色恐怖的旗帜。

一九二八年，五月一日

（1928年12月《中国工人》第一期、1929年1月《中国工人》第三期）

中华全国总工会为广州暴动纪念宣言

一九二七年十二月十一日，英勇的广州工农阶级领导着革命的兵士和贫苦的群众举起斧头镰刀的红旗，用武装暴动推翻了豪绅资产阶级国民党统治，而建立了工农兵代表会议——苏维埃政权，这时出现了中国第一个真正代表工农兵士贫民的政府，这一伟大的革命，今日是一周年纪念的日子了！我们抚今追昔，在目前反革命局面之下，来纪念这个英勇伟大的暴动，必要切实明了它的发生背景和意义，研究它的教训。

广州暴动是中国工农兵士劳苦贫民受资产阶级统治压迫下的反响，过去五卅运动革命的高潮，租界之收回，统治阶级之崩溃，反帝国主义的斗争，已表现工农革命力量之伟大与作用，而转入土地革命之开始，这样一来，帝国主义勾结着资产阶级——国民党公开反动，而投入反革命营垒，以白色恐怖屠杀工农及革命民众。广东反动统治，更为残暴，国民党解散反帝最有力量的省港罢工，取消广州工人条件，在这些反动统治之下，确定了广州工人推翻资产阶级的国民党的统治，而建立苏维埃政权。从十月十四日海员工会运动的示威，而引动着各工会的恢复，及包围汪公馆，直到英勇的武装暴动，加以士兵受革命的影响，政治的危机，工农兵遂会合于十二月十一日，砰然一声而爆发了广州暴动！

广州暴动是工农兵第一次的联合，用自己的力量去推翻资产阶级国民党统治，而建立了工农兵代表会议——苏维埃政府，在中国历史上展开革命的新阶段，动摇统治阶级的政权和帝国主义在殖民地的一切政治经济的基础。它是中国无产阶级的第一个最光明的灯，成为世界革命的组成部分，有与巴黎公社同等的价值。

可是广州苏维埃政权存在三天的短时间，即被帝国主义及整个反革命阶级的进攻而失败了，这固然由于敌人势力的强大，苏维埃被反动势力的包围与封锁，同时主观力量，工农兵士没有充分的参加，不能保障革命的政权胜利，但是中国工人阶级，因此宝贵的教训，将准备着将来暴动的更大胜利，不因此而抹杀这重大的意义！

资产阶级代表——国民党，从广州暴动失败后，已变为最凶残屠杀工农的“刮民党”了，解散工农会，制止罢工，采用一切白色恐怖政策而成为法西斯蒂的模范，企图消灭革命工人组织。他们一切改良欺骗宣传，以“劳资妥协”、“工商调解”、“和平合法”等论调，和缓工人的争斗，混乱工人的组织，而维持反革命的政权。

全国工友们！广州暴动已届一周年了！在一周年的过程中发生了许多大的变化，统治阶级的崩溃，蒋桂的分裂，帝国主义中间的矛盾，尤其是国际工人革命的左倾，殖民地斗争之继续，这些都是革命形势的继续发展，所以在今日纪念中应该高举着红旗，纪念着死难烈士，以反抗白色恐怖的屠杀，更应研究它的教训，继续它的精神以完成它的历史使命！

我们高呼口号：

一、纪念广州暴动中英勇的死难烈士！

二、继续广州暴动的精神！

三、广州暴动是全国被压迫民众的灯塔！

四、一切工农贫民及革命士兵联合起来！

五、打倒帝国主义！

六、推翻豪绅资产阶级！

七、打倒国民党！

八、建立彻底民权制度的工农兵士贫民代表会议——苏维埃政权！

九、打倒反革命的资产阶级！

十、反对资产阶级的欺骗！

十一、实行八小时工作制！

十二、没收地主阶级土地归农民兵士！

十三、联合苏联！

十四、工农兵苏维埃政权万岁！

十五、中国革命之最后胜利万岁！

十六、世界革命成功万岁！

中华全国总工会十二月十一日

（1929年1月《中国工人》第三期）

白色恐怖下的广东工人

黄　钊

广东自四一五国民党公开的背叛革命后，豪绅地主资产阶级对于工农群众更残酷的肆行压迫与剥削，他们利用反动政权，任意拘捕工人，杀戮工人，封闭工人自己的工会，而代之官办工贼的工会，取消工人从前争得的胜利条件，而强制减薪加时，工人稍有一点不甘受压迫与剥削之反抗表示，他们即加之以“共产”罪名，严加惩办，工人除受这些直接压迫之外，同时还要受苛捐杂税的剥削，苛捐杂税，来得无奇不有，最显著的，便是所谓生人头捐、死人头税、婚姻捐等等，这些苛捐，在九龙、东莞、琼崖一带抽的特别厉害，若有不服者，即行拘禁，甚而加以死刑，广东工人在这种暗无天日的反动政策实施之下，被屠杀的已不胜其计，失业的已在万数以外，可见统治阶级对工人阶级的手段之凶残了！

广东工人不单是受豪绅资产阶级之白色恐怖的摧残，而且还时时受英帝国主义的压迫，他们在重重敌人积极进攻之下，是不是能够俯首帖耳忍受敌人相加的苦楚而不起来反抗呢？绝不会的，他们一定要起来和敌人作战的！广东工人是中国工人阶级的先锋队，他们是很有阶级觉悟的，最有斗争经验的，他们对于白色恐怖不但毫不畏惧，而且白色恐怖越严厉，他们反抗的运动就愈加紧，斗争的事实，又在广东各地继续不断地闹起来了！

广州铁路、电灯工人反对欠薪支一半银一半公债票及改良待遇酝酿罢工，广三铁路工人反对局长的剥削；油业工人因厂主每炸由八九人减至四五人，同时兼理烧饭及各种下栏工作，曾在观音山开一有数百人参加的大会，起而反抗；粉面工人为厂方取消下栏工作钱的斗争；中路的佛山油业工人为厂方开除工人的罢工；江门路工人因减薪及解散纠察队酝酿罢工，结果被机器工会的反动领袖把罢工压迫下去，但工友异常愤激；轮渡工人的反抗剥削斗争；东莞石龙的长生店工人的加薪斗争；江西肇庆的建筑工人的反对减薪（七毛减至五毛）要求加薪，及恢复前工会所定的三荤两素的日常饭食的斗争；理发工人之反对肇庆商人组织街道理发室的斗争，其余南路海口、北海、工头、英德、韶关等地工人，亦有零碎的罢工，还有英帝国主义统治下的香港工人，他们仍是继续着一九二五年省港罢工的伟大精神及广州暴动的经验，去与英帝国主义、买办阶级奋斗，他们在最近几个月曾做很多的反帝、反工头等运动，如水师工厂，是皇家开的，他们不受机器工会的反动领袖——香港帝国主义的忠实走狗林惠民的欺骗，自己组织代表团向买办交涉，如龙早利华厂工人的反工头运动，结果工头被开除；织造工厂女工，反对工厂苛例，这苛例是无奇不有，如大小便亦要到账房领取小筹，否则罚款，女士打德律风，罚银五毛，迟五分钟返厂，不开门给工人进去，这些苛例，尤以同兴、大兴、利民兴、金兴等工厂为甚，织造工人，不堪受苛例的痛苦，起而表示反抗的，日见其多，九龙货食工人的要求改良待遇斗争的胜利；太古糖房工人反对开除工人；金银工人之反对对待童工及铜器工人之斗争；工厂及船上工人的反对猪仔头运动，海员工人之反虐梁之和组织工会欺骗工人（每工人要每月给他二元，否则无工做）。从这些事实看来，可见广东工人的斗争情绪，是一天天的向上高涨的，但是为什么他们不易得到相当的胜利呢？最大的原因就是帝国主义、豪绅资产阶级对工人群众的压迫和剥削不肯放松，同时，广东工人群众不能一致的团结在中华全国总工会南方办事处领导之下而奋斗。现在好了，广东的工人，多能了解现在的任务和过去的错误了，香港工人在最近开了一次全港工人代表大会，这是在全总南方办事处领导之下的。一切困难的问题，都在会中得到相当的解决了。全总南方办事处准备在全国大会之后，召集全省的工人代表大会，把全广东的工人群众一致团结起来，准备加强自己的力量，促进新的革命高潮之到来，推翻工农阶级的敌人——帝国主义、豪绅资产阶级反革命集团的国民党，建立自己的政权——工农民主独裁的苏维埃政权！！只有这一政权，才能真正解除工人的痛苦，增进和保障工人的利益！

（1929年1月《中国工人》第三期）

火花（广州暴动纪念日）

一　平

火花，火花，
一星一星的火花，
汇合起来，
就成照彻全球的火把！

英勇伟大的广州暴动，
它是引导工农兵士贫民，
向着光明之路的火把！
这个革命的灿烂的火把，
是一星一星的革命的火花，
凑拢起来而放出的光芒！
这个巨大的火把，
烧毁了豪绅资产阶级的建筑——政权！
同时，英勇的战士们，
却在火光熊熊中建立了自己的建筑——苏维埃政权！

火光四射，
照遍了全中国，

照遍了全世界，
全中国的工农，
全世界的无产阶级，
都朝着这一个灿烂的火把，
欢欣，鼓舞，庆祝；
中国工农革命的成功！
中国工农兵苏维埃政权万岁！

熊熊的火力，
它使工农兵士贫民，
如在和暖的春光，
活泼泼地向前发展！
猛烈的火力，
它烧焦了豪绅资产阶级以及帝国主义的心肝！

他们一致的狂呼：
好厉害的火呵！
赶快扑灭罢！
不然，就保不了性命！

热烘烘的火把，
终于仅仅燃烧了三天，
便给白色的水花扑灭！
六千多英勇的战士，
都在白色恐怖底下牺牲了！

然而，这一个伟大的革命的火把，
永远不会再燃烧起来了吗？
不，不，绝对不！
它的热力永远保存着，
它的燃烧的力量将更伟大，
它爆发起来时，
将烧帝国主义和豪绅资产阶级！

同志们，工农兵士贫民！
准备着罢，
发出我们的火花！
爆起我们的火把！
在火光熊熊中建立自己的政权——苏维埃！

（1929年1月《中国工人》第三期）

请看国民党破坏上海法商水电罢工之内幕

溪　石

国民党用领导罢工的手段实行破坏罢工
拒绝阶级同情的援助更拘捕各工会代表
罢工十日后仍无条件的欺骗群众复工了
群众奋激第二次自动的罢工又已开始五天，
认清敌人：打倒国民党！与法资本家奋斗！

最近上海职工运动中要算法租界电气电车自来水工友的罢工潮最重要了！此次事件自发生以来，先后罢工二次已过半月之久，至今仍无解决的希望。其间国民党的阴谋破坏，毒辣异于寻常！另一方面，法商电车工友群众的奋斗，情绪是很高涨的。同时上海工人阶级同情的援助亦风起云涌争先恐后而来。照说这次斗争应该胜利了！但终以国民党的“欺骗”“高压”所摧残，这是若何值得我工人阶级注意的一回事呵！

现在将各种事实的经过情形叙述如次：

一　罢工前的经过情形

（一）工会函送条件给公司限期答复：法商电气电车自来水工会，

因法资本家压迫过重，在十一月八日，便已将全体工友议决要求增加工资改良待遇等十六条，函送公司限三日内答复。那信上的大意说："法商公司资本家对工人的待遇，比起经济落后的中国华商电气公司还不如！"要求条件是：一、承认工会有代表工人全权。二、无故不得开除工友，勤慎者应予优待。三、自工会恢复九月三十日以后起，所有被藉故开除各工友，一律即日复工，在停工时间，工资补给。四、工资不论任何职别，一律照原薪加三成。五、每日工作时间，一律八小时。六、工作每满五年者，应由公司给退休金一年，满十年者给二年，十年以上者每五年给一年退休金，无论由公司辞退或自退，均照本人最近工资，按月计算，如遇病故者，须加倍发给。七、政府规定之各纪念日节假日及星期日，如不停工者，当发给双工，机务部亦须休息全日。八、公司规定管理工人规则，须经社会局核准施行。九、工人患病，双方指定医院诊治。医药等费，概由公司负担，工资照给。十、工人如因公受伤，致身体不能担负工作者，公司除担负医药费外，并须负终养之责。十一、公司应拨工会教育基本金五千元，按月津贴洋五百元。十二、公司在年关时，应给赏工两个月。十三、工人被选为工会常务委员时，公司须准请假，工资照给。十四、各路电车，每辆须增加开门人一员。十五、公司提升职工时，须按等级年数，次第递升，不得越级升用。十六、公司添用工友时，尽先录用以前被藉故开除之失业工友。

（二）合法运动的失败：法商水电工会（简称，以下仿此）名义上是在国民党市政府社会局存案的团体。同时水电工会的上级人员又多是国民党的走狗之类充当的。所以十六条件还没有送给公司之前，早已呈请市政府、市党部、警备司令部等机关批准，希望从党政要人们的交涉之中得到结果。殊不知此种希望竟比做梦还难！三高级机关有什么办法呢？洋大人不肯答应，既不敢说洋大人的不是，只好回头来劝工友们“忍耐些时再说”！于是合法运动失败了！工友们合法的等待了一月多，直至十二月初，公司才出了一张很简单的布告说：“供职凡满一二年者，薪金照原有加一成；半年以上者加百分之五。”其余条件一概不谈，简直答非所问了！但这点表示仍是工友群众的力量所给予公司的影响。所谓三高级机关在洋大人看来真是狗屁不值呵！

水电全体工友已经明白非罢工不足以促资本家的觉悟。于是十二月二日深夜时，在西门学西街一号召集全体会议，议决自十二月三日起一律罢工。

（三）全总与上海总工会对罢工准备的指导：当水电工会起初企图“合法运动”的时候，全国总工会与上海总工会，便指示工友群众，说这种斗争方式是靠不住的，须准备力量自己奋斗。并实际开始秘密进行罢工委员会的组织，宜在团结最勇敢忠实的工友，起来领导群众的罢工。但此事被一二动摇的领袖分子所失误，没有坚决的执行准备，于是后来罢工实现，罢工委员会反被国民党的外来走狗们把持包办了！

二　罢工后国民党的压迫与群众活动

在罢工前的经过情形中我们已知道国民党是无力交涉条件的了。可是群众罢工实现后，狡猾的国民党所谓三高级机关便马上跑来干涉！他们利用政治的地位，从积极领导罢工中实行其欺骗群众的伎俩。第一步就包办罢工委员会：将在他们领导之下的反动工会领袖如商务职工会、南洋烟厂工会、英美烟厂工会等等所谓七大工会之流，分派到罢工委员会中负责，而以市党部民训会的刘云为主脑。至于法商水电工会的工友呢？那只除了少数顺从国民党的走狗工贼之类得以厕身罢委会以外，一班真正有作为的工人分子休想参加进去！

好一个清一色的罢委会呵！它急于要做的工作是什么？第一天便颁布六条纪律限制群众意志的发扬，一切须听罢委的命令；条件交涉只准由社会局谈判，否则不生效力……。这些倒不要去说他，罢委会随即出一启事，真是风头十足，那启事中主要的一段说“……深盼各大工会及各界同胞予以精神及经济上的援助，俾能得最后的胜利。但幸勿同盟罢工，以重本会咎戾……倘有反动分子，共产贼徒，乘机骚动，或散发反动传单，一经察觉，誓当请主管行政机关，从严究办……”云云。

第二，国民党既包办了罢委会，又用同样的手段成立了一个后援会。不待说他们的后援方式是根据上述启事的精神，摇旗呐喊，一方面助助阵势，而主要的还在藉以拒绝真正后援会的参加。果然，当米业职工会、药业、估衣、公共租界市政等工人代表前往罢委会慰问时，刘云回答说：“我们一切都准备好了，钱也有用的，请你们不要劳神。将来无钱用再请你们帮助………”这或者说是做贼的人心虚，刘云原也出于不得已吧！但十二月九日下午各工会代表的被捕，真是出于意料之外的事！那天是各工会假米业工会的地址，集议援助法商水电工会的办法。到者有店员各工会、手工业各工会，以及市政业代表三十余人。狼心狗肺的刘云，竟勾结公安局巡捕房，将全体代表拘捕，指为共产党秘密集会。于是这大批援助电车罢工的上海各工会领袖遂因反动派之阴谋投入监狱，反动者益得肆无忌惮、为所欲为了。

第三，在国民党如此严重监视之下的水电工友，群众意志比平日更为无法表现了！但仍有两事足以见群众勇敢之一斑：

1. 建立工会小组：水电工会是不坚强的下层组织。上海总工会曾屡次指示他们，须于斗争中建立工会群众的基本组织。这次罢工三日后已开始进行下层组织，闻已成立小组三十余组云。

2.电车方面十一号写票沈福生，破坏罢工作资本家的走狗。在举行全体群众会议的时候由群众饱以老拳，并将他逮捕。全总、上总，对条件问题极力主张由群众代表直接与公司交涉。国民党的口号则是除社会局以外，任何人都不准交涉！换句话说：工人无权办理自己条件的事。

先是罢工二日后，淞沪警备司令部用公函给江苏交涉公署，托其转函法国领事命令法商公司方面，于本星期五以前派定负责代表若干人会同市政府、市党部等机关交涉，公司置之不理！至八日有具名顾继荣律师来信，愿出任调解的责任。但国民党见不能由他们包办，就马上拒绝了。后来到了十二月九日的晚上，一出欺骗复工的趣剧也就正式开始！

那晚七时在上海林荫路市党部里举行一“杯酒联欢”的盛宴。联欢的人物是市党部指导员冷欣，社会局走狗张廷灏，警备司令部政训部主任贾伯涛，鼎鼎大名的市党部民训会刘云，自称为资方代表的杜月笙，没有经群众认可的工会代表陈茂林、华志勇等。席间杜月笙拍胸而言，说是条件包在他身上，只先叫群众复工好了！至于条件的承认有何保障？那只有天晓得！但是第二天（十日）上午九时水电工会居然受刘云先生的指使，召集全体大会，声言订有复工草约十四条，附约二条云云。（骗人的空文章，恕我不录了！）并即于下午四时，全体工友齐集公共体育场举行复工大会，法租界巡捕房派政治部督察员程子卿为代表，到体育场与刘云磋商办法。当时决定群众游行到厂复工的路线，群众提出沿途燃放鞭炮，用军乐队领导。几经磋商，才决定路线，只用军乐队而不放鞭炮。但群众行经蓝维蔼路拟折入辣斐德路时，西探巡捕等忽将铁栅关闭，不准通过。当时一千余工友在马路中站立约二十分钟之久。刘云等又“遇难而退”，将群众引回体育场。程子卿也像煞有介事的，又跑到体育场来欲向群众卖好。对不起得很！那时体面极了的程先生，竟被群众大打一顿，于众势汹汹中亏得刘云先生将自己的汽车借给程先生偷跑！而刘云先生亦备尝老拳滋味矣！

次日（十一日）上午刘云等又召集全体工友大会。强迫工友静候市党部及各上级机关调解。至十二日上午又开群众会，刘云等向群众宣布，正式签订条件于十五日在市政府或社会局签订，即日先行复工云云。于是轰动一时的法商水电罢工潮，遂于国民党和法帝国主义“欺骗”“威胁”之下复工了！

复工后，电车工友进厂工作时，法国工头职员们笑问工人道：“公司里并没有表示答应条件，为什么就复工呢？”工友们想：且等到十五日签订条约再说罢。但复工三日内，公司藉故开除十余人，重罚卖票工友数人，且多系罢工时比较活动的分子。一切压迫较罢工前有加无减，所谓正式条件的话只是骗骗小孩罢了！

这种侮辱激动了群众的愤怒，于是十二月十六日起全体工友又举行第二次大罢工。

资本家的态度究竟是怎样的呢？说起来也是一场笑话！

奸猾的法资本家态度是始终强硬的。自一次罢工实现后，对于自来水电气马上准备接替工作的人员。一方面法国炮舰拉玛伦号奉命自爱多亚路口浮洞，移泊南浦江法商水电公司水厂对面码头。准备厂内发生纷扰时派兵进厂镇压。十二月九日晚上的“联欢会”自称为资方代表的杜月笙并没有受资方的委托！资方并没有解决条件的诚意。十二月九日的“联欢会”只是国民党欺骗工友们先行复工的遮眼法！和对待十月间邮务工友们的罢工一样：先复工后签正式条件。但这次法商工友罢工的结果，是比邮务工友还不如的！好厉害的骗局呵！

三　二次罢工后的出路

在坚持了十日而终致失败了的第一次罢工中，证明所谓静待上级机关的解决是放狗屁的话！必须打破"合法运动"的观念。目前应积极进行下层小组的组织，彻底改组罢工委员会，驱逐阴谋破坏罢工的奸贼刘云及其党羽。反对国民党包办条件，由群众举出代表直接与资方谈判。

坚持二次罢工胜利，对外必须引起广大群众阶级同情的援助，要求捕房释放因援助罢工而被捕的各工会代表。对内须严防不良分子的破坏罢工。（闻资方正在着手收买少数不良分子，企图开车。）

但是，不要脸的国民党刘云辈，现在仍欲强迫群众以行其欺骗伎俩，并规定每次会议之后由刘云讲演三民主义。水电工友们曾表示这是他们所不愿受的侮辱，但为什么不便进一步的驱逐刘云、揭穿刘云辈的虚伪？水电工会领袖分子的动摇是无可讳言的，然正好在二次罢工中以群众的力量裁制他们、驱逐他们。

二次罢工的解决就目前形势看是无期的。二次罢工的意义是法商水电工人从国民党合法运动的幻想和欺骗之下挣扎出来的自动的斗争。这次斗争的前途，将予上海工人阶级一重大的影响，即是对国民党改良主义的幻想打破，同时对群众自发的斗争得到正确的认识。

一九二八，十二，二十

（1929年1月《中国工人》第四期）

上海法电车罢工记事

记　者

原来法租界电车、电灯、自来水、公共汽车各部的工人一千五百多人，在中国的领土地，直接受法帝国主义和法资本家剥削压迫，非常痛苦；在政治上，工人行动非常不自由，动辄遭巡捕水兵的殴打，甚至于将工人作水兵茶余酒后的牺牲，如惨杀吴同根一例，简直是把中国工人看作牛马都不如。在经济上，工人工作时间特长，而工资却异常低微，比同厂的外国工差得很远，且每每因小事罚工钱，随便调换工作，动辄开除工人，直至拘捕工友坐西牢，工人病了无医药，失业无救济，总之，工人受法资本家与帝国主义的剥削压迫，简直是无所不至。因此各工友，在这万层痛苦中挣扎起来，举行大罢工，作壮烈的斗争，与法资本家帝国主义拼命。为阅者易于明了起见，分别列举如次：

罢工原因

前月水电工友曾向资方提出改善待遇十六条件，当时本有罢工趋势，只因国民党的市党部、社会局等出而佯为调解，多方阻碍与压迫，各工友不得已，只有极力隐忍，出于和平运动。不料时过半月余，公司方面绝无任何态度的表示，只是一味置之不理，国民党所谓调解，实是一种拖延、消灭斗争的策略，完全是帮助法资本家。工友认为在此等情形之下，若再无相当的表示，实不足以促资方之觉悟，遂于是夜十时，在西门学西街一号，召集全体大会，讨论对付办法，结果决议，自三日起，宣布全体罢工，并表示非达到要求目的不止。

罢工情形

该工会此次罢工人数，共计一千五百余人。计卖票三百人，司机二百人，写票四十人，查票三十人，露天六人，打灯九人，撬路三十人，接线二十三人，马达间机务十三人，老车八十人，车床六十人，漆匠十人，木匠二十五人，铁匠十三人，新车三十四人，火表十七人，大线三十三人，高马车九人，引擎三十五人，水门汀四十人，修路一百十六人，自来水九十四人，稽查五人。自是日晨罢工的消息传遍，各工友都坚决的不赴厂，大家只分散各要隘，作罢工的宣传，时有巡捕来干涉，大家只是次第散去，不与计较。资方故意把厂门大开，电车移动，以诱工友，但竟无一人前往，虽守夜，守门的小工友，都望望引去。因此罢工后，秩序甚好。可恨帝国主义，于是晨五点钟，偏偏派来大批巡捕，满布公司工厂内外，大事压迫。警备司令部亦派员参加压迫。尤可恨的，法帝国主义，于十五号竟派炮舰到法商水电公司门首，向工人大示威，且宣言必要时即令海军登岸。于此便可见法帝国主义的横暴，只是蛮横的压迫罢工，丝毫没有理讲。

各工会之援助

上海总工会，尤首先发表宣言，指示水电工友种种进行的办法，并号召全上海工人阶级群起援助。又本埠各革命的民众团体，认为此事不单是工人方面的关系，乃是反帝国主义民族的关系，都纷纷起来表示援助。组织大规模的后援会、出卖工人阶级的反动的七大工会，秉承着国民党的意旨，也表示援助法电工友，他们的这种援助当然是欺骗工人的，和他们邮务罢工中做的一样。后来的一切经过，完全证实了他们的阴谋了。

工人被卖之情形

市党部、社会局，及资本家三方面均在设法破坏罢工，玩弄工人，于是发生先复工，后签订条约，条约作废，遂有第二次罢工等不幸之事，今将电工会二次罢工宣言所述各情形揭载如后：

“全国同胞们，工友们，我们实行第二次罢工了，这次忍无可忍的情形，一一的向我亲爱的同胞宣告。（一）第一次罢工的理由，我们为正当要求希望劳资合作，故根据华商电气公司劳资协订的条件，向我们官厅调解，交涉四十天之久，资方不特一味延搁，反而加重压迫（在前次罢工宣言中已详告同胞），我们为此就万不得已举行第一次罢工。（二）忍痛复工的意义，罢工以后，后来资方负责代表要求先订草约，复工后决于十五日签订正约，并承认关于承认工会八小时工作增加工资（至少每人四元至五元）三项，复工后先为履行，资方的欺骗狡诈，种种手段，我们未尝不知，然而为表示工人之和平起见，因而忍痛复工。（三）复工时之情形，在九日的晚上，资方代表要求我们明日即行复工，我们举动素主和平，故无论手续如何匆促，即允于十日恢工，不图复工之日，对于我们进厂的路径、会员的集合，种种留难，我们无不容忍，不意行至华租交界之处，（辣斐德路）又加阻碍不准通过，铁门忽尔关闭，工友们诚意复工，反遭挫辱，驻立铁门前几三十分钟，因就折回，工友们忍辱之余，于十二日冒雨复工，五时进厂，即开始工作，翌日鹄望履行草约所订之先决条件，孰意仍如初料，工作时间，依然如故，压迫手段加烈，自复工至今日，被开除之工友已近二十，此种耻辱痛苦，罄笔难书，第二次罢工的原因，复工虽明知已无希望，然工友犹力持镇静，有待于十五日签订正约，现在草约既无一实行，正约则置之不理，而劳方代表，于十五日之下午在社会局坐候资方代表，至万家灯火，仍阒无一人，工友痛苦加深，工友的希望已绝，愿全国同胞为我们工友设想，除了死里求生，尚有何路可走，我们此次罢工的苦衷，愿请全世界公评，望吾亲爱的同胞工友予以同情的援助。”以上均系该工会宣言中最和平的记述，其他不堪的情形，在本期所刊之“中华全国总工会告电车工友书”中说得详尽。同时资方代表杜月笙复正式声明草约无效，并谢绝调停。罢工至此，当然仍有重回至争斗的路上去。

工人的痛苦要求与“协定草约”

以上所述罢工情形，大致无遗。兹为读者更明了工人所要求之条件到底是些甚么，兹将电车工会请愿改善生活的呈文中重要各点摘录于后。又所签草案虽为一时骗局，然工人降低要求以迁就资本家之苦衷，亦属了然，乃法资本家竟连此些微利益，靳不给工人，其心肠之狠，可见一斑。至于国民党市党部，市政府，警备司令部则已经在草约签字上表明他们欺骗的供状了。故并录于次，以供参考。该会诉愿书云：（一）查中外各大工厂或公司，莫不备有工房，其工资必适本埠生活最低之数额，今敝会公司每年所获，除开销外，当盈利巨万无可讳言，且自公司成立以来，将近二十余载，工房仍未备置，而所给工资，十五元半起，最多不过二十七元，沪地米珠薪桂，谁亦知道，以我们所得十多元廿多元，在租界内租房一间，至少要六七元，每月伙食，至少需八九元，尚需理发、洗衣、洗澡、添做衣裳及零用等，已不够用，尚有父母妻子，又将何以抚养耶，稍或不慎，常被罚金，或停工或开除，从不宽恕，至说照章各年加工资一成，以十五元半不过加一元五角五分，尚不一定有加此其最苛刻者一也。（二）公司章程有每进一年加工资一成，但公司将年久工人，藉端开除，或不开除，另定一种无限止之罚金，以剥夺工人应得工资，以使工人失业或受生活上之困苦。（三）即是在休息期间，有工人谈话与吸烟者，亦故意开除。（四）公司每升一工头而管理者必须索诈贿赂若干，如不允即难擢升，即新进一工人，无不如此。（五）厂中准备多数候补人员，专为补充被开除者工人而设，既可改省工人之工资，复又得新进工人之贿赂。（六）每逢年节时期，每工人必须捐五元以上之现金，贿赂于各工头及管理者，如不照办，将遭开除，而其所谓赏罚，完全依贿赂多寡为标准，无所谓功过。（七）敝会成立之后，法当局派出许多包探，跟随本会职员，或用词恫吓，监视行动，或藉故开除工友，于十月五日，将三六四号王宝生，三〇三号谈荣祥，因赴敝会开改举大会，迟到厂一刻钟，即行开除，十月十日，无故罚停一二二号徐保生卖票，十月五日因工头索香烟不遂，藉信丰门外之谣报，将李纪庚开除，又将林小毛在厕所吸烟，亦即开除，又一百〇五号金魁光，因与工头汪鑫宝不和，只听该工头之报告，不查明事实，竟即开除，二二号练习卖票，三五号朱阿、二二六三号杨金生、三七一号李廷玉因来工会登记，亦即被开除，近来每日被罚或停工者，不下数十人，上述数端，不过陈其大概，其余不胜宣述，敝会同人，痛定思痛，忍无可忍，遂于十月十四日提出十六条呈送社会局，提出交涉，迄今以来，一个半月，毫无消息，实该公司不理耳。

（1929年1月《中国工人》第四期）

中华全国总工会关于最近中国工运报告

按本报告系本年十月二十一日太平洋劳动会议秘书处扩大会议时本会出席代表沧海君的口头报告，因报告赅括近数月工运重要趋势，故特刊出以供参考。惟报告原为口头陈述，当由会场英文速记，嗣复由英文记录译成华文，辗转翻译，不免有脱略疏忽之处，忙中不及仔细校对，尚望读者鉴谅为幸！

要把秘书处二月会议后一直到现在的状况做一个详细的报告，是很困难的，因为严重的反动的压迫和白色恐怖，使我们失去了很多的文件，但是无论如何，总要使得大家对于现在的状况和运动的前途，得到相当的了解，我们的报告概括如下。

第一，要看一看我们敌人方面的情势若何，就是在国民党旗帜之下的反动的军阀地主资产阶级的情势若何，自南京政府改组后，国民党及国民政府好像是得着稳定了，但是事实上并不如此，南京政府并未稳定，基础亦毫未巩固，他并未解决革命中之任何问题。所谓关税自主、取消不平等条约、治外法权和收回租界等等毫无可能的希望，而帝国主义之进攻反变本加厉的闹得更厉害：日本之侵占山东和企图吞并满洲，英国之帮助桂系扩张其势力范围等，都表现得非常明显，反动的国民党只知卖国残民，丝毫不能解决革命中之任何问题，它的政权绝对得不到稳定的可能。

第二，各帝国主义者间接的冲突和阴谋的加紧，更是使得国民党政权不能得到稳定的，国民党中的各派，并不是他们独立的组织，而是各帝国主义用以竞争的工具，他们每一次的冲突，莫不有他们自己的主人在背后指使，各帝国主义便利用这个方法使国民党各派相争，以图争植自己的势力，同时使得中国得不着一个强有力的政府，他们只想中国政府压迫工农群众的力量便够了，国民党各派间的战争又在酝酿着，桂系、蒋系、冯系、阎系间的冲突日甚一日，并因帝国主义的阴谋，而其破裂的痕迹，日益显著了，在这种情形之下，反革命的政权永远不会得着稳定的。

第三，关于土地问题，这也是国民党不能解决的一个问题，这一问题，只有革命的农民才能解决，广东、江西、两湖的农民已自己起来用武装暴动的手段以解决此问题，国民党只有一个方法来解决这个问题，便是用武装压迫农民，两年来农民自发的继续的武装暴动，虽经国民党严厉的残酷的压迫，并未因之停息，反而一天天地向前发展着，就是在距反动势力集中的上海数十里外的乡村，也时有农民起来武装暴动，解决土地问题。建筑在封建势力上面的国民党军阀何能解决这一问题，他们惟一的方法只有野蛮的压迫农民。

第四，现时财政的危机，使得国民党政府的运命日趋窘局，虽然他们时常高唱什么建设，但这是纸上空谈，孙科说他的建设计划，是要向美国借二十万万的大借款，这样的大借款即使能办到，他们能用之于建设上面吗？他对于民众的各项苛捐杂税，纵然继续加重，而政府的收入，仍日渐减少，除江浙两省外，国府半文也捞不着，他们又竭力发行公债，各种国内公债，名目繁多，但是要商人拿他们的大龙洋来换无用的纸券，却是很难办到的，政府在财政上既没法筹措，最紧要而重大的军费，当然无法维持，士兵当然领不到饷（即现时亦有大多数有许久未领到军饷），其结果军队动摇，士兵反叛；加以民众不堪其压榨之苦，群起而联合反抗统治阶级，此乃自然之势，于此，国民党政权又怎能得以稳定呢?

工人生活的状况

国民党要维持和巩固它的政权，只有加重的压迫剥削工农，因此，工人的生活，日趋困苦，同时，工人反抗国民党的行动，也日益紧迫，国民党对于消灭工人的革命运动有两种方法：一是屠杀政策；一是欺骗政策（即所谓中国式的改良主义）。

白色恐怖，迄未停止，自今年一月到八月，按照我们的统计，工农被屠杀的，不下十万人，内中有二万七千六百九十九人经过正式宣布罪状而执行死刑了，有一万七千二百人拘系于狱中。在工厂中，实行连坐法，假使有某一工人被发现了与红色工会有些关系，那末，他附近的五个乃至十个工人便须连坐，轻则开除，重则拘系屠杀，工人在进厂时，须缴纳相片，并须有殷实的铺保和大手印。在冯系和桂系势力下的地方，如发现了（甚或仅凭猜度）工人有赤化嫌疑，即格杀勿论，在这种情形之下，工人在政治上所受之压迫情状，当然不须更多叙述，便可了然了。

在以前全总领导之下的二百八十万工人，从罢工和各种大小斗争与获到的各种胜利的条件，现已全被取消。在工厂中，现时厂方可任意开除工人，工作时间较前延长，而工资反较前减少。在广东和两湖，工人所得的工资是不值钱的纸币，北方铁路工人，有九个月至十八个月没有得着工资；上海各店的学徒，每月除伙食外，仅得廿枚铜元；纱厂女工，有多数每日做十二小时工，只得工资一角六分的；

在云南有十万矿工，毫无工资，他们简直是奴隶，每个工人，脚上都戴着镣，为的是防他们偷跑。设若矿务发展，在年终时，每个工人仅可得三元赏银，从这事实中我们可以看到在国民党统治之下，工人生活是何等的悲惨。

至于工作时间，除少数交通和市政工人每日工作八九小时外，普通都是十二小时或十二小时以上，纱厂工人普通是十二小时，矿工为十六小时，店员除大公司外，通常每日是工作十二小时至十二小时以上。

工人失业的人数日见增加，仅海员就有十万失业的，城市中的工人有三分之一以上没有固定职业，多数工厂继续不断的开除男工，代以女工或童工，甚或雇用初到城市觅工的农民来代替有阶级觉悟的工人。

在中国的中外工厂，多无所谓劳动保险和卫生设置，所以工人易于生病；有病也不能休息疗治，如休息便要失去工作。在厂中，工人不准互相谈话，武装卫士和工头甚而至于政府军队随时监视着工人。工人在这种严重桎梏之下，连上厕所的自由都要被剥夺了。有时如稍有不如意或错误的事，便要受种种的刑罚，而包工制苛酷的剥削，尤为工人所痛恨，如码头之卸货，系一角一分钱一吨，而大工头却要抽去五分，二工头要抽去三分，有时还有三工头要抽二分。除此之外，国民党御用的工会，还要从工人工资中扣除工会的会费。

工人的罢工和斗争

反动的国民党严厉的施行白色恐怖和改良政策，企图压迫工人，欺骗工人，禁止工人的罢工，但是工人终受不过他们的高压和剥削，仍前仆后继的起来反抗，罢工和做各种大小的斗争。我们试看前数月上海工人罢工的踊跃，就可想见一斑，兹列六个月来罢工简表如后：

罢工时候	罢工次数	罢工人数
一九二八年四月	一四	五四二二人
五月	一一	三〇九九人
六月	八	六六七四四人
七月	二二	一二四六六人
八月	三二	二三〇五四人
九月	一二	一五四〇〇人

总计六个月内有九十九次的罢工，参加的人数有十二万六千一百八十五人。这些罢工，乃是最显著的，人所共知的，至于各种较小的斗争，尚未列入。罢工的结果，在六十二次罢工中有十五次是胜利的，十五次是部分的胜利，二十次是失败，十二次是无结果的。在这些罢工中，工人所提出的要求是不同的，但大体属于抵抗的进攻，其情形如下表：

反对开除工人	十五次
反对取消从前所得条件	十一次
要求增加工资	十次
反对工头	九次
要求津贴	五次
反对减工	四次
反对减少以前所增工资	四次
反对扣薪	二次
反对增加工作时间	二次
反对加重工作	二次

续表

反对包公制	二次
要求雇用失业者	二次
要求减少工作时间	二次
反对减少津贴	一次
反对没收储蓄金	一次

除上海外，其他各地的罢工情况，我们还没什么统计，不过最重要的罢工和斗争，我们也得报告一点，在安源有一次很大的罢工，时间持续至数月之久，工人用武力占据矿局，没收局款，发给工人，并和暴动的农民一致行动，领导他们反对土豪劣绅。后来政府派一营兵力去震慑，才把这次罢工压迫下去，但是军队一去，罢工又起，最后胜利仍属工人。

五月间江西瓷业工人三十万人大罢工，要求增加工资，政府调派军队去镇压工人，而军队反被工人赶走，结果工人胜利。

山东矿工有一次大罢工，目的在要求加工资和救济失业工人，结果工人得着部分胜利。

铁路工人（如胶济、景绥、津浦等）都有要求发欠薪的运动。

还有很多较小的斗争：如汕头电灯工人要求加薪，广东油工反对开除工人，面粉工人要求履行条件，东关的棺材工人，厦门的锡工、煤矿工人、运输工人和船夫子，萧山湖州的丝厂工人，杭州的织绵工人，宁波的纱厂工人等都有斗争。

现时罢工运动之趋势，是由手工业工人，进展到店员，再进展至产业工人。直到前次上海邮务工罢工，可算是发展到了新高度，罢工的形势，已从防御的进而为进攻的了！

国民党欺骗（改良）政策的效用

国民党鉴于对工人施行积极的屠杀政策，不但不能收到若何的效力，反而会激起工人更大的反感，于是它又改变方式，用一种改良政策来麻醉和诱骗工人。但是工人能受他们的欺骗吗？绝不会的，例如，前次上海邮务工人罢工，工会领袖多是拥护国民党的，这种工人实是改良主义者进行工作最好的基础。然而事实如何呢？工人看到他们的罢工备受国民党勾结来的巡捕的压迫和工会领袖的反动，并且叫工人先行复工静候解决，结果工人一无所得，只不过增加工人们对于工贼和反动的国民党的愤恨与不满而已。

邮政罢工后，蒋介石及国民党各发表了一个宣言说：

（1）工人的生活条件，远胜于农民，因此，工人没有罢工之必要。

（2）工人应为三民主义而奋斗，牺牲其阶级利益。

（3）在现时训政时期内，工人应遵守国民党之一切党义和政纲。

（4）工人应努力的保守吾中华祖先所遗留下的伟大光荣的国家，不应罢工，以破坏或损失国家的利益。

这便是改良欺骗的政策，不许工人罢工，工人应忍受痛苦，遇有争执，应静待政府解决，否则便是反动！工人在他们压迫和欺骗之下，早已认识国民党的真面目了！虽然国民党也有什么工会，但这些不过是走狗工贼的工会，没有多大的群众。在熟货业罢工的时候，便有六十个工会脱离国民党的关系，北方的工人，以前对国民党还存点幻想，到现在连幻想都没有了，而国民党说北方工人皆属“共党”（特别是唐山的工人），因为他们已不再会受国民党的欺骗了。

工会的组织

就一般的说来，全国工会组织的种类有反动工会，有赤色工会，反动工会中，情形亦不一致。有为各反动军阀直接委任官僚工贼所组织的，他们没有群众，仅是叛徒走狗的衙门。

同时亦有黄色工会的组织，这是反动工贼领导下的非真正工人的组织，受国民党的指挥的，如上海七工会，而其群众则多左倾。

红色工会（在全总的组织系统之下的），这完全和国民党没有关系的，他们在群众中有相当的信仰，尤其在政治上因为此种工会真正是代表工人利益的组织，是有阶级觉悟的工人活动的中心，自太平洋秘书处二月会议后，有了很大的发展。

在上海、广州和沿海各埠外的其他各省的工会，也有些是红色工会，在河南和山西的工会，是半公开的，在广东和两湖完全是秘密，这些地方的工会，只能用俱乐部或工人原始组织的形式及名称。

运动的前途及目前的任务

中国工人的革命和斗争运动一天一天的发展，农民的暴动和兵士的叛变到处皆是，反帝国主义运动也日加紧迫，广大的群众，已由口头上的反国民党反帝国主义进而为实际行动上的打倒国民党！打倒帝国主义。这种工作目前虽不能完成，但其前途是极顺利的。

全总目前的任务，第一便是努力的领导全国工人的斗争而助其发展，使之成为革命的伟大的领导势力，全总要担负这一任务，便须把一切工会变为广大工人群众的组织，我们主张在厂建立工厂委员会，在各种组织中，把工人联合起来、团结起来，使得其能与工会发生密切的关系，同时，在工会中，我们主张竭力实行民主集中制，在群众中训练出干部人才来，其次我们在工人群众面前应尽量暴露帝国主义及其走狗国民党的罪恶，揭破他们的所谓仲裁调协的阴谋，提高工人群众的阶级觉悟和革命情绪，发动日常经济斗争，要求工会公开存在，救济失业工人等等，我们更须领导中国工人与世界工人——尤其是太平洋各国工人生出最亲密的关系，我们号召中国工人起来在太平洋秘书处领导之下努力奋斗，完成工人阶级的历史的任务！

（1929年1月《中国工人》第四期）

中华全国总工会为法商电车罢工告上海工人

工友们！

上海法界电车罢工已经复工了，在这次罢工中法帝国主义与国民党的阴险态度、蛮横已达极点！法帝国主义调遣炮舰泊近工厂，预备重演炮击工友的惨剧，加派武装巡捕到处向工人施行高压，雇用流氓恶探来威慑工人，威迫租界房东驱逐工友，不准住宿，更勾结国民党及官厅用种种方式，实行围困工友，破坏罢工，这些，表明帝国主义是怎样无情对待中国工人啊！

帝国主义是工人的吸血鬼，是工人的死敌，他们这种摧残罢工、镇压工人，原是它们要消灭中国工人革命的任务，丝毫不足怪的。我们要郑重指出的，就是在这次法界电车罢工中，而为帝国主义最努力最厉害的破坏罢工的走狗，就是平常口头上说反帝国主义、赞助罢工、欺骗工人的国民党及其御用工会（七大工会）的工贼领袖、社会局等，在电车未罢工前，他们多方设法，利用什么"调解"、"仲裁"来延宕，反对罢工。直至电车工友窥破他们的面目及奸谋，忍无可忍而宣布罢工了，于是他们一变而为表面上赞成罢工，骨子里就要出卖和消灭罢工，他们加派工贼，把持会务，以买卖罢工领向失败的路上去，以报效帝国主义而博得赞赏，他们暗中勾结帝国主义巡捕房及中国警察军队，四面八方围困工人，更混进罢工委员会，把持垄断，条件不经大会通过，擅嗾巡捕拘捕在大会发言的工友，加以“共党”、“捣乱分子”的罪名，以镇压会场，更毫无顾忌的威迫工友先行复工，后履行条件，与资本家狼狈为奸。他们拒绝别业外界工人援助，以间断工人的联合，使电车罢工成为孤立。及勾结官厅停止了一切工会的活动，禁止和监视开会及言论。总之，他们在这次的电车罢工委员会的阴谋，种种把戏，无非是借用赞助罢工会美名，而实行其工贼走狗秉帝国主义意旨的任务，为虎作伥罢了！

这些改头换面的国民党破坏电车罢工，是继续邮务罢工的老方法，是有计划的引导，伟大的电车罢工走向邮务罢工失败的旧路，以毒害工人，他们真不愧为帝国主义豢养的驯奴！这些更明显的表白国民党做了工人的死敌呵！

上海电车工友一星期以来，不断在重围之中为反帝国主义而奋斗，为反对国民党工贼的欺骗而奋斗，为争得工人真正的胜利而奋斗，上海各业工人更本着阶级的精神，组织了援助电车罢工后援会，实行援助电车罢工工友、反帝国主义与国民党工贼，而获得真正工人胜利的斗争，这个后援会的活动，便引起了帝国主义的最大仇视，国民党及七大工会工贼领袖们更认为妨碍他们进行买卖罢工的障碍，因此，他们诋毁罢工后援会不遗余力，以离间罢工工友与全上海工人的联合！竟然在本月十一日当国民党工贼出卖罢工的阴谋被罢工工友群众揭破的时候，于是国民党工贼更加无耻的、公开的伙同帝国主义的巡捕军队武力摧残了后援会，并捕去工友二十八人，至今尚未释放，他们这举动，很露骨的表露他们凶残的真相，向上海工人直接的实行镇压了！

上海的工友们！

国民党及其走狗工贼的反动的行为愈凶愈烈了！电车罢工眼见断

送在他们的手里了！他们这样有系统的毒害上海工人、破坏工人斗争的计划，是他们的夙愿，本不足怪。而最可惜可痛心的电车工友这次英勇热烈的罢工，没有很强固的组织，幻想资本家的走狗国民党市党部、社会局的和平解决，致罢工委员会竟然给工贼们所把持，以电车工友为猪仔，所以千余人的轰轰烈烈的英勇电车罢工竟于本月十二日下午三时被国民党欺骗，以七大工会的体育队及法巡捕借名维持秩序巡行，实行武装押送复工了！这次电车罢工失败，不但是电车而是全上海工人的严重问题，而是工人下次斗争的教训！国民党是要使上海工人永远没有一个胜利的罢工，你们看这是何等狠毒的奸谋呵！

工友们！

你们派出援助电车罢工的代表已被捕，引导工人斗争之灯塔——电车罢工已被破坏了！你们应该一致起来，援助电车后援会被捕工友，和反对帝国主义高压，打倒国民党及七大工会的走狗把持工会，你们一致起来拥护全体上海工人罢工的胜利！

中华全国总工会　十二月十四日

（1929年1月《中国工人》第四期）

第二次告法商电车工友书

电车的工友们!

你们第二次宣言罢工，今天又第五日了。你们这种英勇斗争的精神，使全国工人阶级无限的钦佩!全国的工友誓死援助你们罢工达到最后的胜利!

工友们!

第二次罢工已五天了，现在资本家尚未接受你们的条件。目前的斗争形势，正像军队战争中到了短兵相接、血肉相搏的时候。以工人整齐的队伍对抗万恶的资本家，欲得到你们的胜利，要对一切包围罢工企图破坏罢工这些凶狠的敌人障碍消灭，将第一次罢工失败的良好教训与宝贵经验教训你们坚决而又敏捷的运用，才能达到胜利目的。第一次罢工失败的事实告诉你们:

一、国民党社会局的“调解”、“仲裁”，只是延长自己生活的痛苦，而同时又是他们用来欺骗，和缓工人的阶级斗争。你们提出的条件两个月来并没有半点解决。罢工以后国民党一定要工友与资本家的代表到社会局调解，这是阻止工人与资本家直接谈判，而借国民党社会局来作欺骗的宣传。国民党社会局是障碍解决资件的敌人!

二、国民党知道不能阻止罢工爆发，罢工起来不能压迫，所以他们的目的是要更进一步来破坏罢工，“先复工后磋商条件”，更是花样翻新的欺骗。这一次复工就是国民党走狗——刘云与法帝国主义的走狗杜月笙互相买空卖空的把戏。现在工友们明白认识了，狡猾的国民党推到杜月笙身上，使工友的奋激和视线转移在杜月笙，望他可以从新再来第二套。

三、国民党要使这次罢工走向失败的道路，必须先实现他的任务:（一）夺取罢工领导权。（二）蒙蔽与动摇工友的心理。把持罢工委员会。拒绝各工会的代表来慰问电车工友。利用七大工会的领袖组织有名无实的工界后援会，拒绝各工会加入来援助电车的罢工。天天提出经济困难与恐慌来动摇工友。以“捣乱分子”的罪名来压制工友发表意见的言论自由。拿手枪向工友示威。工人大会变为刘云演讲三民主义的课堂。这些又是他们消极破坏罢工的把戏!

四、领袖的妥协，不尊重全体工友的意见，而与刘云、洪东夷等秘密到杜月笙家里谈判，签字承认条件而不敢报告谈判的经过与内容，只有刘云的说话唯命是听，工友的意见置若罔闻，甚至加以共产党的罪名威吓发言工友，这些领袖违背工友委托而甘愿做国民党的走狗而出卖工友!

五、工友没有起来自动监督自己的领袖，没有下层严密健全的组织，正是适合国民党七大工会工贼领袖们的混进，以利资本家延长罢工的解决！还有幻想和依靠政治力量与国民党来解决的错误。事实告诉我们，现在的政府，是资本家的保镖。国民党刘云他们利用这些弱点，遂得蒙蔽工友，显其一手遮天的把戏!

电车的工友们!

当宣告第二次罢工的大会上，刘云更是极力阻止，他拿“工友是全能罢二个星期?”的话来威吓，他要工友给面子与法帝国的领事来欺骗，现在破坏罢工的走狗——刘云、洪东夷等受了法工部局五千元大洋的恩惠，可是洪东夷只分得二千元，遂不满意，洪狗竟于昨天在大会说："你们明天通过复工我再不来了！"这是他们分赃不均的冲突。明天刘云必然又再表演欺骗的把戏。杜月笙登报取消草案，不负责任，但是刘云慌得要命，马上登报道歉，还要请他（杜狗）"老人家"出来调解。工友们！国民党及其走狗们的丑态到处现形了！你们看个清楚罢！你们的妥协领袖陈茂林在罢工委员会提出不准失业工友进会场，企图分裂电车工友的团结，削弱罢工力量，好使他的买卖快点成功，所以资本家的态度非常强硬，积极利用走狗来破坏罢工，他对走狗说：不买国民党的账，罢工要由国民党来解决，只有关厂不屈服。现在资本家不愿勾结国民党（或因他要价太大），但是破坏罢工是积极的。法帝国主义拿高等华人杜月笙来做破坏罢工的工具，他更与国民党勾结表演。

电车的工友们！

敌人大举包围进攻，罢工的前途是可见危险。第一次失败，复工不满三天，开除工友二十余人之多，明显的是给国民党的欺骗，用武装强押复工的报酬。现在他又在演第二次欺骗，使这次罢工失败毫无胜利，全体工友一定不会这样傻，还甘愿破坏第一次罢工的祸首来再危害第二次罢工的？工友们！不要恐慌，敌人虽然强硬，但是他们内部是矛盾冲突的，只要你们能够加紧自己的团结，肃清破坏第一次罢工的敌人，认清谁是你们的朋友，运用第一次失败的经验，才能得到最后的胜利！

电车的工友们！

中华全国总工会，已训令上海总工会以精神上物质上积极援助，并号召全国工友一致起来拥护你们的罢工，誓必达到最后的胜利！

中华全国总工会　十二月二十日

（1929年1月《中国工人》第四期）

广东职工运动的新趋势

斧

广东工人阶级在中国的革命过程上，曾经过许多富有历史意义的斗争工作；震动全球的海员罢工、省港罢工，已经给我们工人阶级一种很好的刺激；建立工农民主独裁的苏维埃政权，开中国革命的新阶段，广州大暴动更足以给我们工人阶级一种极深刻的印象；同时广东工人阶级遭受白色恐怖的摧残，豪绅资产阶级——国民党——帝国主义者的压迫和屠杀，也特别厉害！只看广州暴动失败后，被屠杀的工人群众，竟达五千七百多，便足以证明广东工人受白色恐怖摧残的厉害和反革命的豪绅资产阶级凶狠的真面目了。

广州暴动失败后，有许多工人阶级的领袖和勇敢的分子，都在白色恐怖残杀之下而牺牲了，有许多工会，都被封闭和解散了，职工运动，一时确实受到了相当的打击，但一般工人群众的斗争和革命情绪，是否因白色恐怖的摧残，便完全消灭，一挫不能复振呢?

关于这一个问题，最好是拿广州暴动失败后，广东工人群众的生活苦况、自发斗争和组织要求等等现象，来做一个解答。

从前广东工人阶级得着中华全国总工会的直接指导、团聚在广州工人代表会下的工人团体，竟达二百多个以上，参加组织的工人群众，也达到二十多万，并且经过许多艰苦困难的奋斗，才获得许多有利条件的订定，工人群众才获得部分的解放，广州暴动失败后，不独许多领袖和勇敢的分子，惨遭杀戮，许多工会都被解散，就是从前经过许多艰苦困难奋斗所换得来的一切有利条件，也统统都被取消了，资本家当然乘机进攻压迫，所以一般工友，都已回复到比十八层地狱还要苦的地方，来过非人类的生活！

一般曾经参加过工人代表会的群众，反动的豪绅资产阶级当然以“赤化”嫌疑的关系，杀戮的杀戮，解散的解散，通缉的通缉。但机器工会，确实是黄色领袖出卖工人阶级群众的一个反动组织，那班黄色领袖，曾经欺骗过机器工会下面的群众，和利用雇请流氓组织以来压制机器工友，强收月费，特别捐的体育队，帮助反动豪绅资产阶级来镇压和屠杀广州暴动的工人群众，确实有功于豪绅资产阶级的社稷，论功行赏，机器工会，虽不能特别优奖，但最低限度也应该维持他们原有的利益条件，才算公道。谁料机器工会下面群众的利益条件，也要取消，广三、广九、粤汉三条铁路的工人群众，为维持原有条件，起来反抗，反动的豪绅资产阶级不独用重兵来监视和压迫，并且很不客气的，下一道混蛋的命令，将七百多工友，弄得流离失所，无所依归，而机器工会则毫无表示。机器工会下面的群众，经过这一度的教训，有部分已明白工人阶级的利害是一致的，豪绅资产阶级压迫工人是不分界限的，并且也认识了机器工会的领袖们，都是出卖工人阶级利益的狗东西。

工人不独原有许多利益条件，统统都被取消，并且感受到资本家已做更进一步的压迫了，延长工作时间，减少工钱，已成为普通的家常便饭；藉口生意冷淡，任意裁减和开除工人，失业恐慌，更成为普遍的趋势。包工制的剥削，有加无减。香港工人，还要多受一种洋鬼子火腿的赏赐，和许多奴隶式的虐待滋味。现在简单的举几个例来证明以上的说话，那就更容易明白了。例如香港方面，漆务工友每日的薪金，已由一元减至八毛，糖业资本家，利用工资低微的新手伙计，来代替更换熟手上等的师傅，野鸡汽车停站地方之被取缔，煤炭工人每日应得工金三元，经过了头判、二判、三判的重重剥削，每日只剩得七角低微的薪水，九只花旗船每只又要裁减三十多个海员工友，查甸糖局倒闭后，全厂千多失业工友，到现在都无法解决，水师厂工人，在点名时候，排列得稍有些微的不齐整，便遭踢骂，太古厂机器工人那部分，因为发现了几张工人刊物的“指挥刀”，兴艺群俱乐部，便受严重的搜查，香港发现了几种铅印刊物，印刷工友便受任意的检查和拘捕。广州方面，手车夫业主，藉口更换胶轮手车，任意增加车租，广三、广九、粤汉三条铁路，有七百多工友都被开除，汽车工人之被更换，如果讲几句关于工人生活痛苦的谈话，便被诬陷、拘捕、枪毙等等，便可以知道广东工人阶级目前所感受的痛苦状况了。

广东工人阶级对于这些无理残酷的压迫，是甘心愿忍受的吗？看看现在的苦况，回想过去“共产时代”的工人情形，两相比对，那有不令人愤慨亟须起来斗争的道理？目前广东工人阶级，虽然受着豪绅资产阶级的诬陷、拘捕、枪毙，极残酷的白色恐怖之摧残，但工人被生活痛苦的压迫，自发的零碎斗争，要求恢复工人工会的情绪，仍然不断的发生，现在再举几个实例来看看罢，佛山革履工人，因为资方不履行条件，酝酿罢工。广州方面，盐船工人反对包工制的斗争，手车夫反对增加车租之跃起，广州汽车夫之反对更换工人的罢工；广三、广九、粤汉三铁路七百多失业工友，士敏土厂工友之要求维持失业，香港方面，漆务工人之反抗减薪，九龙厂之反对猪仔头运动，补炉工人之恢复工会运动，小轮船工人之要求工人自己的组织，糖业工人之自动的组织工会，酸枝木业之筹备工会，织造工人之加薪罢工，邮务工人之要求加薪，以及海员、太古、水师三个工会之发起召集全港工人代表联席会议，二十四个工人团体出席的联席会一致取决筹备全港工人代表会等等，都是广东工人自发斗争和要求工人自己组织的具体表现，我们总括以上工人痛苦的实况和工人的具体的要求，可以得到以下的结论：

一、广东工人阶级在英帝国主义和反动的豪绅资产阶级——国民党互相勾结、联同压迫之下，所感受的痛苦，是有加无减的。

二、现在取消工人阶级一切有利条件的是反动的国民党所为。

剥夺工人阶级集会、结社、言论、出版、罢工一切自由权的是反动的国民党所为。所以广东工人阶级的斗争，无论怎样的细小怎样的零碎，到结果一定是汇到反国民党、反帝国主义，尤其是反英帝国主义的路线上，才能够得到他们的真正解放。

三、广东职工运动有复兴的新现象。

四、广东职工运动由零碎的、散漫的进展到有系统的有计划的方面的新趋势！

（1929年《中国工人》第五期）

国民党欺骗政策下的上海法界水电工友二次罢工之始末

溪 石

坚持半月之久，又被国民党强迫复工！
法资本家态度强硬，始终不负责签字。
工贼走狗刘云、杜月笙、华志勇等狼狈为奸！
为缓和斗争才由国民党包办十四条件。

他们只是出卖罢工想发财！那里顾到群众斗争的目的？

上海法租界电气电车自来水工会，自第一次罢工被国民党欺骗复工后，法资本家又开除罢工时的努力分子，加紧一切压迫，因而激成二次罢工的事，记者已于本刊上期“国民党阴谋破坏上海法商水电工人罢工的内幕”一文中说过了。第二次罢工后全体水电工友比较一次罢工时当更有斗争的经验，认识了国民党刘云、洪东夷等与法巡捕房走狗杜月笙互相勾结的阴谋，在每次全体大会中时常有工友提出交涉条件的意见，并于罢工后首先改组刘云御用的罢工委员会，组织“交涉代表团”……群众自觉斗争的意识一天天的高涨，直至去年十二月二十九日最后的一次全体大会时，刘云及其走狗们提出复工问题，当场遭受群众的反对，逼得一班工贼走狗们无办法而散！在这次复工阴谋失败之后，国民党竟于当日深夜中密议压迫群众的阴谋，第二日清早便实行强迫复工了！兹将此次罢工经过情形，择其中比较关系重要者记述如后。

（一）二次罢工前的准备

自第一次罢工被骗复工后，群众知国民党是不可靠的，但工会大权为国民党刘云的走狗陈茂林、华志勇等所把持，群众很难轻易行动。这时候全国总工会和上海总工会，都先后发出告法商水电工友的传单，指导法商工友争条件胜利，只有坚决的执行二次罢工，肃清反动分子，拒绝国民党的欺骗如上级调解等等。法商工友很能接受这种指导，果然不到几天二次罢工便实现了！万恶的刘云和社会局张廷浩公然跑去劝阻工友罢工！然而众意难违，国民党的工贼们也只好眼望着群众罢工，而当另作破坏的阴谋。

（二）罢工后各方面的情形

改组罢工委员会：当十六日第一次大会时，工友们便提出改组罢工委员会。因为肃清反动分子只有先从打破刘云御用的罢工委员会入手。但是刘云多么狡猾！马上利用他上级机关指导的资格，硬将他的走狗陈茂林、华志勇、管季怀等派在罢工委员之列，此外不过选出几个不大重要的工友敷衍群众而已！后来工友们反对罢委会包办交涉，提议组织“交涉代表团”，刘云亦是用同样的手段对付。

各工会的援助：我们知道第一次罢工时国民党如何的包办后援会，拒绝上海工人阶级的同情援助，甚至勾结公共租界捕房引渡援助法商工潮各工会代表二十八人。现在国民党仍然是把持后援会，不使他们用以外的工会代表与罢工工友见面！但各工会仍是捐款、慰问，络绎不绝。并且从各方面揭破国民党的阴谋，促起水电工友们的觉悟。此次罢工中水电工友的表现比上次勇敢进步，受“上总”“全总”及各工会代表的影响便是主要原因之一。自然，一次罢工的被骗更是眼前的教训！

工贼袒护工贼可谓因物系其类：十七日有工贼八人私自进厂工作。十八日大会中工友提议须严办他们破坏罢工的罪。但华志勇们一方面答应照办，一方面通知那八个人自作准备：有二人由华等假罢委会名义派到纠察队工作，有一人不服从大会决议，反将大会派去警告他的代表报告巡捕房拘捕了！

刘云强迫工友听讲三民主义：罢工的第二天大会中，刘云指使陈茂林提出每次大会完毕后请刘先生讲三民主义！工友们明知三民主义是骗他们的，因受其威逼，只好不赞成也不反对。刘云就认为“默认通过”，而开始如基督徒式的鼓其如簧之舌了！自那次以后，每次听讲的工友逐渐减少以至于无人来，刘云又认为水电工友不认识党义，以后还须多加训练训练！哈哈！亏他脸厚说得出！

摇动人心的企图：自二次罢工后，国民党总想设法使罢工早日了结，破坏方法则不惜多多益善！最厉害的就是故意造谣，说会中经济恐慌，罢工不能维持。但法资本家方面逐渐软化，则不使工友知道！例如天气太冷的时候，电线水管各方面的工程吃紧，稍一防预不周，便有电流不通、水管中断的危险，资方是极于希望工友复工的。目前强硬的态度只好说他“外强中干”。但刘云等只在使工友们无条件的复工，玩他们前次已经玩过的老把戏！所以十二月二十一日的大会刘云又亲自提出复工的问题来。

十二月二十一日的大会：上午九时在学西街举行会员大会，主席华志勇。宣布开会后，首先由刘云报告：说已与杜月笙商量好了，公司出五千元作罢工损失费，其余条件与上次草约大致相同。现在只决定马上复工，如公司仍不答应可由杜月笙负完全责任，我们罢工已经胜利了云云。这很显然的，国民党在重演第一次罢工时的把戏！工友们骤闻复工的话一时竟无从表示，觉着奇怪得很。稍缓有一工友说道："刘先生！平日我们有人说话，就指为共产党，现在我有话还是不能不说！我们头次已受了杜月笙的欺骗复工，这次条件不签字我们不复工！"言毕全场群众鼓掌之声不绝！于是社会局张廷浩乘机向工友鼓惑，他说："法商工友中没有一个是共产党，你们有话只管说！"后来刘云面子下不去，只好问工友赞成不复工的就举手表示。群众不举手也不发言。后来一工友一面自己举手，一面向群众喊道："举手呵！"于是大家举了起来！但随又放下了，刘云说不数过不能称通过。那先举手的工友又喊道："我们再举起来！多举一些时！"群众随又都举了起来！结果会场空气异常紧张。刘云不觉叹息着向工友们说道："我今天才佩服了你们法界水电工友！照这样定能得到罢工的胜利……"

复工被否决后。洪东夷跑来与工友私地谈话，说刘云受了贿才叫工人复工。其实洪东夷就不受贿吗？这不过是他们当中分赃不均、狗与狗的冲突以致互相排斥而已！

刘、张、杜等与法资本家之勾结：国民党与杜月笙勾结的事实已经暴露过几次了。他们之间互相勾结的伎俩和目的，也颇有记述的必要。先是二次罢工实现的那天，杜月笙故意给工人一个打击，声明从前的草约无效，以后不负调解责任。刘云、张廷浩们就马上利用水电工会罢工委员会的各义等信封给杜月笙，表明工人二次罢工的苦衷，诚意的请求杜月笙再作调解……。这样一唱一和之后，刘、张、杜等便又秘密的或半公开的谈判所谓条件了！他们谈判条件的资格是杜月笙代表法资本家；刘云、张廷浩代表市党部、社会局；华志勇、陈茂林代表工友。新加入罢委会的委员，当谈判时被刘云们遣开去，不许他们参加。谈判的地点有时在法租界巡捕房，有时在杜月笙家里。据说这两个地方巡捕房易于保护，免被工友群众所包围……国民党于第一次罢工时已吹过牛皮，要法资本家到社会局谈判，此外不能发生效力。但以后自然的又软化了，张廷浩竟不吝大驾，屡屡降尊相从于杜买办之私宅矣！

法资本家毕竟是很厉害的！他只要拿出一小部分剥削工人的金钱，便可买得国民党做走狗！他一方面自己始终不出面，只叫杜月笙出来鬼混；再方面收买罢工工友中不良分子，企图部分复工以破坏全局。据调查，被法资本家收买的少数败类，他们能胁迫一百多工友共同行动。然而后来不等到他们部分的复工，而国民党已强迫着全体复工了。到底是国民党的走狗招牌比他们道地些！

最后的一次大会：这是十二月二十九日的事。是日下午四时在学西街举行全体大会，主要的问题同二十一日的大会一样，国民党和法资本家已经勾结好了，只待命令工人复工。主席是陈茂林，他报告连日与杜月笙交涉的经过，说厂方对于条件除增加工资及工作时间外，其余一概承认。但大班不肯签订条约，经我们（陈自称）同他再三交涉，才答应避免签字形式代以公司布告。工作时间改为每日九小时；工资车务处加三元，机务处加二元，现在决定即日复工云云。群众又闻这种不签订条件的复工办法，一时全场大喧，“誓不复工”之声充满耳鼓！这时刘云、洪东夷、张廷浩等先后登台说，所谓“劝导复工”！但台下群众彼此开起小组会来，并有人站在凳子上演讲不复工……散发驱逐刘云的传单……反动派恐慌万分，遂拿出强暴手段，将散发传单的工友拘绑二人。刘云并且怒气冲冲的跑到被绑的两工友之前骂道：“捣乱分子！现在看你还反对我么？反对我就是共产党……”话犹未了，只听吓吓一声，屋中电灯全灭！原来线已被工友们剪断了！于是“拿反动派呀！”“驱逐刘云呀！”“条件不签字誓不复工呀！”……主席台上空喊“停止！”“停止！”但谁去管他呢？……好了！等到电线接好时先前被绑的两工友已经代解束缚，恢复自由而去矣！群众鼓掌之声重又不绝于耳！

电灯重放光明的五分钟后，刘云又提出复工与否的来表决。刘云以为上次付表决上过当的，这次想不致于吧！于是他恶意的先问：“谁赞成坚持罢工谁就举手！”台下一齐举起了九十二只手来。刘云说：“今天大会群众一千三百多人，九十二人是少数，还是即日复工。”但付了表决的工友们坚持再付反表决。逼得刘云只好冒险了！料不到赞成复工的竟只有四个人！刘云们气极了，在台上彼此细声商议，水电工友如此顽抗上级的指导，明日只有停止活动的一法……

这晚的会直到七点还是不能通过复工而散。

复工的一幕：强迫复工实现是十二月三十日清早。这一幕的说明最好是分做两段：

一、夜深人静时，工贼秘密会议：自二十九日下午七时刘云们无结果散会以后，到了晚上十点钟，华志勇、陈茂林、管季怀等五人跑到刘云家里去问计。并向刘云赔罪，自认没有将会场镇压得法，正好张廷浩也在刘云家里打牌，他们七个人就举行一临时会议！华志勇自谓在工人中的信仰还没有完全失掉，可以想法欺骗复工。于是他们又接着跑到杜月笙家里作最后的决定。杜月笙很高兴的说：“明天能复工便拿出七千元也可以！”并且称赞华志勇果然是有“志”有“勇”的忠实同志！

他们在杜月笙家里先后签了即日复工的字了。华志勇忽又想起工友们今天反对复工的情形，想起去年公共租界电车罢工时打死工贼的事，不觉胆小起来，回向杜月笙要求生命的保障！结果由杜月笙给他一支新手枪，并谓打死了工友有杜某负责……他们现在要出发了！张廷浩，刘云是上级指导者，当然不应亲冒寒风；杜月笙有的是钱和洋势力，也只在家里“专候好消息”；只有由工人出身的华志勇、陈茂林、管季怀等则正好“及时报效”杜先生知遇之恩而事奔走！总算杜月笙讲客气，借他的汽车给这五位恶魔坐去了！

他们到那里去？他们是坐着汽车跑往水电工友的住处拍门，同时口中喊道：“罢委会决定明日清早复工，不要忘记！”等到这家工友则从睡梦中含糊作答的时候，他们又早跑到另外的一家去了……

二、清早四点钟，走狗强迫复工：别的走狗当然也有功劳，不过最有神气还是华志勇！他清早起来（不，或者他一夜没有睡！）短装轻派之后，特地演习一下手枪打靶的准头！他是一手拿着手枪，一手拿一面白旗，表现他就是演这一出白色恐怖的主角。在路上他看见了几十个工友，便问他们为什么还不复工？而他们却反问起为什么复起工来了！说不上三言两语工友就要请他尝尝老拳的滋味！大清早起便碰着这个钉子，真把华同志气煞了！手枪既不能真的随便打人，于是跑到巡捕房去发牢骚，声言不干了！巡捕房的包探遂走来安慰他，说他是定有办法的，不要灰心……果然三句米汤浆又把有“志”有“勇”的华同志灌活了！看他一跳而起，拔步就往电车公司门口去！这时以前，公司门口已站有二十多个包探，专门在门口拉工友进厂，强迫做工。好像上海四马路的野鸡拉客一样！（有两个失业工友从公司门口路过也被拉去穿上号衣作工！）陈茂林等不待说是正在拉人的！华志勇跑来的时候，公司门口站有二百余工友不肯进厂。于是华志勇向他们大喊起来：“开工呵！”同时跳上一部电车声明他开这最有危险的头一部！随着第二部也有人敢开了！三部……四部……

其中意志最坚决的工友数百人，直迟到当日下午散工时还未复工！

条件呢？国民党当然是不想罢工工友得到条件的。但事实仍是没有条件，势必引起群众更大的反对。所以强迫复工后，一方面由公司出布告，略举条件内容，发出罢工损失费七千元给陈茂林等分给工友。一方面由社会局名义上于三十一日宣布调解决定书，其全文如下：

（一）工会有代表工人之权，无故不得开除工人，勤慎者应予优待；（二）车务部工人赏工，原定每日大洋一角，现改为二角；（三）车务部工人，每月工作满二十五日者，得升工两日，倘遇疾病，工作不满二十五日者，得以住院医治之日补充之，满二十五日即能享受升工之利益；（四）电车两头有门者，每车须派卖票员两人；（五）工作时间，定为每日九小时，上午七时至十二时，下午一时至五时，遇必要时，延长工作（即在九小时以外），照钟点多少，核给工资；（六）星期日及节假日休息全日，工资照给，不休息者，工资加倍发给（公司已允给半天，尚有半天在交涉中），务使其实现；（七）机务各部工人薪水，除平均加一成外，再普加二元；（八）年赏如下：甲、工作满一年者，得每月工资百分之五十，乙、工作满半年者，得每月工资百分之三十，丙、工作满三个月者，得每月工资百分之二十；（九）工友因公受伤住院医治，或自行就医，工资照给，如因自己疾病住院者，或经医生验明证实，自行就医者，工资减半发给；（十）工人如因公受伤，致身体不能担负工作者，公司除担负医药费外，酌给优恤；（十一）公司允拨工会教育基本金一千元，按月津贴二百元；（十二）公司在年关时，应赏工半个月，原有旧规，仍照向例，工人被选为工会常务委员时，公司须准请假；（十三）公司提升职工，须按等级年数，次第递升，不得越级升用；（十四）劳方允许资方，于本月三十日起一律复工，资方允许劳方，本约自中华民国十七年十二月十二日起履行。

（三）结论

二次罢工的经过比起第一次罢工来更要复杂，因为二次罢工的群众斗争情绪比第一次是更加高涨的。群众在法资本家与国民党两重直接压迫和欺骗之下盛怒而再起罢工，在经验上也与第一次罢工不同。我们只看群众提出改组罢委会，前后两次反对复工事件的热烈，均足以证明这一点。但二次罢工的结果仍是被强迫复工了！这是什么原故呢？在客观方面有几点：第一，现在国民党的蒋介石派（即代表资产阶级的）与广西派（即代表豪绅地主阶级的）正加紧冲突，准备战争。所以蒋派急于屈服水电工潮，意在巩固后防的治安。同时结好于法帝国主义者，也是原因之一。第二，国民党始终是压迫罢工的。即令逼于群众的气焰，也要设法使斗争不能得到“完全”的胜利。因为群众斗争如果完全胜利，国民党便不能“于中取利”，便没有方法向资本家讲出卖罢工的生意了。第三，自第一次罢工时，上海各工会帮助法商水电工潮的代表被捕二十八人以后，一时各工会均忙于本身组织的问题。二次罢工时固然各工会仍有不少的援助，但除了捐款、发宣言传单之外，并没有直接参加水电工友的大会鼓动群众、指示斗争，如过去上海熟货业罢工时一样。因之国民党刘云靠得以行所无事，为所欲为！属于主观方面的则有：一、群众对国民党还存有多少幻想。虽然一次罢工时受了欺骗，但国民党却将这欺骗的责任委之于法商资本家，连对杜月笙也不忍加一句不好的话。所以后来于这个问题中虽有两次直接打击刘云，但不敢更进一步的反对刘云——如“全总”“上总”的指示“驱逐刘云”！二、群众没有参加罢工的日常工作，罢工委员会由国民党指挥华志勇等一般走狗把持。改组罢委会时群众还是不彻底的，所以弄成换汤不换药的改组！因为不自动参加日常工作，所以刘云辈每次会议中都造谣生事，就是说会中经济恐慌……这当然也能够影响到一部分意志不坚决的工友。三、水电工会从前没有坚强的下层组织，所以在斗争中就难有统一的群众意志！不然，在每次大会中有许多机会可以转变罢工领导权与真正的工人代表会议；可以使交涉代表团坚健有力，将陈茂林、华志勇等根本肃清！

但是，经此次斗争后法商水电工友的阶级觉悟要比以前进步了！他们从事实上认清国民党是工人阶级的仇敌；只有依靠自己团结的力量才能解放自己；只有在“全总”“上总”领导之下才得有正确的斗争出路！现在一部分国民党的走狗们自将其罪恶暴露于群众之前。如陈茂林、华志勇、管季怀辈群众应予以卖阶级的惩办打杀他们——起码也要驱逐他们、肃清内部！改组水电工会，建立强有力的下层组织，准备将来第三次更大的斗争！

（1929年《中国工人》第五期）

"二七"的精神是什么？

史文彬

深刻的留在全国工人阶级心坎中的"二七"纪念，又到我们的眼前了！我们纪念"二七"，第一是纪念着他的争斗的意义，因为他是中国阶级斗争史上的开章，是领导中国革命走向无产阶级觉悟的前途。这一点是大家都明白的，不必我重复的说了。

其次就是纪念着"二七"奋斗的精神，关于这一点现在我来略说几句。

"二七"的精神是甚么？当一九二三年正是中国工人阶级开始醒悟的时候，那时全国反动的势力真是如铁般的统治着全中国，帝国主义在华的威权，不用说是登峰造极的全盛时代；北洋军阀吴佩孚方继袁世凯的正统，虎视着全中国。那时候革命的客观环境可谓再困难也没有了。

京津铁路工人与北京的革命学生（劳动组合书记部）在这样极困难的环境之下艰苦的、忍耐的开始团结工人的力量。他们与交通系奋斗，与军阀官僚奋斗，与厂长、站长奋斗，与当地的土豪、劣绅、工贼等奋斗，在二年多的长期奋斗中，大的罢工，小的罢工，以及一切合法的、非法的争斗，不知经过了几十次，才将北方几条铁路的重要站口工会先后成立起来。京汉铁路工会便是当时用力最多、工会力量较为雄厚的地方。

当二月一日京汉铁路总工会成立典礼被吴佩孚干涉的时候，那时若单独以工人的组织力量与稳定的军阀武力政治相比，胜败之数，是很明显的。但是那时京汉工友很明白自身的地位，是不能对军阀让步的，因为一让步，全路工会即日要被军阀封禁，这样，方兴的中国工人运动，将要无声无息被军阀断送。所以大家一致决定作一个坚强的反抗，尽所有的力量反抗！于是在郑州工人群众便冲过军警的白兵防线，驱逐在场的警官，完成工会的成立典礼。事后决定罢工时，全体一致主张，几乎没有一个工人有异议的。

总罢工决定了，军阀的调兵遣将布置越紧张了，在江岸血战时，在长辛店血战时，工会指导机关和二万多工友中竟没有一个胆小不前的，更没有一个脱逃的，惨杀以后坚持了两个星期之久，交通还没有恢复原状。

至于各路的同情罢工（如正太、道清、津浦、长武等），武汉三镇工人的同情罢工，也是与京汉罢工相终始的，他们并且没有过别的要求，只是拥护京汉罢工的要求和口号，使京汉罢工的政治目标更加鲜明，这是职工运动历史上很不可多得的例子。

罢工失败了，但只是表面的失败，他的成功是很大的！第一，他只一次就揭破吴佩孚保护劳工的假面具，自后就没有一个工人相信吴佩孚了。第二，唤起全国工友对付敌人，只有斗争之一法，舍此更无他道。第三，号召全国工人的阶级同盟，以与统治阶级作战。第四，在斗争中锻炼了自己，检查了自己的力量，得到作战的教训。

以上四点就是“二七”的真精神，直到现在，还可以做我们全国工友们的模范！我们如果有了这个精神，我们就该不怕环境困难了，不怕敌人的强硬了，一切都不怕了。

国民党的统治无论如何不会比北洋军阀吴佩孚的统治更强固的。

他的改良政策无论如何不能吓退无产阶级的战神的。自“二七”以来经过大小数百战的中国工友，在觉悟和战术方面都已有了很大的进步，所以在今日中国工友们只有团结你们的队伍，充实你们的气力、锻炼你们的战术，拿出你们的勇气，踏着“二七”先烈的血路，勇往的向前吧！一切的胜利，都在争斗中去取得呵！

（1929年《中国工人》第六期）

“二七”纪念中我们的任务

平 一

我们还记得一九二三年二月七日京汉路工人被军阀的屠杀，江岸、郑州、长辛店各站的工友斗争的精神。现在已是六个年头了。在这六个年头中间，中国的工人阶级（特别是铁路工友）对于这次的流血事件真正是卧薪尝胆未曾一日忘记呵！但是自那年由军阀吴佩孚开始武力屠杀以来，到今日仍在不断的屠杀工人的国民党，计算起来死难的工友不知是多么大的数量。这不能使我们灰心，害怕，实在是加重了我们对于死难工友复仇的决心。在这样严重的白色恐怖之下，中国工人的任务是怎样设法结识起来为死者复仇，继死者未完成的工作，直到得到最后胜利。

今年——一九二九年纪念“二七”流血事件，是包含着一种特别的意义。很显明的在中国革命失败以后，中国工人阶级在组织上受了极大的破坏；在物质生活上受的痛苦比以前更厉害几十倍。主要的原因就是国民党得到政权后把以前工人用罢工手段得到的条件完全取消，并且时时有被开除的危险，自然失业后连那种极苦的生活都不能维持。

这种资本家依靠国民党的武力对工人进攻的局面，自上海工人第三次失败后（即蒋介石于四月十二日在上海解散工人纠察队，大批逮捕工人领袖，把工人夺回的上海拿回去了）到现在已继续了三年了。

全国的工人群众，在这三年内没有看到国民党和吴佩孚有什么区别，只是对工人的压迫愈来愈凶。

到现在，中国工人阶级已退到大海边了，再向后退除非落到海里淹死。这并不是说瞎话，看各地的资本家都把工钱减到不能再少，就是照了目前的样子，工人是以借债来维持生活，比较好的衣服也都送到“当铺”里去保存了。时间是不断的改头换面的延长，在以前吃饭时间要一点钟，他们减到半点，很多工厂竟减到十五分钟了，这样便是多作四十五分钟的工作。更加厉害的是加工不加钱，比方在纱厂中，以往一个人管理一架车，在十二点钟内挣四毛钱，如今管两架，还是在十二点钟内挣四毛钱。这是什么意思呢？这便无形中工人多做十二点钟工，资本家未给一文钱。

这些实际情形，在厂内的工友是比我们在厂外的要清楚些，亲身经过的比在书上的更实在些。

旧军阀、新军阀把工人杀了，资本家更大胆的压迫工人了，工人阶级现在已是被资产阶级进攻到无可再退的时候了。怎样办呢？

× × ×

今年我们纪念“二七”的特别意义，就是找出一个具体的办法：（一）怎样改善目前的痛苦生活；（二）怎样恢复起以前的组织；（三）怎样推翻国民党及一切新旧军阀为死者复仇。

（一）怎样改善目前的痛苦生活——这个问题不是那一个工厂和那一个地方或那一业工人的单独问题，而是整个工人阶级的斗争问题。但是整个的斗争是以一个工厂一个地方或一个工业部门作单位的，就是说有小的斗争才有大的斗争，没有单独的胜利，总的工人的胜利是没有的。因此，我们一定要注意：随时注意工人与资本家的冲突，借这个冲突发动斗争，如资本家无故罚工钱或侮辱女工，打骂青工童工等小的事情都是我们发动斗争之机会。由这些小的事情发动的斗争可以把工人的精神振刷起来。具体的说个例吧，在上海内外棉纱厂最近把厕所的大便纸取消了，我们若是很会发动小的斗争的话就可以向资本家要求不能取消，若是取消每人每天由厂主发给大便纸的钱等等。

总之，极细微的事，都可发动工人的斗争，只有在斗争中才能恢复已破坏的组织，要组织好了再去斗争，有了斗争才可以改良生活；这是一种空想。要想水中捞月，镜中折花是做不到的呵！

（二）怎样恢复起以前的组织问题——在“二七”以前的时候工会是公开的，京汉路工友一定还记得郑州总工会的庄严，汉口赴会的代表是坐的花车呵！不过在“二七”屠杀后情形就不同了。但过了二年之后，全国的工运又高涨起来，“二七”二周年纪念时，全国铁路总工会又在郑州公开的举行会议。以后即是五卅惨案爆发。上海一市有八十万工人组织在上海总工会之下。这个时候各地都有公开工会存在。胶济路工人一定会记得四方胶济铁路总工会斗大字的招牌挂在工会门口。但今日回忆起旧事来只是增加我们的愁闷，于事实无补了。并且我们现在要的不是招牌工会，是能领导工人斗争、能为工人谋利益的组织。

我们为了恢复这种组织，必须注意日常生活的小的斗争，在上面，我们已经说过了。

在今日工人运动中又比从前不同，国民党除去“武装同志”（就是军阀）用屠杀政策之外，“长衫同志”（资本家的走狗）还来欺骗工人。在表面上好像忘记了他家的军阀日日在杀工人一样。故意拿出愿意为工人谋利益的样子，组织什么工统会、工整会、改组会……名堂。但工友与他们接近久了就能看见长衫底下也是挂着手枪大炮。可是现在还有很多工人没有揭破他的长衫来看，一时受其蒙蔽。因此，觉悟的工人，见到国民党就是杀工人的仇人。当向工人告诉，使他们觉悟过来，加入自己组织的赤色工会，也是一件重要工作。

总之，在目前恢复组织的工作中，要注意两件事。一即是组织没有组织的工人；二便是把国民党组织的黄色工会下的工人组织起来，并推翻他的工会，成立工人的赤色工会。

（三）怎样推翻国民党及新旧军阀为死者复仇——一九二三年吴佩孚把京汉路工人首领杀了！张宗昌、孙传芳把上海的及北方的工人亦杀了不少；现在国民党（他们是“三民主义”的信徒）比他们更凶，可以说杀遍全国，“论功行赏”的话，第一位是他们占去了。

但我们工人阶级目前唯一的敌人即是国民党。在政治上是不能两立的。即是国民党一日不推翻，工人的生活便一日不能改善。所以我们在今年纪念“二七”时，应当提出“推翻国民党、建立工农政府、一切工厂归工人”的口号。

× × ×

工人阶级的仇，只有推翻国民党以后，才有报仇的可能。不过工人除去组织，别无所有，要推翻国民党为死者复仇，只有大家一致的组织起来，才能达到目的。

以下讲到今后的组织问题，并把此文作一个结束。

工人阶级在未取到政权以前，换句话说，在未推翻资本家以前，总是受剥削、受压迫；日日过着饥寒交迫的生活。反之，只有得到政权后才能改良自己的物质生活。因此，工人阶级之夺取政权实为主要的任务。现在我们的问题中心，不是在应否与能否夺到政权问题，而是怎样去夺取政权的问题。

这个问题就是组织问题。

在一九二七年中国革命遭了一个严重的打击，工人数年来斗争所争得的条件完全失掉了。所谓三百万有组织的工人群众，亦被白色恐怖暂时镇压下去。在我们的最高领导机关（中华全国总工会），他所属的赤色工会虽然是在那里秘密的发展，但始终是不够的。因此，目前的问题是十分严重的。工友们目前的组织任务是：（一）尽量发动小的斗争，赤色工会及我们的同情者当随时注意日常生活斗争的发生机会引导工友干；（二）发动斗争起来后，当利用机会组织起来，可能时，把临时推出的交涉条件的代表作成工会的代表会议，能经常存在；（三）这种代表会议名义上不一定叫工会，只要他能经常存在，为工会作工作就可以；（四）在每一次的小的斗争一定要注意抓住童工、青工和女工（在童工业中没有童工、女工当不能作），他们（不岂是童工）在斗争中确实有很大的作用；（五）同时把青工组织成青工小组单独训练，童工可以组织劳动童子团使他能公开（或半公开）的存在；（六）赤色工会的会员在有黄色工会之各厂中，直接与他们争取群众，当注意黄色工会出卖工人的事实，向工人揭破其假面目，分化其群众，破坏其组织；（七）在组织赤色工会时可以在秘密条件之下把大门一开（以不能破坏我们为标准），吸收各帮口各部分工人入会。即是赤色工会会员当不应分政治派别，宗教派别，不同的帮口等等，只要是在业的工人，能守赤色工会的纪律，则可以入会；（八）在组织赤色工会时，一定会遇着许多困难，如工贼等，我们不可以用个人恐怖，应当推动群众去制服他；（九）赤色工会在经济上一定很困难，但我们在最初不用什么大规模的去作，开会即在会员家中，不要单独设立办公处；可以会员最低的会费来维持（每月每人三只铜子或五只铜子均可，但是按期交纳）；（十）组织赤色工会时，往往无法使会员到会，我们可以规定开会办法，至少一礼拜开一次，可以把时间缩成半点钟，很快的讨论我们的工作。即是我们目前的组织任务。

工友们！积极方面去纪念“二七”，便是从斗争上着想；悲哀，流泪是无用的。

我们能报了仇，死者便瞑目了。我们的胜利就是死者的光荣！

（1929年《中国工人》第六期）

为反对阴历年关开除工友告全国工友书

全国工友们！

我们的难关——旧历的年尾与年头——快到了！怎么样才能够渡过这一个难关？这是我们目前最迫切而要解决的重大问题。

工友们！我们是在反动统治之下来过生活的，代表豪绅资产阶级的国民党又是经常的向工人作无情的进攻！使工人不但在政治上得不到一点自由，而在经济上生活上也是日趋恶化了，特别是在年关的时候，资本家在旧习惯上，年关照例是要结束一次的，用五十八行的大算盘，一方面是计算过去一年当中榨取工人的血汗金钱有多少；另一方面是打算来年要更有计划的更多量的剥削工人的新规定，所以广东每年初二日，东家方面，有毫无顾虑的实现“无情鸡”的恶习惯，大批的开除工人，其余各省大多也有同样的现象发生。这是资产阶级压迫工人的一种极残酷的表现。无论国民党用怎么样巧妙的欺骗宣传，百般花样的骗术，也不能洗净这些压迫工人、欺骗工人的一切事实，反而更加暴露出他们欺骗工人的真面目。

工友们！我们今年的难关，一定是更加困难的，我们试看看这一年来资本家进攻我们的事实：中国因为是半殖民地国家的关系，经济权是受着帝国主义者的操纵，中国的资产阶级势力是非常的薄弱，那里能够与帝国主义者的经济相抗争？但他们为着满足自己的利欲起见，唯一的办法只有向本国的工人进行更残酷的进攻，连工人不能维持生活的微薄工资，也要减低许多，时间更加延长，并且利用许多粗工、童工、女工来代替熟练工人，因此便大批大批的开除工友。我们看看十七年下半期，上海一区之地，因为抗争资本家的进攻以致罢工的争斗，总共经过了二百次以外，参加的工人，为数达二十多万，就以十二月、一月计算，已至十六起，参加人数八九一九人，受罢工影响的工商厂号，计七二七家，资本家向工人进攻的利害，一看便很明白了。况且加以荒年，军阀连年争斗和国民党各派内争的影响，苛捐杂税，层出不穷，直接间接，都不外是加重我们工人的负担。我们对于十七年下半期的观察，知道今年的年关，一定是很难渡过的，何况现下已有事实的表现呢？上海南洋浦厂无故关厂，已有二千七百多工友没有饭食了！近日日本纱厂又有年关停厂之企图，其余纱厂及各地均有同样的问题普遍地发生，使广大工人群众，又要闹着失业的恐慌，尝受饥饿痛苦的酸味！其余欠薪取消工人利益条件等等，更不用多说！广州年初二被开除了的工友整千整万在街头巷尾来候资本家雇用，像排货物一样多么凄惨呵！汉口有十余万的失业工友，一年来都无工可做。天津从国民党打下以后，商业的破产，金融的恐慌，工厂倒闭，日有所闻。最近群众的斗争也有几十次，这可见工友的痛苦。总之，资本家为着自己个人利益起见，务要使在业工人的生活，也陷于恶劣的绝境，才能够满足他们的利己心愿！

工友们！“年关”、“年关”，真是我们工人难过的困难关！从前我们在忍无可忍的环境之下，还可向资本家提出要求，现在代表豪绅资产阶级的政府，不独禁止，并且加以“捣乱分子”的罪名，实行武力镇压，例如上海邮务和法界电车罢工，便是一个很好的证明。无耻的国民党，知道这样不能镇压工人的斗争情绪，于是改用许多所谓合法的欺骗与蒙蔽、劳资协调、劳资仲裁等方法来欺骗群众，实现买空卖空的政策，来破坏罢工，出卖工人阶级利益。例如，最近对于浦东烟厂工人复工运动的所谓调解判决，不是强迫工人屈服在资本家利益之下的欺骗吗？这些欺骗政策，都是根本消灭工人阶级斗争胜利的毒辣方法，这是国民党帮助资本家压迫工人的阴谋！我们想渡过年关的难关，大家要用十二分精神，来提防国民党出卖我们的利益和破坏的危险！

工友们！“年关”、“年关”，真是难关呵！我们当然谈不上“新年多福”的空话，我们只希望着在这个啼饥号寒的生活中，要渡过这个难关：第一、要年终发给一月双薪；第二、要保障大家不失业；第三、要求资本家少剥削我们一点，第四、要求失业的伙伴恢复工作，便算幸福了！但是这种希望是不可能的，真是与虎谋皮的一样难呵！只要大家一致团结起来，作坚决的斗争，才有实现的可能！还有当我们斗争的时候，我们的仇敌——国民党一定是要来破坏的，国民党破坏的手段，是很巧妙的，只有用我们广大群众力量，来冲破他们一切反革命的企图与障碍。工友们！我们只有采用斗争的方式，不顾一切，为工人阶级自己利益而斗争，才有出路，才能平安渡过这个百慌千恐的难关呵！！工友们！奋斗吧！

中华全国总工会　十二月二十四日

（1929年《中国工人》第六期）

为新新公司职工罢工与南洋烟草公司浦东分厂工友复工运动告全上海工友书

全上海的工友们：

新新公司的工友为反抗资本家的残酷压迫与剥削，已在本月四号宣告罢工了。罢工业已十天，资本家不但不答复工人的要求，反而在报上登通告"限七号复工，否则作解雇论"。九号又发出新雇约：（一）不许入工会，（二）星期日不休息，（三）取消宿舍，（四）公司可随时去留职工，（五）罢工一切损失（每日六千元）要罢工工友负责。还有九号不复工有股本的职工也要取消股东资格的启事。并且永安、先施两公司联合，请求南京路商会，在南京路商店每店派出二人来破坏罢工。资本家压迫工人的手段，真是历史所未有！

南洋烟草公司无故关闭浦东厂，二千七百余工友为复工运动而奋斗，现在十五天了。所谓提倡爱国的资本家（南洋公司）不但半字没有答复，公司的总经理简玉阶以手枪击毙工友的代表。并且用巧言花语来挑拨老厂工友不要帮助浦东厂工人，而使工人发生互相误会与仇恨，以达其置二千七百余工友于死地的目的，更勾结政府与工贼，以武装包围工会和工厂来监视工人一切行动，工人买物也要三十人举出一个代表才能出厂买东西。资本家的凶狠面目，真是罕闻！

全上海的工友们：

以上两件事实的表现，更证明资本家日益严厉与残酷向我们工人阶级进攻。同时上海日本纱厂总商会，已经决定全上海日本纱厂停工两个月。全上海失业工人将来不知也增加多少。我们以前的条件，均被推翻。开除工人更成为资本家的家常便饭。工友们！这是国民党训政时期的“福音”吧！

国民党社会局的调解，对南洋关厂强迫工人承认发三个月薪金便予了结，可是南洋工人停业救济会否认承认与签字，并且反对，在十号各报也有登载对社会局调解的声明。但是昨日社会局在各报登载《纠正工方声明》一文，说是“七日召集双方调解，经多数委员决定……既得调解委员多数同意，该委员会有决定之权……登报声明，不生否认效力”等语。新新公司到社会局调解数次，对于承认工会这个条件，资本家说“这是国民政府去承认好了，我们雇主没有合同签订承认的”，社会局的调解只是缓和工友斗争替资本家打算盘的机关。我们未见过社会局市党部调解过要资本家承认条件，只见着强压工友先去复工，南洋公司关厂的调解更明显的表现。工友们！希望国民党社会局的调解，只有得着“经多数委员的决定，既得调解委员多数同意，该委员会有决定之权”之下的一度命令“先复工”。不服从吗？是反革命！显有共党操纵其间。这是他们的惯技了！我们一见于邮务罢工，再见于法水电罢工。

还有嗾使一班走狗——七大工会的领袖，组织冒名工界后援会，表面上是援助罢工，其实是监视工友的行动，把持工会机关，派出纠察队到宿舍会场监视工友，这是他们援助的目的。各工会派代表来慰问工友，他们说是共产党工会，诸多阻挠。而使各工会不能来援助这个罢工，孤立而失败。更明显的是南洋职工会登报声明不能采取一致行动。工友们！他们为什么不能采取与浦东厂一致呢？因为他们已经与资本家勾结好，要将二千七百余工友个个活活的饿死，就是他们发财的门路。更有邮务罢工六大工会的宣言、援助法水电工界后援会命令水电工友先复工后磋商条件的决议。都是忠实执行国民党欺骗我们工人的新工具，工统会工整会的后裔。他们的政策，何其阴险！

这是国民党赞成罢工的政策，七大工会的领袖援助的阴谋！

全上海的工友们：

幻想国民党社会局的“调解”、“仲裁”，希望七大工会的领袖援助，结果只是得了邮务罢工、法水电罢工第二的覆辙！工友们！国民党社会局七大工会的领袖一切的一切都是压迫欺骗我们的唯一敌人。我们自己的痛苦只有靠工人阶级自己的团结力量去解放。工友们！南洋、新新两公司工友的斗争，正在被穷凶极恶的敌人四面八方进攻的危险关头。他们斗争胜利与失败，不是单独两公司工友的事情，而是与全上海工友休戚相关。全上海日本纱厂准备全体关厂了，数十万的工友将成为乞丐的惨状。阴历年关快到了，资本家准备将一年来剥削工友的利益用五十八行的算盘来计算。更准备新年的计划，我们工友被开除的又不知若干万的了！

全上海的工友们：

为拯救南洋、新新两公司的工友，为自己本身利益的计算，起来，起来！一致起来！以精神上物质上援助两公司工友的斗争。

中华全国总工会，训令上海总工会，并号召全国与全上海工友，誓死援助两公司工友的斗争，以求达到最后的胜利！

中华全国总工会　一月十三日

（1929年《中国工人》第六期）

国民党的工厂法是什么东西？

罗章龙[1]

国民政府为着甚么“建设”“增加生产”起见，最近由工商部拟订了一个工厂法草案，在报上宣布了。

这个草案出自屠杀工人的国民党的血手所写成的，于中国工人自然是不怀好意的东西，本来就用不着去说他。可是因为这个草案发表后，上海的资本家纷纷起来反对，国民政府的立法院（胡汉民等）也决定“缓议”了，不明白真相的人，或者认为这个草案实行时当真便宜了工人甚么，其实这完全是糊涂的妄想，因此我们不得不对于这个草案略为指出几点，给全国工人们一个明白的观念。

草案全文共一百一十七条，这样长的条文，当然不必一一的去讨论，我们只择其重要部分，简单的加以批评吧！

第一，草案中规定的“工作契约”，这里他承认厂方得与工人订立个人契约，同时也可以与工会订立团体契约。这就是承认资本家，同时，有任意与工人或工会订立契约之权，暗示资本家保护他与工人所订的个人契约，依然合法存在，因为在事实上所谓个人契约，每每是最残酷的、剥削的，为资本家所喜欢的买奴文契呵！在这一章里虽然也有限制童工的规定，但是十四岁的男女童工，仍然被认为合法的

① 文章发表时署名沧海。

雇用，他为这些童工起了一个“幼年工”的名字，这样，国民党就可认为没有童工被资本家所剥削了。你看他多么滑稽可笑！

第二，草案第二章是关于解雇的，大家都知道资本家开除工人本来是劳资冲突中最主要的冲突，这个问题常常是一切罢工的主要元素。资本家对于这点因为工人的不断反抗，不得不稍有顾忌，但是在草案中则明白为资本家规定了几条开除工人的法律。（原草案第十六条）就是：（一）厂方停工在一月以上者；（二）工人缺之工作能力，工作艺术不合者；（三）工人半年内工作成绩低于标准额三分之二者；（四）工人违犯工厂管理规则者；（五）工人继续旷工三天以上，或一月内旷工满六天者；（六）工人因事告假二月以上，因病告假三月以上，或事假病假在四月以上者。凡有上列情事之一者，资本家均得自由开除工人。

大家看看，不说别的，只就上面的第（四）项“工人违犯工厂管理规则”，即可开除的规定而言，实行工厂法以后，工人的工作不是丝毫都没有保障了吗？！资本家开除工人的毒辣手段，不是要愈演愈烈吗？！那时候资本家任意开除工人的行为，藉口为工厂法所承认，工人若要反抗不是要更困难了吗？！

第三，说到工作时间，草案中第二十二条至二十四条规定：“成年工人每日之实在工作时间以八小时为原则，但因地方情形，工厂性质及工作时间之关系，得由厂方详具理由，呈请官厅核准，另定工作时间，但至多不得超过十小时。除上所规定之工作时间外，厂方遇有生产必要时，得延长工作时间，但每日不得过三小时。”哎呀！这样啰啰唆唆的规定，我们就不必再往下问了。你看他所谓实在工作时间，“实在”两字是什么意思呢，这就是说工人在厂中作一切上工、下工的准备时候，吃饭、饮水、女工哺乳、大小便的时候，都要除外，不能算进八小时工作以内，这是多么刻薄的算盘呵！这还不算，在草案中一个“但”字规定之后，还可以因地方情形，工厂性质及工作时间的关系，由厂方呈请延长工作时间。这样一来，不消说像纱厂或丝厂资本家提出纱丝业竞争激烈，国货应该提倡的理由，马上就可以将工人工作时间延长到十一二小时了。内地各省的资本家，又可以藉口这个那个理由而增加工作时间了，在夏季天气，资本家又可提出多做几小时工作的理由了。至于说甚么“生产必要”时得延长工作时间，那更是一个极没道理的理由，因为多量生产，多发财，是每一个资本家人人要求的事，如果基于他们无底欲壑的必要，那怕加到二十四小时的工作，怕还不能满足资本家的“必要”！所以照草案的意思，不如直爽地说维持现有的十二小时工作制，还来得诚实些。这里我们希望全国工友们注意的，就是八小时工作制，已经是全世界工人阶级急切实行的目标，苏俄工人的弟兄，现在正预备实行七小时工作制呢！而反动的国民党竟想强迫中国工人永远做那十二小时以上的工作，这是何等毒辣的剥削呵！

第四，既然规定了这样长的工作时间，国民党不放心，惟恐工人在工作时间内万一偷了闲，怠工，不是仍然要影响资本家的财运么？于是他们更异想天开，创造一种什么“工作标准”来（见原草案三十四、三十五条）。照草案的规定，所谓工作标准，第一是按照三年前各工厂出品全额与人数比较之平均率，第二是按照同业工厂大多数之平均率，第三依精密计算而得之标准。总括一句，就是确定一种工作的最高强度，以便资本家任意处罚工人、开除工友的一种专制制度罢了。这可以说是国民党对付中国工人的空前大发明！

第五，工人的工资呢，虽然也曾在草案中有规定最低工资的办法，但是规定之权是属于官厅，工人不得与闻。在第四十一条内更规定工厂可以用举办工人储蓄、工人保险、合作社等名义提取工人工资，完全是一个新的克扣工资的办法。除去这两点外，关于资本家克扣工资、滥罚工资等等弊病完全没有说到。

第六，现在要说到奖金及红利分配问题了。奖金与红利，本来是一种欺骗工人诱惑工人的办法，因为资本家故意定出很低的工资，同时予工友们一点工资外的利益，这明明是一种小惠收买的政策，这个政策，使工友忘其所苦，拼命为资本家做工，以便分取盈利，无形中丧失了他们对资本家的斗志了。因此，国民党很久就在宣传工人分红利的问题，在这个草案中，他们便郑重的规定出来了。在规定红利办法时，他们更想出尽量发挥红利效能的办法，就是分红利时予厂方以自由支配之权，视工人服务年数、工作成绩，酌量加减，以便上下其手，对付资方所不满意的工友。同时更进一步规定工人所得红利超过二个月工资时，其所超过之数，应悉数购买该厂股票（见原草案第四十九条），这便是劳资妥协、消灭工人阶级意识最有效能的具体办法，也就是真实道地的改良主义！

第七，在草案中还有更重要的发明，为历次国民党劳动法中所没有见过的，这就是工厂委员会的建立问题。自第五十六条至六十四条，一共八条，都是关于工厂委员会的，我且把它的重要内容摘录如次：

一、工厂由工人与厂方选派同数之代表组织工厂委员会（第五十六条）。

二、工厂委员会之任务如下：（1）协定工作效率标准。（2）调解劳资纠纷。（3）建议改良工厂状况。

统观这个规定的用意，就是想在组织上混乱工会的系统，改变工会的性质。因为工厂委员会本来是工厂工人对资方的战斗组织，国民党却偏要使它变成一个劳资混合的组织，使它成为一个协定工作效率、消弭罢工、提高生产的资方御用机关，而这个机关复用两方代表数目相等的办法，以利资方操纵他。这种把戏，显然又是社会民主党，国际劳工局汤麦那般走狗们启发他们的了。

第八，最可笑的，如草案第十二章，是专为规定所谓“工人福利”的。但观其内容，竟是空无所有，而真正关于工人福利的社会保险，竟一字不提，抚恤与养老金办法，只轻轻的说一句“由厂方依据情形，拟订办法”就算了事。此外，虽然有时还说到一点“保护幼年工及女工”的话，也不过皮面谈论，无关痛痒罢了。

我们并不必一样一样地再往下说了。就上列八项，我们可以看出国民党对于中国工人实在想步西欧资本家的后尘，在精神上和工会组织上施行一点改良主义，可是同时却因为力不从心的原故，一点改良主义的实物都不能给予中国工人（如工作时间，工资，社会保险等），于是这个工厂法草案也就不知不觉变成资本进攻与改良政策中间矛盾的混合物了。这个矛盾的混合，也就是代表目前中国国民党劳工政策的矛盾性，从这一点观察，我们将见中国工人对于这个草案必定予以一致的攻击，如果有人相信国民党能以这样虚假的货色，赚得工人的同情，那就未免太愚笨了！

（1929年《中国工人》第七期）

上海新新公司罢工述评

平　一

（一）序言　新新公司工友自一月五日宣布罢工起，到二月二日复工止，共支持二十九日之久。这个罢工发生于今日，并且支持了一月的工夫，已是很稀有的了。我们在罢工完结之后，将此次罢工经过整理出来，研究罢工的缺点，和罢工中得到的教训；国民党在罢工中之鬼脸及对于上海工人运动之影响，都是本文应当叙述的内容。

（二）斗争的性质　谈到此次斗争的性质，首先当研究工人提出的条件，因为这些条件是罢工的总目标。其原文录下：

第一项，一般的要求。（1）承认职工会有代表全体职工之权。（2）公司一切办事细则及规章，须经上级机关核准及职工会同意。（3）公司无故不得开除职工，开除职工，须经职工会同意。（4）常务委员在公司服务时间办理职工会工作，工资照给。（5）公司如须添雇职工，须先录用本会失业会员。（6）凡属公司职工，除经理、司库、纠察外，其余一律须入本会，否则不得录用。

第二项，改良待遇。（1）每人每月津贴膳宿费洋十四元。（2）职工患病（除花柳、疯痨、痼疾）由双方指定医生诊治，或函送医院疗养，医药费概由公司支给。病假内薪水照给，均以一月为限。若因公致命或残废者，当由公司发给抚恤金二百元，以一次为限。（修订）（3）职工遇有婚（本人）丧（父母妻子）等事，得给假一月，工资照给。（4）职工不论自行告退，或因故停职，每任职一年，公司须给退俸金二月。（其金额以最后月薪为标准）多则类推。（5）职工任职满足八个月，不论自行告退或公司辞退，花红概照公司规定办法支给。（前订）（6）职工倘有要事不能至公司服务，一天者只扣薪水一天计算。（前订）

第三项，工资。（1）公司每届年终，须加薪水一次，职员至少五元，学生至少三元。（修订）（2）每月加给升工六天，照旧办理，以每半年发给一次。（前订）（3）每次大减价时期，发给点心费三元，以二十一天为标准，多则类推。（前订）（4）公司每月津贴职工会关于职工教育、职工娱乐等事业费洋三百元。

第四项，工作时间。（1）每日服务时间自上午九时至下午八时止。（前订）（2）星期日全日休息，各种节日纪念日均遵照上级机关通令办理，以上休息时间薪水照给。（前订）（3）每晨签到簿九时一刻收回，如遇过钟每次罚洋五分，废除过钟三次罚薪水一天之恶习。（修订）

我们从这些条件中可以看出，新新公司工友的罢工是经济的斗争，即工友们为了改良本身生活条件举行的斗争。因为，罢工是表示反对现存的社会关系，换句话说，是直接反对统治阶级。在工友提出的条件上且明白表示要求资本家承认工会有代表工人之权。当然，是证明在国民党统治下面，工人是没有集会、结社、罢工之自由权的。在国民党的法律上，实际上把工人自己组织工会的公开存在权剥削尽净了，——不加入御用工会的都是非法的。

自然，法律是阶级的，现在的法律是保护资本家利益，在工人方面是无法律保护的。新新工友，明白要求资本家承认工会有代表工人之权，是表现他们的阶级性和自称保护工人利益的国民党完全是两个东西。

那么，新新公司工友们的斗争，一方面是经济斗争，同时具有极浓厚的政治色彩，即阶级性十分明显。因之，在罢工中资本家联合社会局、商会等向工人进攻。在我们呢？自然是十分同情与尽力援助，在精神上、物质上都帮助新新公司工友能得到胜利。

（三）阶级的援助　新新公司罢工的性质，在上面已说过了：是经济罢工而具有极浓厚的政治色彩，可以说是十足的阶级斗争。因之，在社会舆论方面亦有两个不同的论调。

上海闸北十九个工会即：商务工会，华成烟草工会，西区丝厂职工会，华洋印刷工会，三友实业社工会，制茶工会，文记丝织工会，天成丝织工会，新记丝织工会，云霞丝织工会，国华丝织工会，胜德工会，第一织造厂工会，群益雪茄烟工会，人和雪茄烟工会，永泰雪茄烟工会，华生电气工会，一新铁厂工会，德泰铁厂工会，均表示援助。

上海沪东各工会亦有宣言，表示援助，并实际送食物及经济到罢工委员会。上海总工会、全国总工会均有号召全上海工友援助的宣言。罢工委员会每日都有工人代表慰问，有的送钱，有的送食品，有的帮了罢工工友向资本家警告，促省资本家的觉悟等等。这些现象，我们用阶级观点来说，当然是应有的现象。同时，表示上海工友同情于新新公司罢工工友，对于国民党的统治表示不满。

（四）社会局的调解　社会局，我早已为他改了名字，叫“营业股”。因为，他也是专门做买卖的，他和其他商店，公司的营业股不同的地方，仅是在商店与公司是出卖商品，社会局是出卖工人吧了。

在邮务工人及水电工人罢工时，国民党曾有过共同的策略。在罢工之先，他们尽力破坏罢工、阻止罢工实现——此是国民党在罢工中的第一个策略。工人的罢工，不因国民党阻止而停止，终究宣布罢工时，于是国民党在罢工中的第二个策略马上就应用起来，——利用市政府、市党部，及外国捕房（注意！这不是勾结帝国主义，乃是联合世界上以平等待我之“民族”共同奋斗。）及什么七大工会、八大工会的名义，强把罢工领导权夺在手中；到罢工领导权完全剥夺到手之后（如水电罢工），“训令”、“委派”等等名堂随之而至，甚至在罢工工人大会上取消罢工工人的发言权（邮务、水电皆然）或者发言积极的工友则加上“共匪”、“捣乱”等大帽子来威胁。假设第二个策略有些成功的话，那第三个策略马上运用起来，即所谓“复工先决条件”。如法界水电工人的第一次复工，竟至假造条件，刘云、杜月笙的把戏，资本家都不晓得的。工人就上了一次当。自然在邮务罢工中更明显了。

国民党在罢工中的三个策略就是如此，并过去收了相当效果。真是新新公司工友的罢工，在一月的发展的过程中，这三个策略又得了成功。这三个策略的本质，在求“破坏的彻底”，或是“彻底的破坏”。自然，他们得到了成功，就苦了工人了。

新新公司工友罢工的起因，是因为资本家进攻、强迫工人签订新约、改掉新保、加多保证金等等。在这个交涉的过程中，社会局自然是尽力来“调解”，（注意！此地借用调解二字，其正意乃作出卖讲的——平一）。但调解的结果，是罢工暴露了！但是国民党的破坏罢工的第二个、第三个策略马上照邮务、水电的方式来应用。正确些说，他们有了邮政、水电罢工的经验，且更厉害了些。我们看资本家给社会局（应当写为“营业股”）的信可以明了。在信中，可以找出三点：第一点，事先社会局不准工人罢工；第二点，罢工后，资本家要求社会局和其他罢工一样的来调解；第三点，资本家反守为攻之策略之采取，完全因有国民党作后台老板。其信原文如下：

“社会局公展先生大鉴，日前曾上芜函叙述敝公司被不良分子强迫罢工，请求赐予维护，谅登记室。查此次敝公司职工罢工，并未预得贵当局许可，实属违反前月上海党政军联席会议不许罢工之命令。今无端令敝公司受此莫大损失，该罢工职工，应负此项责任。若不加以制裁，任其时常捣乱，并令赔偿此项损失，敝公司实难胜此重荷。为此提出相当条件，敢请代向职工使其依此重新签订，然后互定复工日期，不胜厚望之至。”

那么，社会局的调解是什么意思呢？很明显的是为了资本家的请求，来压迫工人的，换一句话说，资本家要想经过社会局来制服工人，使工人履行他的苛刻的条件。假定，工人罢工是很迫切的话，十次、二十次的调解都是无用，调解的成功，只有工人的让步！资本家是最残酷的，社会局是最狡猾的东西。

还有一件很可以注意的事，就是在新新公司工友罢工之后，社会局就召集劳资代表来调解，但是资本家的代表总是不敢负解决全权，于是社会局以资方代表不负全责即宣布散会，这是什么意思呢？我们的解释是八个字：“迁延时日，以懈斗志。”因为，资本家晓得工人不能多支持，故迟迟不解决，到了工友不能支持时，来承认他们的条件。到那个时候，才是“拿的给他收”，就是说，资本家要如何就如何，反正工人是失败了。

实在说来，新新公司工友罢工支持了一个月，其战斗精神，亦是很可钦佩了，无奈受社会局的调解而失败！我们正宜告诉新新公司的工友们一句话：“谨防扒手！”

（五）资本家的反攻　资本家在这次罢工中态度十分强硬，不仅是因为冯自由是“反共的”先觉，压迫工人来的直截了当，并且因为资本家依了国民党的护符，故肆无忌惮。在工会与公司交涉决裂、一月四日晚工人全体大会决议罢工、在一月五日宣布罢工后，资本家即报告捕房，函达社会局，通知总商会；且在五日仍照常开门，以找工人的破绽。但新新公司工友，这一次斗争十分坚决，当然不会受资本家的引诱。资本家在罢工后第一步工作是失败了。但冯自由更异想天开，倒向工人提出六个要命的条件，限期复工、以完全开除作恐吓。呀，厉害！不但不接受工人的条件，且反向工友要求条件作第二步反攻。叫社会上看来好像是资本家吃了工人的气一样。我们看其条件比工人的要求怎样。其原文录下：

“（1）罢工职工方面，违反上海党政军联席会议不准许罢工之命令，突然罢工，故应赔偿罢工期内之公司一切损失，约计每日损失费六千元。（2）主动罢工及强迫罢工之危险分子，应一律开除，永不录用。（3）公司各级职员，一律须填写新雇约及新保单，始许回店服务。（4）因不愿罢工而被行凶殴伤之职工，应要罢工职员赔偿损失，及给予医药费。（5）以后于星期天下午，照常开市，因前订条件，已给补工六天，故不另给薪金。（6）每日上工迟到及早散之罚则，应照社会局前颁布规则办理。”

漂亮的很！每一字都是很好看的。不但与工人提出的条件针锋相对，实在是有过之而无不及。

照资本家提出的条件来说，工人首先破坏“党”“政”“军”联席会的决议。那么，岂不是“共产党徒”捣乱？冯自由立在“反共”的观点上也不能对工友少有让步，并且将“危险分子，一律开除，永不录用”。其次，工人赔偿资本家损失每日六千元，共计二十九天，资本家净得十七万四千余元。便宜得很，资本家也太巧妙了。这样，新新公司资本家真愿意工人罢工，因为在平日每年也不过赚几十万元，如照六千元一天，一年岂不是一百八十多万元么？在反面是证明什么东西呢？就是说，作工也是资本家赚钱、工人吃苦，罢工也是资本家赚钱、工人吃苦，那么，你们工人天生苦命，还受资本家尽力压迫的倒好。假设不愿意受压迫么？一天交出六千元给我（注意！是新新公司资本家，并非是我——平一），你们罢工好了！最后，资本家不但不允许减少工作时间，并且延长礼拜日工作。这一条资本家完全胜利了。

资本家胜利了！资本家致胜之条件，在于能运用反攻战术。其总的反攻路线，总结有以下数点：

（1）利用军警，壮资本家的声势——在罢工开始时，资本家就报告捕房以作恫吓；

（2）捕房直接逮捕工人——这是资本家破坏罢工很毒辣的手段，使罢工工友生恐惧心理；

（3）用调解方法以缓和工友的斗争——社会局的调解本是碰鬼的，但又迟延不解决，使工人在长期中屈服；

（4）在罢工中，并且在社会局的调解中，资本家不断的大批开除工人，资本家以为工人怕失业危险就会屈服的；我们在罢工期中不承认资本家有开除工人之权，不然，对于罢工进行有很大的妨碍，新新公司资本家对于这一点十分清楚；

（5）预先勾结社会局，资本家以为经过社会局是可以使工友屈服，这一点资本家是完全成功了，工人受了社会局的欺骗；

（6）扩大反宣传，故意谓有共产分子，或甚于共产党的要求，为后来武装压迫张本，其宣言中有一段说："有一部分职工甘为少数不良分子之工具，强逼多数职员突然举行罢工，既违反日前上海党政军联席会议不许罢工之命令，复令本公司受莫大之损失，所提出种种苛酷条件有甚于共产党时期之工会毫无容纳之可能性。”这就是设法排去社会上对于罢工的援助，使工人孤立，容易欺骗；

（7）资本家懂得，时时进攻是致胜的基本战术，故在“反条件”（资本家在罢工中提的条件，我叫作“反条件”——平一）提出之后，马上又提出了十分苛刻的最后通牒云……“限令各罢工伙伴于星期一日早照常复工，否则认为自行告退，另聘新人补充……”

（8）尽力取得阶级（资本家的阶级）的援助，向南京路商店要求各派工人维持新新公司营业；并且得寸进尺的向工人进攻，资本家又提出“先决条件”要求工友答复：“（1）不许入工会，（2）星期不得休息，（3）取消宿舍，（4）公司得随时去留职工……”

总之，资本家是明白对付工友的罢工是同作战一样，已是超出了雇主与佣工的关系之外，换言之，是十分残酷的不可调和的阶级斗争。但是我们自己倒没有认清作战方案，是经那一方面进展。

（六）策略的错误　工会的弱点及所谓“先决条件”，我们不是因为新新公司工友失败了，来白白的谩骂一顿，而是站在阶级的利益上的自己批评。

新新公司工友为自身生活条件的改善举行的罢工，经一月来之奋斗，虽失败而犹光荣。按其失败的基本原因，是在资本家的反攻战术用的十分厉害，社会局的骗局……总之，是国民党的出卖。不过，主观方面亦有很多的缺点及弱点。在工会组织本身上表现出来的是脱离了群众，在罢工期中，罢工委员会不能吸收广大的积极分子于自己的周围，故群众虽有极热烈的情绪，不能反映罢工战术的运用，也就是上层分子有包办的形象。这些上层分子脱离了群众的结果，便有右倾的、妥协的方法来指挥，我们从新新公司工友一再向什么市党部、社会局请愿的举动，便知底蕴。第二，便是认不清目标，不知作战的方向，故后来把群众视线转移到冯自由个人了。我们正言告新新工友，资本家都是坏蛋的，没有一个好东西，我们斗争目的是提出的条件，在条件签字以后，对于“特别”压迫工人的冯自由驱逐是次要的问题。工人的胜利是资本家允许我们的条件，作战的方向是取得资本家签订我们的条件，否则，便是自动的向敌人示弱。并且未看清社会局的魑魅魍魉，对于国民党尚存了些幻想。这是构成罢工失败的几个基本原因，今讨论其次。

不敢扩大罢工范围，直言之，只有把罢工扩及于其他同业，至少是先施公司和永安公司发生同情罢工才有胜利的把握。这种不敢扩大罢工的心理，表现于工人中的上层，特别是罢工委员会内的特别明显。他们以为罢工扩大了，对于社会局的调解是有困难的，换言之，只限于新新公司之内，用请愿等合法运动达到目的。但这是一种幻想，是表明自己对于正在支持的罢工本质尚不了解。——罢工是阶级斗争，是不可调和的斗争；结果，或者是你死我活，不就是一方面暂时屈服重新准备更大的斗争。自然，加重本身的力量取得本阶级的援助，才是胜利的保障。我们看出资本家对此倒有彻底的了解。

工人的上层分子，合法的观念十分浓厚。要在国民党的援助或是在他承认之下得到解决，更闻不得“共产党”三字，以为共产党就是和国民党宣传的那样厉害。实际上，他是工人阶级的政治领导者，他才是真正为工人谋利益的。武汉政府时代，武汉三镇店员生活是如何呢？上海暴动前后工人的生活条件是如何呢？工人阶级对于本阶级的党不必害怕，并且设法得共产党的领导。可是，你们的敌人——资本家，很晓得共产党是帮助工人的，故用种种方法阻止你们同共产党发生关系，你们呢？也就中了资本家的奸计。专门做资本家愿意你们做的事，——合法的请愿运动。

关于请愿问题，本报第五期，沧海君在《论新新工潮》一文中言之甚详，特转录下：

“……罢工的正当出路不是什么请愿也不是什么调解，这些老把戏曾葬送了邮政及水电罢工的，工友们再不要留恋他（指请愿和调解而言——引者注）了……，他继续说：‘第一，不要再做无效果的请愿运动；第二，不要再受欺骗的调解；第三，就是驱逐插手破坏罢工的国民党及其走狗于自己队伍之外。’”

最后，我们提出一个比较重要的问题来，就是黄色工会及改良主义的问题。国民党究竟与北洋军阀不同些，他们想把工人运动来放在自己的荷包内，故组织什么黄色工会，把工会弄成合法的、国民党的御用工具，他们的论调即是“劳资合作”，他们的方法就是“劳资仲裁”，尽力把工会的阶级色彩抹杀。至于说到改良主义，我们要明白，在国民党的统治下面对于工人的改良是不可能的。不过，他们用些“为工人谋利益的话”、“阶级利益不能超过民族利益”等等来欺骗一下罢了。但其言颇好听，若不小心一时也会受他们的当，我们对于黄色工会及改良主义的态度，就是上面说的：“谨防扒手。”

除上面我们指出的错误之外，更须郑重指明的是复工先决条件之谬误，所谓“先决条件”的就是：“（1）须冯自由即刻停职，方开谈判。（2）公司承认工会有代表全体职工之权。（3）无故不得开除职工。开除职工须经工会同意。（4）罢工期内工资照给（旅馆、酒楼另议），及偿还罢工期内一切损失费。（5）维持原有保单，废除现金保证，各部一律待遇。（6）无故开除三工友一律复工，并偿还停职期内之薪金及一切损失。（7）其他条件限一星期内签订。”

在未批评正文之前，我们要指出的是：工人的罢工是如同作战一样，必须具有很大的决心，若是在作战的时候向敌人提出让步或调解没有不失败的。同样的，新新公司工友在罢工中提出的先决条件亦是表示对于罢工亦无力支持，向资本家示弱，自然已种下了失败的种子。因之，我们认为复工先决条件，是投降的进见礼，自己向资本家示弱，结果，就是后决条件，或者引起资本家更大的进攻。新新公司工友向资本家提出复工先决条件之后，社会局即提出了资本家的复工先决条件（就是第三个策略），附录复工先决条件，原文如下：

“第一条，职工会经政府核准注册，即为法人。第二条，无故不得开除职工，管理职工依照本市职工服务暂行规则办理。第三条，（1）全体职工罢工期内工资照给。（2）酒楼、旅馆、茶房西崽另给津贴酒资小账共洋二千四百元整。（3）津贴工会损失洋一千六百元正。第四条，维持旧保单原定金额，如旧保单失效，应另换新保。以后废除现金保证。第五条，俞德源复工，停工期内工资不扣。第六条，饭金每客大洋八元半。第七条，工方准于二月一日下午三时起一律复工，其他待遇条件，由社会局另行召集调解。”

我们好好的对照一下，可得这样的一个概念。就是，资本家的条件一定把工会经“政府”注册，并且完全保存资本家向工人进攻的苛刻要求。在工人方面，认为必须撤换冯自由，在此地一言未提及。我们认为新新公司工友此次斗争是失败了，也不是只限于这一点，而是各部分都比罢工以前更加痛苦了些。最明显的是星期日延长全日工作。

新新公司工友自五日罢工以来，至二月二日，共支持二十九天；辛辛苦苦、兢兢业业的斗争结束了。这样的结束是资本家的胜利、社会局欺骗的成功，可是失败的是八百多工友。这八百多工友不仅没有改良生活，并且加重了痛苦。

（七）结论　我们论述新新公司的罢工已告了一个段落，不过我们将此次罢工中的几个基本问题指出来以作后日借镜，就是说，我们研究失败，从失败中得到的经验，也是罢工的代价了。

新新公司工友的罢工失败了！但我们得了一些宝贵的经验。

（1）对于罢工目标认识不清，在紧急关键中易于转移方向；

（2）对于敌人的力量没有充分的正确估计，把社会局、市政府也当作“第三者”，以致受了欺骗；

（3）不敢把工潮扩大，使罢工孤立，资本家得乘机进攻；

（4）自己先示弱于资本家，不能一步一步的提防资本家的不断的有组织的进攻；

（5）不知利用阶级斗争的经验，如邮务、法水电等的斗争经验，对于国民党尚存些幻想，以为请愿、调解可以达到目的；

（6）指导机关，罢工委员会脱离群众，使工人群众的热烈的情绪不能反映到战术上的运用；

（7）上层分子留恋于合法的请愿运动，但实际上已证明这是一种幻想，除去用坚决的斗争方法没有达到目的之路；

（8）由新新公司工友的失败，完全证明在罢工中“让步就是自杀”的真理。

总之，这八点是本文的中心思想，在此地不必加以解释，因为在前面都解释过了。我们要再三说明的，是国民党破坏罢工的手段，社会局是资本家的走狗，工人要达到目的——改良生活的经济条件，一定大胆的、公开的斗争，不要避免什么嫌疑，对于你们的政党应接受政治指导。

二月十日

（1929年《中国工人》第七期）

为邮政总局无故开除工人告工友书

全国的工友们！

上海邮务工人自上次罢工被帝国主义、国民党及其走狗工贼等联合围攻失败以后，几个月以来，邮政局更肆无忌惮的向邮务工友施以不断的高压和剥削。任意加重工作，任意处罚工人，已经是司空见惯的事，最近邮政总办，更于二月一日无故开除三十二个工友，同时复违背章程引用国民党派来的一般走狗，并借口招考邮务员准备大批开除老的工人。这样无理的高压政策，和多数工人的失业危险，已使邮政工友陷于极恐慌的境况，邮政工会为着反抗新的资本进攻，已经发出他们的有力的呼声，誓死与他们的敌人——国民党重新奋斗了。本会认为这不但是邮务工人部分的斗争，而是全上海与全国的工友们所应当严重注意的事变。

谁也知道国民党对于工人素来是采用极凶恶极狡诈的政策，蒋介石最近发表的政见是要绝对禁止一切的罢工和怠工，他们对一般的产业工人是这样，而特别注重国有产业的工人（如邮政电报铁路等）。国民党为着增加他们的国库的收入，不得不直接地加紧剥削国有产业的工人，为着巩固他们的统治更不得不特别镇压国有产业的工人。所以在上次邮政罢工时，他们用尽一切的力量破坏邮政罢工，在罢工失败后，他们更时时刻刻计划一个有系统的永远消灭工人反抗的阴谋。

这次无故开除工人、引用走狗、招考邮务员，便是这种阴谋的开始进行，据说蒋介石还委派他的得意门徒三十几个黄埔学生预备到邮政局工作呢！

国民党不但在邮局有如此办法，在铁路、招商局、兵工厂，以及其他国有企业里，都有蒋介石所委派的大部分的走狗门徒。国民党这一个方法，显然是师承法西斯蒂破坏工会的老把戏，他们计划将革命的技术的工人渐渐的开除，而代以他们私人的走狗，在工人中间散布他们的侦探，以便破坏工会组织、组织黄色工会，以及罢工时出卖罢工种种勾当。

全国的工友们！国民党这种向国有企业工人进攻的新阴谋如果完全实现，那么，不仅四万多邮政工友的生活时时感受着极大的威胁，即国有铁路、轮船、电报等工人亦感受同样的失业危险。至于这班官僚走狗混入工会之后，政治上的危险，那就更为严重了！他们散布在工人群众中间，将到处侦探工人，报告给他们的主人。挑拨离间，分裂工人的组织。破坏罢工，出卖工人的利益。总括一句话，蒋介石在工会中，法西斯蒂企图的危险，将因这一阴谋的实现而更容易完成，这是中国工人阶级怎样严重的事件呵！

同时，国民党这种阴谋实现的结果，更将使国有企业官僚化、腐败化，将使一切国有企业仍旧走到交通系、安福系时代的黑暗时代去，那么，今后工人在经济生活上所受的摧残和损害，将更要厉害。欠薪、扣资、赂贿制度将更要普遍起来！

上海邮务工友们！你们对于国民党阴谋的大声疾呼反对是应该的，你们应回溯上次罢工的教训，准备更伟大的更彻底的争斗。你们尤应即日整顿你们的队伍，放弃依赖国民党的心理，驱逐障碍你们的工贼，巩固你们的革命力量，去反对无限制摧残你们的仇敌。

全国国有企业的工友们，你们应预备反抗国民党这一危险的阴谋，给他以致命的抵制，你们应与邮务工人共同反对局长、厂长违背章程开除工人、引进私人走狗的毒辣手段，你们应该时时提防蒋介石委派其门徒走狗混进你们队伍，施行一切离间工友、组织法西斯蒂工会的阴谋！只有这样，你们才能保障自己的利益，防止国民党一切法西斯蒂、交通系、安福系的反革命的新企图呵！

中华全国总工会　二月十四日

（1929年《中国工人》第七期）

中华全国总工会第二次扩大会议

罗章龙[①]

全总第一次扩大会议是上年二七五周年纪念日举行的。一年以来因国内工运情形的变迁和进展，发生许多新的问题，又因赤色职工国际第四次世界大会开会之后，对于中国工运在各方面有新的决议和指示，所以全总便决定于本年二月召集第二次扩大会议。

会议的筹备开始于去年十月，因种种原因，迁延至本年二月十七日才举行，事先由全总通知全国赤色工会及同情赤色工会的工人组织选派代表参加，除各大工业区及重要产业均有代表列席外，尚有几个省份因白色恐怖严重压迫，所选代表或未能登程或中途被阻，计全体到会代表共十七人（天津、山东、江西、河南各一人，满洲、海员、广东各二人，江浙七人），委员列席五人，其中尚有代表一人于开会期内被上海帝国主义工部局无故逮捕，迄未释放（代表中铁路二人、矿工二人、海员二人、纱厂三人、交通一人、店员一人、印刷一人、五金一人、妇女二人、其他二人）。

此次会议是在帝国主义、中国军阀、国民党军警联合监视之下举行，所以全体会议的会期前后共计四日（十七至二十日）连委员会（计有铁路、海员、矿山、上海总任务等草案委员会）的工作，前后

① 文章发表时署名沧海。

经过一星期的讨论。为时间经济及集中注意讨论中心问题起见，在议程中只规定极重要的报告及发展重要问题的讨论，内容如下：

一、出席赤色职工国际第四次会议代表的报告（苏兆征）

二、出席太平洋劳动会议扩大会议代表报告（文虎）

三、全国职工运动状况报告（项英）

四、海员工会、铁路总工会、上海总工会、全总南方办事处青工等报告

根据上项报告作成决议草案提交大会讨论通过。

会议工作虽然在极反动的政治环境中进行，但是列席代表的讨论是非常努力，非常热烈的！尤其是对于改良主义与黄色工会、工会组织、工厂委员会、斗争策略等问题为讨论的中心枢纽，有很长时间的辩论，得到集中的、一致的观念。

现在对会议通过之决议案分述如次：

一、中国职工运动目前的总任务（附“青工女工问题决议案”）

二、国际报告决议案

三、太平洋劳动会议报告决议案

四、中国铁路工人运动决议案

五、中国海员工运决议案

六、中国矿工运动决议案

七、上海工人运动决议案

八、宣言

我们相信上述各决议案是在接受了赤色职工国际的指导及根据实际的报告讨论的总结，对于目前中国革命的工运加了一番正确的估计，指示出行动的方略，尤其是对于许多实际问题，给了个别的具体的解答。因此全总第二次扩大会议的决议案即是目前全国工运的指

南。每个觉悟的工友，及革命的战士均应详细研究一番，把他应用到工作上去！

只有彻底的了解这些决议案，才能在工作中应用，只有坚决的执行决议案才能使革命的工人运动迅速向前发展！只有革命的工人运动向前发展才能领导中国的革命走向最后胜利的道路！

一九二九年二月二十五日

（1929年《中国工人》第八期）

出席赤色职工国际代表大会的报告

苏兆征[①]

同志们！今天我来报告赤色职工国际第四次大会经过情形。这次大会在世界革命上是有很重大的意义的，一九二八年三月十八日，在莫斯科开会，到会的代表有五百多个。就赤色职工国际的支部来说，已有六十几个支部参加，就代表的国家说，则有五十几个，当第三次大会时候，到会的仅有三十几国，现在拉丁南美及太平洋沿岸各小国都加入了，比较以前是有很大的进步。所以赤色职工国际的的确确成了世界职工运动的总机关，是世界无产阶级革命联合的总指挥部。

当四次大会的时候，可以说是帝国主义侵略殖民地半殖民地最剧烈时候，也是世界工人阶级日益革命化时候。帝国主义厉行生产理性化的结果，使工人失业一天一天的增加，以前用人力的，现在大半改用机器，以前要用十人运用的机器，现在仅用二三人。生产方面，一天一天增加，工人方面，一天一天裁减。最显明的例如航行的轮船，从前是烧煤炭的，需用工人很多，现在都改烧煤油，所用工人少了三分之二。生产量既然增加，货物没有销路，结果必出于争夺市场。世界上的市场是有限的，在各工业国家中是没有方法可以侵入，大家都是向殖民地进攻，所以中国、印度及太平洋沿岸的小国，都要直接受

① 文章发表时署名兆征。

他们经济的蹂躏。同时帝国主义相互间的冲突，更加紧而不能避免。在西欧的工人阶级，因受失业的痛苦，日益左倾，而领袖们则日益右倾，成为资本家的纯粹走狗，不复顾及工人分毫利益。在这种形势中，如果没有改良主义在那里宣传欺骗，则无产阶级起来推翻资本主义是很容易的事。

现在的改良主义，是工人阶级的最大敌人，它的力量是很大的。如德国的社会民主党，在德国工人中占有很大的数量和力量。美国用“分红”及工人加入股东的方法来欺骗，使工人存了一种幻想。在以前的改良主义，尚有些少改良办法，现在则除执行资本家的分裂工人组织及压迫工人、剥削工人的政策以外，不复有其他作用，可以说是反动到极点了。殖民地的工人，以前虽不断的有各种罢工的斗争，但不能正确地站在无产阶级的观点上，所以虽有相当基础，力量还是不够，现在则完全站在无产阶级的观点上，而反抗资本主义了。一九二五年以后，如中国革命气势之增高，印度十余万工人的大罢工，南美洲的黑人也醒觉，以前所谓解放黑奴，为虚伪的人道主义的欺骗，起来参加革命，足以证明工人阶级日益革命化，日益团结力量，向资本主义进攻，向社会革命的道路上走。

这次大会有六个重要决议，在会场中争辩很激烈，过去任何领袖有错误，都公开的批评，某一项工作有错误，都尽量的指出。当讨论第一项问题时，发言的有三十几国的代表，继续辩论至十几个小时之久，因为必如是才能把以前的错误纠正，才能定出以后正确的路线。所以这次大会的成绩是很好的，在无产阶级革命的历史上，是有很重大的意义的。

大会对于中国问题，非常注意，组织委员会来详细讨论，参加的有三十五国的代表，中国代表有十五人。讨论当中中国代表和他们不同意见的有三点：一、未将政治与经济分析；二、武装训练；三、工厂委员会。经过讨论后，中国代表一致赞同，关于第一点已另有文章发表，关于第二点乃完全应做的事，第三点中国代表不十分明了，后经解释，亦完全同意了。

现在把赤色职工国际对中国职工运动的任务的要点报告：开始一段文字是很简单，但很扼要，中国开始就走上无产阶级革命的道路，并没有像德国民主党这一类东西来欺骗，虽间有少数工贼来破坏工作，但影响是很小的。在工作上缺点虽不少，而大部分是正确的，而且遭了最重大的残杀，它命运的残酷，为任何国度所没有。

反动统治勾结资本家，向工人阶级进攻，向帝国主义投降，如李济深把沙基惨案的纪念碑拔去，无异完全把南中国工人阶级数年反帝的成绩一笔勾销。又如明明白白是帝国主义炮击南京，而国民政府对宁案竟完全承认错误，杀了许多人民，一句不提，又把责任完全推到共产党身上，说宁案是共党所干的。以前工人阶级所争得的条件，现在一律都取消。工厂裁减工人，减少工资，增加工作时间，把成年熟练工人一批一批的开除，用女工童工来替代，反动派资本家一致的勾结帝国主义来压迫工人，工人的言论、出版、集会都没有一点自由，甚至为自身利益的罢工亦须先得什么党部政府的许可。在这严重反动局面之下，我们怎样办呢？我们唯一的路线就是“动员群众”。能够把群众动员，才能把反动的统治局面推翻，其余实际的工作就是：

一、领导工人日常斗争。经过白色恐怖以后，有些工人是勇敢的，有些工人是畏惧的，勇敢的往往仅注意到大的空泛的政治问题，而忽略了经常工作。畏惧的表示消极，以为没有办法，这种现象全国都是一样，实际就是以前对于组织教育的工作做不好，所以工人不认识自己力量的伟大，有依赖别种力量帮助的错误观念。同时工贼走狗及什么指导员之类，跑来捣乱分裂，如行会、地方区域等等组织，皆足以使工人的阶级意识模糊，我们应指出以上的错误，努力地宣传工会是工人的工会，赤色工会是工人阶级利益的保障，领导工人到阶级斗争的道路上去。（我们提出的口号要适合工人实际的要求，我们于斗争中所提的条件要使工人了解，要引起工人自己讨论。）我们以前的错误，就是一概皆包办，使工人莫名其妙，结果便使工人离开工会，不特不能夺取群众，反离开了群众，无产阶级的革命情绪必在斗争中才能热烈起来，我们要争取广大的群众，也要从斗争中才能组织起来，所以要注意日常的小斗争。

二、对反动工会的斗争。反动工会如过去的工统会、工整会，现在的官办指委会、黄色工会，更有行会及地方工会等，这些都是违反工人利益的组织，都是帮助资本家剥削压迫工人的东西，我们要根本反对。我们要注意工人利益就要注意组织真正的革命工会。以前的经验：在斗争上无论失败与胜利，工人都没有很大的影响，所以现在反动工会的兴起，工人亦目迷五色，不知谁是反动不反动。他们现在所厉行的改良宣传是职运前途的大障碍，他们知道单纯的屠杀政策是走不通，乃以改良的欺骗，如“工商合作”、“分红”、“四四二制”、“有民族利益无阶级利益”等，都是他们麻醉工人的口号。我们应该很坚决地去揭破他们的虚伪。我们只知道工人阶级痛苦要在生活上，经济上要求相当的满足，要争取言论、结社、罢工的自由，我们应该积极宣传、积极领导斗争，我们反驳的口号也要针锋相对，使工人了解，使群众认识他们、离开他们，团结在我们的周围。

三、赤色工会应成为革命有力的武器。工人一年到底没有休息，我们主张每年应有一长时间休息，在休息期间工资照给。青工不做夜工，女工在产前后两个月休养，工资照给。女工在中国的纱厂中数量很多，占工人百分之七十五，资本家往往利用这些多量女工来任意剥削。苏联对于妇女工人在生产前后不独给工资，且另供小孩衣服费三十元。青工女工应该同工同酬。工厂中应有卫生设备和保险，还有失业救济问题。废除包工制等，也非常重要；因为包工制的存在，工人便得不到完全工资，差不多给工头剥削去三分之一。打破此制，工人工资便可增加，失业亦可减少。凡失业救济、工人教育等，都要工人出来做，若落在资本家手里，不但不能得到好结果，恐怕还要受欺骗。唯有赤色工会才能尽它对工人的一切责任，所以要使工人认识工会、拥护工会，然后工会乃能成为有力的革命武器。

四、结社、集会自由。在中国许多工人还不明白，结社、集会是自己应得的自由，以为工会是官厅的给予。从前虽有知道工会是代工人谋利益，及革命失败后，则以为以前共产党有力量，现在共产党失败，工会也没有作用。这些都是工人不认识自己力量的错误所致，我们应该极力宣传纠正。尤其是在每次斗争中，均应提出要求释放被捕的政治犯。

五、反对秘密的公开的劳资合作。工人得到的工资，往往不能维持最低限度的生活，而资本家所得到的利益甚大，所有合作社劳动银行等必须由工人自己起来主持，以后，才能得到利益。换一句话来说，就是这些东西必拿到工人手里才是真的，如果在资本家手里，就一定是假的，是欺骗的。说到“分红”、加入股东等更是资本家和缓工人斗争的露骨办法，我们要彻底反对。

六、中国资本家比外国资本家好，这是一句鬼话。我们看见南洋烟草公司，和英美烟草公司剥削工人是一样的，中外资本家剥削工人是丝毫没有分别，许多工人不明白，受他们欺骗，不去反对中国资本家，这是错误的，应该向他们说个清楚。

七、经济斗争转到政治斗争。工会是经济组织，但我们要宣传政治口号。譬如我们今天罢工，而官厅党部警察即来干涉捕人，这就转到政治斗争了。我们就要指出官厅警察是代表资本家，是压迫工人，若要达到完全胜利，就要工人自己拿起武器，以无产阶级的力量推翻资本主义，建设苏维埃政权，然后才能得到真正的巩固的利益。

八、红色恐怖的错误。工会对付工贼、对付资本家，往往采用红色恐怖手段，这是错误的。如去年杨树浦工人罢工，完全不是工人愿意的，以手枪来强迫，结果工是罢了，而工人对工会只有害怕，这是脱离群众的办法，而不是群众的行动。即使侥幸胜利，亦是枪杆的胜利，绝不是群众的胜利，群众看见枪杆的力量，便见不到自己的力量，所以我们应该从下层组织宣传，不能用个人的红色恐怖，而且目前的所谓红色恐怖。实在是一句滑稽的话，如果工人阶级得了政权之后，对于资本家加以一种严厉的制裁，乃可称为红色恐怖，仅以数杆枪对付工贼，充其量也不过是工会的自卫，若稍一误用，反足以吓走群众，所以我们要群众的斗争，不要枪杆的逼迫，要有组织的行动，不要做浪漫的袭击。

九、革命工会组织系统。工会是群众的组织，不是政党的组织，不管他是国民党也好，共产党也好，无政府党也好，信仰耶教的也好，信仰回教的也好，只要他站在阶级的观点上来加入工会，只要他缴纳会费接受工会条件，因为工会是无产阶级的机关，是工人的学校，他们有他们改善生活增加工资的共同要求，与一切党派、信仰，没有关系。革命工会要包含在大产业方面，如海员、铁路、五金、纱厂等，但店员、手工业也不放弃，不过注意力要在大产业内。对于各地方工作，如铁路、海员虽有组织，而北方海员没有注意到，唐山的矿工也忽略了，即上海的大产业及其他各地的产业工人，都没有充分注意，现在应该赶快组织起来，尤其是在反动的大本营要加紧活动。组织的路线，要由下而上。以前工会是委派人去做的，由上而下的，这是委派制，工人只看见上级工会，反没有看见自身的力量，甚至工人看工会是自身以外的东西。

工厂委员会是工人的初级学校，是联合所有工人起来为自身利益奋斗的最好办法，它的性质和工会不同。它没有章程，不纳会费，工会是在工厂之外，往往对于各厂的情形，不能真知灼见。工厂委员会则对于各厂及厂中各部分，皆特别接近，特别清楚，所以领导斗争，鼓动群众，特别容易。比如工人打破了一个茶杯，资本家要罚钱，工厂委员会即可马上宣传反对，马上停机，资本家一时是没有方法摆布压迫，结果便容易胜利了。所以工厂委员会善于运用，很可以团结工人及锻炼工人的斗争情绪。

工厂的地方主义，亦有很浓厚，资本家往往利用这种偏见，以分裂工人，增加生产。如对同乡的工人则说：我们是同乡，应该帮忙才会得到好处，对非同乡的工人，又说我的同乡的是很多愿来做工的，不过你们做熟练了，维持你们的面子，不予开除，你们应该多做工呵！在这种场合，工厂委员会便可以随时揭破资本家的真面目，使工人不为所愚。工厂委员会可以不管工人政治见解之不同，只要团结工人作经济的斗争，尤其是在日常最小的问题，名目不必是一定，尽可适合工人群众的心理。从前很多人误认工厂委员会是西欧式的东西，是要来对付社会民主党的，中国没有社会民主党，便无成立的必要。我们不考究事实，闭着眼睛说是西欧式，是不对的，比如去年上海的码头工人因工头克扣他们五个铜板，他们整千整百的围困写字间，举出几个人来说话，写字间的问他们是不是代表，他们说我们不懂什么代表，我们只要钱，要五个铜板，结果是胜利了。码头工人是最复杂的，到了他们要求一致的时候，尚且有这样大的力量，若是在工厂中，那不是更易运用了吗？所以我们对于工厂委员会，如果明白它的性质和作用，便是一个夺取群众的顶好方法。

我们不能强迫工人加入工会，我们要说服工人使他愿意加入。如从前武汉某工厂工人百分之六十加入工会，但能交会费的很少，甚至要由工头扣交，这就是工人没有明白工会的意义。从前有某厂工人的地方派别是很浓厚的，经过许多宣传都不能融洽，后来因共同的经济问题，各方举出代表来包围路局，大家都得到几块钱了，这就是从斗争中可以团结工人的证据。在斗争中可以看见许多努力积极分子，这些分子就可以做我们赤色工会的基础。资本家用硬的方法——白色恐怖、软的方法——改良主义来压迫、欺骗工人，我们对付他就是工厂委员会。苏俄革命的成功，也是靠工厂委员会的运用。

职工运动领袖人才，从前没有从工人中养成，结果是与群众隔离，对于工人群众的理想与要求，一概都不知，这实在是一种不要群众的办法。我们今后应积极去教育工人，使由群众中产出干部人才。

过去的历史告诉我们，在斗争中，青工、女工是非常勇敢的，但结果他们得不到利益。如果现在我们不加以注意，则青工、女工与成年工人，将成为反对地位，因为资本家利用青工、女工，以替代成年工人之故。还有失业工人，我们也应特别注意，资本家往往在罢工中利用失业工人来破坏，使在业工人与失业工人互相仇视，我们应该宣传失业原因，及指示工作出路（如到农村去和农民联合）。

中国在农村中很多工人，小农一天一天破产，就变成了工人，农村中煮盐、造纸、土工、车夫等工人很多，应使他们与农民协会发生关系。农民不必加入农村工会，有组织的工会以整个加入农民协会，领导农民做土地革命。但我们不加入反动的农民协会，我们要另组织来夺取它的群众，从前工农联合的口号没有效果，就是因农村工人没有组织。

全总应与太平洋劳动会议秘书处发生关系，他组织的作用，是对付帝国主义相互间的冲突，而将要发生的世界第二次大战，世界大战是要牺牲无数的工农群众的，我们要积极去反对。我们要积极工作，要与太平洋劳动会议秘书处发生密切的关系。

赤色职工国际，已训令各国工会，要与中国工会联络，使西欧工会工人与中国革命工会关系密切。西欧的工会，现时每星期都讨论中国职运问题，及充分援助中国革命工人的革命运动，所以我们要加紧努力，使中国的赤色工会成为赤色职工国际中的一个有力的支部，共同担负世界革命的任务。赤色职工国际第四次大会的口号是：到群众中去！到工厂作坊去！

（1929年《中国工人》第八期）

全国职工运动目前的总任务

一　目前全国政治经济的形势与工人运动的前途

（一）帝国主义对中国侵略的形势及其内部矛盾的增加。

帝国主义自国民党叛变以来，联合一致的向革命势力进攻，不仅恢复了一九二五年前在华原有势力；并且加强了些。但帝国主义彼此间因其自身资本主义新的矛盾，为争夺市场瓜分殖民地，使列强之间的矛盾更加剧烈起来，第二次帝国主义的世界大战是酝酿待发，中国是帝国主义在东亚互夺的主要市场，同时也是将来太平洋上帝国主义大战爆发的主要场所。因此，帝国主义在中国势力的竞争，更显露的加紧内部的矛盾和冲突，并反映于中国统治阶级各派的阶级关系中。

美帝国主义者因其资本发展形势不同，欲以巨量的剩余资本输出，中国是最好投资的场所，美帝国主义又欲以财政资本垄断中国，必然赞助欲以和平统一发展实业的中国资产阶级为实现它的企图，于是首先承认关税自主及国民政府及反对武力干涉，力主门户开放、机会均等，以打击英日帝国主义在华已得的特权和势力范围。但是美帝国主义企图，洽与英日在华的利益有根本的冲突，特别是日本帝国主义。

帝国主义在世界的冲突的轴心，是英美帝国主义的冲突，但是在太平洋问题上，日美是冲突的中心，英日在华的利益，目前的冲突虽未减少，但终不敌美国垄断中国的企图，以动摇英日在华一切特权以及联结到世界的冲突，故英日将来有联合反美的可能。但目前仍是形成三角形势，至于其它法意等帝国主义必然而不可避免的，要在英日反美的两方战线，决定它们的地位。

帝国主义在华互相竞争和矛盾之中，各为伸张自己的势力，于是在中国统治阶级中以其利害接近而寻找其工具，于是代表资产阶级的蒋介石与美帝国主义又结不解之缘，代表买办地主阶级的桂系，为英帝国主义及张学良为日帝国主义的忠实走狗，遂反映到中国资产阶级与买办地主阶级争夺反革命的领导权和其在政治上的冲突。

最近在南京政府政权争夺中以及对于中国投资的问题，更表现帝国主义彼此间的矛盾和冲突，更加剧烈起来，但帝国主义对于中国政策，是实行殖民地化；不过帝国主义彼此间因资本发展的程度不同，而所采用的方式不同罢了。

（二）反动的政权不能得到真实的统一，暂时形成相持的虚假和平的局势。

中国反动政局自资产阶级叛变革命，投到反动营垒以后，与买办地主阶级共同来压迫革命，消灭北洋旧式军阀的势力，取得了形式上统治中国的地位。但是资产阶级与买办地主阶级，是目前反动势力的两大中心，它们在帝国主义关系之下以及在经济发展上有根本的矛盾，因此在政治上亦发生不可调和的冲突。这种冲突，自所谓“三次北伐”以后，在互争反革命的领导权中更加剧烈的发展起来，由五中会议中之政治分会取消问题，统一财政、裁兵问题，以致最近编遣会议取消集团军、统一财政等问题，无不是显露资产阶级与买办地主阶级因为帝国主义间矛盾的反映及其阶级关系而发生不能消除的矛盾和冲突。因为中国资产阶级在其经济基础上和阶级力量，不能以革命手段来消灭中国封建势力，欲企图在妥协帝国主义与封建势力之下，以政治手腕与和平方法求得统一，发展中国的工业。因此，为实现这一企图，必须裁兵，减少战争，取消割据局面，得到政治和财政的统一，裁厘、减少苛捐杂税，使交通恢复，市场扩大，人民购买力提高，相当的在妥协帝国主义之下求得相当的让步，再借助帝国主义的经济帮助，以求得本身的发展。但是在地主阶级的利益，是靠剥削农民，必须有重兵来镇压农民的反抗，买办阶级的利益，是靠转买帝国主义的商品，废厘、统一财政，是减少买办地主阶级养兵的财源，割据局势是有利于买办地主阶级的。因此，资产阶级的企图，为买办地主阶级不能容受，同时也是帝国主义在华的利益上所不容许的，很少有实现的可能。故此资产阶级与买办地主阶级的矛盾与冲突，根本不能解除，加以军阀制度的保存，于是两方对于新战争的准备，是积极不遗余力，新军阀战争的爆发，成为不可避免之事。但是资产阶级与买办地主阶级的冲突，将要到爆发战争的时候，每因革命势力的发展，或双方军事准备不充分，在政治上互相让步妥协，形成暂时相持的相安一时的局面，其实正是在加紧它们的冲突，最近编遣会议，就是这种形势。至于全国割据形势，仍然存在，不过改变形式而已，军阀制度仍然存在，裁兵也成了表面文章，所谓统一与和平，却是欺人的虚伪骗局，其实双方更积极在准备战争，更加厉对于工农的压迫和剥削，不过反动势力内部冲突，虽然加厉，但是它们消灭革命势力是一致的。

（三）民族工业的恢复只有极小的可能。

中国产业的发展，因受帝国主义的束缚和压迫，极其微弱，加以历来军阀战争更趋于衰败，在目前资产阶级与买办地主阶级相持政局之下，战争暂时的减少，交通恢复，特别是取消工人过去一切争得的条件，加紧压榨工人的血汗，使中国主要工业如交通工业铁路轮船渐恢复原有的状况，矿山如河南焦作、六河沟，湖南之水口山、锡矿山，徐州之贾汪等，矿山的生产逐渐恢复，在长江面粉工业略有进步，矿厂工业，复因抵制日货的关系，使纱布的销路，得着一时的进步，其它如造纸业及日用品工业，虽有相当的发展，但是规模甚小，在中国工业中，不占重要地位。总之，年来中国产业的发展，在战争减少、交通和市场的恢复、剥削工人及抵货运动等情形之下，这些消极条件，在生产上和商品的市场上，得着相当的恢复，并不是在积极方面扩大市场、工业本身发展和生产技术改良，生产量增加，因为帝国主义的经济势力仍然支配国内市场，并未削弱，同时土地关系，毫未改良，农民比前益加痛苦，购买力仍然异常薄弱。

（四）帝国主义在华经济势力并未削弱，新军阀战争的爆发不可避免，这是使中国工业很困难得着积极的发展。

中国工业积极的得着发展，主要的条件，必须要排除帝国主义在华的经济基础，脱去半殖民地的地位。资产阶级用以欺骗群众的关税协定、七级新税则，不过是增加国库的收入，对于中国之工业发展，没有多大的保护。中国主要的工业，是轻工业、面粉业等，但在新税则所规定，普通不过值百分之七点五，只有很少的抽则百分之一〇，或百分之一二点五，这不过将子口税加到正税，于原税则并未特别加税，面粉则只在上海、天津略征特税，每袋十分，在新税则上，完全免税，这使外货仍然积极侵入来打击中国工业的发展，并且更使帝国主义移殖资本到中国，直接开设工厂，英国对于纺织业已经有在中国开设五六万锭大纺织厂的企图。至于其它工业，又因资本缺乏不能发展，美帝国主义虽有输入资本的企图，因帝国主义内部冲突，不能积极的实现，国内又因资产阶级与买办地主阶级根本矛盾不能解除，在双方积极准备战争之下，对于苛捐杂税，不能完全废除，特别是对于农民减低负担，提高农村的购办力，扩大国内市场，这也是不能使工业得积极发展。因此，中国工业在目前客观条件之下，很少积极发展的可能。

（五）目前反动势力企图以劳资合作来代替阶级斗争，以民族改良欺骗方法来消灭工人的斗争和革命行动，尽量的开除成年工人，代以青年女工，削弱工人斗争的力量。

中国工人阶级，在革命中已表现它的伟大的力量和作用，这使一切反动势力畏惧万分，联合一致的来对付工人阶级。但是单以暴力压迫和肉体消灭，是不能削灭中国工人的革命性，而以宣传劳资合作来模糊工人的阶级观念，缓和阶级争斗，出卖世界工人的国际劳工局长汤姆来华，即是这个用意。资产阶级更以民族改良的口号，如："为民族的利益应牺牲阶级的利益"，"为爱国必须努力生产"，"在建设时期不准罢工和怠工"，"应刻苦耐劳的来富强中国"，"工人斗争，必须经过劳资仲裁和调解"，"工会要向政府党部注册"，引导工人走到合法道路去，这都是以改良欺骗的方法，企图消灭工人的斗争的力量。同时利用青工女工的弱点，更可加紧剥削和压迫，使产业工人内部斗争力量的重心，渐移到青工女工身上。

（六）工人的生活是丝毫不能改善只有更加重的压迫和剥削。

资产阶级因为资本微弱，帝国主义为压榨更多的利润，对于工人的经济利益，不能有相当的让步，改良欺骗的口号，不能实际兑现，对于工人的生活，是丝毫不能改善，特别在新军阀战争积极准备之中，只有加重对于工人的压迫和剥削。资产阶级不能积极改良技术、发展产业，以与帝国主义竞争，只有更向工人剥削和压榨，以图榨取过多的利润，积累资本以与帝国主义抗衡。

（七）目前客观形势是能促进工人运动向前发展。

因此，在目前反动政权不能得到统一和稳定，新军阀战争正在积极酝酿，工业不能得着积极发展，只有更加紧对于工人残酷的压迫和剥削，这都激起工人不断的起来斗争和反抗。故在目前客观形势上，是有利于工人运动向前发展，并且全国工人阶级，在目前反动政局之下，只有加紧阶级的组织，扩大阶级斗争的战线，准备推翻反动统治阶级，才能得到最后的胜利和解放。

二　工人生活状况与斗争的形势

（一）工人的工资一般的是降低了。

自从国民党反动以后，中外资本家联合的积极向工人进攻，不仅将所有斗争得来的利益和条件被取消了，并且将工作增多，工资是大量的减少，在上海店员、手工业中一年来稍有增加，但因店东执行的很少。至于一般产业工人，年来很少有增加工资的事，特别是纱厂工人中，工资是降低了，从前的赏工加工，现在是一律取消，从前两三人的工作，现在改为一人，工资更无形降低。武汉工人的工资，据不可靠报纸的调查，在武汉未失败时，工人之工资，到现在恢复未增加以前的占十分之二，减少增加一半的占十分之六，维持增加原额者仅十分之二。北方及湘鄂铁路工人，不但未加工资，每月工资都不能照发，有积欠至十个月的。至于北方的工人，仍是几年以前的原有工资，并没有增加，但是十年以来的物价的价格，是增涨很快，更无形中将工资的价格降低了。

（二）工作时间加长与工作加重。

在国民党未反动以前，长江流域的工人，工作时间，在斗争中产业工人争得九小时到十小时，店员、手工业工人是十小时到十二小时，童工学徒有的并达到八小时工作，可是在国民党反动以后及资本家积极的进攻之下，完全恢复到旧有的时间了，甚至还有增加的。现在工人的工作时间，在国家企业及市政工业，大概仍是九小时到十小时，至其它产业工人则在十小时以上，纺织厂工人由十二时至十六时（如上海日布厂十二小时，中布厂十四小时，英布厂十六小时），店员、手工业工人，多由十二小时至十七八小时，并且在纱厂中从前有吃饭的时间，现在都废除了，在各业工人中多半将人数减少，将原有工作加在厂工人的身上，特别是纱厂。外洋的海员中，因为机器的调换，技术的改良，而一人兼做二三人的工作，概括说一句，工作时间加长，工作加重了。

（三）待遇的恶化与武装压迫继续的存在。

工人的待遇，是一天恶化一天，以前斗争所得的条件，早已取消，并且是变本加厉的来压迫工人，滥罚工资，打骂工人，无故开除，是各工厂中司空见惯的事。其它请假不扣工资，因公受伤的抚恤，额外赏工，吃饭休息半点钟，均已取消，至于厂中各种卫生设备，除少数外，其它因节省资本，均已废除。在河南、湘鄂等省工厂，均有军队驻扎，工人稍有反抗，即遭武力压迫，上海巡捕，随时进厂捕人，进而加以反革命或共产党的罪名，则可以随意枪毙，或监禁，这仍然是各省常有的事实。

（四）失业恐慌是目前工人中最严重的问题。

失业问题是目前工人在工作中时时发生恐慌的问题，因为过去军阀战争的关系，工商业到现在还未完全恢复，农村经济破产，大批破产农民集聚在城市寻找工作。在中国工业中占主要的轻工业方面，因为改换机器、采用新式技术的关系，同时将成年工人改换童工女工，使失业工人大批的不断增加。至于因斗争开除的，更是屡见不鲜。据报纸所载，武汉工厂失业工人及店员失业者，有十万三千〇十九人。广州市由公安局就现存工会中调查所得失业人数，为八千七百八十四人，其它已被封闭之工会的失业工人，当不下数万余人。山东济南及德州，中兴矿工失业人数已有数万人。海员仅就香港一处已有三千余人，杭州单以机织工人计算，失业者一万余人，上海失业工人，因无详细的调查，未能有精确的统计，但是失业恐慌是目前工人中最严重的问题，因此，工人在这种痛苦状况之下，受生活的逼迫，不得不起来反抗和斗争。

（五）全国工人斗争自五卅惨案以后开始活跃渐呈复兴的现象。

全国工人阶级在过去极端白色恐怖之下，加以资本家残酷的剥削和压迫，过着极端黑暗痛苦的生活，忍受不住，不得不起而反抗。同时工人斗争力量，经过相当时期的休息，于是开始恢复起来，五卅惨案发生，反帝运动复兴，当时国民党公开投降帝国主义，更激起工人阶级的愤恨，于是更促进工人革命情绪的发展。工人的斗争开始活跃起来，自上海邮政罢工发生更影响于全国工人运动的发展，打破从前消沉的状态，全国工人的斗争，逐渐发展起来。在上海自六月到十二月斗争的次数，有一百八十七，其中罢工的次数，九十四次，在这一年中参加人数，约共三十一万〇六百九十三人。平津邮政斗争，电车罢工和怠工，烟厂的罢工，纱厂、铁路的斗争，河南铁路工人索薪运动，徐州为警察杀伤车夫全埠罢工五日，广东三条铁路工人恢复失业工人工作，加薪及年关双薪的斗争，油业、粮食工人的罢工，最近广安汽车工人的斗争、车花女工反对减薪运动，去年阴历五月间江西景德镇瓷业工人因反抗开除而罢工者六七万人，罢工一星期之久。

（六）斗争发展的形势。

斗争发展的形势，由手工业店员的斗争，逐渐发展到产业工人方面，而上海一地逐渐扩大到全国，各地由保守的渐次转向到进攻的形势。斗争的性质，多半是自发的和经济的斗争。

（七）斗争中的弱点。

一、因为自发的斗争，缺乏组织的力量，多零碎的斗争，尚不能形成广大的斗争形势。

二、斗争无继续性，每次斗争中未能强大斗争的组织，以至表现时起时伏的现象。

三、因为缺乏赤色工会的领导，多半在黄色工会和国民党影响之下，特别是反帝运动，完全为买办地主和资产阶级所领导。

四、群众对于国民党的幻想增加，有合法运动的倾向特别是领袖分子。

五、群众在革命失败之后恐怕畏惧的心理尚未完全消除。

三　黄色工会与改良主义

（一）黄色工会与改良主义的发展在客观上的原因。

工人阶级的斗争虽然逐渐向前发展，然而黄色工会与改良主义侵入到工人群众中是日见其锐利，这种原因由于：一、群众经过严厉白色恐怖之后，恐惧心理尚未完全消除，不敢直接起来斗争；二、群众的阶级意识尚薄弱，对于他的阶级组织——职工会认识不清又缺乏赤色工会的领导；三、受生活痛苦的逼迫需要斗争，稍改善其生活，因此使黄色工会与改良主义，得侵入到群众中的机会施行其活动，使群众日渐受其影响。

（二）黄色工会的性质及其与群众的关系。

中国黄色工会虽不像欧洲黄色工会在群众中建立有广大的群众基础，但是利用目前群众对于工会认识的模糊，使相当的群众在其影响之下，而以工厂职员和上层工人分子为其基础，利用国民党的政治势力和群众尚未消除的恐惧心理来压制群众急激的阶级斗争，代以和平的合法的斗争方式，用口头的欺骗实行与资本家妥协以达到劳资合作的目的；领导群众作小的要求和斗争以消减群众的大的要求与阶级斗争的行动；在每次斗争开始发生，黄色工会的领袖以拖延的方法或调解的方式来缓和群众的斗争情绪，及至群众斗争情绪激昂不可制止之时，则积极来领导群众走向失败和妥协的道路。

黄色工会绝对没有群众这种观念是非常错误的。现在黄色工会已由欺骗的宣传进到组织上去夺取群众。固然黄色工会对于群众的欺骗行动不能解除群众的痛苦、满足群众的要求，很易使群众所认识，起而反对；但是黄色工会利用小的斗争和小的要求以妥协的和平的方法，很易于将群众的阶级观念更为模糊，引导到和平斗争的改良主义的道路。这是在目前工人运动中丝毫不可存轻视的态度。

黄色工会与国民党的关系当然是十分密切，而非两个东西，并且国民党的组织是黄色工会中的主要力量，但是黄色工会除国民党的关系以外，还有本身的关系和基础，相当的有工会独立作用，这类黄色工会的组织在群众中影响最大，如上海七大工会等。再如带行会性质的手工业工会也有相当的群众，简单的偏向于经济斗争，在目前赤色工会的影响缩小、改良主义的影响之下，很易于走上黄色工会的劳资合作道路。至于在资产阶级蒋介石势力之下，各省工会指导委员会与冯玉祥、阎锡山的所派人组织之工会，不过是国民党及阎、冯对付群众的工具，他本身不是群众工会的组织，他依靠政治势力散布改良主义的种子在群众中及建立黄色工会的基础。其他如广东机器工会不仅是黄色工会的组织，而且是带行会形式的法西斯蒂性质的工会。

在桂系之下和西山会议派所组织之工会完全是反动工会和工贼工会，是勾结一部分工贼和职员及上层高级工人造成他的御用的工会来压迫工人的。

黄色工会因为中国改良主义的社会经济基础十分微弱，还不能形成有系统的统一的广大的群众组织，但是因为赤色工会运动发展日渐缩小不能领导群众而使黄色工会的影响逐渐在群众中发展起来，这是目前工人运动中最严重的问题。

（三）改良主义的性质及其欺骗群众的方法。

中国改良主义因为中国是半殖民地的国家，社会经济的基础不能实行欧洲的改良办法，但是中国工人阶级因为帝国主义在中国直接发展经济的结果，更强大了工人阶级的力量；同时因为帝国主义与本国资产阶级两重压迫和剥削之下，工人阶级的生活痛苦陷于不堪的状况，于是工人阶级的反抗和斗争愈显激烈，在过去革命运动中已表现其伟大的力量和在革命中的作用。三年来，反动势力联合一致的以极残酷的白色恐怖来压迫工人，终不能消灭工人阶级的革命力量和斗争行动。经过相当休息时期，到五卅惨案发生，工人阶级的斗争，又开始活跃起来。反动统治阶级特别是资产阶级知道单以暴力摧残是不能消灭工人的革命斗争和力量，加以帝国主义之指授，于是改良主义的欺骗方法积极的在工人中活动。但是这种改良方法不是在经济上予工人行动以相当的让步，和缓工人的革命斗争，而是以欺骗的方法模糊工人的阶级观念，消灭工人革命的行动，来引导到和平斗争的道路。这种改良欺骗方法，对于目前阶级意识尚模糊的工人群众是能发生相当的麻醉作用的。

改良主义欺骗群众的方法主要以政治的力量、法律的限制，逼迫群众走上合法运动的道路，消灭群众直接斗争的行动，分述如下：一、由政府颁布工厂法、劳动法，限制群众的自由，工会必须在政府或党部立案，否则即行解散；二、在斗争时必须呈报政府和党部，用劳资调解的方法来解决，至于罢工必须批准始能举行；三、当群众斗争情绪激昂、不可制止之时则积极的来领导斗争，在领导斗争中来消灭斗争，或以小的利益改变工人大的要求；四、用口头上的欺骗宣传，提出高的要求，表示代表工人争利益，以欺骗群众；五、领导群众斗争中勾结上层领袖和工贼，以合法的妥协的方法来代替阶级斗争的形式，尽量的在斗争中来消磨工人阶级革命的意识和行动；六、在反帝运动中领导群众走上民族改良主义的妥协道路，在平日宣传民族利益来代替工人的阶级利益，以劳资合作来代替阶级斗争，这种欺骗宣传已进到在组织上实际行动；七、用改组的方法，由党部派人改组一般斗争的革命工会组织。

国民党的改良欺骗方法在工人中主要的力量和基础：一、以吸收工厂的职员工头和上层工人加入党的组织，建立在群众中的主要力量和基础；二、以腐化的方法来收买工人落后的分子来把持工会（工会的职员不做工作由厂家或工会维持生活）；三、以官僚势力侵入到国家企业中（如将大批黄埔学生派到招商局兵工厂充当职员，以及最近以三十余黄埔学生派到邮政）；四、委派党员到工人群众中组织工会或主持工会（如各省工会指导委员，河南之工会秘书）。

（四）改良主义是目前工人运动中最严重的问题，资产阶级改良欺骗方法是工人阶级最厉害的敌人。

在目前工人运动客观的形势上，改良主义的影响，是日渐扩大，这是目前工人运动中最严重的一个问题，尤其是赤色工会运动发展上最大的障碍。谁要轻视这个危险，即无异将群众推到改良主义影响之下。赤色工会与革命的工人阶级，必须坚决的来反对改良主义与黄色工会的领袖，才能促进工人运动向革命道路上发展。

目前的统治阶级，其内部因为阶级的立场不同，虽是一致的来消灭工人阶级的革命运动，但是对付的方法和手段各不相同；代表买办地主阶级的桂系，以残酷的武力来压迫工人，在桂系统治之下，黄色工会组织很少的存在。有时因为利用群众在政治上反对资产阶级或与资产阶级争夺群众，或因群众的革命情绪不能以武力镇压下去，他也有时用改良欺骗口号相当作群众运动（如最近汉口反日运动），这不是他的主要对于工人群众的方法。代表北方小地主和富农混合阶级的冯玉祥，在河南所行的欺骗政策，并不是什么改良主义，完全是小恩小惠来取得群众对于他个人的信仰。阎锡山也是同样的只有一时欺骗方法。至于代表资产阶级的蒋介石，因为阶级的立场和经济基础，对于工人群众主要的方法，是以改良主义欺骗群众来缓和工人的革命斗争，以麻醉工人的方法来消灭工人革命的意识。不单以欺骗宣传来欺骗群众，并且在组织上来夺取群众，不单以政治势力来限制工人斗争；并且当群众斗争已发生的时候还积极领导斗争，当然不是真为工人谋利益而是在斗争中来消灭斗争。有时也替群众争点小利益，主要的是实行劳资合作，引导群众到合法的道路，尤是反对他的政敌的时候更积极的对于工人群众施行改良欺骗的宣传和行动来夺取工人群众以增加他政治的力量。资产阶级左翼的代表，汪、陈派口头的革命宣传，更可麻醉一般工人群众。总之，资产阶级的改良欺骗政策，是工人阶级最厉害的敌人，必须在群众中作坚决的斗争，才能使广大的群众离开他们的影响，围绕到赤色工会的周围。

四　赤色职工会运动及其工作的弱点

（一）赤色工会的组织在目前缩小到了极小的限度。

赤色工会运动自国民党叛变后，对于公开革命工会的组织，摧残殆尽，革命工会的领袖及积极活动分子，均遭杀戮或监禁，或被厂主开除，使赤色工会遭受了严重的打击。不仅在组织上由公开活动转到极端秘密的状态，并且将工会群众的基础破坏无余，加以继续不断的白色恐怖，使赤色工会运动的工作更陷于困难的地位，在组织上是缩小到了极小的限度。

（二）赤色工会运动公开时代在工作上的错误。

在过去公开时代，赤色工会在形式上取得了广大的产业工人、手工业工人、店员，但是却没有造成相当的组织上的骨干，没有造成与企业中工人之密切的联系，同时也没有训练出充分的工会干部人才；工会组织上缺乏民主制，不能吸引广大的工人群众来参加工会问题的讨论，和工会工作只形成少数的一部分人来包办工会，以命令方式来指挥群众，使工会未成为全体工人群众的组织。因此使广大的工人群众对于工会认为是少数的人代他谋利益的组织，不是全工人阶级的组织。在过去，赤色工会虽领导了广大工人群众作了许多伟大的革命斗争，但未能充分注意工人切身的经济利益的要求，因此又使一般的工人群众认为工会是政治斗争的组织，养成群众依赖政治的观念，轻视本身的阶级的力量。所以国民党反动以后，赤色工会的机关一遭关闭，工会群众的组织和基础即完全瓦解，甚至在秘密活动时，一般工人群众不愿秘密进行工会组织，而希望某种政治势力来解决他们一切政治问题。这都是公开时代在工作上的错误，而遗留于群众中的影响。

（三）赤色工会运动到秘密时期在组织上又与群众脱离的工作方法的错误，只有上层工会工作，始终未形成为群众的斗争组织。

一、极端白色恐怖之下，赤色工会的活动，又陷于极端秘密状态，只有保持上层的组织，在群众工作上和组织上，更运用委派制度与群众关系更加隔离起来，赤色工会的组织和工作，仍归少数工会运动者来包办一切，不能逐渐扩大到广大群众中去，成为群众的斗争的组织。

二、在斗争时不能用宣传鼓动方法来动员广大群众起来，不能运用工会组织来推动群众起来斗争，完全采取脱离群众的方法强迫群众，命令罢工，用红色恐怖的方法对付工贼。

三、忽视工会经常工作，特别是组织工作，忽视群众日常斗争的发动和领导，每每企图大罢工。使工会工作不能建立在群众实际生活上面，逐渐脱离了群众形成群众以外的组织。

四、在斗争时不能正确估量客观条件和主观力量来领导群众斗争，斗争的口号不是过高就是太多，以致在客观环境上不能达到胜利而遭失败，甚至溃散，将工会的组织基础完全瓦解。

五、不了解赤色工会利用公开活动的策略，每每为保存工会公开的存在走到合法道路。遵守国民党一切限制工人的办法，不敢领导群众起来，如注册登记开会事前报告，以及派人来改组工会，罢工经过劳资仲裁等等，走上合法运动的道路，使群众增加对国民党的幻想，和合法的倾向，这是过去工作中最大的错误。

六、过去的工作多避难就易，不肯艰难困苦去进行群众工作，只注意公开的手工业、店员工会的工作，忽视重要产业的工作，如铁路、矿工、五金、市政等等，使赤色工会的基础更为缩小。

（四）赤色工会运动在目前工人运动中的重要。

在目前改良主义在工人群众中实施活动的时候，一般群众的阶级意识不大坚强，对于国民党仍有幻想，有走入合法斗争的危险。赤色工会的工作是十分重要，只有争取广大的工人群众到赤色工会周围，领导群众在阶级斗争的战线去发展广大的革命的斗争，坚强工人群众的阶级意识，才能战胜改良主义的影响，走上革命运动的正轨。

五　目前职工运动总任务与工作正确的路线

（一）职工运动目前的总任务。

现在职工运动的基本任务，是动员所有工人阶级的群众来团结在革命工会组织的周围，领导工人群众政治的经济的阶级争斗，强大工人阶级革命的战斗力，保证中国工人阶级在革命运动中的领导的作用。

（二）为达到以上的任务目前工作的总路线。

一、在工人群众中发展和扩大阶级性的群众性的工会组织，建立赤色工会广大的群众基础；

二、发动群众日常的经济和政治斗争以扩大工人群众斗争的力量，日常斗争要与工会的日常工作相联系，才能发动群众的日常斗争；

三、领导群众坚决的反对劳资合作的思想，国民党的改良欺骗行为，打破群众对国民党的幻想和合法的观念；

四、积极领导反帝运动、反军阀战争运动，建立工人阶级在革命民众中领导地位，并且在这些运动中必须与工人阶级的经济斗争相联系起来，更加强工人阶级参加这些运动的力量；

五、加紧对于青工女工的工作，并积极领导他们的特殊利益的争斗，以争取广大的青工女工群众，围绕于工会组织周围；

六、发展农村工人的工作，领导农村工人的争斗，进行农村工会组织，在组织上斗争上，不仅是与城市的工人运动发生密切关系，而且与农民运动的斗争与组织紧密的连接起来；

七、积极的发展海员、铁路、矿工、纱丝、市政、邮电等重要产业工人的工作，及注意上海、香港、天津、武汉等重要区域的工作，并以这些产业工人和产业区域为目前职工运动的中心工作，全总应加强对于中心工作的指导和帮助；

八、领导和组织失业工人，用一切的方法（宣传、鼓动、组织、示威等）向政府及市政府社会团体及资本家要求救济和津贴。在工会中或单独成立失业工人委员会，团结广大的失业工人群众，必须使失业工人在组织关系上与工会组织及工会会员建立密切联系；

九、加强和扩大赤色工会的政治宣传，增强工人阶级的阶级意识。

（三）争斗的策略和应用方法。

一、在目前工人群众恐惧心理还未完全消除、斗争组织十分微弱的时候，斗争的形式必须依照当时的环境；斗争的要求特别是群众斗争组织强弱来决定斗争的方式，或罢工怠工或是包围写字间及示威各种形式，但是必须是群众直接斗争的行动。

二、运用罢工委员会的组织来团结广大群众，领导群众斗争，这是目前争取群众最好的方法。在目前环境之下，赤色工会组织，并不能随时随地都可以立刻组织成的；而且组织范围非常之小，不能包括广大的群众，并且在群众恐慌心理尚未完全消除之前，每每在斗争之时，因为赤色工会领导的名义而畏缩不去，反而不能争斗起来，因为一般群众对于赤色工会还认为是共产的，或者是政治斗争的，在目前严重白色恐怖之下，群众的阶级意识不十分明显的时候，很易为发生的现象，这是目前赤色工会中的最困难的问题。

工厂委员会不管工人的党派如何，宗教信仰、政治的意识如何，他是在全厂工人的共同利益上（如加工资、改良待遇等等）而来团结全厂工人、领导群众的共同的切身利益而斗争，虽是一个小的铜板的问题，或某个工头骂工人的问题，都要领导全厂群众起来斗争。

工厂委员会的名称，不必限定这一名称，或以厂内委员会、工资保护会、索薪团代表会以及罢工时之罢工委员会等，均可依当时情形来决定。他必定由全厂工人选举出来，或由各部群众选举代表组成，每个工人都是会员，平日也不收会费，也没有会所，是在全厂工人为某一问题斗争临时产生出来。斗争中如取得群众的信仰和拥护，可继续求得公开的较坚定的存在，或转变为工会组织，这必须经过长期工作和斗争的结果始能达到。假如在特别严重环境之下，不能继续存在，也可在斗争后解散，在下次斗争时再继续用这种方法来领导群众的斗争。

在目前，争取广大群众围绕到赤色工会周围，工厂委员会即是争取广大群众引到赤色工会影响和组织之下的过渡的组织形式，逐渐的打破群众的恐慌心理，从领导工人的经济斗争，逐渐加强工人阶级意识的发展。

工厂委员会不是工会下层组织，也不是赤色工会的支部，他的发展前途能转变成为赤色工会。因此，工厂委员会的组织，不是在工厂找几个工人来组织，他是由全厂工人选举代表来组织的，必须建筑在全厂工人利益争斗上面，不然就失掉了工厂委员会的作用和意义。

三、斗争的要求必须考查当时客观的环境与群众战斗力程度及群众迫切的要求，提出几个重要的要求，条件不宜过多，以免分散群众斗争的目标。在每次提出要求之前，用宣传鼓动的方法，经过工会组织的讨论，使每个群众都能明了这些要求，热烈的来拥护这些要求，积极参加斗争，造成群众斗争的行动，才能保证斗争的胜利，坚决的改正由上面命令群众罢工或加以恐吓强迫等等方法。

四、罢工委员会的组织，应当从所有工人群众中选举出来，要使每个工人都将罢工委员会认为他自己的亲生儿子一样。只有如此，然后他们自己的指导机关或代表被捕之后，所有的群众更能够因此而起来作坚决的斗争。在罢工之中要尽量的调动所有的群众担任罢工中的工作，如宣传队、纠察队调查等类工作。消息要迅速传达到全体罢工工人及其他工人中，可以避免敌人的造谣或离间群众。罢工条件的签订或解决，事前事后，都要向全体工人报告经过群众讨论。

五、罢工策略必须依照客观环境及主观力量随时改变进攻或退守的战略，必须以胜利为原则，现在的胜利不仅提高了群众斗争的情绪，并且为第二次斗争的准备。

六、在没有工会组织的群众的罢工，必须注意斗争中组织工作，特别是罢工指导机关与群众的联系，加强宣传来团聚群众斗争的精神。

七、斗争后群众的组织和教育工作，非常重要，在每次斗争中应当与工人阶级之争夺一般的阶级利益的斗争发生联系。

八、目前斗争的纲领

（四）对黄色工会和改良主义斗争的策略。

一、对于有群众的黄色工会应积极加入到下层群众中去，不应拒绝参加，在群众中扩大赤色工会的政治宣传，积极发动群众的斗争，夺取广大的群众揭破黄色领袖的欺骗工人的面具，推翻上层的工厂委员会以工人中革命分子来代替黄色领袖。

二、在有下层组织的黄色工会的活动方法，应该利用下层组织与群众发生关系来发展工作，运用工会各种会议来扩大赤色工会的政治宣传反对黄色领袖，引导群众斗争，不必另行组织秘密工会，但是应该利用黄色工会组织之下进行各种公开的附设组织，如俱乐部、游艺会、体育会等来团结一部分革命的积极分子，建立赤色工会在黄色工会中的群众基础，至于没有下层组织的黄色工会，可组织赤色工会支部，并运用工厂委员会来领导群众斗争，推翻黄色工会首领。对于用职业性质组织的产业工人之黄色工会，可用产业来组织进行赤色工会组织，用工厂委员会来团结全厂群众。

三、在黄色工会工作中，应特别注意工厂和工会日常斗争的发动和领导，在每次斗争注意黄色领袖的行动，随时向群众宣布领导群众起来反对或驱逐这些出卖工人的分子。

四、对于国民党强迫工会在政府、党部登记和注册，我们应当领导群众坚决的反对，要求事实上公开的存在。倘若群众的合法观念尚未完全打破，大多数赞成登记立案者或者在斗争时主张向政府、国民党请愿，我们的策略：一方面向群众宣传国民党并不是保护工会或者予以法律上的保护，真正解决工人的问题，而是以法律来限制工人集会的自由、压迫工人的；另一方面，他是资本家压迫工人的代表，登记、注册、请愿不能替工人谋利益，只有使国民党对于工人加一束缚的力量，于工人阶级是没有丝毫利益的。工人阶级应团结自己的力量，加强组织能力、保障自己的利益和谋得自己的利益，然后我们仍是积极领导，不要放弃对于群众的领导。这并不是我们领导群众向政府注册请愿，而是在这些行动和不断的斗争中，利用实际的事实，尽量的宣布国民党压迫群众的真面目，使群众在事实上来认识国民党打破群众的合法观念，增加群众对于我们的信仰，引导在直接斗争的阶级战线上，对于反对国民党的强迫仲裁，亦应采取此同样的方法。

五、坚决反对劳资合作及谋民族利益应该牺牲阶级利益，为富强国家应努力生产的宣传，只有积极领导群众起来斗争，才能揭破麻醉工人的假面具，使工人阶级在事实上认识清楚，努力向工人阶级灌输阶级斗争的理论，才能使工人阶级在思想上战胜国民党的麻醉工人的方法。

六、当国民党（不论是资产阶级的蒋派和汪、陈派以及冯玉祥等）对于群众用改良欺骗的方法，提出许多不兑现的口号，无论是平时或斗争的时候，我们的策略不在口号和要求的条件高过于他们，而是要他兑现，要根据群众的实际要求以及群众的阶级觉悟的程度，提出适当的中心口号和要求，领导群众作坚决的斗争，在斗争中要尽量的将国民党的欺骗行动一点一滴的向群众宣布，使群众在这种事实上认识他不兑现的欺骗行为，或者群众一时受其欺骗。我们不要松懈我们的工作，更要在日常工作中努力做这些工作。

七、对于国民党派人组织工会，在筹备时我们应领导群众起来反对，提出工会应由工人自己来组织，并积极在工人中来进行这种组织，倘若有一部分群众已加入，而工会已经正式成立，虽有一部分群众仍然反对加入，我们此时应将反对群众以有组织的加入进去继续作反对的工作以达到推翻该工会，上层指导机关由群众选出职员代替之。

八、对国民党派人改组工会，应鼓动群众起来反对，提出“工会职员由工人自己选举，反对委派的工会”，在改组后提出工会民主化的口号，工会一切事务应交全体会员解决。

九、反对黄色工会的领袖和改良主义的斗争中必须要坚苦做群众工作，只有获得广大群众和其组织的力量，要能动员广大的群众起来真正形成群众的行动，才能战胜他们。

十、对于反动工会的策略，一面领导群众起来推翻这种工会，由群众自己来组织工会，在群众中宣传“工会应由工人自己来办”、“不给反动工会一个铜板”，我们在群众中应进行赤色工会的组织。

（五）组织问题。

一、目前工会组织的主要路线，是要建立群众性的斗争性的工人群众组织，应当艰难困苦的由下层群众中来建立工会组织的系统，坚决的放弃一切的工会的招牌和机关式的活动形式，改正由上而下的空洞机关，组织的工会组织系统的建立。

二、赤色工会的组织在目前虽然带秘密的形式，应该利用各种公开的机会来扩大组织，他要在阶级斗争的战线上来领导全厂工人争取工人阶级的利益，不仅是领导工人的经济斗争，而且要积极的作政治斗争，争取工人阶级的最后的胜利。在目前赤色工会组织很难包括广大群众，在每次斗争中，可运用工厂委员会的组织的形式来团结广大群众，领导全厂工人斗争，赤色工会会员应交纳会费，工会应有经常会议和各级组织。

三、在白色恐怖的状况之下，不能进行赤色工会的组织，可利用工人的习惯和关系组织各种灰色的或原始的群众的组织，如弟兄团、储蓄会、聚食会等，但是在这些组织中要加重工会的作用，尽量的减少其封建性，领导群众斗争，逐渐的转为工会组织。

四、在工会组织及灰色组织中，要厉行民主集中制，尽可能的实行民主选举和会议讨论以吸引广大群众来参加工会工作。

五、在每次斗争中要注意组织的发展和扩大。经常在工会中要进行组织工作和教育工作，培养工会干部分子。

六、目前争夺群众最重要组织的形式是工厂委员会的组织。

（六）宣传问题。

一、工会应有经常的宣传刊物扩大赤色工会的政治宣传、阶级斗争理论的灌输，以增工人群众的阶级觉悟，甚至赤色工会的工厂支部尽可能的举办工厂日报和壁报，作经常宣传的刊物。工人阶级必须在思想上战胜他的敌人才能得最后的阶级胜利。

二、随时要揭破国民党及黄色工会领袖的改良欺骗行为，必须尽量的在工人中宣传。虽是很小的事件我们都不要放弃，才能逐渐引起工人对于他们的认识和反对。

三、在工人经济斗争中要指出与政治斗争的关系，并且在宣传上要互相联系起来，特别在部分斗争中在宣传上要与一般的争取阶级的利益相联系。

四、经常的宣传口号与临时斗争口号要分开，不能混合一体。

五、对于工厂中日常斗争问题和小的事体，在宣传上都不要放弃，或以极简单的传单标语及口头的宣传来鼓动工人群众。

六、对于群众斗争的鼓动口号，必须根据工人中实际情形制成简单带煽动性的口号，才能鼓动群众起来。

七、宣传方法必须考查工人文化程度及能引起工人注意的各种宣传品，文字力求简单明了，使工人易于了解，或用图画的方法，这种图画必须是带刺激性而且有美术性的才能引起工人看的兴味。

（1929年《中国工人》第八期）

征求编辑工人读物文稿启事

我们为供给工人教育的需要起见，拟编印下列各项工人的读物：

（一）初级工人补习学校（或工人读书处）千字课本

此项课本，系供给失学的成年及青年工人开始识字之用。用字及编辑形式，可参照商务印书馆发行之市民千字课，采用日常需要的一千三百余字，共编四册，每册二十四课，共九十六课，足供四个月毕业之用。

（二）高级工人补习学校国文课本

此项课本，系供给初级工人补习学校毕业后，入高级学校，及有同等学力者教科之用，内容注重灌输工人普通需要的知识，训练日常应用文字的技术（如写信、记录、草作字据、契约、日记等文稿）及学习阅读普通书报的能力等。课文较千字课高深，但编辑体裁及册数、课数等大体与千字课相同，亦系供给四个月毕业之用。

（三）工人常识教本

此项教本，系供给教员讲授，及高级学生自修之用。内容包含日用常识、生理卫生及简易的医药常识、社会常识及科学常识等。

（四）工人算法教本

此项教本，系供给教员讲授，及学生自习之用。内容为各业工人工资计算法，通常日用账的计算法——默算、珠算、笔算等法。

（五）工人日用英语课本

此项课本，系供给教学之用，内容注重产业工人学习机械名词及工作应用与日常应用的语句。

（六）工人唱歌

此项歌集，为一般工人业余课后，大家歌唱，以资娱乐，并唤起其觉悟团结的精神。旧有曲调歌普及歌谣唱本，合于上述原则之一者，亦间可采用。主要的仍须创作完全适合上述原则的新谱新歌。此种歌谱，必须简易通俗，合于工人大众之用。

（七）工人教育小丛书

凡能启发工人阶级思想，供给工人普通知识，适合工人教育之作，如：关于工业知识的、经济问题的、近代历史的、工会组织的、工人运动的、工人合作社、工人俱乐部及其他与工人有关系之种种问题均可。每册篇幅，不可超过一万字。

（八）工人小说

依据下述编辑条件之一切长篇短篇等的创作和旧作的采用均可。

（九）工人教育问题研究

如工人学校或工人读书处的组织法、教学法、训育法、管理法、视导法以及行政设备、学制、课程、教材问题等等。作为研究工人教育之参考，篇幅长短不拘。

兹特公开征求上述各种读物的文稿。征稿条件如下：

1. 须完全站在工人阶级的立场，以启发工人阶级的思想，促进工人的阶级觉悟。但应注意我们所在的时代和环境关系，力求做到能公开发行的条件。

2. 一切读物的内容，大都要取材于上海工人的环境、工人在厂内厂外的日常生活、工人心理、工人生活习惯，与上海及全国和国际工人运动的历史和现状等。

3. 文字应特别通俗化，用字力避生僻，句读力求简易。凡欧化、文艺化的文体，以及专门科学的名词术语，为一般工人所不易了解者，均不合用。同时文字上，应注意活泼生动、富于兴趣，力避呆板生涩；及枯燥无味之病。

4. 课本教本的课文分量及材料的内容等，须注意适合教学之用。课外补助读物，亦须注意一般读者所能接受的程度，最好编者能共同会商的分配编辑，使课本教本及各项读物，有相互联络的关系。

5. 各项读物，以课本教本需要较急，希望编者能于本年（一九二九）内交稿，其他读物，希望陆续交稿，最好能于一九三〇年五月前，各项稿件，都能交到。

6. 各项稿件收到后，经本社审查合用者，当酌给报酬。印行时，本社有修改之权。

7. 稿件由本刊发行处代转，最好编者留底稿一份，恐万一转递遗失时，可再设法补寄。

8. 自愿担任上列各读物的编辑者（无论编一种或几种），请先通信约我们面商一切，以便进行编辑工作。

中华全国总工会教育委员会

（1929年《中国工人》第八期）

1940

|

1941

发挥边区工人的力量

林伯渠

陕甘宁边区这个抗日民主的根据地，是中国无产阶级先锋队创造出来的，边区工人曾经为孕育这朵鲜花而英勇地流过自己的血。抗战中边区的经济建设在向上发展，这个生产运动的光辉成绩，是依靠着边区工人的政治觉悟与伟大力量来完成的。同时我们也看到了，边区工人的生活是从来没有过的提高，脱离了过去的和边区以外底地方的那种困苦愁惨的景象，边区工人有了自己的组织，再不是散漫的受人压迫的一群；边区工人也认识了自己的力量，确定了自己应走的正确道路。

现在摆在边区工人前面的任务，是更加巩固自己的组织、加强自己的教育、保证完成边区的生产计划、克服经济的困难、增加抗战的力量，来准备对敌人反攻。在全国还存在着严重的投降分裂的危机的今天，我们应站在自己的岗位上，巩固与保卫陕甘宁边区，动员与组织全国人民，来拥护抗战团结与进步的事业。

正因为我们边区工人是全国一部分先进的力量，我们也就对全国负着更大的责任，应该不仅看到局部的利益，而要看到整个的利益，不仅为今天眼前切身的问题而斗争，还要为明天远大的理想而献身！

（1940年2月《中国工人》第一期）

中国工人阶级的特点及其在中国资产阶级民主革命中的作用

吴玉章

资本主义创造了资产阶级，同时也创造了无产阶级。随着资产阶级，也就是说随着资本主义发展的增进，无产阶级也同样发展起来，从一切穷苦的阶层中、从一切中等阶层中的没落分解中不断地补充、壮大了自己的队伍，它是作为一个阶级逐年在增长着。工人们被剥夺尽一切生产工具，他们没有财产，只有找到工做才能生存，而且只有在他们的劳动为资本家创造剩余价值的时候，他们才能找到工做，因此对于他们或者是去受剥削，或者去饿死，两者必择其一，如果想要得到彻底解放，除了打破资本主义制度之外再没有其他的出路。所以无产阶级由于它自己无产者地位的关系，乃是最革命的阶级。

无产阶级是与最先进的经济生产形式联系着——是与大生产联系着，它用自己的劳动创造了空前未有的伟大生产力，它用自己的劳动创造了社会的一切财富和建设，因此他们不但能破坏资本主义的旧社会，而且能在它的废墟上建立自由幸福的社会主义新社会。

无产阶级随着大生产的发展，不但数量增加，而且被集合为大的群；同时机器的发达又一步一步地消灭劳动的差别，一步一步的代替了多余的劳动力，这就使得无产阶级内部的利益和生活状况日趋平均化、日趋恶化，他们内部的竞争冲突日减，为共同的利益一致团结起来和阶级敌人作斗争。因此无产阶级由于它在大生产中劳动条件的关系，最容易组织起来，而变自己为强固的社会力量。这种有组织的力量就足以担负起打破旧社会的历史任务。

在资本主义制度之下，无产阶级的利益和广大小资产阶级的利益最相接近，农民、手工业者、一切劳苦群众，他们和无产阶级一样受剥削受压迫，但因为随着产业的发展、社会的进化，他们是在不断地没落着、分解着。而且他们的生活条件又造成了他们的保守性，就使得他们虽然必须和压迫者、剥削者作斗争，却不能够自己领导自己，只有和无产阶级一起在它的领导之下才能得到最终的解放，这就使无产阶级能够充分准备自己对被压迫劳苦群众的领导作用。

最后，无产阶级是现代社会中的最下层，它如果不把压在它上面的上层社会全部推翻，它就不能站立起来，如果它不把整个社会永远从剥削和压迫中解放出来，它就不能把自己从剥削和压迫中解放出来。因此，它是反对剥削和压迫的最坚决最彻底的战士。它不仅反对资本主义的剥削和压迫，而且反对资本主义前期封建剥削和民族压迫。

总而言之，无产阶级是现社会中最革命、最进步的阶级，它在人类历史进程中负有特殊的使命，它要领导人民大众走到没有剥削没有压迫的新社会。

无产阶级是顺着历史发展生长起来的，而它又推动历史前进。世界革命运动历史告诉我们：从无产者产生之日起，它就在不息的战斗着，在资产阶级革命中，无论在英国、法国、美国或者德国，谁最坚持革命推动革命呢？只有无产阶级！无产阶级对革命贡献了最大力量，而资产阶级却安享革命的全部果实，他们将新的剥削和压迫来代替了旧的剥削和压迫。但是全世界的无产阶级数量上在增加着、政治上在发展着，他们已经组织起来，他们已经造就了自己强大的战争的党，他们已经高举起马列主义的光荣旗帜，准备和敌人作最后的斗争。他们是一定要胜利的，这一点毫无再加疑虑的余地。试看苏联的例子吧！在全世界六分之一的国土上已经实现了古今中外许多伟大的思想家所长期梦想的真正平等幸福的新社会，这铁一般的事实无可争辩地说明着无产阶级的伟大的将来和不可战胜的力量。

自从帝国主义侵略中国以来，他们在中国设工厂、开矿山、建筑铁路，尽力强大自己在中国工业上的地位；同时又刺激了中国民族工业的相当发展，因此，就创造了三百万以上中国真正的无产阶级，他们受着三重的压迫：帝国主义的、资产阶级的、再加上半封建的剥削压迫，他们过着骇人听闻的惨苦生活，因此他们也就最容易接受革命的思想，他们有着最强烈的革命性。中国无产阶级的又一个特点就是当它由自在阶级的斗争转到自为阶级的斗争时，就在中国共产党的领导之下，在马列主义的指导之下。所以中国无产阶级一跃登政治舞台，就形成中国政治生活上的决定因素。此外又由于中国半殖民地的地位，帝国主义掌握了中国的经济命脉，中国资产阶级特别软弱无力，所以中国无产阶级的力量比资产阶级的力量更来得大。

中国工人具备了这些优点，就使他们足以担负起中国革命中的领导任务。因为中国是半封建半殖民地的国家，资本主义不能顺利发展，资产阶级特别软弱无力，又处于世界资本主义腐化、没落、垂死的时期，再加上十月革命无产阶级的伟大胜利已在历史上竖下了一道划时代的分界碑，从此殖民地半殖民地国家的民主革命已不复是资产阶级民主运动的一部分，而是无产阶级革命运动的一个重要组成部分了。这种种原因，就使得中国软弱的资产阶级对资产阶级民主革命缺乏坚定性和彻底性，无力领导中国资产阶级民主革命的彻底完成，于是这个任务就不能不落在中国无产阶级的肩上，需要中国无产阶级领导一切被压迫的人民大众，首先推翻帝国主义和封建势力，再进而领导他们去为没有剥削压迫的新社会而奋斗。

我们中国无产阶级能否担任这种重大任务呢？我们说：能够的。我们觉悟的中国无产阶级是充满着自尊心和自信心来完成它的。我们不仅善于为我们的惨酷的命运而哭泣，更善于为改造我们的命运而斗争。我们所最目击心伤的，就是暴虐无道的帝国主义、封建势力和资产者公然摧残压迫和侮辱我们千百万的工友；我们所引为自夸的，就是这种剥削压迫已引起了我们英勇的反抗，我们庆幸我们有自己的伟大的领袖，如刘华、苏兆征和毛泽东等优秀的工人领导者，我们已造成了我们强大的中国共产党。我们引为自夸的，就是我们中国工人短短二十年的斗争史已充满着震动中外雄壮伟烈的光荣事迹，如海员罢工、二七罢工、五卅运动、省港罢工、收回汉浔租界、上海三次武装起义、广州公社退兵时的一战，以及十年苏维埃的斗争，二万五千里的长征，这一切都铁一样的证明着中国工人威武不屈英勇前驱的革命精神和顽强坚忍无敌不克的斗争力量。

二年余抗战以来，国内许多中心工业城市相继沦陷，我们无数工友，或者在日本帝国主义铁蹄下惨遭蹂躏，或者流离转徙，失业贫困。我们工人空前的浩劫是铁石人也要感泣的，然而我们丝毫也不曾因为压迫和困难而放弃了战争，正相反，我们是愈挫愈坚百折不挠的苦斗着。我们对驱逐日寇建立三民主义新中国的艰巨的光荣的事业是贡献了我们所能贡献的一切。在团结上，我们是模范，为了共同抗日，我们尽可能避免用罢工的方式提出我们最不得已的要求，我们以无限的忍耐在最艰苦的条件下劳动着。在抗战上，我们也是模范，唐山七千工人的武装起义就是最好的例证，香港工友反汪大罢工更表现了工人威武不屈、见义勇为的精神，从各方面我们都用事实证明给广大人民看，无产阶级对民族解放事业是最坚决最忠诚的。

为了我们民族解放、人类解放的光辉事业，我们要紧紧团结在中国无产阶级的先锋——中国共产党的周围，更加努力地在各个方面准备我们自己，更坚强地把自己组织起来，用革命的精神和理论来教育我们自己，在各种各式的斗争中锻炼我们自己。将我们自己锻造成真正的布尔塞维克的战士。我们要解放我们自己，我们要解放整个人类，我们一定要完成这个光荣的历史任务，我们也一定能完成它，我们要把我们的锁链锻炼成武器，我们要用它来击碎黑暗腐朽的旧社会，创造光明灿烂、自由幸福的新世界！

（1940年2月《中国工人》第一期）

“二七”的意义与经验教训

张 浩

“二七”惨案到现在已经十七年了，那怕时光如流水一般的过去，但“二七”这个伟大而有历史意义的日子，在中国工人阶级及中国人民中是永远不会忘记的。这是由于“二七”对于中国工人运动，对于中国革命运动具有伟大的历史意义，尤其是在今年纪念“二七”更显示其意义之重大。它伟大的意义就在于：

第一，“二七”意义的伟大，首先就在于它在全民族的前面，举起了：反封建军阀、反帝国主义的鲜明旗帜。中国工人在十七年前就在它自己的政党——共产党领导之下，成为民族、民主革命的先进战士。它知道：不这样做，便不能解放工人阶级自己，中国工人的阶级利益与民族利益，是完全一致的。所以它在大革命时，在抗日战争中，都表现出无限的英勇与坚持到底的精神。“二七”惨案的发生，就是帝国主义、封建军阀在中国失败的开始。

我们纪念“二七”，就要接受“二七”的经验教训，就要站在民族解放的最前线，就要坚持抗战，就要打到鸭绿江边。反对投降妥协，反对认贼作父的汪派汉奸，反对日汪密约。

第二，“二七”意义的伟大，就在于它是站在中国人民的前卫地位上，为争取自由、为争取民权的斗争。中国工人在十七年前，就能够在它自己的经验上了解到：增加工资、减少工作时间、改良待遇等等固然重要；说自己要说的话，开自己要开的会，组织自己所要组织的团体（如工会、俱乐部、救亡团体等），出版自己所要看的书报杂志，则更为重要。因为没有这些政治上的自由，不独不能达到阶级的解放，并且也不能求得生活的改善。我们是中华民国的主人，不是奴隶，更不是“阿斗”。

孙中山先生说：

“现在中国号称民国，要名符其实，要真是以人民为主，要人民都能够讲话，的确要有发言权，像这个情形，才是真民国，如果不然，就是假民国。”（《中山丛书》卷三）

中国工人在大革命时，曾因为有民主自由而发挥过伟大无比的力量，也曾为了反对叛变革命摧残民主自由，而进行了十年的流血斗争。现在抗战快到三年而我们工人依然没有爱国的民主自由，在参政会中，更没有一个工人团体的工人代表的座位。

我们纪念“二七”，就要继承“二七”为自由、为人权而斗争的精神，就要实现孙中山先生的遗言，就要在宪政运动中，实现我们工人应享有的集会、结社、言论、出版等民主自由，有参加各级选举和被选举之权利，我们决不愿过着封建专制黑暗的野蛮生活。我们要协同各阶层的先进人士，为自由、为人权、为科学、为光明而战斗着前进！我们要进步，要反对后退。

第三，“二七”意义的伟大，就在于它表现出中国工人阶级团结自己、团结人民的精神。从郑州开会起，至“二七”惨案后宣布上工止，不独全京汉路及其他铁路的工友们，就是武汉、平津、上海、广州、湖南的工友们，都是始终一致的同进同退。真是血肉相连的共同斗争，互相救济！不独武汉的《真报》、《湖广新闻》、《日日新闻》等报纸的新闻记者，各学校的学生及全国各阶层的先进人士，莫不一致同情声援。我们的施洋同志，就是在这一伟大的同情运动中，为保卫工人阶级与人民的自由与人权而壮烈的牺牲了。这种团结一致、坚持到底的精神，是中国历史上没有见过的。这是五卅大罢工、省港大罢工的前奏，是中国革命胜利的基本条件，中国工人阶级，从开始便是团结的呵！

我们纪念“二七”，就要继续发扬“二七”及大革命时代我们工人阶级团结自己、团结人民——首先就是团结革命知识分子及农民——的精神，争取抗战的彻底胜利。无论是熟练工人、不熟练工人，成年工人、青年工人，在业工人、失业工人，南方工人、北方工人，智力劳动者、体力劳动者，职员、学徒，更无所谓黄色工会、赤色工会，宁波帮、湖北帮，青帮、红帮，甚至全世界工人阶级，我们都是一家，都要联合起来，统一我们的组织，统一我们的行动。我们要坚持我们自己工人阶级的立场，不受他人的任何威逼利诱，我们不做工贼，不做走狗，不做汉奸，不做叛徒。我们要用阶级的团结，加强民族的团结，只有这样的团结，才能坚持抗战到底，才能保证抗战的最后胜利。否则不但没有力量，而且有半途分裂、妥协、投降的危险。

第四，“二七”意义的伟大，就在于它指明了：要发动工人的积极性及其伟大的力量，就必须改善工人的生活。“二七”事件中，中国工人之所以能够表现出团结一致、见义勇为、坚决奋斗、慷慨就义的伟大精神与气魄，这就在于当时的工人，从不断的斗争中站立起来了，从普遍的胜利的改善生活中，相信了团结的力量。

我们纪念“二七”，就要接受“二七”的经验教训，要是真心真意的想达到抗战必胜、建国必成的目的，就必须时时刻刻关心劳苦大众的生活状况，就必须采取各种有效的办法，改善工人的生活。

第五，“二七”意义的伟大，就在于它表现出了中国工人为正义、不怕牺牲的精神。曹、吴走狗张厚生拘捕林祥谦同志并强迫他下上工命令，林祥谦同志坚决不允，张乃令刽子手先砍一刀，然后再问道：“上工不上工？”林祥谦同志抗声说：“不上！”张又令再砍一刀，怒声喝道：“你到底下不下上工命令？”林祥谦同志忍痛大呼：“上工要总工会命令，我的头可断，工是不上的！”张复令再砍一刀，此时林同志鲜血溅地过多，遂晕去，移时醒来，张狞恶的笑道：“现在怎样？”林同志切齿大骂：“现在还有什么话可说，可怜一个好好的中国，就断送在你们这些王八蛋手里……”张听了大怒，不待他说完，立令杀死，割头示众。林祥谦同志就这样的慷慨成仁了！如此纪律森严，至死不屈，舍身成仁，从容就义，为阶级为人民的利益而牺牲的精神，这是为民族解放与社会解放所必具的美德，是每个先进的工人、每个中华民族优秀的儿女所必备的条件。我们要踏着林祥谦同志的血迹前进。我们纪念“二七”要完成他未完成的事业，要学习林祥谦、施洋同志的伟大精神和高尚的革命气节。

第六，“二七”意义的伟大，就在于它锻炼了中国工人阶级不屈不挠、再接再厉的坚定性。“二七”以前，中国工人阶级只知道不断的得着胜利，因而兴高采烈，妄事铺张，不知胜利中，正埋藏着失败的因素。“二七”惨案，正是整个职工运动的暂时失败，可是从这一失败中，正教育了中国工人阶级，锻炼了中国工人阶级，使它知道：革命是循着曲线前进的，胜败是兵家常事。所以它能渡过难关，不屈不挠的工作着，利用机会，恢复阵地，所以在两年后的“二七”即能够又在郑州开全国铁路总工会的代表大会。

“二七”的经验，教训了我们：胜利而骄慢，则为失败之源，失败而振奋，乃为成功之母。我们是被压迫阶级，我们是被压迫民族，只有用不屈不挠的精神，只有用无产阶级的坚定性，才能最后战胜民族敌人，才能最后战胜顽固分子，才能得着最后的胜利。

第七，“二七”意义的伟大，就在于它指明了：工人阶级要获得最后的胜利，就要善于利用公开合法的可能。“二七”以前，因为利用了吴佩孚“保护劳工”的口号，利用了他与交通系的矛盾，利用了六个密查员的车票与权利，因而我们的工作，得着了很大的发展。

“二七”的经验，教训了我们：要善于利用公开合法的可能，更要注意用尽它的可能，以便壮大本身，顺利地开展工作。

第八，“二七”意义的伟大，就在从它的经验证明：我们必须时时刻刻提高我们自己的警惕性。反动的统治阶级是时时刻刻企图利用我们工人，更时时刻刻准备着屠杀我们工人的，“二七”时是如此，大革命时也是如此，巴黎公社时是如此，西班牙反法西斯战争也是如此，外国如此，中国也如此，过去如此，今后仍将如此。

我们为防止反革命的反动企图，就要更高的提高我们的警惕性，要争取抗战彻底胜利，要严防反革命在某些地方进行突然的袭击；同时要勇敢争取抗战胜利的果实，保卫这一果实，并争取时局的好转。

第九，“二七”意义的伟大，就在于从“二七”的行动中，开始证明：只有无产阶级才是中国革命的中坚力量、领导的力量；它的力量与作用，又只有在它自己的政党——共产党领导之下，才能具体的、有力的表现出来，才能很恰当的争取同盟军，才能有保证的获得革命的最后胜利。十七年以来，许多的事实，证明了这一真理。

我们纪念“二七”，就要提高自己的责任，担负起自己的责任。要协同各阶层的先进分子，领导民众前进。要尽量吸收工人阶级里的先进分子到共产党里来，造成党内工人的骨干，加强我们自己的指挥部。

第十，“二七”意义的伟大，就在于它的行动“已经进入了国际无产阶级的队伍”（共产国际是这样的赞美它）并逐渐成为不可战胜的力量。“二七”罢工斗争，显然是中国职工运动开辟了一个新的阶段：从改良生活的经济斗争，转变为争取自由的政治斗争的阶段。更走进世界无产阶级的队伍里，成为国际无产阶级革命的主要因素之一，因此不难了解，自抗战以来，国际工人阶级及主持正义反对日寇侵略中国的同情运动，不断的在各国发展着。因此，我们估计中国工人阶级的力量时，不仅要足够估计到八路军、新四军和游击队的力量，中国共产党在全国人民中的力量，而且要估计到国际无产阶级的力量——敌人内部工人阶级及先进人士的力量，美、英、法、德、意等帝国主义国家内无产阶级及先进人士的力量，印度、安南、古巴等殖民地半殖民地被压迫民族的力量，尤其是革命已经成功，更进而建设从社会主义过渡到共产主义的苏联工人阶级的力量。这些力量都是推动社会前进的力量，都是国际主义的力量。所以谁要是轻视中国工人的力量，谁就是不懂得工人阶级的真实力量与作用，谁就是不懂得国际主义者的坚强不可战胜的力量。由此可见，中国工人阶级的力量、工农联合的力量、阶级统一战线与民族统一战线的力量、国际无产阶级与被压迫民族联合的力量，是最伟大的深厚的，取之不尽、用之不竭的力量。

因此，我们纪念“二七”，就要站立起来，我们不愿再做奴隶，我们要做主人，我们要尊重我们自己的人格，更要相信我们自己的力量。我们要做彻底的革命的民族主义者，同时，也就是彻底的国际主义者！

我想，这就是纪念“二七”的意义与经验教训。“中国工人”之所以要在“二七”出版，就因为要继承“二七”的光荣传统，要宣扬并实现“二七”留给我们许多经验教训，要完成“二七”所未完成的任务。要把它变成中国工人的好友、学校、工厂、兵营、战场、园地。它虽迟至今天，才呱呱坠地，可是它在十七年前便已孕育，它是“二七”烈士的血、林祥谦同志的血、施洋同志的血及以后许许多多烈士的血所结成的，它决沿着这条血路前进，它确信：它的前途是艰难的，同时更是光明的。

（1940年2月《中国工人》第一期）

反围攻斗争中的冀察晋边区工人

颉　伯

冀察晋的工人，当抗战一开始，便承继着我们中国工人阶级英勇反帝的光荣传统，在各战线上帮助军队作战。但是由于过去没有组织，所发挥的力量还不大。然而它跟着冀察晋边区的建立而建立起自己的组织，跟着冀察晋边区的壮大也壮大了自己。因此在保卫边区反对敌人围攻的战斗中的作用，是一天天的大起来了，不管在直接的战斗中和日常生产上，都起了它英勇的艰苦的模范作用。在军事上它有几个有名的工人游击队，驰骋于各个战线上，参加几次粉碎“围剿”的战斗。

现在冀察晋边区工人有冀察晋边区工人抗日救国会，在边区总工会领导下有各县、区、村工会及各厂各矿的工会，共有八万多会员。这个自工人血肉中生长起来的太行山上的抗战堡垒，在两年来作了巨大的极广泛的事业，当然不是这个篇幅所能形容得完的，今仅就在反围攻战争中的事迹述之。

在敌人进攻冀察晋边区的时候，工会根据粉碎敌人进攻总的任务，到敌人进攻所要经过的地区布置工作，在这次斗争中它所表现的成绩是：

曲阳庞家洼的战斗，曲阳矿工配合十一支队三次作战，我们英勇的工友同军队一道冲上去，夺取敌人的机枪并获战马两匹。每次都是在极短促的时间内把我们的伤员背下战场，迅速的送到安全的战地医院，使我们战士减少伤后的痛苦。

在五台石沟的矿工，则不怕危险，在极复杂艰险的山地前进，消灭敌人四百八十余名，创立了光荣的战绩。

铁路工人在这一次反围攻斗争中，冒险破坏铁路二十次，使火车出轨者八次，毁车头六辆，获道钉千余斤，割电线四千余斤，使敌人很久不能恢复交通，断绝其运输，控制敌人的军事动作，封锁敌人作战有利的条件。

在战斗期间，除会合农、青、妇各救国会共同扩大新战士五百余名外，工会本身动员工人参加部队者三百二十六人之多。

锄奸组则查获重要汉奸一名，嫌疑犯四名，抓获伪军三名。

各地工会都是以竞赛的方式参加各种活动，例如你出料，我出工，自造担架，准备在战地周围运送伤员及战地用品等。

至慰劳品则到处都有，使我们的战士得以战胜疲劳。

这就是冀察晋工人，在反围攻中的光荣事迹，这是全国的模范。冀察晋的工人为什么会这样英勇的为民族解放的事业而斗争呢？道理却很简单。

这就是因为每一个冀察晋边区的工人有了真正保卫国土、保卫家乡、保卫自己利益的权利。他们要保卫边区，使这一个已经获得民主权利的边区，已经在自己主持下改善自己生活的边区，并且在不断的进步与巩固中的边区，不遭受敌人的涂炭。他们懂得这个边区是争取抗战胜利的根据地，是他们无限光明前途的根据地。所以他们是这样坚决的英勇的保护着它。

（1940年2月《中国工人》第一期）

新的管理制度与新的劳动态度

马　文

八路军印刷所成立不过一年，由于他采用了新的管理制度，所以产生了新的劳动态度。这样使得全所大大发展起来。

一个厂内，在行政上有所部，在群众组织上有职工会，在党的组织上有支部。这三个不同性质的组织同在一个机构内来进行工作，如果彼此不协调，没有很好的配合，各自形成一个系统，必然要彼此对立起来。印刷所在最初的一个时期，就发生了这一现象。但很快的就被纠正过来。现在已做到三位一体，彼此形成血肉联系分不开的关系。无论解决什么问题，商讨什么计划，一定经过共同的商讨，或互相关照，使得彼此的步调完全一致。所部是来执行计划，支部就是经过支部小组同志保证计划的执行，职工会即动员群众来□成这一计划。这样有机的配合，不论在生产技术方面，劳动热忱方面，学习情绪方面，都大大的提高，全所也如同一个人一样紧紧团结在一起。

在这里还有一个值得提出来的精神，这是在外面绝□□到的，就是培养工人来管理自己的工厂。印刷所的干部多是从工人中提拔出来，他们自从参加了管理工作，更大大提高了他们的工作积极性与创造性。改变了他们过去的观念，而把工厂真实看为自己的。他们爱护自己的工厂比爱护任何自己的东西还重要。因为他们已认识了：在这里不是替资本家做工，自己便是主人；在这里既没有人剥削人的制度存在，更没有谁压迫谁的现象发生。在组织上虽有什么上级与下级之分，但在工作上则彼此都是在一个目标下服务，同样为一个目的而劳动。因此，不会爱护革命生产的人，就不配做“边区工人”。

印刷所实行“三八制”，即工作八小时，学习八小时，休息八小时，而青工每天只做工六小时，另加两小时的特殊教育。由于学习上的抓得紧，而每个人又有高度的学习要求，把学习成为一种制度，成为日常的一种生活。每个人的进步，从他们在劳动上所表现的积极态度与认真精神，这就是最明显的证据。

印刷所的管理者分成班、股、科等级，各级有一定的工作规程和职责。下级对上级绝对负责，而上级又绝对信任下级。彼此按照一定的计划和程序来进行工作，彼此互相督促、批评、鼓励、检查。但在这里主要的还是靠各级干部与工友们的自觉、自动、自发、自尊的工作精神。而管理者又首先能够以身作则，大公无私，遇事负责，顾到全局，同时又能善于鼓舞积极工作的人，发扬劳动的积极性，提倡创造新技术。对于个别有不良倾向的人，又能善意的去说服教育，好好地去帮助他。另一方面又能虚心接纳群众的意见，关心每个干部和工友的个别问题，并能迅速地尽可能的帮助他解决。干部本身的模范作用，实起了决定的意义。同时，大家都认为在这里工作是一个最好的学习和锻炼，而且也是最幸福的一件事。谁能说在工厂中不能培养出管理的人才、治国的人才？在边区印刷所不是显示出他的成就了吗？

（1940年2月《中国工人》第一期）

对女工运动的一点意见

——为纪念“三八”国际妇女节而作

张　浩

“倘若不吸收妇女参加政治，那就不能吸收群众参加政治，因为占人类半数的妇女，在资本主义之下，是受双重压迫的。”（列宁——“国际妇女节”，见《论妇女、女工和农妇》，第二十三页）

一

如果说：中国工人阶级受帝国主义、封建势力及资本家的三层压迫的话，则中国妇女、女工与农妇就要受四层压迫，即宗法社会的传统礼教、“家庭的奴隶”、“家庭的婢女”的束缚与压迫；因此，中国妇女、女工与农妇，要争取自己的彻底解放，就必须与中国工人阶级站在一条战线上，作坚决的斗争，首先就要实行民族民主的革命，把日本帝国主义赶出中国去，实现新民主主义的政治。

我们工人阶级，是最受剥削、最受压迫的阶级，我们要解放我们自己，同时要解放全人类，要实现这一目的，首先就要像毛泽东同志所说的：“团结自己，团结农民和其他小资产阶级，团结知识分子，团结一切革命的人民。”要完成这一极大的政治任务与组织任务，就必须要吸收占人类半数以上受压迫最厉害的妇女参加，要她们赞助她的儿子、她的丈夫积极参加抗战建国的事业，推动社会前进的事业，改造社会的事业，更须要吸收她亲身参加这些前进的革命的事业。只有这样，才能够说：吸收广大的群众参加了政治运动。每次革命运动的发展和深入的试金石，是以妇女是否积极与普遍的参加为断，一九二五年至一九二七年的大革命，证明了这一真理，现在的抗战过程中，特别是陕甘宁边区、华北、华中的动员群众中，又一次证明了这一真理。

二

女工是中国工人阶级内部很重要的一部分，是中国妇女运动中的一支主力军。根据民国十九年工商部举行之浙江、安徽、江西、湖北、山东、广东、广西、福建等九省之二十九城市的实业工人数目调查，其总数为一二〇四三一七人，内计男工三七二六二六人，女工三七四一一七人，童工五五六〇五人，性别不清之工人四〇一九六九人，如依已分性别、年龄之男女童工计，则男工为百分之四六点四；女工为百分之四七点七；童工为百分之六点九（见二十三年《申报年鉴》）。又如二十二年《中国劳动年鉴》（实业部编）所载上海、天津等二十三省工业劳动者的人数，为二〇〇〇二五六人，内计男工二六九六五九人，女工四二一八〇九人，童工六二八三一人，性别不明之工人一二四六九六一人，就已经知道的人数计算，女工与童工已占全数四分之一；再如上海市产业工人数，据二十二年沪市社会局调查之工厂名册，加以分析统计，则共有工人二三四〇七〇人，其中男工九七八七五人，女工一二〇八三六人，童工七四九七人，学徒七八六二人，分配于二十个工业九八五个工厂之中，女工人数约较男工多三分之一、多半从事于纺织业。工业愈发达，交通愈便利的城市，女工、童工之数量亦愈大。根据以上的三种统计，便知女工运动在职工运动、妇女运动中的地位及其重要性。

至于工资，则不独说不上对女工的保护与优待，就是“同工同酬”的原则，即同样的工作，得同样的工资的原则，亦相差甚远。根据民国十九年工商部调查二十九城市每月平均工资统计（二十三年《申报年鉴》），如上海男工每月平均工资为一五点二八的话，女工则为一二点五〇；宁波男工每月平均工资为二四点〇〇的话，女工则为九点〇〇；南通男工每月平均工资为二三点一〇的话，女工则为一三点四七；这就足以说明各地男、女工资相差的程度。

再就各业工人工资说吧（根据二十二年《中国劳动年鉴》），那就不是“同工同酬”，而是同工异酬，甚至异酬得岂有此理！就最适于女工工作的手工工业说：如制鞋一项，男工最高工资为二十四元，女工最高工资则为六元；又如制帽一项，男工最高工资为二十八元，女工则为八元；再就女工最多的用原动力的纺织业说：如纺纱一项，男工最高工资为四十五元，女工则为二十五元；又如针织一项，男工最高工资为二十四元，女工则为十八元；至其他各部门，无一不是女工的工资，较男工为少。

若要说到工作时间的话，则最普通的是“六进六出”，无论是日班夜班，都是要硬站着做十二小时的工，至于长日班的棉织厂、丝织厂只要它的销路好，厂方要做十六点，便是十六点，要做十八点，就是十八点，工人的死活，厂方是照例不管的。男、女工的工作时间，大半是相同的，即有差别，亦极微小。

至于女工的特殊要求，如月经期间的休息、产前产后的例假，不独不能获得工资，并且常常藉此而开除，受到失业的威胁。工厂法上所规定的“分娩前后应停止工作共八星期，工资照给”，是白纸上的黑字，而是不兑现的。

抗战以来，中国工人阶级所受的敌人的残害与灾难，比任何阶层为重，女工所受的侮辱与痛苦，则更不是笔墨所能形容，特别是在日厂做工的女工生活。在另一方面，敌人为了“以战养战”的策略的实现，对女工的搜集，更为积极，对女工的威逼利诱，则更为奸巧，更为恶毒。

根据以上的许多事实，女工所处的状况，在职工运动者、妇女运动者的面前，提出了更迫切而严重的任务。

三

现在对于妇女及女工，是并存着几种不同的路线，第一条路线是:“妇女回到家庭去”，这个口号，是德国大资产阶级的代表希特勒提出来的，可是因为战争，又更在与他自己原来主张违反着，在德国是有一千九百万妇女要被拉出来执行强迫劳动。英、法、日、意等国，均照走上这一道路，并且正在走着这一道路，但这并不是它的路线的改变，而是临时的打救命的兴奋剂，我们大中华民国到底是有些不同，资产阶级的代表们一方面是大开其“支票”，允许女工、职业妇女产前产后休息八星期，工资照给（见民国二十一年十二月三十日公布的《修正工厂法》及《新华报》消息），另一方面，对女工则毫不实行，且不准照给，致发生许多惨剧；对职业妇女，则是“交通部新近规定，凡服务交通机关的女职员，一经结婚，即须停止职务”……（见《新华日报》本年二月十三日社论），要结婚，就要宣告失业，邮政总局则已毫无保留的实行了；乱端已开，职业妇女不独没有得着实惠，相反的，是得着了失业的威胁。这样执行“妇女回到家庭去”的口号，不可谓为不巧妙，然而它将受妇女界的反对，特别是职业界妇女与女工的反对。

第二条路线，就是：应该使“每个分子都会管理国家”。妇女不应当为狭隘的家庭所束缚，应有离开家庭到社会活动之自由。妇女占人类的半数，在资本主义下，是受双重压迫的，妇女、女工与农妇，除了必须与工人阶级及进步人士站在一条战线上进行经济的、政治的斗争外，还要为女性的特殊利益而斗争。要解除与男子不平等的法律，以改善现在非人的地位，这对私有制度的国家，有头等的、现实的意义，因而也就是主要的任务。至于“把琐碎的、个人的家庭经济，转变为大规模的社会经济”，使妇女从“家庭的奴隶解放出来，则是私有制度已经废除了的国家的妇女的中心的最主要的任务。解放工人应该是工人本身的事情，同样的，解放妇女和女工，也应该是妇女和女工本身的事情”。这是列宁的指示，是女工运动、妇女运动的方针。

这条路线，在苏联是充分的被执行了，苏联的妇女，是过着快乐而幸福的生活，享受着政治上、经济上以及社会文化地位上的真正的自由平等。职业妇女是受到各种保障的，生孩子的前后，可以得到四个月的休息，工资照给，子女多的母亲，还可以得到政府的帮助和津贴等等；陕甘宁边区的妇女与华北的妇女亦正沿着这条路线前进。这条路线，将成为全世界的妇女，特别是女工和农妇所拥护，并为其实现而斗争到底！

四

我们中国女工在罢工运动中、大革命的过程中、白色恐怖的条件之下、抗日战争中，同男工一道，同先进人士一样，曾起过伟大的作用，使资本家、帝国主义感觉着：中国女工并不软弱，并不易欺，相反的，在假的民主主义、人道主义的伪装之下，对战斗的新女性，终究不及对男工的那样“痛快”。在今天为了驱逐日本帝国主义，为了建立新民主主义的即新三民主义的中华民国，为了实施宪政，我们中国女工是要同男工、同妇女、同农民，同一切先进的人士站在一条战线上争斗。除了一般的共同要求之外，我想女工应实现下列的最低限度的要求：

（一）要求在法律上，享有同男子一样的实际上的平等权利；要求集会、结社、言论、出版等民主自由；要求实行宪政，女工应有选派自己代表之权。

（二）切实执行《修正工厂法》，特别是：

1.男女工人十四岁至十六岁为童工，只准做轻便工作。

2.实行八小时工作制的原则，女工不得在午后十时至翌晨六时之时间内工作。

3.女工之工作效能与男工相等，则工资亦相等。

4.分娩前后，应停止工作共八星期，工资照给。

（三）反对轻视女工、侮辱女工的行为。

我们“认为这一方面群众工作的主要任务之一，就是吸引女工的广大阶层加入工会，吸引一切劳动妇女加入合作社，加入工人阶级的其他一般的组织，并使他们积极参加这些组织的工作；为了使这个任务容易执行起见，就应当要求职工会经过特别的全权代表或者经过妇女委员会（且举这两个例子来说）来组织妇女工作，并按期召集妇女——工会会员——底大会，以便讨论一切与她有关系的工会问题和女工底特殊要求，尤其是在罢工的时候”（《共产国际妇女运动决议》，见《解放》六十六期）。

“工会必须注意英、美的榜样；把工人——工会会员——底妻子组织在辅助团体之内；并在她们中间进行文化教育工作和政治教育工作。”（同上）

以上是共产国际对职工会中女工工作的指示，是我们职工运动者的行动方针，所以把它引来当做结论。

（1940年3月《中国工人》第二期）

陕甘宁边区女工的待遇

丹

陕甘宁边区的本地老百姓，在三年以前，对工厂两个字的意义，是很困难了解的。那时边区不独没有一个工厂，就是识字的老百姓也不到百分之一。现在单就小学来说，比以前就增加了六十倍。至于工厂，则不论大的和小的，公营和私营的，一共就有几十个了。本地的老百姓，不独懂得工厂两个字的意义，并且还一群一群的跑进工厂去做工；不独有男的，而且也有女的；不独有大学徒（不熟练的），而且也有小学徒；他们在今天已真正站在工人的队伍，为了抗战建国，为了自己的幸福前途而工作着。今天边区的每一个工人，不管是男的女的，都要准备着做厂长、技师，都要成为政治上坚强，技术上高明的干部。李富春同志及其他的同志，都是这样的希望着他们。为了达到这一目的，他们的生产与学习是紧密的联系着。

边区的男女工人，在政治上、经济上、法律上的地位与权利是一律平等的，但青年女子是将来国民的母亲，因为她们有生理上的关系，并不与男子同等看待。因此，她们在边区是获得了特别的优待。有什么事实为证呢？请看下面的一个集体合同（只节录关于女工和小孩的部分）：

新华化学工厂集体合同

关于女工的工资、工时及待遇：

一、男女工人，每日以八小时工作为原则，但为帮助抗战的需要，经工人全体会议同意后，得增加一小时。女工不得在晚十时以后，早六时以前的时间内工作。

二、男女工人工资，依据技术高低及熟练程度为标准，同样工作，得同样工资。

三、妇女每月应由厂方发给卫生费三角，并得酌给生理假（即月经期），工资照发。

四、女工女学徒于产前产后给假二月，工资及津贴照发，并酌予产妇津贴费（除住产科医院全部免费外，女工五元女学徒十元），小产者以病假论。

五、凡女工女学徒有小孩，哺乳时规定在每日工作时间内，上、下午各乳奶一次，每次二十分钟。

六、凡一切笨重及有害健康之工作，均不得雇用女工，及十六岁以下青工及学徒。

工人及学徒之小孩待遇：

一、小孩之父母皆为本厂学徒者，厂方每月发代乳费五元，自乳者三元，其父母有一为工人者发一半，其父母皆为工人者，厂方酌予津贴，上项待遇均以一年为限。

二、女工女学徒所带之小孩，在周岁后至满六岁以前，由厂方每月津贴伙食费三分之一（依本厂伙食费规定）。每年发给单衣棉衣各一套。

三、工人及学徒之小孩，在满六岁至十二岁以内者，经厂方许可居留厂中时，由厂方每月津贴伙食费半数（依本厂伙食费规定）。每年发给单衣棉衣各一套。

四、工人及学徒所带之小孩，医药费由厂方负责，但须为厂方所指定之医生及医院医治。

五、工人及学徒之小孩，在托儿所及保育院受政府之优待者，不得享受以上待遇。

这就是边区女工的待遇。由此可以看出边区女工，是如何的快乐的工作着、学习着，向着光明的大道前进！一个女工友告诉我："毛主席不独带来了打敌人的勇气与信心，并且还带来了自由、平等、幸福。"是的！只要在先进的政党领导之下，落后的可以变成先进的，苏联是如此，中国亦将如此！

（1940年3月《中国工人》第二期）

我初进工厂
——工厂生活的回忆

梅　英

南京失守后，我由皖北到汉口，在抗战教育研究会工作。当时我参加了工人教育。那时需要大批知识分子进厂去教育工人，发动工友到抗日战线上来，我于是愿意进工厂去学做工了。

我是一个小资产阶级出身知识分子。生活一向比较优裕，从来没有受过像做工这样的痛苦。做工是一个漂亮的名词，我现在才知道决不是一个没有做过工的人们所能体验得到的。我做工虽然只有短短的几个月，但使我进一步的认识了下层生活的痛苦，和资本家对于工人种种巧妙的剥削，同时更坚定了、提高了我的政治自觉，这是值得向同志们报告的。

在一个风雨交加的傍晚，大概是四点钟的时候吧，我冒着风雨，到××工厂门口去等做日工的朋友放工，好带我去上夜工，刚走到厂门口，凶恶的门警大声的呼喝："快滚开！上工时候没有到。"我被吓了一跳，只得远远地站在马路上，给雨打得浑身透湿。

到五点半钟，上工的工友们络绎不断的向左边进去；右边就像潮水一样的涌出。我遇到我的朋友，他把我带进厂去。当我走到工厂里，马达转动的声音震耳欲聋，花絮灰尘，在空中纷纷飞舞，我的嗓子立刻感到发痒，咳嗽不止。我学的是粗纱间的一部粉棉条机，靠近钢丝车的机器，响声格外的大，灰尘也格外的多，不一会，花絮已落满了我的肩上，头上也好像一个白发老太婆。

当我走进厂时，许多工友以不同的眼光向我身上的每个地方投射，好像要在我身上找出东西似的，我不如他们的大方，只好低着头，有点不好意思。我的朋友把我交给一个工头，他便走了。这时我成了一只迷途的羔羊，工头用严厉的目光向我一扫，使我不觉发抖起来。他吩咐我先看别人怎样做，并帮助工友们拿棉花筒。我看见工人一往一返搬弄机器，接棉花头，换棉花筒，机器不断转动，工人一刻也不停的工作，我无从措手，只得呆呆的望着。

天渐渐的由黄昏转入深夜了。我从下午四点钟站起，又没有吃晚饭，到半夜二点钟左右，我的腿已酸得站不住了。腰部痛得要命，脚底发热，而且痛得很厉害。我把一只脚提起抚摸，全身的重量放在另一只脚上，可是那只脚格外的苦楚，我恨不得随地倒下，可是又怕被人笑话。最后我的腰痛得要断似的，我想到厕所里去总得坐一会吧。我于是请人把我带进了臭气冲天的厕所，那里的情景，使我难受到了极点。在那又脏又潮的地上，粪溺狼藉的踏板上，都是睡着坐着为着生活所鞭挞的工友们呵！一个人疲倦到没有一点气力时，不管怎样的臭气冲人，蚊子咬人，都会躺下去的。资本家知道厕所是工人偷闲的场所，所以他们特别使它龌龊、窗子少，使臭气不易流散，好让偷懒的人不敢久留，这也是资本家剥削工人的一种妙法呢。

我坐在厕所的地上，逗留了一会，有一位工友再三催我快些离开，等一下工头要来调查的。那时我真是不能再动弹了，我不是对于臭而脏的地方有所留恋呵！在无可奈何中，只得一跛一拐的走进工厂里。那时已经三点钟了，我站在机器旁两眼发花，肚里饿得发慌。这时候那一个还高兴说话，你看工人们个个都是默默无言，眼儿半睁半闭，各人在自己的机器旁，机械的动作，马达转动的声音越发清楚，哗啦啦好似替我们作无限的悲鸣和怒吼。

我肚里既饿，手腕又酸得不能举起了，突然有一个工友，温和而亲切，一只手拉着我的手，一只手托着一碗冷饭，他含着苦笑对我慰问：“喂！你做不动了吧？歇一下，吃点饭，心里好过些。”我登时感激得说不出一句话，只好点点头，我的泪珠已满眶了，呜咽着吃冷饭，眼泪不禁一滴一点的落在碗里。又冷又硬的米粒上还夹着许多棉絮和尘灰，一个人在饥饿的当儿，什么都可以下咽的。当时我的哭不是软弱的哭，更不是情感的发泄，因为工人阶级的友爱，实在太伟大了！这种真正人类的友爱，是千百万劳动者在挣扎中体验出来的，这是多么真挚而宝贵的慰藉呵！

（1940年3月《中国工人》第二期）

战地邮工生活

照

在火线上，在荒凉的山沟里，如何能收寄信件呢？加之军队的经常移动，收寄信件不是更加困难吗？不，有了军邮，这种困难已经解决了。不论在那一个荒凉的角落，甚至在前线炮火最烈的时候，战士们依然可以得到寄给他们的信。

设立在山村或山沟的破房子中的军邮没有任何装备，甚至连好好的一张桌子也难找到，于是只好就在炕上或地上盖邮戳，办公，穿着绿军服的工作人员整天在屋子里紧张地工作着，每天从许多重大的帆布包裹中，检出各地的信，然后再想办法递给收件人。在递给前方部队时，他们冒着炮火的危险，子弹像旋风一样的从头顶上飞过，炮弹在他们的附近爆炸着，生命随时有被夺去的可能，不去吗？他背上，手中，都是拿着战士们望眼欲穿的唯一宝贵的信！一定要去，这是他的任务。于是机动的弯下腰前进。

是风雪的日子，或怎样恶劣的天气，别人可以不出门，烤烤火，然而邮差同志总得挑起邮包，在崎岖的山路走。漫长的山路上往往只有他一个人孤寂地移动着。担子的前面挂着一颗大铜铃，满含诗意的在风里响着："叮当叮当……"

这颗铃的作用很大，它像在都市里的救火车的喇叭一样，凭着担子上的这颗铜铃，他可以有优先通过桥梁关隘的权利，城门已经关了，然而一听到这铃子的响声，守城的人，就得马上开城。就这样，铃声终年在山野里回荡着，一站接一站的下去。夜间，铃子的旁边，还吊着一个灯笼，星星的烛火，在黑暗里闪烁，照出邮差同志的寂寞人影。

他们像军队一样的在战斗着。他们忠于职务的责任心，不怕牺牲的精神是中华民族里最优秀的一群，是应该为中华民族代代子孙所敬仰的。

（1940年3月《中国工人》第二期）

中国职工运动目前的任务

——节录“二七”纪念大会上的报告

邓 发

今天我们在这里纪念“二七”，我们的任务是什么？我们党目前的政治任务，在反汪拥蒋大会上已由毛泽东同志提出了十大方针。现在我所讲的是关于职工运动方面的任务：

A.纪念“二七”我们要引起全党注意职工运动，职工运动目前是我党工作最薄弱的一环。有的同志说：“我们自己是一个文人，怎样做职工运动？”有时讲到职工运动就会有些同志说：“我是外行。”有的说：“我在机关工作，没有工人怎样做职工运动呢？”这不是理由。我们每一个党员都要作职工运动，应当过问和关心职工运动，过去我们的同志，对职工运动不但作得少，甚至连对职工运动观念都很薄弱，推其原因，有下列诸点：

一、当大革命失败后，我党工作中心移到苏区，离开了大城市经济工业中心，大多数党员长期在农村生活，同时很少见广大工人群众，于是就不自觉的忽视起来。

二、我党因为十年来遭受着严重的白色恐怖，过去有工运基础的地区均遭受到摧毁，如上海、天津、武汉、广州等城市作职工运动的同志，多遭牺牲，工会多被取消或统制，所以使中国职工运动很难表现出自己的力量。

三、我们时常处于战争环境，全党注意并集中力量去领导战争，同时为了保存干部，于是大城市许多干部不得不离开而到自己有军队、有政权的地区，在长征过程中更谈不上作职工运动了。殊不知要取得战争之最后胜利，是要靠广大无产阶级起来配合的。所以由于客观的许多原因，使得我们在思想上对职工运动观念薄弱，甚至对工运的忽视。

四、职工运动干部的缺乏。现在一方面的“改行”了，一方面牺牲了。我党对职工干部的培养以新干部代替所损失者之工作作得还不够，党曾经在这方面努力过，而且去年曾创办一个职工学校，但办了一个多月，因河防紧急，职工学校便完全编掉了。这在我个人想起来是一个大损失。固然这也是由于日本帝国主义的捣蛋，但今天看来，的确是很可惜的，现在必须设法培养大批职工运动干部，须迅速考虑具体办法。中国共产党开始是从职工运动成家立业的□□□与□□□□□□□□□□□工厂我们同志并不关心职工运动，简直是忘了本。去年五月，我党曾决定加强职工运动，在今年纪念“□□”□我们同志应当克服轻视职工运动。

B.我党同职工运动的任务，必须为中国工人运动组织上的统一而斗争。为达到此目的，必须同一切抗日党派、致力于职工运动的人士在统一战线基础上实行合作，去为中国工人继续的发展和统一而斗争。如果目前在全国范围的不可能，那末王明同志曾提议在敌后组织统一的工会。这个意见，我想应当为我党对职工运动目前之方针，这是一个很重要的方向□□□应在华北□□实行组织各种产业□职业工会的联合组织。中国工人斗争积极性正在广泛发展，我党的任务是应该团结组织与提高工人的积极性和觉悟程度。今后我们主要应从这个方面去努力。在大革命时代有全国总工会作统一的动员与号召，但现在不单全国总工会没有，而且所有工人团体与组织或者被限制活动，或者不能取得合法地位，甚至被牵制。所以整个工人阶级表现有组织的伟大力量比较困难，要有集体的行动，必有统一的组织，我们党今后应本着这个方向努力。

C.在抗战中须争取生活的改善。要做到这一点，就必须同两种人作斗争。一方面同汪派的欺骗、分裂作斗争，他们用日本帝国主义的钱，去收买一部分失去工人阶级意识的工人组织汉奸工会，他们用日本钱来欺骗工人说是为改良工人生活；另一方面，是同顽固分子作斗争，他们一方包办工会，但包而不办。他们替发国难财的人作辩护，而反对改善工人生活。我们坚决反对这种举动，我们要为改善工人生活而斗争。因为工人阶级在抗战中起了很大的作用，今后仍需要他起更大作用。因此不改善工人的生活是不行的。但有许多人在这时期还乘机剥削工人，不愿工人生活下去。我们党提出的目前十大方针中，有改善工人生活的一条，并且适当提出了改善工人生活条件。我们反对汉奸汪派及顽固分子欺骗工人组织的阴谋，反对只准少数人发国难财而不准工人改善生活的倒行逆施的办法。

D.应注意大量吸收工人党员。党内工人党员的成分在党整个比例组织上是很弱的，农民、知识分子占有相当大的数量，这些人到我党内，固然已决定了为工人阶级而奋斗，已经接受了无产阶级的思想与意识，并为无产阶级服务。但党必须特别注意我党的组织阶级基础，吸收广大工人到党内来，我们应当把这个问题不只要看作是严重的组织任务，而且这个任务之执行有着严重的政治意义。

E.各级党部都应有计划的教育与提拔工人干部。这在我们党中央已注意实行，如在党校、马列学院学习的工人同志，假若工作不特别需要时，决定让他们继续学习、提高其文化政治水平，使其成为更坚强的干部，并由中央职工委员会出版《中国工人》作为职工运动的专门刊物，以供中国工人之需要。在党部和机关中应提起严重注意。为要达到上面之目的，我们就要反对党内轻视职工运动，看不起职工运动的倾向，反对因工人干部文化落后而不愿耐心教育和提拔之现象。往往以文化水准为提拔干部标准的倾向是要不得的。不如此，工人运动不易发展的；同时要克服职工运动最弱的一环，就要坚决反对轻视职工运动与不愿作职工运动的倾向。只有如此，才能发展职工运动，才能培养工人干部，才能团结工人阶级，才能发扬“二七”职工运动的精神与光荣历史传统。要继续发扬无产阶级英勇斗争精神，才能领导无产阶级前进，才能保证党保证无产阶级在中国革命运动中的领导地位。只有发动全中国工人阶级起来抗战，才能胜利！

（1940年4月《中国工人》第三期）

抗战以来的上海职工

竞　成

一　沪战对上海职工之打击

万恶的日寇，依靠着它那优越的侵略武器——飞机、大炮，炸遍了上海市区。用最野蛮的手段消灭了中国有名的工业区闸北，并残酷的破坏了上海的南市。在沪西、杨树浦、浦东等区的中国工商业，不被焚毁，即被强占。所以从前我们所见到的那些烟囱林立、机声嘈杂的情景，现已变得像遭了大地震之后的一片荒凉灰烬。高大的建筑物连影子也不见了，任何机器声音也听不见了。两年半以来的闸北和南市，人烟绝迹，仿佛是一个死市。

随着这次空前的变动，上海职工也难幸免这次的浩劫，虽然他们早已知道为着中华民族的独立自由，为着自身阶级的解放，没有牺牲是做不到的。在沪战中，上海职工及其家属被敌寇炸死者最多，虽无确实的统计，只举一两件事实，便可证明：如极司非尔路新裕纱厂被炸时，就有六七百男女工人遭炸死。南火车站附近，一次就炸死四百余工人及其家属。至于没有被炸死的，就有四五十万工人和他的家属都变成了无家可归的饥寒交迫的失业者。而这批□难工友，既不能找到工作，又得不到政府的任何救济和收容，结果只有到处奔走流浪，有的回乡，有的走到大后方。为了生活有不少工人改了业，有的以几块钱的资本去做小贩，有的去拉老虎车，有的变成小手工业者。有光荣历史传统的八十万上海工人，而这一下子竟减少了一大半。现在上海的产业工人仅有四十万左右。而这中间，有二十万工人是在万不得已的情形下，低着头在敌厂下过着万分痛苦的生活；其余二十万是散布在租界上之四千七百多个工厂内的，平均每厂不到五十人，这与战前比较起来，相差很远。战前八十万工人散布在五千个工厂中，每厂平均是约有一百五六十人；所以战后的上海工人，不只在数量上减少了大半，而且在其密度上，也较前稀散了。从前规模比较大的纱厂有四五千工人的，现在无几了。上海工人之减少以及不集中，对于职工运动的开展，是有很大妨碍的，而对于抗战也不能不说是一个损失。

二　战后上海工人生活之恶化

首先应指出的，当上海抗战刚开始，而那些还能继续生产的老板们，就采取一致行动把工人的工资打了折扣，有的工厂折去百分之二十至百分之四十，有的甚至折去百分之五十，这简直给了工人一个空前未有的严重打击。在另一方面由于物价和房租的不断高涨，使工人又增加了一个新的重大负担，这就是说：战后上海工人的名义工资被其老板抢去了一部分，而实际工资又被奸商和房东夺去了一部分。

法币的跌价使工人受到损失更大，从前工人吃的米，八元可以买一石，而现在就要四十元了。煤球每八角一担涨到六元五角了。从前法币在市面上流通是以一个铜板为单位的，而战后起码以一分为单位；但因分币和角币的缺□，无形中以一角为单位了。就是你要买点东西起码就要一角，如果你拿一元的钞票想买一角钱的东西，不一定能买得到，因为卖主没有角票找你。如果你到纸烟店去兑换，那只能得到九角五分，又吃了五分的亏。铜板缺乏的原因，是奸商把铜板收来卖给日寇；分币和角币的缺乏是由汉奸和日寇有计划的捣乱，企图破坏法币的信仰，清除伪币流通的困难。

由上述种种原因，要养活妻子并十岁的小孩，在战后他的预算已大大变化了。兹列表比较如下：

	战　前		战　后	
米	五斗	四元	二斗	八元
房租		五元	草棚地皮租	一元
小菜		三元		三元
煤球		一元		——
衣服（平均）		一元		——
杂项		一元	肥皂、草纸、开水等	三元
合计		一五元		一五元

从这里可以显明地看出：煤球烧不起了，只好由妻子拾些杂物代之；衣服也不可能添置了；米当然不够，只好改吃粥了，或由杂项、小菜项再抽出一部分买些麸子煮粥吃。就因为过着这样饥寒交迫的生活，而造成工人及其家属可怕的死亡率；如果每天到工人区去走一次，就可见到许多凄惨的妻哭其夫、子哭其母或者是夫妻在痛哭其儿女死亡的情景。上述的情形虽不能代表所有上海工人的生活情况，但起码代表了其有家属的部分，至于单身汉的工人亦不见得好许多，不过是素菜与咸菜之差而已。所以，如果说上海工人生活向来是在最低水平之下挣扎着，那末现在可以说根本望不见水平了，因为已沉没于水平之下。上海工人生活之苦，还有一件事实可以做参考：有的工人曾专门写信去问报馆的编者先生："怎样使豆腐渣变成更有滋养的食

料……？”这是一个含蓄的、何等惨痛的问题呀！

三 战后上海工人的工作时间、待遇及劳动强度

今天上海工人的工作时间，大多数是十二小时，所记十小时的英电、法电、公共汽车等，但如果把他们接工与交工所费时间加上去，也足够十二小时了。工作八小时的只有邮务工人，这是因为夜间不能送信的关系。还有十四小时甚至十六小时的，这是玻璃厂等一班制的工时。一般纱厂为十二小时，把二十四小时分成两班，每班十二小时，照理说再也无法延长时间了。但老板自有办法，他们发明了所谓“礼拜工”制，这“礼拜工”是由二小时加到四小时，而新裕纱厂老板竟加到六小时，即根本不停止生产。“礼拜工”制是对工人最有害的东西，因为工人做了整整十二小时工作后，已万分疲劳，而延长其工作时间，那简直等于杀死他们，这是任何代价都不能补偿的损失。

至于说到劳动强度，也够令人可怕。那些按件计资的纱工、烟工、绸工等，在今天物价昂贵下，不用说，只有拼命快做，为着能多喝一碗粥。那些按日计算者，如电车工人、公共汽车工人等，他们由于乘客拥挤和路短站多等关系，使工人都在空前紧张下挣扎着。如公共汽车卖票工人，在战前替公司每天卖四千元车票，而战后有卖到一万二千元之多。少卖了票被查票发觉，轻者罚薪，重者开除。司机工人因路线缩短，站口加多，乘客挤拥，上下费时，但公司硬给他们规定每小时要跑多少里，而马路上行人挤拥，使司机工人整日手忙脚乱的劳动着。

敌纱厂工人的劳动强度，由以下事实可见一般：在“一二八”前，每人管车八部，“一二八”后，管车十六到二十部，而“八一三”

后就增加到二十到三十部。由于工人管车过多，他们的眼睛和脚都有来不及之苦，但日寇老板为着驱策工人维持这个劳动强度，于是就发明“抄关车”制，即专派一职员到车间不断地巡视，如发现车停了，就登记起来，每次罚洋三分。

上海工人的待遇，更感可怜。如果说纱工由斗争而争得作夜工的三只大饼，现已被厂方取消了。从前有些工厂设有老虎灶、自来水马桶，现在也被老板节约掉了。“五卅”斗争得来的吃饭休息三十分钟，现在中国老板把它减到十分钟，而日寇老板则早已取消了，工人是随做随吃的。其他如节假、年偿、抚恤等，一般的说都取消了。每次要经过斗争及斗争胜利后才可得到一点。上海工人常说：“还谈什么待遇！只要老板不来打骂我们，不来任意罚工钱，不来随便开除工人，也就不坏了……。”这是事实。目前上海中外老板对工人乱罚工资，动辄开除，原因是老板看到厂外有大批失业工人在那里等候，任何条件都愿进厂工作，所以就大胆疯狂残暴起来。许多老板把老工人开除而代以更便宜的新工人。至于那些“保人”制度、“二头制”、“押金制”等，当然都原封未动被老板当作宝贝似的看守着。

四 战后上海劳资间之关系

根据上述一些事实，可见资方是怎样可恶！他们利用战时，向工人趁火打劫，工资打折扣，工时延长，劳动强度不断提高。凡是对老板有利的事，他们不顾一切尽量实现，而对工人有利的事就被取消，新的不准增加，在这情形下，劳资间关系怎会好起来？把劳资间关系弄到这样不好，资方是要负责的，因为他们不想弄好而故意向工人进攻。

可是上海职工始终与资方见识不同，不像资方那样眼光如豆，只顾私利。正相反，上海职工真正能深明大义，照顾全局，言行一致地做到了以抗战为第一，一切为了抗战。他们以事实证明其自我牺牲的英勇无比的模范。他们为着巩固抗日民族统一战线，和继续推动抗战到底之实现，曾把自己遭受的进攻和空前损失，都以负痛、忍辱的委曲求全的精神，坚忍了相当久的时间（从“八一三”直到一九三八年底）。后来职工见到资方太无耻了，尤其是那些大资本家，只知唯利是图，发国难财，投机操纵，抬高物价，无恶不作。他们无不盈利数倍，穷极奢侈，尽情纵乐，心目中不见国难当前，在十里洋场逍遥自在，心目中更没有为抗战而忍受饥寒的职工们，他们宁肯把金钱浪费在烟、酒、嫖、赌上，而不肯把折去的工资送回给职工。这样就不能不刺激职工，使职工们再也忍受不了资方不断地侮辱和压迫。所以从一九三八年底才开始和资方交涉恢复被扣去的工资。可是全上海的职工差不多都经过三番五次的交涉和斗争，有时甚至进行了怠工和罢工等方式，费了一年之久的工夫，才算达到了恢复战前工资的目的，这就是说：被资方一下子抢去的工资，忍受了二年之久，并经过斗争才收回这笔债款。这里还要提一提的：就是上海职工在这二年中，虽然亲见一些资本家那样下贱无耻，顽固可恨；但自己始终未有感情冲动的表示和过火的要求。他们仅仅站在维护生存的立场上，而且又把自身利益服从于民族利益的前提上，解决了劳资间某些问题。所以如果说：战后上海劳资间关系还不坏的话，那末这应该完全归功于职工们。

五　上海职工对抗战之贡献

上海职工对抗战之努力是人所共知的。在抗战前，则曾参加过

“一二八”抗战，曾发动有推动抗战意义的日厂工人总同盟罢工。当“八一三”沪战开始，上海职工群起要求参战，听到朱学范先生组织工人别动队，立刻就有几千工人参加。上海职工像雨后春笋一般的组织了许多救亡协会，担负着抗战宣传、教育和组织工作。他们没有食、住，没有宣传费，就以募捐的办法来解决。

国军退出上海后，上海职工坚决地执行了“不与敌寇汉奸合作的口号”。不仅自己做到了这些，而且还说服了广大的居民及一部分民族资本家，坚决的站到抗战阵营内。

在各种募捐运动中，如救国献金、节约救难、战士寒衣捐等等，上海职工表示了特别的积极和踊跃。他们推动了各阶层参加募捐。单他们直接负责所募得的捐款就有几百万元。许多工厂工人虽然饿着肚皮，但继续了长期固定的救国献金，即每月把工资的一部分送到银行去作为抗战经费，后来仅因环境所迫才停止了。当时有的工人曾把自己唯一的破被卖掉，把钱全数捐作战士寒衣之用。

海关职工、邮务职工，曾在敌寇直接威胁下，举行了英勇的护关护邮运动。司机工友坚决拒绝把汽车开驶虹口区，甚至黄包车夫在马路上见到日寇强绑华人就群聚而夺回。码头工人见一伪警，问他为何当伪警？伪警答曰：“老爷做事，与你何关？”码头工人就一拳将伪警打入黄浦江中。日寇费尽九牛二虎之力从黄浦江捞起一只中国轮船，交江南造船厂工人修理，修理了几个月后，刚开到水中又沉没无影了。就是被肚皮所迫而到敌厂工作的工友，他们也未放弃救国运动。

敌寇汪贼曾用大批金钱收买流氓、工会叛徒，组织伪工会，但职工坚决的拒绝了。汪贼之和平运动首先遭到职工的迎头痛击。汉奸托匪之报纸职工决不阅读。

成千的熟练工人跑到大后方的公路上、工厂中参加工作。成千的优秀职工跑到抗日军队中充当战士或干部。根据这些简单的事实，已可明白上海职工对抗战之热烈和贡献了。他们怎样不顾一切牺牲、一切困难而坚持着自己所担负的抗战任务，如果他们是有自由的话，那末，所作成绩，更不知要再加几倍呢！

六　抗战后上海职工运动重走上统一之路

上海职工与其他地方的职工一样的，没有经过较长期的组织生活；虽说一九二五至一九二七大革命时代，大多数的上海职工曾一时团结在总工会之下，但这是由于当时组织有高度威信的工会由上而下的号召起来的。而真正日常的艰苦组织工作，一般的说来，尚未能普遍的展开。大革命被破坏以后，上海职工立刻遭到了反动的压迫、分裂与破坏。十多年来的肉搏斗争，虽说上海职工丝毫也没有屈服于反革命势力，但所受到的损伤是相当大的，如大革命时代的工会被解散尽净，以前的工会干部大多数被杀死了，八十万工人被弄得四分五裂，因为将所有工会变成了官僚机关，官办结果以至造成工人憎恶一切组织的情绪，以前工会为工人所谋之利益全被资方夺回。

抗战以后的上海职工，固然主要的忙于抗战活动，但在其自身统一运动方面，有极大的进步。他们重新恢复了大革命时代的一致精神，有一件事实可作这方面的证明：即从抗战以来，虽然上海职工始终未获得统一的组织领导，但职工在行动上走上了统一，没有听到也没有见到那一个工厂中有职工组织之相互对立团体。要么大家团结在已有的工人组织内，要么共同组织一个新的团体。不错，曾有野心家企图继续破坏职工之统一，但都遭惨败。战后不只工人男女老少恢复了亲密团结，而且职员们也有新的团结，同时工人与职员是走上行动一致。

这是什么意思呢？这是说：虽然上海职工在数量上遭到很大打击，但他们在阶级觉悟上仍坚决的继承着过去的光荣传统，重新走上统一之路。

今天上海职工虽然还有很多弱点，尤其在组织方面还落后于政治觉悟，但这是能够克服的。

上海职工虽处在恶劣的环境下，日寇、汪贼、托匪形成有机构的反动压迫、欺骗、捣乱、收买、绑架、暗杀等无耻疯狂，但上海职工能够以统一的行动，沉着、坚韧的抵抗，继续英勇地站在自己的岗站上，配合着全国抗战事业，就一定能够争取最后胜利。

（1940年4月《中国工人》第三期）

开展农村工会工作团结广大农村中的进步力量

占　元

目前的抗战形势，存在着严重的投降分裂倒退的危机，要克服时局逆转，争取时局好转，主要的任务，便是要团结一切坚持抗战进步的力量。中国是一个落后的半殖民地半封建的国家，农村人口，占全国人口的绝大多数。职工运动的中心应当是中心城市，但许多的大城市，又被敌人侵占和炸毁，大批的工人回到乡村，这一切都说明着：团结农村中广大革命力量，和开展农村工会工作的重大意义是不能忽视的。

一　农村工人的作用

（一）农村工人是参加反帝反封建革命斗争最坚决彻底的部分。农村中广大的雇工和手艺工人，他们受着帝国主义的、城市及乡村资产阶级（富农）的和封建势力的三重压迫，过着非常痛苦的生活。他们如要求得生存，求得解放，不建立独立民主的国家是不可能的，所以他们最坚决彻底的参加反帝反封建的革命斗争。陕甘宁边区的农村工人，过去积极参加了反封建的土地革命，现在积极参加每一个抗战动员工作和反投降倒退的斗争便是明证。

（二）农村工人是团结广大农民的核心，和领导农民革命的先锋队。半殖民地半封建的中国，要建立独立民主的国家，没有占全国人口百分之八十以上的农民参加，是不会成功的。而农村工人，生活在农村中间，在陕甘宁边区，一切抗战动员工作的进行，完全证明着，农村工人不仅自己热烈积极的参加，而且影响了农民，更进一步的向农村解释鼓动，把农民团结在自己的周围，发动农民也积极的参加，使每一动员工作，都能够迅速的圆满的完成。

（三）农村工人是抗日民主政权的坚强支柱。在边区也完全证明着：农村工人是最热烈的响应和积极的执行着政府的每一个号召和法令，农村工人都积极的参加了各级政府的选举，和经常诚恳的爱护和关心着政府。在关中的赤水，曾有一个雇工发现了担任村长的他的雇主，违反上级政府法令，侵犯群众利益，马上向上级政府报告，撤职惩办了这个坏的行政人员。所以害怕群众，害怕农村工人的政府，只是因为他本身是不代表群众利益的，他是压迫剥削群众的。

（四）农村工人是发展国防经济建设和充实抗战部队的主要部分。大城市的陷落与炸毁，提高了农村工业的重要意义，□加强农业生产，扩大耕地面积，改良生产工具等，农村工人都占着主要的地位。而补充扩大抗战部队，农村工人是最可靠的主要来源，如陕甘宁边区的征兵工作中，农村工人大批的自动涌入部队，形成部队中最巩固的核心。

所以农村工人在革命中是有着伟大的作用，可是不幸的是在全国范围内，除了共产党八路军领导的抗日根据地以外，广大的农村工人是没有组织起来的，他们仍受着一部分反动的资产阶级地主残酷的压榨剥削，他们的参加抗战的热忱和行动，是被抑制着和镇压着，这真是抗战的莫大的损失！

二 努力开展农村工会工作

（一）建立统一的农村工人自己的农村工会。组织就是力量，只有组织才能把意志力量集中起来。只有经过组织的教育、组织的推动，力量才能充分的发挥出来。而统一组织，才更能使步调齐一而有力。可是组织统一，这是农村工人自己的事情，其他人固然应向他们解释指导，但绝对反对代替与包办，而强制统制，那更是罪恶，一定要由他们自己民主选举真正为他们所拥护的、真正忠实于农村工人利益的分子，担任领导工作。只有这样组织才是巩固而有力的。他的组织应成为单独的系统，和其他工人密切的联系起来，统一全国的工人运动，发挥整个中国的无产阶级的伟大力量。

（二）适当的改善农村工人的生活。农村工人如果仍过着牛马般的生活，长期无限制的工作时间，苛苦的待遇，高利贷的盘剥，和失业的惨遇，是不能激发起他们抗战的积极性的。而过长的工作时间，更简直是剥夺了他们参加救亡活动的可能，这完全是有害抗战的。所以必须做到适当的生活改善，如规定最低工资及最长工作时间，废除高利贷，救济失业，发展农村工业，使他们的生活有保障，这是开展农村工会工作时必须注意与解决的问题。一些反动的地主资产阶级，他们不管民族的存亡，只图私人的营利，在抗战期间，他们反倒加重了对农村工人的压榨，甚至说些自欺欺人的漂亮话："抗战时期，大家要牺牲吃苦，多做些工，多挣些钱是为了抗战。"可是事实的表现：他们在抗战中，并没有做出什么事，只看见他们多剥削了工人，自己仍过着骄奢淫逸的生活。他们阻碍着抗战，简直是民族的罪人，我们要坚决反对这些坏东西。只有使工人们得到了生命的保障与生活的改善，才能使工人们更积极的自愿的参加一切经济建设工作的。

（三）争取民主政治的实现。真正的民主政府，农村工人是极力拥护的，也只有在真正民主政府之下，农村工人才能取得了言论、出版、集会、结社的自由，才能巩固自己的工会组织，发挥伟大的力量。在陕甘宁边区，政府保障了工人的利益，更从精神上物质上帮助了农村工会的组织与工作，才充分发挥了工人抗战的先锋模范作用，这是很值得其他地区一切真正抗战的先进人士所当研究与效法的。可是另一方面，民主政治的实现，也只有群众——农村工人是农村群众的先锋队——的奋斗争取才有可能。在现在发动农村工人积极参加宪政运动，争取民主政治，对于开展农村工会工作是一个非常重要的任务。

现在时局的危机是这样的严重，农村工人们！团结起来吧！一切革命的志士和农村工作者们，请注意、领导、帮助农村工会工作的开展吧！发挥这一支坚强的革命的主力军，粉碎投降分裂倒退的危机，坚持抗战团结进步，争取最后的胜利！

（1940年4月《中国工人》第三期）

在抗战中组织起来的山西工人

李　才

山西工人虽有数十万人，但过去在组织方面是非常薄弱的。一直到“七七”卢沟桥事变以后，敌人侵入山西，惨杀了无数同胞，摧毁了许多工厂，使得千百万工人失业。在这种情形之下，工人对日本帝国主义的仇恨更进一步的加深，对自身的团结也更进一步的积极。同时社会上阻碍工人团结的阻力也被冲破了。因此，山西的工会也就出现了。不但工人组织了工会，同时又组织了工人武装部队，他们给了敌人许多严重的打击，也给了社会人士一个很好的印象。过去有人误解：以为工人组织起来要对自己不利，抗战以来的事实，证明了工人组织起来，武装起来，并不是专与厂方斗争的。相反的，他们的中心任务是保卫祖国，保卫民族生存，驱逐日寇出中国。兹将山西最近的工运情形，简单的介绍给读者。

一九三七年秋天，敌人占领了大同，敌机天天来轰炸太原。当时全太原市共有三十三个工厂：西北炼钢厂、西北印刷厂、西北毛织厂、西北洋灰厂、西北窑厂、西北火柴厂、西北制造厂（所分十八个单位工厂）、晋生卷烟厂、晋华纺织厂、晋恒纸厂、女子一厂、女子二厂、晋丰面粉厂、电灯厂、皮革厂、被服厂等。至十月八日，全太原市组织了二十八个工厂分会，会员约 × 万人。此时山西省总工会也就宣告成立，由此奠定了山西工运的初步基础。同时又继续努力进行其他各厂的工作，但在这个时期，晋北及娘子关斗争一天吃紧一天，敌机轰炸太原也更加激烈。厂方看到形势这样紧张，就开始停工，同时本地工人，大部分也私自离开工厂，逃回家去。在这种混乱时期中，山西省总工会、牺牲救国同盟会、工人委员会，共同决定了集中力量，组织工人武装自卫队。不到半月的工夫，组织了六七百工人，枪支由政府那里领下，正式开始训练。至十月二十八日，敌人进攻太原非常紧急时，工人武装自卫队就离开了太原，到交城县训练。

山西总工会，在太原失陷前三天，即十一月十五日才离开太原，省总工会离开太原后，到交城县与工人武装自卫队会合。那时为了巩固工人武装自卫队起见，省总工会工作暂时停顿，全体人员参加到各队去，一方面训练；另一方面与敌人展开了游击战争。一直到一九三八年十二月一日，省总工会一部分人离开工卫队，重新恢复山西省总工会的工作。一直到现在，还继续领导着全山西的工人与敌人斗争。一九三七年十一月间，敌人正顺着同蒲路南下时，同蒲路总工会，于十一月十五日在侯马产生了。全线分会已组织起二十余个，会员约 × 千人。工人自从有了工会组织以后，全线工人在敌人炮火下，日夜连续不停进行军运工作，在抗战上尽了很大的责任，同时他们很快的又组织起铁路工人自卫队，开始时只有数十人，后来扩充到两个营，给了敌人不少的打击，破坏了许多的汉奸组织，并且捉了六七十个汉奸，极受当地的群众信任与爱护。

一九三八年春，晋南组织了七个县工会，如夏县、平陆、冀城、解县、芮县、绛县、曲沃等县，都组织起来。至“九一八”晋南各业工人联合总工会也就出现了，全边区会员有 × 万 × 千 × 百余名。

一九三八年秋，晋东南第三行政区工运也开始了。至十二月十日，第三行政区总工救在全边区要求下，也建立起来。目前他们共组织了十三个工救会，即沁源、沁县、襄垣、黎城、武乡、辽县、和顺、榆杜、昔阳、平遥、祁县、榆次、太谷等县。全区会员共×万×千×百×十余人。

一九三八年冬，晋东南第五行政区工运工作，在所有干部努力之下，也广泛的开展了。至十二月二十日，第五行政区总工救会正式成立。目前全区共组织了二十个县工救会，即长治、壶关、高平、顺平、晋城、阳城、沁水、长子、陵川、屯留、潞城、浮山等县。共计有会员×万×千×百余人。

一九三八年冬，正太路沿线工人联合工会又出现了。因过去总工会干部在敌人占领铁路以后，全体离开，其后工人自己又重新将工会组织起来。目前会员计有数千人。他们的工作开展到河北省去。

一九三九年二月七日，晋东南各业工人联合救国总会，在敌人扫荡晋东南企图下也成立了。它包括第三行政区总工救、第五行政区总工救、晋东南各业工人联合总工会、同蒲路总工会、正太路总工会。在这种组织系统下，对各级领导方面有了极大的灵活与便利，在工作上也得到了许多成绩。

一九三九年夏，第八行政区工运也就开始了。至五月一日，太原中心区总工会在第一次代表大会上宣告成立。目前组织了六个县工会，如太原、清源、文水、交城、阳曲、静乐等县，另外还有数个工厂工会，全区会员共×万×千余人。

一九三九年春，第四行政区也进行了工运工作。至五月十五日，工会临县中心区委员会也成立了，全区共组织了六个县工会，如临县、兴县、岚县、中阳、离石、方山等县，会员共×千×百×十余人。

一九三九年二月间，晋察冀边区工人救国会召开了第一次代表大会，该边区工救会，除在山西组织了九个县工会外，在河北省还成立了十余个县工会，在山西内的如五台、繁峙、代县、盂县、定襄、灵邱、广灵、寿阳、平定等县，全边区会员有×万×千×百余人。

一九三九年春，第二行政区也开始了工运工作，至五月二十日，岢岚中心区总工会也成立了。目前全区组织了八个县工会，即岢岚、五寨、偏关、保德、神池、宁武、崞县、河曲等县，会员有×千×百余人。

山西省共划分十一个行政区。现组织起来的已有七个行政区的总工会。县工会共有五十九个，会员共×十×万×千×百余人。没有工人组织的区域，只有第十及十一两行政区，因那边工人太少，另一方面干部的缺乏，因此该两行政区从未开展工作。再有第六、第九两行政区各县工会工作已经组织起来，不久中心区总工会也将成立了。

自从山西抗战以来，产生了这些工人组织，它究竟作了些什么工作呢？可分以下几点介绍给读者。

一　工人武装参战

首先在太原组织工人武装自卫队，该队将离开太原的时候，只有六七百人，至今已经扩充到×个团。同蒲铁工队开始时只有数十人，至今铁工队扩充到×个营。祁县工人游击队有×百余人，榆次工人游击队有××百人，正太铁路工人游击队有×百余人，阳泉工人游击队有×百人，新绛纱厂工人除×百余人到公安局外，另有×百人参加了政卫第二支队，以上工人的武装部队不下×万人。

省政府在一九三九年春季，命令整理武装部队，将以上英勇杀敌的一支工人武装，完全改编为正规军。目前只有工人自卫队，虽是改编为×××旅，但在他们臂章上，还保存着“工卫”两字。

二　动员工人参战

各级工会，动员工人组织了担架队、运输队、破坏队、交通队、慰劳队。在各敌区内组织了工人秘密小组，在非敌区内组织了工人锄奸小组，并在各地开展了经济建设，改善了工人生活，另外帮助政府切实执行新法令，如优待抗战军人家属、动员新战士、减租减息与合理负担等等。以上这些都为工会的经常工作。

三　抗战中工人生活与地位

山西过去工人生活最苦，例如煤窑工人，每天最少有十六七小时的工作，每天工资不过三四角钱。手工业工人每天十二三小时的工作，每月工资七元至十元。产业工人每月工资十二元至二十五元，艺徒及苦工工资每月不过九元，雇农更苦，每年最好的工资不过四五十元。

抗战中工人组织了工会，工人生活也初步改善了，同时工人在抗战中的地位也提高了，例如煤窑工人，工作时间改为九小时至十二小时，每天工资由五角至八角。手工业工人不准超过十小时，如超过十小时须另加工资，他们的工资由十元至十五元。普通产业工人，每天九小时工作，工资每月由二十元至三十五元。苦工每月工资增加到十元。雇农每年增加一身衣服，否则增加几元钱。同时各业工人，目前都有了言论、出版、集会、结社自由了。另一方面，在各行政区级、各县级、各区级每月都有一次军民联席会议，工会也能派代表参加。

从以上的事实看来，不能不说是□□抗战以来的进步，同时也是工人组织起来的力量的表现。

（1940年4月《中国工人》第三期）

一个鞋工的自白

圭　化

过去我在太原鞋庄当学徒，没有工资，也不给衣服，连睡觉的地方也没有一定，板凳是我唯一的床板。三餐要等到师傅吃饱了，才轮到自己吃。但从来就没有吃过一顿饱，因为剩下的饭菜不是冷的，就是所剩已不多，有时干脆一点儿也不剩。稍为有点过失，就要挨师傅的打骂。每天工作在十五个钟头以上。不但不让你有读书认字的机会，连一会儿的休息也没有。当师傅的根本就不让人有一点儿进步，在技术上更怕人学会本领，所以在这样的环境下就是天才也要被埋没的。三年满师之后，还得给师傅效力三个月。自己出来当了雇工，但每月也只得到极微薄的工资，不但不能赡养家属，连自己的老命也养不活，如果一旦得了病，雇主更是不理，只得在呻吟中等候死期的到来。

可是我到了边区鞋工厂后，不论吃的、穿的、住的大家都是一样。早上还有早操，工作后有人教唱歌，教认字，不见有打骂的现象。如果有意见就可以说出来，不会遭人的呵斥。在这里不但生活有保障，不怕失业，而且还有机会让我们去创造新的技术，发挥自己的才干，所以在这里做工是不会埋没天才的，而且可以培养出许多能干的人才。

为什么在外面做工就如牛马一样被人打骂，被人看得一文不值呢？在这里为什么我们工人能够过着自由、平等、快乐的生活呢？在这里为什么好像回到自己的家里一样呢？以前我不明白这道理，在今天我可明白了。因为这里有我们工人阶级的政党——中国共产党，有了民主的边区政府，而这政府又是我们自己的，所以这里是我们工人的家，我们工人在这里就是主人。在外面做主人的不是我们工人而是资本家，资本家要剥削我们、压迫我们，在这里做主人的就是自己，在自己工厂做工，没有压迫和剥削人的这些坏现象存在。

我想起了今天太原城里的许多鞋工，他们在敌人、汉奸、老板重重压迫之下，一定过着比以前还苦的生活。要到什么时候他们才能过着像我今天的自由快乐的生活呢？只有把日本帝国主义赶出了中国之后才有可能。同志们！请站稳自己的岗位，为争取抗战建国的彻底胜利而奋斗！

（1940年4月《中国工人》第三期）

我的童工生活

陈锦云

我在十二岁的时候，因为家境贫困，兄弟姊妹又多，一家十余口，全靠父亲一人维持，过的是朝不保夕的生活。因此，我的父亲就托亲戚设法把我送到长沙第一纺纱厂去作工。为了生活不能不和家庭离别，跑到距离家乡有三百里的长沙去。进了工厂，厂长把我派到细纱部去做学徒。刚入厂时，厂里的一切情形和规矩都不晓得，只有一个童工告诉我："任何事都要服从工头的指挥，不能随便离开机车，违犯规则就要受处罚。"

我在机车旁边跟女师傅学接头，做了半天，许多人都出去吃饭，没有人叫我吃饭，我又不敢问人，也不敢出去，就默默地坐在机车旁边。肚子饿极了，实在忍不住，于是就跑出去找饭吃，恰巧碰到了工头，我被他骂了一顿。说我不遵守规则，下次再犯就要开除，并命令我以后一定要站在机车旁边不许乱动。那次整整饿了一天，几乎昏了过去。

初进厂的三个星期是做日工，此后就把我编到晚班去做工。做到半夜十二点后，才能休息。因此非常瞌睡，有时就站在车旁睡着了。所有童工都同样的疲倦，大家勉强支持工作。未成年的童工尤其容易疲倦，一睡下去就什么也不知道。打瞌睡被工头看见，不是骂，就是打。打了骂了还要罚工钱。在车旁打瞌睡是一件很危险的事，一不小心，不被车子轧伤，就被轧死。那时就有一个九岁的女童工，因为她在车旁睡着了，而被皮带拉上去，连骨头都被机器辗碎了，死得非常凄惨！当时工友们看见这样的惨事，都痛哭流泪。但厂方对于女童工被机器吃了，不特不惋惜，反说："小孩子喜欢打瞌睡，自己找死路。社会上少了一个吃饭的没有什么关系。"没有天良，残忍竟到这种地步。我初当学徒的时候，就常常被车子轧破手指，有好几次因为打瞌睡，险些被机器吃了。受了伤后，不能做工，厂方不但不负担药费，连饭钱也不给。

童工的待遇，每月六元，伙食在内。住在厂里，是二十个人睡在一个小屋子。名义上一个月休息四天，实际并没有休息，因为加做星期工就津贴二毛。如果不做星期工，反要扣除二毛钱。每天除了十二个钟头的工作外，还要加做三四小时的工，实际是做十五六点钟的工。童工的手艺学到差不多的时候，可以派到车子上去做替工，原来那个工是六毛钱一天的，但童工去做替工，就是出货一样多，也只给四毛钱。厂方就常常利用童工来增加剥削。童工要做替工，也不是一件易得的事，必须常常拍工头监工的马屁，常常送些东西给他，这样工头监工才会帮助你派替工做。如果不和他接近，常常送些东西"孝敬"他，那就要动不动受罚，并派许多繁重的杂事给你做。工头监工专欺侮老实的人，长得好看的、伶俐的小女孩，他们如果喜欢了，就是偷懒或做错了事也不□她。他们不喜欢的人，要去小便一次，就要再三哀求，有时竟这一点小假也不准，有些女孩就急得哭！当童工的平时没有什么赏赐，只在过旧历年时，厂方特别"开恩"，每人赏给二毛钱，童工每月六块钱，吃厂方的包饭就去了四元半，罚工一罚就扣一天工资，所以往往每月所入，连饭钱也不够。童工年纪最小的有七岁的，这些小女孩，做些拾棉花、擦油滚、扫地等工作以外，还要给工头监工女师傅做小奴婢。刚离开娘□不久的女孩，在厂里被工头监工女师傅任意使唤，动不动要被打骂，真是可怜极了！满了十四岁才不算童工，所以有些人的手艺做得和老工人一样熟练，但因为还不满十四岁，只能做替工，好给资本家多剥削些。我过了两年长的童工生活，现在想起当时的生活还深深感到痛恨！

（1940年4月《中国工人》第三期）

工人大众可以改变世界创造新中国

——写给最老实最穷苦的工人们

何思敬

朋友！我想对你讲马克思列宁底最起码的道理。我想说说马克思列宁底道理就是工人大众改变世界改变历史的方法，并且可以创造新中国。

朋友！我常常听见有些穷苦工人像下面这样说：

"唉！工人是苦命，没有办法，只好安分守己勤力做工养活自己和一家老小。勤力做工才拿到一点工钱，不勤力做工，明天就会没有工做，就一个工钱都拿不到手，那时，自己和一家老小就要饿肚子。太高深的大道理，譬如革命啦、改造世界啦，这些大道理，我不懂，救不了今天明天饿肚子的什么道理总是不实际，太空洞，没有一点头绪，好像没有一点边际抓也抓不住的。"

朋友！我很同情这番话。工人真命苦。但是，我想请问你，工人也是人，为什么这样苦命呢？你和我和一切其他的人一样有一副脑子，别的事也会想，为什么偏偏这件事就不想一个明白呢？你以为你的苦命是命里注定吗？共产党人最忠实地告诉你：你的苦命绝不是命里注定的，你的苦命是这个世界弄成的。你担心明天没有工做，所以你勤力做工。但这个世界果不管你勤力不勤力，明天你的资本家觉得关闭工厂，或减少出货或要雇用比你更便宜的工人，总之对他有好处，他就不管你天大的勤力也要你出厂，你就马上没有工做了。你想！天天要担心明天有没有工做，或者明天会不会没有工做的这个世界未免对你太不公平了。你的苦命不是命里注定的，就是这不公平的世界弄得你这样苦命的。如果，你以为你的苦命是命里注定的，那你就应该承认你在这不公平的世界里头受罪是活该的了。但是你真正可以心甘情愿承认你的受罪是活该吗？大家都是人，为什么你的受罪就是活该的呢？你觉得这个世界对你不公平，这就是你已经觉得你的受罪不是活该的。

不过，你也许没有时候想，没有机会想，单单呆想也想不出什么道理，而旁边许许多多资本家底朋友们却天天对你说：命苦命好都是命里注定的；世界是不公平的，是势利的，世界就是这个样子没有一点办法。如果你已经觉得这个世界对你太不公平，这就是你已经不喜欢这个世界，已经不承认这个世界。如果你要忍气吞声在这个世界上过活，那就是你已经不愿意这个世界。因为真正愿意就一点也不必忍气吞声。你既不喜欢、不承认、不愿意这个世界，那末，你仔细想一想看，除了改变这个世界之外，你的那些不喜欢、不承认、不愿意究竟另外还有什么意思？不过，你也许想来想去想不到好办法，那末，我们共产党人最忠实地告诉你：马克思列宁底道理就是改变世界、改变历史的革命的道理。你如果学到了这个道理，你就用不着在这不公平的世界上忍气吞声、安分守己地过一生一世底苦命生活。

你想这个不公平的世界是不是真有点像十八层活地狱，那里有阎王、有专制大老爷、有洋大人、有日本鬼子、有中外的夜叉鬼、有抽筋剥皮的机器、有绞榨膏血的架子、有油锅、有尖刀山等等；这些可怕的东西算是阎王老子的，日本鬼子和中外夜叉鬼奉了阎王老子底命令穷凶极恶地拿这些可怕的东西来对付你，你在这些可怕的东西下面勤力做工，就好像在尖刀山上、在油锅里、在抽筋剥皮的机器上、在绞榨膏血的架子上受罪一样。假如你坐过监牢，你一定会想到打断手铐脚镣，打破那可恶的牢监逃出来。难道你在这活地狱世界里受罪，想不到打破这活地狱世界而求脱身之法吗?

说到脱身之法，我想你一定觉得没有多大办法。其实，脱身之法也就是改变世界。不过说到改变世界你也许以为这问题太大，无法可想，或者，觉得你的本领不够。也许你以为你只会做工，不会把这个世界改变成另外一个样子。

但是马克思、恩格斯、列宁、斯大林和全世界的共产党人最忠实地告诉你：就是你和全世界像你一样的一切工人们有力量有本领有办法把这个世界改变成另一个样子；正因为你会做工，所以你应该会改变世界——会懂得改变世界，因为改变世界和做工，道理是一个。

你想！譬如你拿一块铁放在风炉里去烧得鲜红，再拿出来把它打成一条一条或一片一片，然后再把它打成钉或刀，这是你知道的。改变世界也就是像这样的一回事。譬如你拿一根木头用锯子把它锯成一条一条一片一片，再用刨子把它们刨得很光，然后把它们拼拼斗斗，做成一张枱子。这是你知道的。改变世界也就是像这样的一回事。譬如：你把旧的房子拆掉了，就在旧的屋基用些新泥新砖头新木料来重新造一座新房子。这是你知道的。改变世界也就是像这样的一回事。

其实，你在制造各种机器、打钉、打刀、锯木头、做枱子、拆房子、造房子的时候，你已经改变了世界。你想！原来只是一块生铁、一根木头、一座旧房子，现在，你想了办法，用了工具，发挥了你的本领，把原来一块铁、一根木头、一座旧房子改变成许多新机器、钉、刀、枱子、一座新房子了。也许你只觉得你不过改变了一块铁、一根木头、一座房子，好像同改变世界没有什么关系，所以你不肯相信我说你改变了世界。不过，你想一想：原来那块铁、那根木头、那座旧房子是原来世界底东西，因为这些东西，所以原来的世界就是原来的那个样子，现在因你做了一番工，原来世界底那些东西已经不是那些东西了，已经不是原来世界底那些东西底样子了。所以我敢说：你改变了世界。同时我敢说：工人有本领改变世界。

你是老实人，你心里一定会想：改变一块铁、一根木头、改变一座房子是你能够做到的，因为这是小小的一点东西，小小的一部分，但改变世界这件事情太大了，你自己就没有这种天大的本领。

对的，这是老实话。不过，我还告诉你一句古老话，叫做“一通百通”。这是什么意思呢？

这就是说：既然这一块铁或这一根木头，经你加了一番工，变成了另外一个样子的东西，那就可以知道无论那一块铁或那一根木头，只要经过你或像你一样的工人加一番工，都可以变成另外一个样子的东西。

既然铁、木头只要加一番工可以变成另外一样子的东西，那末其他一切东西也只要用各种方法加一番工也就可以变成另外一种样子的东西。

你当然只是一个人，也许只会打铁、做棉纱、做木器，没有本领改变所有一切东西。但像你一样的各式各样的工人们很多很多，他们可以把各式各样的东西改成另外一种样子的东西。

世界就是一切东西（物质世界），一切植物、动物（生物界），各式各样的人（人类世界）。无论植物、动物以及各式各样的人都是从物质变成的。现在，不讲人，也不讲动物、植物，单讲物质世界（一切东西），那末，像你一样的各式各样的工人们改变了各式各样的东西，成为另外一个样子的一切东西，这也就是改变了物质世界。

像你一样的人能够改变物质世界，难道不会改变植物、动物底世界吗？都可以！

稻、麦、豆、棉花之类本来都在荒地上自然而然生长的。现在，这些东西在荒地上生长的命运给种田人改变了。现在这些东西都只在熟地上生长了。这些东西底种子统统给耕田人管了。这些东西底种子在荒地上生长的情形或样子，因耕田人世世代代耕种这些东西，结果变成只在熟地——这也是给耕田人加了一番工，由荒地变成了另外一个样子的土地——上生长的情形或样子。这些东西生长的情形或样子给耕田人改变了。这是一。

原来这些东西在荒地上生长的时候，因为土很硬和杂草生长得很瘦，谷子也不多也不大——野棉花颜色是黄的多，也很小——在熟地上因为土松，有肥料（粪之类），杂草也给耕田人拔掉了，结果生长很肥，谷子很多很大了。棉花又大又白了。这岂不是因为耕田人加了一番工之后，这些东西才变了样子吗？这是二。

野马、野牛、野猪、野羊、野狗、野鸡………原来都是很野的，但经过人加了一番工训练之后，不是变成驯服的家畜听人底说话了吗？这是三。

最后，各式各样的人——人类世界好像工人们没有法子改变它的样子。这话对不对？我说这话是不对的。工人们可以改变各式各样的人，把他改变成另外一个样子。

中国底有钱人原来穿长袍大褂的。西装成衣工人替他做了一套西装，于是原来这穿长袍大褂的中国老爷变成洋气十足的洋大人底样子了。工人把这长袍大褂的中国老爷改变成另外一个样子了。中国老爷本来不住洋房的，工人替他造了一所洋房子，他现在和洋大人一样住洋房子吃大菜了。所以说：工人有本领改变人底样子，不管他是中国老爷也好，洋大人、日本鬼子也好。

这样看来，世界是可以改变的，只要加一番工，所以工人大众可以改变世界，不管这世界里头有什么铁，有什么木头，以及其他什么东西，不管这世界里有什么野牛、野马、野猪……有什么大老爷、洋大人、日本鬼子，工人大众可以把这活地狱世界改变成另外一个样子。能改变这活地狱世界就能够改变工人大众底苦命。

如果——你说——阎王老子、大老爷、洋大人、日本鬼子顽固得很不愿意你改变这活地狱世界，还要训练一班夜叉小鬼（宪兵、警察、特务、军队）来拼命压住你们，不准你们改变这活地狱世界，那怎么办呢？那也不要紧，你想！阎王老子、大老爷、洋大人、日本鬼子、夜叉小鬼能比一块铁、一块石头更硬些吗？你想！你改变一块铁、一块石头的时候，你曾想了各种办法，用了熔炉、铁锤使了劲，把那块铁、那块石头改成你想要的那个样子。如果一个人使劲不够，两个人；两个人不够，三个人；三十个人、三百、三千、三万、三百万、三千万、三万万、四万万人一齐起来使劲！改变世界也就是这样一回事。马克思、恩格斯、列宁、斯大林，和全世界共产党人最忠实地告诉我们说：只要全世界工人大众团结起来，联络耕田人，联络其他一切反对这活地狱世界，反对阎王老子、大老爷、洋大人、日本鬼子、夜叉鬼的人们一齐起来照共产党人说底话使劲，那末这世界会变成另外一个样子，像苏联一样。这就好像拆了旧房子重新造一座新房子一样。

那座新房子里头就只许工人、种田人和一切反对阎王老子、大老爷、洋大人、日本鬼子、夜叉鬼的人们住，不准阎王老子、大老爷、洋大人、日本鬼子、夜叉鬼来住。现在，中国工人首先应该联络种田人，联络一切反对日本鬼子、反对阎王老子、反对专制大老爷、反对帝国主义洋大人、反对仗势凌人的夜叉小鬼的人们一齐来新造一座新房子，叫做独立自由幸福的新中国。新造一个独立自由幸福的新中国，也就是像新造一所房子一样。

不过独立自由幸福的新中国，还不像苏联那样幸福的国家，可是在新民主主义共和国里头，一切赞成抗战的人都可以得到民主自由和生活改善，工人大众好像已经打破了活地狱底大门，走上了畅快的斗争道路，根据这个道理将来就可以改变世界。这问题还要详细讲，今天来不及了。

还有改变历史的更深一层的道理也只好另外再讲吧。再见。

处于伟大民族解放战争的中国工人阶级及全中国人民，正处于投降分裂的严重关头，“五一”节成为检阅和总结三十三个月来抗战经验与组织和发挥自己力量、坚持团结抗战、反对投降分裂斗争的节日。

——邓发

（1940年5月《中国工人》第四期）

灵山的矿工

董　昕

一　灵山煤矿的沿革及其持点

处在敌人后方的晋察冀边区的人民，配合着英勇的八路军，为着巩固扩大那模范的抗日根据地，争取抗战的最后胜利，和日寇做着残酷的斗争。边区的工人阶级也在这伟大的民族革命的战争中起着模范的先锋作用，特别是在曲阳县游击区的灵山煤矿工人，那英勇模范的斗争，是边区工人运动的重要的组成部分。这里我愿意把灵山矿工的种种做一个轮廓的介绍，首先需要说明灵山煤矿的沿革及其特点。

曲阳的矿坑完全集中在灵山（即现在的××区），从历史上来讲，远在金兵犯宋的时候就已开采，它和这儿盛产著名的宋瓷的瓷窑是一对双生子。原来宋朝在这里烧瓷器，当时窑业很发达，需要燃料很多，于是促进了矿业的发展。在那时就有今天的“野北”、“燕川”、“涧子”、“庞家洼”、“杏子沟”等煤井出煤。据说到明朝“燕王扫北”的时候，人民因战争的影响，大批逃亡，或惨遭杀戮，致人烟稀少，煤井当然也就停工。直到后来从山西移民过来，各煤井才逐渐继续开采；因为此地每遇雨水过大就会山洪暴发，煤井常被水淹没，于是煤井的数目也随着环境变化而变化，每年皆有增减。最多的就算民国十六七年的时候，因北伐战事的影响，限制了外来煤斤的推销，得到暂时的蓬勃的发展，当时煤井增加到三十“眼”。可是不久便被大水淹没，只剩下十几“眼”，后来甚至还有剩四“眼”井的时候。直到一九三九年春还有十二“眼”井出煤，旋又被大水淹没。现在只有“洪土岗”、“下坡下”、“灵山下河”、“灵山河身”四“眼”井出煤；另外还有四个“白口”（即已开始开采但尚未出煤），其中有一眼是边区政府和商民合股的。

灵山的煤矿不同于任何矿坑，是由于它本身具有许多特点：首先就是各煤井完全是土法开采。资本的来源不是大资本家大地主，却是由一些小地主小有产者集成股本，采取股份有限公司的形式，股本分若干大股，每大股又分若干小股，如洪土岗煤井有资本五千元，是由四个大股分做四百个小股集成的，由各大股东推举“当家”的主持全矿；同时非常迷信，各矿均供奉“老君”神。在集股的时候就规定把红利中的六个或四个半股为“老君”股，作为焚香修庙之用。其次是由于土法开采，设备简陋，每遇水灾便可能被淹没，使矿方倾家荡产，工人失业。另外就是这里的煤井因历年开采，而有时便被水淹没，虽然地面上被砂石埋没，实际上地下已经把煤采掘出去的空沟很多，在开采时遇到这种空沟，便会“漏了水”或叫“放炮”，于是前功尽弃赔了本钱。因此有时股东会完全破产，变成下井的工人。可是工人有时也可能变成股东。同时由于交通及气候的关系，冬天煤井就增多而夏天则减少，有的煤井在农忙时就停工，农闲时才复工，各方面都表现着相当大的变化性。最后是这里煤的藏量虽然还不少，可惜煤层太薄而且零乱，利用机器开采比较困难。民国十二三年间，曾有人企图用机器开采，结果赔了几十万元的本钱，直到今天，锅炉还躺在那里。由于灵山煤矿具有了如上的特点，客观上存在着很多的困难；虽然它有悠久的历史，但直到今天，它还只好限制于非常落后的生产方式。

二　他们是怎样生活着

工人多是半工半农，真正一无所有仅靠出卖劳动力而生活的纯粹工人，只占全体工人总数的百分之十。一般的都是一方面出卖劳动力，同时家里还多少有一些土地，最多的有二十几亩，最少的有一亩二亩，或是佃农。因此他们是带有季候性的，农忙去种田，农闲去做工，而且这些工人还有地方性和童养性，外来的人即所谓“生手”干不了，下井要在十五六岁就练习，不然身体就不能支持，受不了那阴霉潮湿的气息的侵袭，或易发生不熟练及其他危险。工人的年龄最大的五十岁，最小的十二三岁；四十岁以下、二十岁以上的工人约占三分之二；十八岁以上、二十三岁以下的青工约占百分之十；十二岁以上、十八岁以下的童工约占百分之十。

他们每天工作时间是十二小时，洪土岗的工人是十三小时。一天要作两班，每班六小时，有四次下井的时间。“烧明”就是早八点，“清神”是吃过午饭后，“送黑”是吃过晚饭后，“夜班”是夜十二时，一天两头不见太阳。他们的工资一般的是采取计件工资和包工制的，现在按照他们不同的职务分别述之如下：

一、绞把子工人，有绞煤绞水两种，但都是在井上，每一眼井有很多的井口，每个井口上都搭有棚子，叫做“辘轳棚”，每棚都有一个“辘轳”，他们就在那里工作，绞煤的每一班要从十二丈深的井下绞上二斗半煤（每斗二百斤），计重有五百斤。包工每天一元，现做每天八角，绞水工每天七角。

二、担筐工人，他是在井下做活，把已掘出的煤用担子担到井口下，叫绞把子工人绞上去，按走的路程远近决定交活多少。六十“讨”（每讨约五尺）远每班要交四担半（每担约百斤），计五百斤煤；三十“讨”每班交二十五担，计二千五百斤。现做每天九角，包工每天一元一角，事实上三十天的包活，需要四十天才能担完。

三、打镐工人，就是专管挖煤的，每天——即两班——要挖煤四斗，计八百斤，供给担筐工人。无烟煤因煤质硬则交一斗半，包工每天九角，现做每天七角。

四、青工和童工，他们的体力是不如成工，可是他们的工作却同成工一样。青工一般的说挖煤的比较多，也有的打杂，工资和成工一样。童工一般的都是“打杂”、点灯。包工每天五角，现做每天四角。他们被削剥的最厉害，他们的地位也最低下，常遭受打骂。就在工人的队伍里他们也被轻视，他们叫青工“半块筐”或“帮半块”，童工叫做“半杂工”，因为他们没有地位，一般人都骂他们“杂种”。

除了上述的工人外，还有“掌窑的”，就是工头。厂主管吃喝，每月有十五元的工钱，但有时他也可能就是股东。工人的工资就是如此，几年来也没有多大的升降，可是相反的，他们生活必需的资料的价格，却在飞涨着，从下面的物价表里，读者会不难了解他们的生活是如何的每况愈下呵！

灵山区物价比较表（一九三九年十一月调查）

类　别	单　位	一九三七	一九三八	一九三九
盐	每元	五斤	八斤	七斤
香油	每元	七斤	三斤半	一斤
棉油	每元	六斤	十斤	二斤半
青子油	每元	十斤	九斤	二斤半
花生油	每斤	一角半	一角八	六角

续表

类别	单位		一九三七	一九三八	一九三九
洋布	每尺		一角二	二角半	四角
土布	每匹	（大）	一元七	二元	四元
		（小）	一元二	一元三	二元半

灵山区粮价比较表（每斗的价格）

类别	一九三九		一九三八		一九三七	一九三〇
	六月	十一月	六月	十一月		
小米	八角	三元五角	六角	三元	六角	八角
麦子	一元二角	二元四角	一元二角	一元六角	一元	一元二角
高粱	四角	一元八角	四角	一元二角	四角	五角
玉蜀黍	六角	二元	五角	一元四角	五角	六角
荞麦	五角	一元六角	四角	一元二角	四角	六角
大米	一元二角	五元	一元二角	三元二角	一元	八角
黄豆	七角	二元	六角	一元三角	六角	七角
黑豆	六角	二元	五角	一元二角	五角	五角
白豆	七角	二元五角	七角	一元八角	六角	七角
绿豆	八角	二元七角	八角	二元〇角	六角	八角

一年到头，从小到死，他们是生活在那阴湿的、污浊的、黑暗的地下层。他们在饥饿、疾病、死亡的重重危险的氛围里挣扎着，他们的死亡率是惊人的，他们能活到六十岁便算是“古来稀”，一般的说这里的矿工只能活到五十岁至五十五岁，井下的“着火”、“闷气”无时无刻不在威胁着他们，被烧死或摔死的比例数是比病死的数目要大。在工人们的中间流行和传染着严重的咳嗽和肺病。抗战后这些地区变成敌来我往的游击区，特别是敌人占领党城、口南两据点时，经

常出来扫荡。如此他们便又增多了一层死的威胁，在战斗中许多工友就在日寇的炮火下牺牲，许多矿工在敌人的刺刀下死亡。可是今天不同了，今天的矿工们起来了，虽然他们自身还存在着一些痛苦，但他们已经取得边区的真正代表人民利益的政府所给予他们的一切自由，他们组织了自己的团体，得到了武装，为了保卫祖国，为了民族的解放和工人阶级的解放，他们在和日寇进行着血的战斗。

三　在战争中站起来了

抗战以前是没有工会的组织的，一九三七年十一月八路军收复曲阳后，即着手组织地方武装，恢复政权，扶助和开展群众运动，当时就成立了半武装半群众性的动员委员会，灵山的矿工会也就在动委会的帮助下建立起来。在边区的群众工作的发展上来说，一般的都是先有武装而后有农会，再成立其他工、青、妇等团体，可是这个工会的产生却在任何群众团体的先头，这时只是成立了筹备会去进行工作。到一九三九年二月二十一日才召开第一次代表大会正式成立灵山煤矿工人抗日救国会，选举了七个执行委员，常委三个人都脱离生产，建立了各个工作部门，具体的分工，计有主任及组织、宣传、劳动保护、抗战动员四部，并聘有秘书一人。二次代表大会后，又添设总务部。同时按照各生产单位，分别组织了七个分会，各选有不脱离生产的干部七人，工会的经费是由矿方每月津贴十五元，从此工作才渐入正常的轨道。

灵山矿工会组织了九百多会员，按照“辘轳棚”划分为一百九十六个小组，建立了模范自卫队五百八十人，这是一股坚强的力量，他们以英勇的姿态去迎接和粉碎敌人任何一次的“扫荡”。为了战争的胜利，他们动员了人力物力财力，贡献给抗日的政府，帮助战斗中的军队，坚持着敌后方的残酷的斗争。根据六个月残缺不全的统计，在半年里，他们慰劳部队的东西计有：面粉一千斤、斤猪七口、羊四只、饭七担、菜三担、捐洋九十元；他们还募集了子弹五二三粒、弹壳四一三一个、手榴弹十九个、冲锋枪子弹十粒、刺刀一把，这许多的弹药武器。他们还不断的去破坏交通，仅在"河身里"这一个分会里就发动过三百人，大规模的破坏交通就有十次，动员了四十多副担架去抬伤兵。"下坡下"的工会破坏交通二十八次，动员了九百多人；动员了三次抬伤兵，共有一百八十六人。总之共破坏交通六六次，动员三二〇四〇人，担架运输共九三〇人。同时他们还组织了侦探、送信、游击等小组，经常的去配合战斗，去给我们的部队报告消息。"下坡下"的工人夜里引导×团营去夜袭党城的敌人，×××等十几个工友在庞家洼的战斗中在火线上运送子弹救济伤兵，领导部队冲锋，以坚决勇敢的精神帮助军队打了胜仗。诸如此类的英勇的故事很多，灵山的矿工得到战争的锻炼，在战争中工人们站起来了。上面这许多事实说明了，灵山矿工会所获得的成就之第一点。

第二，在政治文化教育方面也有很大的开展，过去工人是没有机会去识字读书，不叫工人讲话，茶馆酒店等等公共场所都要挂起"莫谈国事"的牌子。今天的工人不单是在文化上提高了自己，而且他们的小组会上也在讨论着国家大事。他们在热烈地进行着识字运动，他们现在还有三十个识字小组，至于"辘轳棚"的识字教育也每天都在进行。所谓"辘轳棚"的识字教育，就是每天工人上下班时要学会"辘轳棚"里挂的识字牌上的字，由矿方的管账先生指导；工人替他摊勤务，每天都要认两个字，他们在识字班里读着，工人识字课本、工人运动的历史、国民公约等非常实际的教材。在"河身里"分会的统计，一百二十七个文盲中，半年里有二分之一能够背诵国民公约的，同时各分会都成立了工人子弟学校，穷苦的孩子们也得到了读书的机会。

第三，是工人生活的改善和劳资关系上有了进步。如果要发动与组织全体工人去积极的参加抗战工作，只有改善他们的生活，才能真正的充分发挥他们伟大的力量。灵山的矿工会也正确的领导了这个工作，本着统一战线的原则，采取仲裁说服的方式，获得了初步改善工人生活的成绩。在工资方面是逐渐的增加了，一般的说：灵山的工人得到了三次的工资的增加，平均增加了原来工资的三分之一。同时也按照各矿不同的情形，工人也有了“花红”，从三毛、七毛、八毛到一元一毛不等。在厂方的待遇方面也得到了改善，过去死一个工人矿方可以敷敷衍衍，也许给很少的恤金就算了事。现在不但在井下受伤或死亡矿方要出恤金和医药费，就是在抗战中在敌人炮火下牺牲或受伤的工友，矿方也要给那穷苦的工友以帮助。民中和玉民两煤矿，在一九三九年二月二十四日敌人进攻庞家洼一带；当时在敌人的猛烈的炮火下，有九个工人牺牲，十个受伤，送到医院去调养，调养费由矿方负责，死难的由矿方每人出抚恤金一百五十元。在集玉煤矿失火烧死工人一名，伤工人四名，矿方出恤金一百八十元，伤者每人给药费三十元。不仅如此，他们还组织了募捐委员会和垦荒团以及介绍职业去救济那些失业以及疾病的工人。同时他们为了巩固和繁荣边区的经济，调整物价，他们组织了合作社。如上所述灵山的矿工是得到了初步的生活的改善，而且他们和矿方是在统一战线的原则下，解决了许多问题的。

边区的工人在战争中站起来了，他们得到战争的锻炼，在斗争中得到生活上的改善，提高了他们的文化水平，以及政治上的觉悟，他们在不断的进步着，也只有不断的进步，才能给抗战更大的贡献，争取到民族的解放和自己的解放。

四　几句小结

灵山的工人在进步着，工人运动也和边区的整个的工人运动一样地在澎湃的发展着，可是不可否认的，今天做的还不够，在进步中还存在着弱点，我仅依据还不够深刻的了解，有这样几点意见：首先就必须高度的注意加强工人的文化教育工作，特别是工会的干部，一般的说工人中真正识字、能写豆腐账的还不多，在工会的干部中仍有不大识字的，所以还必须任用一个识字的秘书，帮助他们看上级的指示、写信等等，否则将会减低工作的效率甚而妨碍了工作。所以今天怎么能在文化上提高他们是一个非常重要的问题；所以应该加强工人的教育，广泛开展识字运动消灭文盲特别是提高干部中的文化水准，进行工人中的特殊的教育。其次就是基于统一战线的原则，改善工人的生活，加强劳动保护的工作，救济失业工人，特别是青工童工待遇的改善，这是发挥工人在抗战中的更大的积极性的一个非常重要的先决条件。再其次就是巩固现有组织，健全领导机关，组织那些失业的工人，使之成为边区工人运动的坚强的支柱。在领导上要克服现在还存在着的形式主义，一般化和大把抓的作风，而真正使整个组织自下而上的活跃起来，今天的工人运动在群众工作中还是比较薄弱，因此要依据这些基础去开展全边区以及整个华北的工人运动，使之发挥工人阶级的伟大的力量，使工人阶级在先锋队的岗位上，完成驱逐日寇、建立新中国的历史任务，求得民族的解放和工人阶级的彻底解放。

（1940年5月《中国工人》第四期）

迎接伟大的“五一”国际劳动节

邓　发

“五一”国际劳动节，今年已经五十四周年了。数十年来，全世界劳动者，把“五一”看作是伟大而神圣的节日，把它当作是检阅自己战斗力量的节日。开始“五一”只是劳动者为争取“三八制”而进行战斗的纪念日。那末现在“五一”随着时光的流转与历史的演变，“五一”已成为一切劳动者和一切爱好和平优秀人类为反对帝国主义战争、反对野蛮的侵略者，为争取民族独立、争取民主自由与争取社会解放而斗争的节日了。在苏联则成为庆祝社会主义在国际和国内不断获得胜利的节日。处于伟大民族解放战争的中国工人阶级及全中国人民，正处于投降分裂的严重关头，“五一”即成为检阅和总结三十三个月来抗战经验与组织和发挥自己力量，坚持团结抗战，反对投降分裂斗争的节日。在这一天，全世界劳动者和一切爱好和平与文化的人民，都动员起来离开工厂、农庄与课堂，到街道、到马路上、到广场中、进行向帝国主义，向一切侵略者示威和检阅自己力量。

今年的“五一”正是全世界资本主义体系进入了战争与混乱的时期，是资本主义日益接近没落崩溃的时期。自英法德帝国主义战争爆发之后，大批工人、农民、青年被迫为帝国主义去当炮灰，被迫抛弃家庭、妻子、儿女而奔赴罪恶的战场。随着战争的发展，就不断增加其本国工人失业，而且影响到暂时尚保持中立的资本主义国家。战争爆发后，仅一个月英国即增加二十万失业工人，法国战争不久就有八十万失业工人失业者，即比一九三八年增了一倍。美国失业者竟达一千一百万到一千二百万之众，比诸一九三九年增加百分之十四。比利时亦有二十万工人失业。丹麦失业者竟达全国工人总数三分之一。西班牙失业工人则有五十一万八千，这是何等惊人的数目，这还是两三个月前的材料，战争持续发展，失业者当与日俱增。帝国主义为着满足战争需要，一般工人工作时间增加到十小时以上，工资虽无增加，而物价却随着战争发展而飞涨，这就等于实际工资的减少。对中国进行野蛮侵略的日本帝国主义，其国内劳动者的苦况，当然更加严重，在侵华战争动员之下，百数十万劳动者，被驱使到中国来送死。据一九三八年的统计，日本国内就有一百八十万工人失业，因战事严格统制日用品的结果，非军事工业工人有一百三十万工人失业，于是就不得不引起日用品供给的恐慌，在日用必需品的工业中，并禁止招添十二岁到三十岁之男工，相反的在六十种与军事有关之工业，却感到工人的缺乏，而雇用十二岁以上之男工，及十二岁到二十岁之女工。一九三七年日本官方统计国内六百四十二万工人中，女工即占四分之一；而女工工资，却只等于男工工资三分之一，这就说明资产阶级加强对劳动者的直接剥削。工作时间则惊人的增加，现在日本工人百分之三十七做十小时到十二小时的工作，百分之二十八的工人做十二小时以上，做十小时工作以下的工人只有百分之三十四，因为工厂设备不周，工人因工作死伤者亦与日俱增，据日本官方统计：一九三六年工人因工作死伤者，有八千七百人，那末到一九三七年就有一万二千七百，仅仅一年，就增加了四千，而实际数目更远超过此等人数，而工资不但未增加，反而降低了，而国内物价却已涨至数倍，至于工人自由早已被剥夺殆尽，甚至“五一”纪念节在去年亦遭禁止举行了。帝国主义进行罪恶战争的结果，给劳动者带来的是死亡，是妻离子散，是流离失所，是使劳动者陷于痛苦的深渊。

因此资本主义国家中之工人阶级，则以罢工作为反对战争、要求改良待遇斗争的武器，在英国中部曾发生八千煤矿工人罢工，在都柏林有数千市政工人罢工，在印度因反对参战曾有十五万棉织工人的罢工，澳洲亦发生矿工罢工。在美国纽约有五千汽车夫的罢工，在瑞士有兵工厂工人的罢工。法国工人遭到空前压迫，但他们在法共领导之下仍进行英勇的反战斗争。德国工人阶级的反战的愤怒正在广泛的滋长。近年来日本不仅有数千次的劳资冲突，而且为表示对侵略战争的愤恨，曾烧毁仓库和工厂，如日本永井、川化等地有四个工厂被反战的劳动者焚毁，损失达二千万之巨。这就表示国际无产阶级劳动者对于帝国主义罪恶战争的反抗。国际工人阶级对于为正义为自由而反对侵略者的中国人民，则加以援助。尤其苏联劳动者及其政府，始终一致的在物质上、精神上来援助为独立自由而抵抗侵略者的中国人民。在英美工人中，曾进行过对日抵货与禁运的运动、各国工人进行同情的募捐等。这都足以表示国际无产阶级的一致团结与战斗精神。

“五一”在伟大社会主义的苏联，则成为一切为自由幸福而劳动的劳动者庆祝苏联和平政策胜利的日子，庆祝红军在波兰、在芬兰的胜利，庆祝西乌克兰、西白俄罗斯骨肉兄弟获得解放的胜利的日子。“五一”将成为苏联无敌红军与人民团结一致向一切敢于冒险侵犯苏联的人们示威的日子！

芝加哥工人在五十四年前，所提出的“三八制”，在资本主义国家尚只是劳动者斗争的目标和希望的话，那末在苏联则早已成为事实了。生长在斯大林时代的苏联劳动者，早已实行六天一个礼拜制，每天七小时工作制度了。早就没有压迫和剥削了，饥饿与失业早已成为历史上的名词了。过去不识字的工人、农民已变成劳动的知识分子和无数的工程师了。男女工人和劳动者已成为管理国家政权及一切生产事业的主人了。劳动者过着文明的、文化的、幸福愉快的生活。苏联社会主义的胜利光辉地照耀着全世界的劳动者与被压迫的人民，社会主义的建设正向着共产主义目标迈进，而且社会主义的伟大力量，以国际主义者的精神去援助被资本主义奴役的劳动者和被压迫的民族。所以“五一”在苏联是全国人民欢欣鼓舞庆祝社会主义在国内建设和外交政策方面不断获得胜利底节日！

在中国二十年来“五一”有他光荣的历史发展，中国工人阶级当他开始活动即把“五一”当作自己战斗的纪念日。当时虽然只有个别地方，如上海、武汉、广州及京汉路工人举行“五一”纪念，但随着职工运动的开展，随着日月的变迁，“五一”逐渐变成广大群众战斗的纪念了。特别在一九二五年至一九二七年大革命时代，“五一”成为全国各界民众反帝反封建，为民族独立、为民主自由、为生活改善而斗争的纪念日了。大革命失败后虽然有过一个时期在大城市中不能公开举行，但“七七”抗战以来，“五一”又成为全国人民抗战动员的伟大日子了。“五一”在中国二十年来曾经过光荣的历史发展的。

抗战将近三年，中国工人阶级是始终站在先进战士地位的。抗战开始，即有上海、青岛日本纱厂十数万工人的同盟罢工，往后即有平汉、津浦、陇海、沪杭、沪宁、浙赣、同蒲、广九、粤汉等铁路及上海、平津、南京、武汉、广州等工人的积极参战，海员、邮工、关员等为了保护我国主权，不甘为敌利用，曾作过英勇的斗争，香港《南华》、《天演》、《自由》三报工人为反对汉奸汪精卫而举行了同盟罢工。但在目前正当中国抗战更加困难时候，投降妥协的危险比什么时候都来得尖锐。汪精卫则公开上台高唱投降和平。隐藏于抗战阵营中的日寇汪派的应声虫顽固分子则实行挑拨离间，高唱“反共”以便开辟投降道路。英、法、美等反动资产阶级则待机出而调停中日战争，实行牺牲中国而求得保存自己利益。日寇由于其国内政治混乱，财政经济的无法解决，兵力的不足，与反战情绪的高涨等，而急于结束中日战争，因此中国工人阶级过去虽然尽了自己应尽的职责，但在此新的情况之下，唯有更进一步组织和发挥我们力量，坚持团结抗战，才能获得胜利；反之，想在暴敌面前乞求和平，那就只有屈服，只有灭亡，只有使整个国家沦为殖民地，使四万万五千万中华人民永远受日寇奴役！中国工人阶级及一切劳动者在整个中华民族处于存亡绝续的紧急关头来纪念“五一”，就应更进一步来组织和发挥自己抗战力量与英勇战斗精神，为坚持团结抗战到胜利而奋斗！

最后要使“五一”变成战斗动员和检阅自己力量的节日，那末中国工人阶级应当怎样进行战斗动员？怎样检阅自己的力量？就应当提出自己的具体任务。提出些什么任务呢？

第一，必须在“坚持团结抗战”、“反对妥协投降”的口号下，动员自己一切力量积极参加抗战，动员工人到抗日军队中去，到抗日游击队去，到敌后战区去，协同军队游击队破坏敌人交通铁路；同时在我后方应发扬生产劳动热忱，努力为抗战而增加生产；动员群众积极领导和参加正在开展着的反汪派汉奸的斗争，反对顽固派挑拨磨擦、引起内战的阴谋，普遍深入群众去宣传解释，指出汪派及顽固分子一切投降分裂企图，都足以引导中华民族到灭亡的危险！

第二，必须在坚持团结抗战口号之下，工人阶级首先团结自己，在自己工会周围组织广大工人群众，大批吸收男女工人及青工到工会中来，健全和扩大自己组织，实行有组织的动员，有计划的参加前方抗战与后方生产。在团结抗战的政治基础之下，进行工人组织的统一运动，组织同一职业同一产业工会，建立同一地方的联合组织，以便促进全国工人的统一组织运动，只有团结自己，才能团结别人，才能推动全国大团结。

第三，在敌后沦陷区必须坚持反对日寇、汉奸、汪派等分裂工人阶级组织的政策，应在忠奸不两立的原则下，无论如何不受日寇、汉奸收买利诱，誓不参加汉奸组织的工会，坚决反对少数工贼的叛变行为，坚决反对引导工人阶级走上反共投降道路的阴谋。在我后方亦应提防汪派顽固分子暗中引诱工人参加反共的诡计，并严防他们用左的口号去煽动工人作有碍团结抗战的阴谋，如反共顽固分子所化装制造的成都抢米之同类事件，因为这种诡计阴谋实行的结果，必然是为投降者制造反共的藉口，为投降者开辟道路，因此应时刻警惕着。

第四，为更进一步发挥工人阶级抗战力量，适当的改良工人生活是非常必要的，因为抗战以来物价已不断增涨，而工资仍维持原状，甚至在抗战期间发生不少减薪加时的现象，但实行改良工人生活必须建筑在下列基础之上，即一切以团结抗战为出发点，以政府一九三八年颁布之《战时保护劳工法令》及《抗战建国纲领》为基础，劳资双方以调协磋商方法行之，资方给工人增加一点工资，使工人在抗战中多贡献一点力量，这样既适合有钱出钱、有力出力的原则，又不会引起劳资双方尖锐矛盾，而工人生活改良了则更能发挥其抗战热忱，提高杀敌决心与生产热情，又可收一致团结抗战之效。

第五，中国工人阶级应当利用一切可能去加强国际工人阶级的联系。经过一切可能向国际工人宣传中国工人阶级英勇抗战的斗争事实，并要求国际工人阶级开展援华运动扩大对日本制裁的斗争范围，尤其要使正在反对帝国主义战争的国际无产阶级与坚持抗战的中国工人阶级底斗争密切地联系起来。

第六，中国工人阶级应团结在自己先进政党中国共产党领导与组织的周围而斗争，中国共产党应在工人阶级中尽量扩大自己的影响并吸收一切对民族解放与无产阶级事业抱无限忠心的分子到党里来，加强党与工人阶级联系，并给予必要的训练和教育，使之成为党的骨干。这也就是直接的有效地加强抗战的力量。

第七，“五一”纪念应开展敌后沦陷区及我大后方城市的职工运动，这对于加强团结、坚持抗战、反对投降妥协斗争，对于争取最后驱逐日寇出中国都有严重意义。这就是我们纪念“五一”的战斗任务。

“五一”随着时光的流转与历史的演变，“五一”已成为一切劳动者和一切爱好和平的优秀人类为反对帝国主义战争，反对野蛮的侵略者，为争取民族独立、争取民主自由与争取社会解放而斗争的节日了。

——邓发

（1940年5月《中国工人》第四期）

用战斗纪念“五一”的华北工人

张　浩

> “进行不调和的斗争，去保证工人、劳动农民和少数民族的经济上和政治上的地位，同时要站在为民族独立而斗争的最前线，并把解放战争进行到底，不让‘自家的’资产阶级，用出卖本国利益的方法，去与侵略的强国妥协分赃。”

这就是共产国际第七次世界代表大会，对被压迫民族的工人阶级与共产党员，为民族解放而斗争和拥护民族解放战争中所指出的任务。我们在抗战进行将近三年的“五一”节的时候，我们根据这一指示，检查一下站在中国抗战最前线的华北工人，在抗战以来的作用，我想是有必要的，但要在这篇短文内想说到一切是不可能的，现只将华北工人在抗日战争的英勇斗争及其作用加以叙述，但因材料的不充分，尚有很多遗漏之处，尚希读者原谅与补充。

一　抗战开始时的作用

一、“七七”炮声刚响，平津尚未陷落时，平汉长辛店工人经我党及大厂民先队工人的推动，以艺徒同学会为基础，马上就组成战地服务团，它首先在全国人民面前，举起了参战的旗帜，担当起卢沟桥战地的救护工作，给予二九军的英勇战士以极大的帮助与鼓励，此后退出该战线的时候，他们就成为破路队的中心力量。

二、北宁廊房工人给当时对于抗战还在徘徊不定的张自忠部下×旅军官，以坚决抗战的推动，这些军官在他长官严令不准对日作战及作战必然腹背受敌的欺骗下，陷于极端狼狈的境遇，当时工人领袖某某代表着数百工友向他们请愿，详细分析了政治形势与战争前途，说服了他们悲观失望的情绪，打击了投降论调，揭破汉奸卖国贼的阴谋；同时鼓动下级士兵向长官请缨作战自下的督促，在这上下工作配合中，在日寇节节进逼之下，他们终于在接受工人代表的意见走上战场，此即廊房工人推动抗战的决定作用，战争开始我们即以工人自己可能的力量给予战斗以配合，当敌军列车开向廊房的时候，司机司炉工友即乘机弃车，而在激战的时候则破坏杨村大桥及路轨十余里，阻止寇车的援增，迟至十余日才能通车，这在武装保卫平津的任务上，尽了他伟大的作用。

二　华北工人的武装抗战

华北工人武装抗战的发展是针对着敌人向我进攻的时间与方向发展起来的，如敌人进占正太路的娘子关时，正太路工人、阳泉煤矿工人不是随着正太路管理局的大人先生的逃难，更不是像保晋公司的资本家们很驯服的做亡国奴，而是拿起枪来在正太路沿线打游击，经常袭击敌人，破坏铁路，起了疲弊敌人，消耗敌人，拖住敌人的伟大作用。同样的，敌人进占太原时，太原的工人武装自卫队，便立即在交城、文水、汾阳一带，榆次、太谷、祁县的工人游击队，便在同蒲路东一带与敌人周旋着，把敌人拖住，使得八路军便于建立晋东南太行山的抗日根据地，敌人占领临汾时，同蒲路的铁工自卫队便在该路东南袭扰敌人，组织群众团体。如青岛纱厂工人的崂山支队，淄益博矿工武装队等等，莫不是像跳蚤一样的袭扰敌人，配合正规军打击敌人。根据不完全的统计，华北工人游击队就有二十六个之多，至于唐山工人的武装起义，则更为华北工人最光荣的一页，兹就已有材料的部分分述如下：

一、唐山七千矿工的武装起义的英勇行动，是中国工人阶级在沦陷区的主要城市及工业区域，用武装起义配合抗日军队，驱逐日寇出中国的先声，兹将其经过简略叙述如下：

A.起义的原因与准备：

唐山五矿工人在保卫民族利益与阶级利益的基础上，运用了日寇准备接收或投资开滦煤矿、倾销抚顺煤的英日冲突、包工的大柜与矿主的冲突、矿主与赵各庄商人公卖上的冲突，在共产党的领导组织与推动之下举行了三万余人的大罢工，反对日寇勾结矿主破坏开滦煤矿，保卫产业，保卫工人生活，坚持至一月余发生数次的武装冲突，双方死伤二百余人，分粮分煤成立工会，夺取矿警的武器武装自已，英国派兵到秦皇岛，认为系日寇指使，提出严重抗议，日寇从中假作调停，工人把日本的调停人打了，形势极为严重，这就是反日起义的前夜。

B.八路军宋邓冀东挺进队于六月二日跨过了平绥路，进入热河边境，不断的打击敌人，收复兴隆等县后，掀动了冀东的抗日怒潮。七月九日，冀东民众武装及反正的原有武装同胞，在洪素兰、李运昌、高志远等志士领导之下，在昌黎、滦县、乐亭、迁安、遵化、丰润等县共同起义，当即与宋邓纵队会合，成立了抗日联军，并于数日之内，攻克乐亭，袭入滦县、昌黎及唐山市郊等地，切断北宁路，炸毁敌伪的矿山、油库，一时声势大震，地方伪政权相随鼠窜，赵各庄、林西、唐庄子是在乐亭、滦县、迁安、丰润、唐山的中间，也就是说在八路军挺进队及武装起义的群众包围中间，日寇在当地的统治，完全动摇了。

C.武装起义的经过：

赵各庄、林西、唐庄子是矿工组织最强、斗争的经验最丰富、政治觉悟程度较高，特别是党的工作有基础与很高信仰，他们为了用武装起义响应抗日军参加武装抗日战争，曾与厂方进行恳挚的谈判，得到各方面甚至国际友人的精神上的同情，并得到他们之间给予的便利与援助，那真是极尽沉痛伟大的场面。当七月十八日七千工人武装起义的时候，在他们的队伍中，有共产党员，有国民党员，有民先队员，有无党无派热血沸腾的广大工人群众，同时还有矿厂职员，还有外籍友人，发动后他们与敌伪军作了两次激烈的战斗，其中一些勇敢的领袖作了壮烈的牺牲，但终于冲破了敌人的包围，同抗日联军会合在一起了，这是持久抗战中工人阶级在敌后举行武装起义的模范，即是抗日军队接近某一城市或工业区时，该地工人群众即领导民众以武装起义的方式，直接配合作战，这是全党及整个工人阶级及一切先进分子均应充分的研究与学习的，它在持久抗战的第三阶段时，敌后起义的配合将愈显示它伟大的威力。

二、六河沟煤矿工人的武装斗争，首先在华北建立第一个民主抗日的县政权：失掉党的组织关系，独立的埋头苦干了多年的六河沟的工会干部，当敌人于一九三七年冬进占磁县时，即组成第十三、第四两游击支队，在张韩支队配合之下，进行了无数次的英勇战斗，特别是马头关的战斗运用了游击战术使敌人互相对打起来。

敌占磁县县长即逃跑，该工会干部即领导民众在彭城成立民主的县政权，选举张××为县长领导民众抗战，实行抗战动员，为华北最先成立的民主政权，中间虽经过各种困难，但均被克服，坚持到现在。

磁县机器工人在田珍同志及其侄田×领导与推动之下，把该厂可搬走的机器原料及配备齐全的各种修理与制造枪支炸弹的技术工人等，均搬到抗日根据地来，帮助×××师成立一个轻便的兵工厂，其余较大的机器，则搬到××，这一个小小的行动，据说在苏联工人中已成为流行的中国工人在抗战中的佳话。

三、平汉路北段的铁路工人，在张树荣同志领导之下，成立平汉铁路工人游击队，当去年徐州不守时，他们只是二十多个赤手空拳不愿在敌人治下做工的铁路工人。他们开始时常破坏铁路以致火车经常的出轨，造成敌人运输极大的不便；随着边区抗战的日益展开，他们也一天一天的壮大了，他们数量增加到×百人，这时他们分成四小队，配合军队作战，在粉碎敌人对边区围攻的斗争里，他们都取得了辉煌的成绩；那时从清风店到望都的铁路，他们连续的破坏了六七次，有一次仅仅是十个工人，就把从方顺桥到保定的火车头破坏了两个；总计他们成立到目前这个时期破坏了铁道数百次，毁火车头十三个，火车出轨三十次，获道钉万余及电线数万丈，至于其他的胜利品，就多得无法统计了。

四、阳泉矿工、正太铁工、榆次纱厂工人等三个游击队，合组榆太游击支队，建立了许多的战绩，曾因为捉火车头的故事，取得了农民及八路军很大的信仰，它经常配合主力作战，并在正太路与同蒲路衔接地带，经常独立作战，他们采取了惊扰的办法，时常放冷枪，骚扰敌人，更善于发扬八路军的游击战术，使敌人不得不向他们做防御工事。

五、同蒲铁路铁工自卫队不仅进行了有名的锄奸护路运动，曾获得了阎司令长官奖给的“锄奸先锋”的锦旗，特别是经常在晋东南与敌人作战，转战于中条山及芮城一带，他们曾经把芮城收复，王肖三同志，就是在这次战役中牺牲的。他们曾在冀城沁水一带配合中央军××师作战，破坏了许多的铁路，在这个胜利的战斗后，××师曾补充了不少的枪支子弹，并写信赞扬铁工队英勇斗争的精神。他们经常破坏铁路，使敌人的火车经常出轨，他们曾经以七个队员，击退敌人十三辆汽车。在夏县北师村的战斗，曾给敌人以严重的打击，更在冀城、曲沃、新绛、沁等地，进行了不少的锄奸工作等等。我们更不能忘记：他们是从无衣无吃，在极艰苦困难的环境之中产生出来的。

六、太原工人自卫队，开始成立时，不过二十几个人，枪支不全，以后发展到七八百人，现在已扩大成为三个团，武装也较为充足，他们虽然都是从来没有受过训练的工人，但在不断与敌人武装搏斗的环境中，已锻炼得像铁一般的队伍。他们塞在太原敌人胸口的××、××、××等地区，从开始到现在，他们已和敌人进行了大小战役百余次。他们始终站在它的前进的岗位上，使敌人不能获得一个较顺畅的“呼吸”。

七、山东淄益博矿工武装队，曾炸毁敌人的博山总电厂，烧毁淄川洪山煤矿，给日寇以很大的损失，单资本一项说：就有百余万，武装队经常袭击铁路，打汉奸，我主力移动后，伪组织也不能建立起来。

从这些个别的简略的例子，不难看出华北二十几个产业工人游击队在抗战中的英勇姿态。他们现在有的已经生长成为正规军，有的则继续与敌作战。

三　动员参战工作

一、工人自卫队与游击“小组”：在华北凡属有工人组织的县份及工厂里，普遍的建立了游击小组，它是不脱离生产的，在名义上它虽然是叫做游击“小组”，可是参加的人数，则是从几十人到几百人不等的，它经常破坏敌人的交通，袭击敌人的辎重、运输，截获他的辎重等等。兹举两个例子，来说明这些游击“小组”在目前的作用及其前途：

（一）灵山矿山模范自卫队，有×××人，敌人任何一次的扫荡，均有他们参加，他们动员了人力、物力、财力，帮助抗日的政府及军队，坚持敌后的残酷战斗，根据六个月不完全的统计，仅“河身里”分会就发动过三百人大规模的破坏交通的就有十次，并动员了四十多副担架去抬伤兵；“下坡下”破坏交通二十八次，动员了九百多人，抬了三次伤兵，共有八十六人。总共破坏交通六十六次，动员了总人数三二〇四〇人，担架运输共九三〇人，他们当部队战斗的前后，便进行慰劳工作，在半年里，曾经慰劳面粉一千斤、猪七口、羊四只、饭七担、菜三担，更捐洋九十元，在这个时间内他们还为部队募集了子弹五二三粒、弹壳四一三一个、手榴弹十九个、冲锋枪子弹十粒、刺刀一把；同时他们组织了侦探、送信、游击等小组，经常去配合战斗，报告消息等等；“下坡下”的工人夜里引着×团营去夜袭党城的敌人，××等十几个工友在庞家洼的战斗中，经常在火线上运送子弹，救护伤兵，并同部队一道冲锋以坚决勇敢的精神帮助军队打了胜仗。

（二）唐县游击小组从反攻胜利到去年六月共缴电线六七千丈，他们常常发动四五百人至七八百人，破坏敌人的汽车路与有防御工事的要岭。有一次在一个夜里，工会率着一群工人，到平汉路上破坏铁道与截获敌人电线，适遇爱护村清道夫与几个日本兵提着灯走来，这一群工人不慌不忙非常沉着的，将铁剪钳着电线发出搬枪机似的响声，对面敌人，恐惧的以为遇到游击队了，因之，当工人们要他们将灯熄灭并叫他们回去，他们恭顺的听从了。后来这群工人破坏了铁道与截取了电线安然而返，这是一个模范例子。从这个例子，你会看出他们边区工人，对于斗争的生活，是有怎样丰富的经验，他们已用一切力量与方法，来应付敌人与造成敌人的困难。

二、动员工人参加军队

在抗战过程中，特别是抗战的初期，不仅是雇农工人、手工业工人积极的参加军队，就是产业工人参加军队的均甚踊跃，兹就不完全的统计，有组织加入抗日军队的就有 × × 、× × × 人，有许多动员得相当的好，例如：

（一）磁县在党的模范工会干部领导之下，它不独能够适应客观需要自动的成立游击队，建立抗日民主的县政权，并积极动员参加八路军，当 × × × 师从辽县派一个小的支队到磁县时，磁县及六合沟的工人，爆发了一个参加八路军的怒潮，在很短的一个时期内（约半个月）便有三千以上的产业工人加入八路军，其中发生许多弟兄朋友相约而来加入八路军打鬼子的佳话。

（二）同蒲路工人全数不过八千到一万，他们有组织的参加武装斗争及进行抗日工作的就有 × 千人以上，他们满布在新军、中央军、八路军中，在各抗日学校学习的，就有 × 百人以上，同蒲路总工会，虽然正式成立只几个月的短时期，可是它在抗战动员工作上，则起了极伟大的作用，这就可以说明工人组织的重要了。

这样的例子是很多的，真是举不胜举了，至于城乡手工业工人及雇农工人自动加入抗日军队的，因为他们组织的薄弱，尚无统计；同时在抗战初期参战的怒潮中也就无法统计了，不过在华北有一千万左右的手工业工人、渔业工人与雇农工人，在他们贫困的地位上看来，其参加军队的数量，当然是很大的，并且还是继续不断的、有组织的补充抗日军队的源泉。

四 站在斗争的最前线

根据以上部分的事实，便足够证明华北工人已经是站在为民族独立而斗争的最前线，它同华北一切抗日的民众团结在抗日民族统一战线之中，共同奋斗。更同共产党八路军，创造了许多抗日根据地，因为它的实际行动与政治上的开明（指八路军根据地域）是大大的提高了工人、农民及其他抗日民众底经济上和政治上的地位，更因为华北工人及其政党——共产党与八路军要把民族解放战争进行到底的原故，大大的提高了中华民族抗战胜利的信心，打击了汪派汉奸投降妥协的企图。

当目前英法德帝国主义正在企图扩大帝国主义战争、全世界无产阶级及被压迫民族正在加紧反对帝国主义战争，当全世界无产阶级循着列宁斯大林的道路前进时，中国工人及被压迫的民众，是其中的一个战斗组成部分，我们将在反帝国主义战争与进行民族解放战争中团结起来，战胜共同的敌人，“五一”便是我们国际无产阶级团结的旗帜，我们要用战斗的精神，把它高的举起，“全世界的无产者，联合起来呵！”

（1940年5月《中国工人》第四期）

×战区总工会的概况

程照轩

在苏鲁的战场上，领导着几万矿山的、铁路的、城市的、乡村的工人，与日本帝国主义进行浴血的斗争，为组织与解放工人阶级的自身事业而斗争的×战区总工会，快到它成立两周年纪念日了。为了纪念这个工人阶级最好与最坚强的领导首脑，把它创造与发展的历史，两年来工作的成果介绍给读者是不无意义的吧！

一　简短的发展史

首先我们看到×战区总工会是在斗争中创造与发展起来的。当一九三八年五月展开了敌我徐州大会战。为了争取大会战的胜利，苏鲁两省的工人，特别是津浦、陇海、中兴、贾汪、烈山等工人，在破路、爆炸方面起了伟大的作用。他们组织了破坏队、爆炸队深入敌人的后方与侧翼。破坏陇海路，炸坏台潍公路，阻止了敌人的增援与给养的补充，使台儿庄大战得到空前的伟大胜利。因此，由于工人阶级的英勇行动，×战区领导者的开明，在工人代表的要求下在徐州成立第×战区职工抗日总工会。当时总工会的组成部分，有津浦、胶济、陇海三条铁路；中兴、贾汪、烈山三个煤矿区，随后加入淄博矿区。张天民、邹光中、张福林、刘凤来、张云榭，就是当时总工会的领导者，也是各矿山、各铁路的代表。

五月底徐州陷落了，正规军与×战区的党政领导机关由徐州退到了后方。在这种情形下，总工会怎样办呢？摆在面前的两条路：一条路是随着军队向后退；一条路是到山中打游击。总工会的大多数领导者是主张了第二条路，反对了×××的第一条路——后退的道路。于是总工会决定搬到淄博矿区，因为那里不但有未分散的广大矿山工人，那里还有八路军，这是新起的工人和农民所组成而为共产党所领导的八路军。

总工会搬到淄博后，在组织上有了很大的发展。淄、博、益三县工会成立了；胶济、津浦两路的工人破坏队以及淄博矿区武装队也成立了。为什么呢？理由很简单，就是有了共产党与八路军的帮助。假如说在徐州的时期，总工会在组织工人的工作中还受到某些妨碍的话，在组织性还不能独立的话，现在在八路军区域，这种限制完全没有了。不但如此，八路军还给总工会以方法上与物质上的援助。对于破坏与压制工会运动的顽固派及其军队，则采取坚决的反对态度。

一九三八年十一月，总工会为了便于领导苏鲁两省工人运动，为了响应八路军创造鲁南山区根据地的号召，由淄博矿区搬到沂水。这一次的搬家对于工运的发展和组织的领导有很大的开展。这是从组织产业工人到组织农村工人的转变。从部分的组织与部分的领导，到全盘的组织与领导的转变；从工运分散到工运的统一；从战区的工运扩展到敌区的工运的转变。正因为如此，所以在这一个期间，总工会的工作有了一日千里的发展。农村工会在鲁南十九县都蓬勃的开展起来，而蒙阴、沂水更是捷足先登，首先正式建立了县工会。胶东分会也正式加入了总工会，并成为最有力的组织部分。敌占的大城市、矿山、港口的工人运动，在这时候也活跃起来了。

由于总工会本身力量的强大，在工人阶级信仰的抬高，推动了由省府所领导下的胶济、津浦两铁路队要求与总工会统一领导，并建议成立山东省工会。在一九三九年三月间，在鲁村召开了这个统一工运的会议。但是由于省党部、省政府不放弃对工运的传统政策，并企图以山东省工会代替×战区总工会，使这个统一运动没有成功。不过有一点我们要了解：工人阶级是不赞成分裂而是要求统一的。只有拿工人阶级当作升官之阶的工人当中的败类，以提倡工运为名、压制工运为实的人，才是主张分裂工运统一的祸首。

从以上总工会的发展历史当中，我们看到些什么东西呢？我们看到：总工会在抗日斗争与争取工人组织的斗争中，得到了合法的存在。在反对内部的分裂者、倒退者，得到了发展的正确道路与组织的巩固。在八路军友谊的帮助之下，得到真正组织与工作的自由。在自身力量的长大与强壮之下，才是真正而且可能走上工运的统一。这就是我们从总工会发展的简短历史当中所看到的经验教训。

二　两年来的抗战成绩

第一，就组织的扩大来说，在总工会下面，有胶东分会，淄、博、益矿区分会，津浦、胶济铁工会，有沂水、蒙阴、大安、新太、蓬莱、黄县、掖县、莒县、临沂、博山、淄州、益都等县工会。从产业部门说：则有铁路、矿山、渔业、码头、农业的工会的组织。从工人参加数量说：在短短的期间，在战区分割的环境下组织了×万×千工人。同时我们应该知道：这些组织，不是依靠政府的命令，而是由工人自觉的自下而上的组织起来的。

第二，就它的参战动员方面来说也是有伟大的成绩的。首先说工人参加的游击队与工人自己的武装。当敌人进占了济南、青岛，控制了胶济路之后，铁路工人，主要是淄博矿区工人，参加八路军的有四千余人；参加翟××、翟×、李××游击队的两千余人。在胶东的纺织工人、渔民、金矿工人参加八路军第五支队的数量亦很大。特别是青岛、济南的兵工厂工人，大部分都到了八路军兵工厂工作。此外淄博矿工组织了武装队，胶县有纱厂工人支队，有龙口码头工人武装队。烈山煤矿工人的武装队有八百多人，枪支极为齐全（后来失败了）。从此可以证明工人阶级是怎样英勇的参加民族解放战争。

其次我们再看工人阶级的参战工作。当台儿庄大战之际，中兴矿工组织了三个破路队，炸毁了台滩公路，争取台儿庄的大胜利。烈山煤矿工人当徐州失陷后，炸坏全部矿井，并武装起来与敌人战斗。从一九三八年五月至一九三九年一月止，胶济路工人与淄博工人武装队，共炸坏机车十九辆，破坏铁路十余里，供给我们兵工厂全年的钢铁材料。一九三八年九月淄博武装队，曾炸坏博山总电厂一座（值日金二十万元），炸毁淄川洪山全部煤厂。

上面所说的成绩，仅限于作者所知道的，但就这些成绩来说，已经够我们认识工人阶级在苏鲁战场上的英勇行动了。这只能是工人阶级所独有的作风，只有工人阶级在民族战斗中才能表现出这种先锋队的作用。

第三，总工会在领导工人改善生活方面有了什么成绩呢？首先值得我们表扬的是淄博矿工，在总工会的领导下，在武装队的保护下，进行了自掘煤井的工作。它们有计划的开矿，所卖的钱，有计划的分配，以保证将近一万人的衣食，并且节省一部分供给总工会的费用。武装队，则从打汉奸方面所弄来的经济也供给了工人生活的改善。这些工人以自掘煤井，抵制日本鲁大公司的开矿，使它得不到劳动力。

胶东沿海一带的渔民，在胶东分会的领导之下，在八路军的帮助之下，废除了压制渔民喘不过气来的鱼税，取消了鱼行的重税与高利贷。无本钱打鱼的渔民由渔业工会或抗日政府贷给无利借贷。渔民在生活上大大改善了。所以渔民不但参加了八路军，还组织了海上游击队，配合八路军的海防任务。

农村工人、手工业者在沂水、莒县也增加了工资（每日三毛到五毛），雇工不仅在政治上得到解放，有参加工会与开会的自由，雇主不能辱骂工人；并且在沂水、蒙阴大部分也增加工价。

当然以上的改善还不够，还不普及，减租减息还没有认真实行。但是这些仅有的成绩，在我们抗战的大后方是很少见到的。那里还在主张：在抗战期间应减低工资，还有人主张工人不应当在抗战中改善生活。一个天上，一个地下，不是很好的对照吗？

三　总结的几句话

×战区总工会不但有了很大的发展与巩固的基础、两年来的抗战成绩，而且有了怎样领导工人为民族为本身解放斗争的丰富经验。无疑的，总工会的前途是光明伟大的。但并不能认为工作已到了尽善尽美的地步。相反的，它还有许多工作要作，还有许多困难要克服！

首先是统一工运的问题，总工会为了争取工运的统一，工人阶级的一致，必须和包办工运与限制工运的分子作斗争，必须与出卖工人阶级利益作升官之阶的工人叛逆作斗争，统一必须是工人自己的事情，统一不是包办于政府，包办于一个党，这种假统一，工人阶级要严格的加以反对的。

其次在组织上还不够扩大，发展的速度还够不上客观的需要。今后一方面必须大踏步的开展乡村中的工人运动，以雇农为中心，把小手工业者、贫困的乡村教师统一组织起来，成为乡村群众团体中的骨干；一方面必须下决心开展敌后工人运动。把工人阶级组织起来，努力的开展敌区工会工作是今后总工会扩大发展的主要方向。

最后要扩大工会的宪政运动，发动工人阶级反贪污的斗争，反对一切包办与限制工会发展的斗争，积极吸收工人阶级进行乡村政权的改造，工人阶级并参加各级政权的管理工作。

×战区总工会是按照这条道路进行的。在苏鲁的战场上，为驱逐日本帝国主义出中国，为解放民族与解放工人阶级，总工会一定会得到伟大的胜利的。

（1940年5月《中国工人》第四期）

纪念五卅惨案

赵 平

五卅惨案离如今已十五个年头了。它是大革命的序幕，它直接掀起了革命高潮，五卅在中国近代民族解放运动史上占着灿烂光辉的一页；而且在中国工人英勇奋斗的历程中也有着不可磨灭的伟大功绩。

当五卅惨案在上海爆发，不及一月，罢课、罢工、罢市、游行示威之革命行动即普及于全国。一方面使英日帝国主义由于恐惧彷徨，而终于不得不表示让步。另一方面无疑地是有力的推动了全国国民革命运动之进展，奠定了北伐军胜利的基础，确立了全国工人及广大人民团结之始基，这是在中国反帝运动中五卅所起的伟大作用。

在五卅运动过程中，形成了以工人为骨干之工农商学兵各界各阶层大联合的反帝统一战线之雏形。正因为如此，所以大大地发挥了广大人民中潜伏着斗争性的伟大力量，能使五卅运动在历史上起着应有的作用，给帝国主义者以巨大的打击，这也说明着：不管当前的日寇怎样的疯狂与残酷，任何的阴谋毒计，只要我们有全国团结抗战的严整的阵线，即抗日民族统一战线的坚持，有正确的政策，紧密的团结，必能粉碎敌人无余，而取得最后胜利。

纪念五卅十五周年的今天，正当中国抗战处于敌我相持阶段的今天，要求全国人民共同奋起，克服困难，渡过难关，积蓄力量，迅速地进入胜利的反攻，这是中国人民当前紧迫的任务。那末，必须把鲜血所铸成的五卅惨案的经验教训，灵活与切实的运用到今天抗战中来是万分必要的。

不错，五卅惨案虽已成为过去历史上的事迹，但其宝贵的经验教训，今天仍可作为我们抗战中的殷鉴。

那末，它的教训是什么呢？

首先，它教训了我们，只有坚持抗战到最后，才能取得胜利。因之，目前中国抗战的最后胜利应该是：把日寇驱逐到鸭绿江边，收复一切失地，建立三民主义新中国。这就是说：谁企图中途妥协，谁就是自取灭亡、出卖祖国的罪人。

其次，它教训了我们，统一战线是战胜敌人的唯一的武器。因之，目前巩固国内团结，坚持并扩大统一战线，加强国共合作，增加抗战力量，是争取抗战胜利的必要条件和前提。这就是说：谁要故意制造国内磨擦，存心阻碍进步，阴谋破坏抗战团结，造成国内分裂局面，谁就是破坏抗战、投降敌人的民族败类。

最后，它也教训了我们，工人阶级是反侵略者的先锋，是民族解放的主力军，它具有英勇牺牲、彻底奋斗的精神。因之，现在应即大量的组织工人，并开放一切民众运动，以便集中力量共同抗战，这是抗战胜利的有力保证。这就是说：谁还在压制民众运动，和加紧压迫与剥削广大工人，谁就是有意的削弱抗战力量，如此作法只有利于日寇。

总之，要真实的纪念五卅十五周年，必须坚持持久战，必须坚持抗战到底；必须加紧国共合作，巩固并扩大统一战线与国内团结，猛烈的展开民众运动，尽量的组织工人及全国民众，发挥抗战力量，迅速地准备进入反攻，为争取中华民族彻底解放而斗争！

（1940年6月《中国工人》第五期）

开办农村工会短期训练班的经验

千 一

一 开办短期训练班的意义

边区是抗日的模范根据地，是全国政治上最先进的地方；但边区过去是文化非常落后的地区，因此在边区群众工作的中心任务上，教育工作是占了头等重要的位置。边区第二次党代表大会关于发展边区教育提高边区文化的决议就提出："必须努力除去革命前旧制度对于广大民众所遗留的文化落后状态——文盲、迷信、不卫生等，深入边区人民对于当前革命的民族民主民生纲领的认识。"而在关于深入乡村工作的决议上，则特别指出提高会员文化水平，团结和训练积极分子是群众团体经常工作中的中心工作，边区人民是围绕着这个中心而斗争的。

在群众团体中，边区农村工会的教育则尤为重要。因为第一，一般说来，工会会员的文化落后的严重现象比其他团体更要厉害些；第二，工会是边区政府的支柱，边区党的基本力量；第三，边区工会工作是较薄弱的一环，加强工会工作、教育工作是基本的。

根据以上的需要，我们将此次在乡村中开办训练班的经过作一简略的报告，作为从事农村工会文化教育的工作者的参考，由于初次尝试这项工作，所能贡献的是有限的，所以希望对于此项工作有经验的人士能多予指示。

二　怎样布置准备

一、了解教育对象：从事教育之先，首要了解对象，否则无从下手；如草率从事，收效必少。所以了解对象为准备工作的第一步。我们认为边区农村工人有以下的几个特点：

1. 文化水平低，知识特别落后。他们之中百分之八十以上是文盲，还有些不识字的工会主任和文化教育委员。

2. 因为农村工人主要是雇农即农业工人，所以农民意识当然很重，保守、迷信、愚昧落后是必然的，有病不医而信巫神，还是普遍的现象，在进行教育时，一开手就来破除迷信，那一定要失败。

3. 但边区的工人是由斗争中生长起来的，他们在革命中尽了很大的力量，并获得了革命的果实。边区的工人，都分得了土地，生活是比以前改善多了，同时得到了民主自由的政治地位。

4. 他们虽然文化落后，但在政治上并不是那样愚昧；相反的，由于共产党的领导和教育，他们有了抗日的认识，对于边区的党和政府是竭诚拥护的。

二、熟悉环境：进行教育要以当地的实际情形作为教材。所以第一，要了解当地政府与群众团体关系的好坏；是否有政府包办工会或工会只做政府工作而失其独立性的现象。第二，要了解工会内部的情形，工会的干部是否有信仰，会员之间是否团结，会员在生活和工作上有些什么困难和要求。第三，要了解党在群众中的信仰和作用。第四，要打听在当地有无发生过人所周知的事件；这些事件对政治上的影响怎样？第五，要了解群众对学习的情绪和要求，同时还要注意选择适当的时期（不妨碍他们生产）。

三、解决问题：要使教育工作顺利的进行，一定先要建立信仰，要与群众接近起来，使群众了解教育工作不是上级强迫命令而是为大家做事的，要做到这一点，就一定要注意解决群众的问题。如果一开始就和他们讲大道理，他们感觉对其切身利益很少，就要减低学习情绪，如果你先给他们解决了困难问题，他们觉得你是为他们做工作的，你的话他们一定愿意听，那么教育就易于顺利进行了。

四、布置动员：乡村居民是分散的，他们都是整天不停的工作着，想把他们集中起来，不是一件容易的事，必须通过政府及党，然后在工会里做很好的动员工作；不然，就是前面的工作做得怎样好，训练班还是开不成的。

三　怎样进行工作

一、组织：所谓短期训练，时间就不宜太长，一般的分为一天、三天、五天，最长的七天。而以三天至五天较为适宜。至于一天的则属于开动员会或座谈会的性质，组织则按照开会的组织形式。三天以上的，无论是干部的训练或会员的训练，都需要有一个组织。而组织以简单为原则，以当地党及政府的负责人为训练班正主任（在区则为区委书记或区长，在乡则为乡指导员或乡长作号召），工会主任为副主任，正副主任之下，设教务一人，管理教育上的一切问题，而正副主任则是领导与保证训练班的负责人。其下以工会小组为单位分学习小组，另外再由群众中选推伙食及娱乐两干事，以管理训练班的伙食及计划大家的娱乐生活。

二、教材及教法：教材可以临时编，但应以当地的情形以及会员中所发生的问题作为题材，而贯以民族的、阶级的教育内容。在教法方面应注意以下问题：

1.多说具体事实，少讲抽象的理论，说他们所惯说的话，举他们所知道所感兴趣的例子。

2.多举农村的例子，少举大城市的例子，因为大城市与他们的生活距离太远，他们听起来会不感兴趣的。但也不要绝对不举，他们应该知道大城市的产业工人是农村工人的领导者，故必要时，可以举一二典型的例子以作对照。

3.在谈抗日上，不要流于宣传抗日的几个口号，而要变换方式，使其更深入更切实些。因为在边区每一个老百姓都知道抗日，如果宣传一般的口号，他可以向你说一套抗日的道理，证明他懂得这道理，你不必要再多讲。所以要注意如何更深入的教育的问题。

4.讲课要活泼生动，使听者感到兴趣，最好多举小说故事的例子，用讲故事的方法讲给他们听。

5.问答式的教法要灵活运用，问答是启发听者对问题的注意，不要尽管问下去，使听者不敢答复因而怕来听讲，使得课堂空气活泼不起来，这是不好的。所以问答要灵活，有时要自问自答，有时可以故意错问，运用各种方法不仅使其对问题注意，而且由于问答使课堂活泼起来。

6.每课只要一个中心，在讲完后，要反复讲述这个中心，使听者有深刻而明确的印象。

7.时间不要过长，最多不得超过一点半钟，时间过长他们会由于疲倦而睡起觉来。在讲完后，休息一下可以马上进行讨论，在讨论问题时要善于组织讨论，善于出题目，使每个人都有发言的机会，大家都感到讨论的都是实际需要的具体问题，而不是抽象的、空洞的，与生活毫无联系的理论。

三、生活和娱乐工作：如果是三天以上的训练班，可以有计划的进行一些娱乐工作，以调济学习，同时娱乐的本身，也是一种最有效的教育。娱乐的内容以适合当地的风俗习惯为原则。秧歌、新歌、民间戏剧、小调、各种游戏表演及联欢会、座谈会等，都是很好的题材。

最后，训练班结束时，应该郑重其事举行毕业典礼，把当地政府工作人员及群众团体代表都请到，由工会主任报告学习的成绩及学习中的经验教训，由政府负责人指示讲话，由其他群众团体代表致辞，最后由受训会员致答辞，而后再多发动工人自由讲话。在这个会上，提高他们对学习的信心，掀起以后继续学习的浪潮，使他们对此次短短的几天，有深刻的印象。

教育工作的本身，即包含组织工作的意义，在训练班结束后要分配他们几项工作，指示他们以后继续学习的办法及怎样建立他们学习的组织；怎样取得联系等问题，以奠下农村工会教育的基础。

四　几点经验教训

在这次的实习中，我们感到有以下的几点经验教训，提供出来，作为参考：

一、在接受教育上，老年工人不如青年工人，雇工不如手工业工人。因为青年工人富有朝气、好奇心与向上心，使他在学习上有很快的进步。老年人多少带些暮气，自己以为饱经世故，什么事都了解，对于学习的情绪未免低些。至于手工业工人，时常迁徙，流动性很大，见闻较雇工为广，与土地的关系也不如雇工密切，虽同样具有保守性，但却较雇工进步。

二、做教育工作，不一定一开始就谈教育，可先由别的工作着手，替他们做一点好事，以取得信仰后，再开始教育工作，则比较易于顺利开展。

三、只有深入群众，才能具体了解问题，才能真正抓着群众的要求，才能深入的进行教育。

四、一般的说来，边区工会教育是较为薄弱的，其原因：第一，过去没有留下文化的遗产，文化的基础根本就很差；第二，他们对于文化教育常取轻视或害怕的态度，不愿或不敢学习；第三，是经济的原因，由于他们终日出卖劳动力而没有时间学习；第四，由于工会工作的缺点，工会没有把教育工作作为中心工作。

五、工会的教育方针应该是民族的、民主的与阶级的教育。教育的题材，应当以工人的实际情形及所发生的问题为主。教育的方式除有计划的开办短期训练班外，还应该多多发动工人参加冬校、夜校、半日校等社会教育，而健全工会的会议生活，则是经常的比较切合实际的教育方式。

最后，工会教育是社会教育的一部分，要使工会教育普遍与深入，首先要社会教育普遍与深入的开展；因此，就必须在文化教育上，尽更大的努力。所以边区第二次党代表大会关于发展边区教育提高边区文化的决议，是今后工会教育工作的正确方针。

（1940年6月《中国工人》第五期）

六个月的工运经验

张新福

广州的群众运动，自京沪失陷后，有很大的开展，不但总的有抗敌后援会组织，而且学生有学抗会，青年有青抗会，妇女有妇抗会，商人店员有商抗会，各种救护工作团都成立起来。惟工人和农民还沉寂得很，没有一点组织。××县虽是一个二等县份，但人口有四十多万，工业相当发达，特别是纺织业，在抗战后沿海工业区遭受破坏及日货进口减少后而兴旺起来。五十个工人以上的布厂有五六家，五十个工人以下的有二三十家，家庭工业数目更多。贫农中农以织布为副业的，差不多占××县人口五分之一。

这些工人有什么特点呢？

第一，没有组织。大革命时曾经成立过工会，自大革命失败以后，工会解散，十余年来不论旧式的新式的团体都没有组织过，工人数量虽多，但散漫得很。任凭资本家如何剥削，都无法抵抗。

第二，生活非常痛苦。内地资本家的剥削带着浓厚的封建性。工作时间都是十四小时至十六小时。工资很低，织好二十码一匹的夹纱花布，才得到五角至六角，而伙食又是工人自己的。劳动保险一点也没有，工人因工受伤或劳动过度而致生病，厂方是不管的，病的期间，不能吃饭了，但伙食钱还是要扣除的。

第三，工人与农村还有密切联系。工人都是刚从农村里出来的，家庭经济绝大部分都是贫农佃农，有父母妻子在农村。小私有者的意识，在工人中相当浓厚。离家很近，没有工作时还有跑回农村里去的余地。

第四，工人流动性大。由于较大的工厂建立起来，使得家庭工业纷纷破产，劳动力过剩。另一方面工人还有家可归，厂方就利用这点进行残酷的剥削。第一批工人做了一个短时期，叫他们回家休息去，换上第二批新的劳动力；第二批做了短时期后，又叫第一批回来，这样轮流下去以榨取工人更多的劳动。有的不是如此的，便是旺月在厂里做工，淡月回到家里去。因此，工人的固定性是很少的。

第五，工人受思想上的统制，比较不大厉害。内地资本家多是地主商人转化的，侧重经济剥削，对政治上思想上的统制，比较松懈，也许还不大高明，工人有空来看进步书报的话，那是可以的。

根据上面特点，我们曾工作了六个月，把散漫的工人都组织在工抗会下面，积极的工人教育了 × 百多个，从抗战的各种活动中涌现出很多精干的勇敢的工人干部，前后比较，一般工友们的民族意识加强很多，阶级觉悟也提高不少。

然而，怎样把他们组织起来的？怎样进行教育的？得到了什么经验教训？现在把它拉杂写来，不过这是抗战第一时期的经验，只能供大家一点参考：

一、统一战线时期，工人想成立公开救国团体，统一战线是要弄好的，我们开始组织的时候，是用自上而下与自下而上配合进行的。首先由抗敌后援会派人到各厂宣传演讲，经过若干时日后，工友们的热情已鼓动起来了，工人积极要求组织了。另一方面召集厂方座谈，晓以大义，说明组织工人的意义，于是在工人要求下和抗敌会推动下，成立了“纺织工人抗敌同志会”。

二、内地工人，由于阶级觉悟程度较低，由于执行强制的征兵制度，弄得乌烟瘴气。组织他们的时候，要用耐烦的坚苦的说服解释工作。工抗会虽然成立了，但还有不少工人怀疑他是征兵机关，要钱要命的，不敢报名加入，经过我们多方面的工作，才把他们吸收进来。但工抗会是一般性的组织，不能满足积极的工友们的要求，于是采用各种活动形式：读书组、话剧组、清晨运动队等，以适合各种工人的嗜好，团结积极分子。

三、内地工人，文化水平、政治水平、斗争经验都比大都市的工人要落后，因此把他们组织起来后，教育工作是摆在第一位的。

怎样进行教育呢?

一、要回到工人的困难。最好的是各厂就将各厂本身的现有工人，编为甲乙两班，进行教育；人数少的，两厂距离很近的，可编在一起上课。不然，组织得不好，因上课而耽误时间过多，工人和厂方都是不满意的，而会影响到教育工作的进行。

二、要适合工人休息的时间。因为工作时间很长，天亮起来做到晚，中间除吃饭外，是没有休息的。只有黄昏时候，是他们唯一的休息时间，这时上课读书，厂方以不妨碍其利益而不反对，工人也高兴来听教员讲书讲时事。

三、教材要适合他们的要求，要逐渐提高。内地工人是比较落后的，他们对教员的要求，并不是什么马列主义的大道理，而是要求教员教他识字、写信和打算盘。进行教课时候，除满足其要求外，最好每次报告一点时事，空□天讲一个抗战英勇故事，工人是很欢迎的；有简短易学的救亡歌曲，也可教他们唱一唱。待他们对新知识感到兴趣了，才可把统一战线道理、中国革命史等基本知识加进去。

此外，社会活动也是很好的教育，尤其是话剧，现身说法，工人容易看懂其中道理。组织话剧团，经常表演，发动工人去看，这是提高落后工人政治水平的方法之一。

四、为了争取救国自由，上课与活动时间及抵抗资本家新的进攻，斗争是必要的。顽固的厂方是不愿意工人组织的；他负担了救国公债，要□□在工人身上的。从前答应了工人的要求，到期而不兑现时；这时应该进行斗争，而且工抗会要领导这个斗争，才能得到工人的拥护与信仰。另一方面要说服工人勿提出不能达到的要求，以免工抗会遭受无谓的中伤。

五、顽固分子是惧怕群众起来救国的，厂方也是不愿意工人组织的；工抗会成立时，他不得不赞成，但当工人组织起来成了力量的时候，他就要用种种方法来压制了；虽然工人活动没有超过公开合法范围，对厂方没有过分要求，但他们是害怕群众起来，害怕工人团结的。成立不久的工抗会，由于工作经验缺乏，各方的关系，有些做得不够完满，主要的是没有旁的团体来指导，尤其是没有革命组织在里面起核心作用，□遭顽固分子和资本家双方打击下，工作受到很大的损害，这是很可惜的一件事情。

（1940年6月《中国工人》第五期）

渡过困难危险争取抗战胜利

——纪念抗战三周年

王稼祥

中国人民抵抗日本帝国主义的民族自卫战争已经整整三年了。

在这三年中，日本帝国主义企图利用其军事技术的优势来实行速战速决灭亡全部中国，然而，这种企图是失败了，中国军队并未放下武器，仍然英勇的抗战着，而日本却更深深的陷入泥坑中。

在这三年中，日本帝国主义又企图用政治阴谋，引诱中国投降，以求这样来"迅速结束中日事件"。显然的，这种阴谋同样是失败了。虽然日本收容了汪精卫，组织了一个伪中央政府，然而直到今天为止，中国抗日阵线并未被瓦解，中国并未投降。

在最近的一年余，日本帝国主义又加强"扫荡"敌后，以求确占华北及敌后，榨取资源，"以战养战"。但是这种企图同样的并未成功。八路军、新四军的坚持敌后抗战，使日寇受到莫大困难，感到"头痛"。虽然日寇在敌后做了很多堡垒据点、公路、铁路，扩大了一些占领地，增加了敌后抗战的困难，然而八路军、新四军、游击队、抗日政权和抗日群众并未被"扫荡"掉，相反的却巍然不动的、稳固的、坚持着敌后抗战。

总之，在抗战三年中，中国人民抵抗力之大和日寇侵华困难之多，确实超出了日本帝国主义者及世界资产阶级军事家的预料。

然而，我们不应因此而认为，抗战胜利已经命定，自然而然的会到来的。相反的，我们应当确切认识：抗战三周年的今天，乃是空前困难与严重危险的关头。

在新的国际环境下，在意国参战、法国投降、英国严重失败、美国积极备战的条件下，日本帝国主义的军部法西斯更加抬头，他们更加企图迅速结束“中日事件”，同时积极准备进犯南洋。日寇将采取以下的新的步骤来实行所谓“迅速结束中日事件”。在军事方面，日寇将在正面继续进攻，一方面截断中国的国际交通，另一方面企图击溃中国正面的抗战军队，同时加紧敌后“扫荡”。在经济方面，日寇则加紧对中国的封锁，驱逐英法美在中国的经济财政势力，以求在经济财政上窒死中国抗战。在政治方面，日寇则利用中国抗战的困难，勾引亲日分子实行投降，瓦解中国抗战阵线，勾结某些地方势力宣布“独立”以拆散中国的统一政权，以求达到其迅速结束中日战争的目的。

在新的国际情况下，中国抗战营垒内部亦不能不发生新的变化，抗战的困难，特别是经济的军需的困难空前的增加了，向来依赖英美法的资产阶级，因为法国投降、英国失败而会感觉到彷徨无主，国内亲日派、降日派会大肆活动，某些动摇分子会因为抗战的困难增加而实行对日投降，日寇瓦解和拆散中国抗日阵线的阴谋之危险，严重的摆在我们面前。

由此可见，中国目前抗战的形势是处在空前的困难面前，是处在投降的严重危险前面。抗战的第四年将是困难的危险的一年。

我们怎样才能渡过危险？怎样才能克服困难？

一、巩固国内团结，以求消弭磨擦。

在抗战严重关头，国内团结是第一等重要的问题。为了巩固团结，必须首先停止反共，调整国共关系，消弭彼此间的磨擦。法国这次这样快的失败，其最主要原因，便是达拉第的反苏反共。这个严重的历史教训，绝不应当轻轻放过。

二、加紧反对亲日降日，以求坚持抗战。

必须给亲日派、降日派以严重打击，仅仅反对汪精卫及已投降了的汉奸，是绝对不够的，我们必须制裁暗藏在抗日阵线内部的亲日派、降日派。这些暗藏的亲日派、降日派对于抗战的危险性，比之汪精卫实在要大得多，不肃清这些暗藏的亲日派、降日派，抗战便不能坚持。

三、坚持敌后抗战，以作克服困难渡过危险的模范。

敌后抗战的困难同样的大大的增加了。我八路军、新四军必须用最大的毅力，在最大困难下，坚持敌后的抗战，一切作法应以长期坚持斗争、积蓄人力物力为出发点。一切政策应以共产党的民族统一战线为标准。坚持敌后抗战应当成为全国抗战中克服困难、渡过危险的模范。

四、实行进步的抗战政策，以求自力更生。

自力更生现在比任何时候更加重要了。为了自力更生必须实行进步的彻底的抗战政策。一切政策——军事、经济、财政、教育、民众各方面的政策——的基本原则应当是动员中国广大人力、物力、财力，一句话，应当实行民主主义的政策，而不是专制主义的政策。

中国有没有足够的条件来克服空前的困难，来克服投降的严重危险呢？我们认为是有这些条件的。悲观主义和无出路主义是不对的。

我们现在不去说中国抗战胜利的基本条件，譬如中国抗战是正义的民族自卫战争，中国地大人多，等等（这与法国对德战争完全不同），而仅仅来说明，由于欧战新形势给予中国的有利于坚持抗战的条件吧。这些条件是：苏联始终未被牵入战争漩涡，成为世界和平和民族独立运动的有力支柱；日本侵略主义的急进化使日本更深的陷入战争泥坑，使日美矛盾更加尖锐化，使日本的困难大大增加；依着日寇灭亡中国的毒计，日寇要求中国统治阶级的直接的全部的投降，较之东方慕尼黑的投降形式对于中国资产阶级是比较难于接受的，中国人民更是不会答允的；最后，欧洲战争将带来新的无产阶级革命和新的殖民地半殖民地独立革命，这次大战捣乱了世界帝国主义已经腐朽了的机体，世界资本主义的锁链又会在许多环节上被打破，假若不是整个的锁链被毁灭，这些革命将是中国抗战最可靠的援助。

由此看来，目前抗战形势中不仅是有空前的困难和严重的危险，同时也有坚持抗战争取胜利的有利条件。一切持久战必须经过最后的困难和最大的危险才能转到胜利的结果，问题在于，谁能坚持到最后，谁能抵得住最大的困难，谁就会胜利。中日战争亦是如是。

中国抗战的第四年，不仅是困难的危险的一年，同时也是，而且应当是克服困难、渡过危险、坚持抗战、争取胜利的一年。

二十九年七月一日

（1940年7月《中国工人》第六期）

为彻底实现抗战建国纲领而斗争

任弼时

一九三八年四月，国民党临时全国代表大会所通过的抗战建国纲领，确立了抗战建国的外交、军事、政治、经济、教育等对外、对内政策的基本方针。在纲领上并且首先指出了抗战建国大业之完成，没有全国人民“勠力同心”、“共同担负”是不可能的。

这一纲领的确立，是适合当时民族抗战的客观需要的。它的正确性就在于吸收了过去九个月抗战和第一次大革命中许多经验教训，认清了要坚持持久抗战争取最后胜利，必须依靠于民族力量的组织与发动，依靠于全国人民团结一致的共同奋斗，这是适合于孙中山先生临终叮嘱的遗教的。

这个纲领的颁布，无疑的，是得到全国广大人民的同情与拥护，中国共产党认为这次国民党临时代表大会，是最近十年来国民党最有历史意义的一个会议，这个纲领可以作为全国人民共同奋斗的纲领，而愿为其完全实现而奋斗的。

这一纲领之实现与否，对于中国是否能够坚持长期抗战以取得最后胜利，具有决定的意义。

抗战已经经过了三年，今天我们检查这一纲领在全国执行的程度是如何呢？我们的答复是极其不能使人满意的。

在全国范围内，只有八路军、新四军活动的区域，是认真的为着这一纲领的实现而奋斗，那些地方的民族抗战力量，的确有着显著的发展，表现着新中国发育滋长的气象，在中国大部分地区是没有真正去求其实现的，而且有些不顾国家民族亡国灭种危机的顽固人们，公然违反着这一纲领，背道而驰。这些地方的民族抗战力量，显然是没有法子能够获得新的更大的发展，而且呈现着倒退削弱的危险过程。

中国经过了三年抗战，未能动员和组织起全民族更强大的力量给敌人以更大的打击，今天还没有具备反攻敌人的条件，一部分人们感觉抗战没有胜利前途而悲观消沉甚至动摇起来，乃正是由于没有在全国范围内认真执行这一抗战建国纲领的结果。

中华民族现在进入比从前更艰难更困苦的抗战第四年，是日本帝国主义要彻底贯彻灭亡中国政策的一年，是可能引起抗战营垒中更大分化的一年，同时也是中国将要转入国际国内更有利的斗争条件的过渡年份。

已经到来的抗战第四年，比任何时候都要迫切的要求中国能够更加强固的团结，更需要勇于发动和组织全民族所有能够抗战的力量，来克服当前的困难，克服投降分裂的危险，坚持抗战以争取最后胜利。

这也就是说处在今天国际国内条件下抗战的中国，要求国民党、共产党和其他的抗日党派，更加团结一致认真的、彻底的实现抗战建国纲领所确定的基本方针，废除一切足以破坏团结、阻碍抗战建国纲领实现的设施。顽固不化的人们，如果还继续着倒退顽固的政策，那只是帮助敌人来灭亡中国，甘心去作日本的奴隶。

彻底实现抗战建国纲领的第一个基本要求，就是要认清大敌当前，中国应当一致对外，对于一切不顾国家民族当前危机、不以全力去对付外敌，而公然违反抗战建国纲领所指“捐弃成见”、“破除界域"的方针，专事对付共产党和一切进步势力，以制造国共两党的磨擦、破坏中国内部团结的人应当给以迎头的痛击。

彻底实现抗战建国纲领的第二个基本要求，就是要认清只有充分的发动起全国人民，才能完成抗战胜利建国成功的伟业。对于那些惧怕广大人民的掀起，而公然违反着抗战建国纲领内所确定的改善政治机构，保障抗战言论、出版、集会、结社自由的方针，反对必要与可能的人民生活之改善，用各种方法限制民众抗敌救国活动，排斥一切进步设施的人们，必须加以坚决的反对。

彻底实现抗战建国纲领的第三个基本要求，就是要认清我们要达到抗战必胜、建国必成，必须依靠自力更生的国策，对于那些不相信中国自己的力量，把中国的希望，寄托在依赖帝国主义列强的调解，没有外援就不能抗战，而不去认真的采用适合于抗战需要的经济财政政策，对建立军事工业和创造强大军队采取消极怠工的人们，也须给以无情的指责。

是否能够彻底执行自己的宣言与纲领，是对于政党之是否能够忠实于自己的事业的一种测验，宣布自己的主张而不去忠实的执行，只有丧失自己的威信，中国共产党一向是忠实于自己的主张和诺言的。它过去曾是，今后也还是要为彻底实现抗战建国纲领和一切进步设施而斗争，希望国民党和其他抗日党派同心协力为着抗战必胜建国必成而奋斗到底。

（1940年7月《中国工人》第六期）

抗战三年来中国工人阶级的英勇斗争

——纪念“七七”抗战三周年

陈希文

中华民族反抗暴敌侵略的自卫战争，已经进行了三个周年。这是人类历史上空前伟大的民族解放战争。中国工人阶级是民族解放运动的先锋，在抗战爆发之前，它看到了民族危机的严重，为了促进民族的团结，建立抗日民族统一战线，就在各方面奔走呼号，为了反对日本帝国主义的节节进攻，首先发动沪东日纱厂的反日大罢工。等到卢沟桥的炮声一响，它就在全国各地、在各方面积极地、热烈地、英勇地参加了这一伟大光荣而神圣的战争。

抗战三年以来，中国工人阶级参加抗战建国所表现的悲壮热烈、英勇牺牲、可歌可泣的事实是不胜枚举的。现在只能将它在各种不同地区参加抗战建国的成绩，择其要者，作一简略的介绍。就是这些成绩，也足以告诉我们：中国工人阶级是中华民族解放战争中最坚决、最彻底、最英勇的战士；是抗战建国中最主要的支柱和力量；是始终站在抗战的最前线！在伟大的民族解放战争中处处起了模范与先锋的作用。为了保卫国家民族，建设新中国，在民族解放战争的历史上用他们的热血与头颅写下了最光辉的一页！

一 大后方工人三年来的抗战建国成绩

在抗战之前，中国的工业与交通路线都集中在沿海沿江各省。今天的大后方，特别是西南各省与西北的陕甘，过去都是工业落后与交通不便的地区；但经过抗战的三年，西南和西北的面目已完全的改变了。铁路与公路一条一条建筑起来，矿山与工厂规模虽小，但已一座一座的建立起来，过去工业与交通落后的西南和西北已奠定了自力更生的基础。这样急速的变动与进步，显然的要归功于直接流汗手胝足胼的中国工人阶级！

大后方的工人阶级，虽然不是直接在前线和敌人肉搏决死，但他们的血汗那一点一滴不是为了抗战建国的利益而流洒？

当抗战爆发的初期，沿江沿海与接近战区的工厂，有不少奉令向内地迁移，工友们冒了敌人的炮火与轰炸的危险为厂方拆卸机件；同时有不少的熟练工人，就从东南沿海与华中等地不辞长途跋涉把机件运送到后方；到了后方，又为厂方建造新厂而努力。此外大批西南和西北本地的工友，也涌进各种工厂为提高生产而努力工作。由于大后方工人这样的努力，而奠定了抗战建国的物质基础。

为了开辟交通运输的道路，大后方的工友们，奋不顾身在崇山峻岭、危崖峭壁之间，凿山通道、架桥铺路；由于从腹地开辟道路，所以许多公路铁道的建筑，几乎全靠人力，借助于机械的地方很少；又由于要将道路急速完成，工友们不仅要流血流汗，而且还牺牲了不少宝贵的生命。所有正在建筑或已经筑成的公路和铁路，许多重要工程，无一不是工界同胞血肉所构成的！

为了发掘地下的宝藏以供应抗战建国的需要，大后方的煤、铁、锡、金、银等矿都尽量开发起来，工人们就深入地底，埋头苦干。大后方今天所需的军需原料与工厂铁路所用的燃料，那一件不是工界同胞血汗的贡献？由于坑道的深长，各种设备的不良，整千整万的工友们，终身不见太阳，呼吸恶浊的空气，往往得到不治的病，丧失了工作能力，以至死亡。如果遇到地层崩塌，或发生水灾，尚有生命危险。他们这样苦干与牺牲，不是为着抗战建国的利益是什么呢？

为了适应军事上的需要，为了供给大后方市场的需要，各种工厂的工人，无不日夜孜孜不倦在从事生产工作。从重工业的冶炼、翻砂、机器一直到轻工业的纺纱、织布等厂工人，一般起码都做着十个钟头以上的工作。如国防军事工业，为提高生产，每天做到十四小时，铁路和纺纱业的工作时间，至少在十二小时以上，矿山工人有做十五六小时的。不管工资如何的低微，不管待遇如何的恶劣，不管劳动强度如何的增加，他们为了国家民族的利益，忍受着一切苦痛，为提高生产，增强抗战力量而努力工作。

大后方的职工们虽然平时衣食不足，生活非常痛苦，抗战民主受到无理的限制，救亡活动与组织遭到不应有的摧残，但他们关心国家大事，对抗战建国的赤诚、爱护祖国的忠心，并不落在其他阶级人士之后。对于政府的每一种抗战动员，工友们无不首先用自己的实际行动来响应，在今年春节劳军运动中，工友们就从日常生活中节衣缩食的捐出自己的血汗钱来，或热烈募集各种礼品代金。单重庆一市的各业工人，一天之内就捐出一万五千八百余元，此外如义卖运动、救国献金、捐募寒衣、慰问抗属，也莫不热烈积极参加；并且抽出仅有的假日和休息时间，向各方面奔走呼号，他们真正做到了出力又出钱。

在反对汉奸的斗争中，也处处表现了他们的积极彻底的精神，例如援助香港《南华》《天演》《自由》三报反汪罢工工友，他们更起了莫大的推动作用：有的把自己的解雇金捐了出来；有的把绝食一天的伙食费捐了出来；甚至把失业生活费也捐出来；有某国防工厂的工友们一连捐了七次之多，《新华日报》所收到的捐款共计九千余元，其中百分之八十以上是工界同胞捐助的。因此引起了普遍到全国的募捐援助反汪工友的热潮，进而使反对汉奸汪精卫的运动更加扩大深入；而予汪派以及准备投降妥协的顽固分子一个严重的打击！

以上这些光辉的事迹，充分说明了大后方工人是支持抗战建国最坚决最积极的分子。为了国家民族的利益，自己忍受着一切痛苦，始终站在斗争的最前线！

二　三年来陕甘宁边区工人的英勇斗争

陕甘宁边区的工人，是在全国模范的抗日民主根据地里工作着。这里是中国共产党中央的所在地区，在它的直接指导之下，实现了真正彻底的三民主义的政治纲领；边区人民真正得到了言论、出版、集会、结社的民主自由。在这样进步的政治条件之下，边区工人无论在思想上、组织上、工作上、生活上都获得了飞跃的进步；并得到真实的保障，不至于彷徨无路。由于边区工人生活于最进步的真正为广大民众所共有的新民主主义政权之下，所以能够大大的发挥抗战热忱与力量；能够自发自觉的积极参加各部门的生产工作：热烈拥护与参加政府一切的抗战动员和设施。抗战三年来，陕甘宁边区工人，在边区政府与总工会正确领导之下，在抗战建国方面做了不少的事业。这些事业对于全国抗战建国运动有着莫大的意义与影响。现把他们所做的成绩举要述之于下：

为了增强抗战的力量，发展边区的经济事业，边区工人在生产运动中，首先以身作则，推动领导全边区人民积极参加这一伟大的运动。如在农业方面，用了全力来响应，只是庆环、延安、固林等县工人所开的荒地就达一万二千多亩。在工业方面尤为热烈，提出“提高工业生产与农业生产比赛”的口号；各厂间更提出各种革命的生产竞赛。各工厂在生产突击期间——由春耕至秋收——工友们自动每日加做一小时“义务工”，如机器工厂在生产突击期中，有三千七百五十四小时是义务劳动。此外在节省方面也收到很大的成绩，例如工业局第一厂的工人发明以木炭代替汽油，使每日节省了百分之九十的费用。又各厂工人都组织生产突击队，利用星期日和放工时间去开荒种菜，以改善自己的生活。

为了保卫大西北与扩大抗日军队，边区工人在扩兵动员中积极的响应政府的号召。由于工人首先热烈参加到抗日部队，于是大大推动了其他阶层踊跃的参加部队，很快就完成了扩兵的任务。

为了保卫边区巩固边区，边区广大的手工业工人与雇工大批自动参加到自卫军来，而形成自卫军中最巩固最坚强的核心。由于工人积极的推动与鼓励，使各县人民纷纷加入自卫军、少先队，大大的扩充了边区人民的武装。从这些自卫军中选择出优秀工人干部开往前线作战，更有了不少光荣的例子。

在鼓励督促归队中，边区工人把退伍的工友，用了种种鼓励的方法督促他们从新归队：如发动群众进行优待抗属，解决他们家里的一切困难问题；许多退伍工人自己出来做模范，首先回到部队去。因此各地工人一听到归队的消息，无不很高兴的归队了。例如延安县计划要动员工人一百五十名回前方部队，结果在六天之内，竟有二百四十名报名归了队，大大超出了原定的名额。

为了保卫边区、保卫抗日根据地，不让敌人、汉奸、顽固分子破坏捣乱，边区工人积极的进行了放哨、查路条。在肃清汉奸、土匪，巩固地方工作上，起了很大的作用。他们在锄奸小组中成为积极活动的分子，混入边区之汉奸、土匪被他们查获，使汉奸、土匪，难于混进边区来。去年反汉奸汪精卫运动中，边区工人掀起了广大的反汪热潮，在募捐援助香港三报反汪工友中，表现得最为积极热烈，全边区工人所募集的捐款竟达八千九百四十三元之多。

按照边区政府的规定，每人秋收一担以内者免征“救国公粮”，大多数的贫苦雇农理应在免征之列的，可是当缴纳“救国公粮”期内，各地工人自动要求缴纳“救国公粮”的情绪，像浪潮一般的高涨着。他们说：“出公粮，是为帮助前线打鬼子，我还有两只手，只要多做两天，就可以把所得的工钱买粮来缴纳。”由于工人不仅自动的缴纳，而且推动宣传其他人民缴纳。本来政府预定征收一万担小米，结果收到了一万五千余担，超过原定计划一半以上。

为了慰劳前方将士，按照总工会的计划要募捐五千双毛袜和手套，这个号召一发出，得到各地工人热烈的响应，他们提出“有毛出毛、能打出工”的口号，不到廿天就完成了，而且还超过四百四十二双。

从以上这些具体的事实，可以看出边区工人不仅英勇地、积极地起来参加一切抗战动员，而且在整个人民群众中起着模范和推动的作用。由此更证明了：要发挥工人阶级的抗战建国的力量，提高工人阶级生产劳动的热忱，只有在改善了工人生活，使工人获得了民主自由，提高了工人政治文化水平的条件下才有可能。

三　三年来坚持华北抗战的工人阶级

华北是战区，是抗战的最前线。华北广大的工人阶级与人民受到日本帝国主义的摧残与危害，都是最直接最残酷的。因此，他们都认清了当前的敌人，以英勇果敢的姿态，坚忍不屈的毅力坚持着华北的抗战。华北有中国共产党、八路军，他们不避一切艰险危难，深入敌后，艰苦奋斗：他们不仅坚持了华北抗战，并且收复了广大的失地，创造了许多抗日根据地，实现了最进步的真正为广大民众所共有的新民主主义政权，执行了抗战建国纲领。广大的华北工人阶级和人民就在中国共产党、八路军直接帮助与领导之下，一致团结在新的抗日民主政权之下，为坚持华北抗战、为保卫祖国展开了猛烈的战斗。

抗战三年以来，站在抗战最前线的华北工人，实起了它先锋阶级与先锋战士的作用。不仅它们自身组织起来、壮大起来、武装起来；而且推动了其他人民的组织与壮大。华北工人阶级三年来参加抗战建国的成绩，不是这点篇幅所能容纳得了的，现在只能举其大者来说：

“发动民众起来”是坚持抗战的主要条件之一，中国共产党与八路军一进入华北的战场，就坚决执行了这一方针，广大敌后的华北人民在中国共产党、八路军帮助与指导之下，已普遍地动员起来自动地组织起来了。如农救、青救、妇救……等民众团体不用说已到处成立；就是工人的组织，也同样从乡村起都已组织起来。在今天已成为工人阶级坚强领导机关的有：山西省总工会、晋西总工会、晋东南总工救、晋冀察边区工人救国总会、冀中工人抗日建国联合会、第五战区总工会、同蒲铁路工人总工会、平汉北段铁路工人总工会等等。有组织的工人就在 × 十万人以上。由于广大华北工人铁一样团结组织起来，使得坚持华北抗战、保卫祖国与建设新中国更获得了有力的保证。

华北是敌我相持的战争环境，敌人从未一刻放松过它的进攻与扫荡。广大的华北工人，就在战斗中武装起来。有广泛的工人参加到武装部队，使抗日军队得到了一批坚强的新力量。至于工人独立的武装游击队，今天正在华北战场上活跃的就有：太原工人武装自卫队、正太铁路工人游击支队、榆次纱厂工人游击队、太谷工人游击队、阳泉矿工游击队、祁县工人游击队、社榆工人游击队、同蒲路铁路工人自卫队、平定工人游击队、翼城工人自卫队、平陆码头工人自卫队、襄垣工人游击队（以上在山西省）；磁县六河沟工人第十三、第四游击队，道清工人游击队，磁县工人自卫队，井陉矿工游击队，平汉铁路工人游击队（以上在河北省）；青岛纱厂工人崂山支队、胶东工人武装队、淄益博矿工武装队、津浦工人铁路破坏队、胶济工人铁路破坏队（以上在山东省）；深源工人游击队（在冀察边境），这是一支“铁流”，他们经常配合正规军作战，或破坏敌人的交通，或单独去袭击敌人运输，或出扰敌人的据点，三年以来作了数千次以上的英勇壮烈的战斗，给了敌人严重的打击与损害，获得无数次光辉的战果。

有些游击队就在战斗中壮大起来，如太原工人武装自卫队，正太、太谷工人游击队，后来都改编为正规军。此外在华北各县各工厂各矿山，又普遍建立了不脱离生产的自卫队与游击小组，有百分之七十以上的工人都参加了这个组织。他们同样能够配合军队作战，破坏敌人交通，截获敌人运输；并且经常担任放哨、侦探、带路、运输、担架、救护、送水、送饭等等工作。他们这样积极的活动，使在华北抗战中发生了伟大的力量，造成了我军作战的许多便利，而予敌人百般的困难与严重的打击。

在敌后坚持抗战，军器的修理与补充是一个严重问题，华北产业工人（机器、矿山、纺织）在这方面起了很大的作用。他们帮助政府与军队在各个根据地及某些重要据点内建立修械所，修理枪炮及自造手榴弹；建立纺织厂、造纸厂、军服厂等等，解决日用品的困难。华北本是军需原料的出产地，极富煤、铁、棉花、硫黄、硝等等，因具备了这种条件，这些工厂很容易建立起来。抗战三年以来，这些与军事有关的小型工厂，随战争之坚持而发展。华北工人在国防工业方面的努力与所起的作用，是可与在前线与敌肉搏的武装将士比美的；如果没有他们的努力，没有枪支弹药的补充，在敌后长期战争、长期消耗的情况下，坚持持久战将是不可想象的。

华北工人参战另一方面的表现，在为对政府工作的协助，如推销救国公债、缴纳公粮、帮助抗战等等，当总工会发起这些号召时，各级工会不仅能按期完成计划，而且往往超过它。

总之，华北工人参加抗战建国的光辉成绩是不胜枚举的，从以上简单的几个事实，也可看出他们在战争的烽火中怎样大大改变了他们本来的面目；他们在今天怎样以新的姿态活跃在广大的华北战场上。三年来他们在每一个战斗、每一个运动、每一个号召都起了模范与先锋的作用；他们是今天坚持华北抗战的有力支柱；是为民族解放事业奋斗的最英勇最彻底的战士！从华北工人飞跃的进步中，猛烈的活跃中，更成为坚持抗战之重要因素。

四　三年来沦陷区工人的艰苦奋斗

抗战三年以来，我国沿海沿江的工业中心城市、重要交通路线与大矿山，大部分被敌寇占领与破坏。这些城市、交通路线与矿山，都是中国工人阶级最集中的地区。因此，当战争的爆发与扩大，在这些地区的工人首先就遭受了空前的浩劫。有不少的工人随同工厂在炮火与轰炸之下毁灭了；大部分的工人都变成了无家可归的饥寒交迫的失业者；另一部分的工人则在敌寇汉奸的皮鞭、刺刀、枪炮威胁之下，在寇奸工厂中过着暗无天日的牛马不如的生活。他们虽然处在这样险恶的环境之下，过着万分痛苦的生活；但他们的心始终还是向着祖国的！并且他们利用了一切可能的机会，运用了一切巧妙的战术，不断的进行反对日寇汉奸血腥统治的斗争！

“八一三”沪战一开始，上海工人就群起参战，有数千工人加入别动队，英勇的协助军队作战，支持了上海抗战至三月之久。国军退出上海后，有一部分工人就在上海市郊组织游击队，至今还活跃于上海周围，使敌伪日夜不宁。

当沪战的前后，广大工人，特别是日厂工人，曾配合了国军的抗战，发动广泛的罢工运动。同时组织了许多救亡团体，动员广大工人群众担负抗战宣传、教育组织、救护慰劳、军事运输、建筑工事等工作。国军西撤之后，上海工人又坚决的执行了“不与敌寇汉奸合作”的口号，不仅自己做到了，而且还说服了广大的民众及一部分民族资本家，坚决的站在抗战阵营内。至于被迫留在日寇汉奸工厂的工人，他们以“誓死不忘祖国”的口号，团结所有敌厂工人，一刻也未放弃救国运动，如救国献金、战士寒衣捐等，依然一批一批的送出来。

上海海关职员、邮务员工、天津电话员工，曾在敌人直接威胁之下，不屈不挠，举行了英勇的护关、护邮、护电话的运动。又上海司机工人，曾坚决拒绝把汽车开驶敌占虹口区；黄包车夫在马路上见到日寇强绑华人就群集而夺回；码头工人不给寇奸搬运货物；江南造船工人，把日寇费了数月修理的轮船再沉江中。此外苏州日厂被工人放火焚毁；崇明纱厂职工不与敌人合作，全部退出工厂；浒墅关兵工厂工人罢工，被日寇枪杀百余人。从这些英勇斗争中，可见敌后工人是怎样的和敌寇苦斗着。

在各种募捐运助中，如救国献金、节约救难、战士寒衣捐等等，上海职工表示得特别的积极和踊跃，单就工友们直接所募得的捐款就超过数百万元。有许多工厂工人虽然饿着肚皮，但还继续着长期固定的救国献金。

日寇、汪逆在上海曾用大批金钱收买流氓、工会叛徒，组织伪工会，但深明大义的上海工人，丝毫不动摇，坚决拒绝参加。敌寇、汉奸、托匪所出版的报纸刊物，上海工人决不阅读，使敌寇、汉奸、托匪的阴谋诡计处处受到无情的打击与揭破。日寇汉奸在沪成立伪市民协会，上海工人就联合全沪市民猛烈反对，结果使它只剩一块空招牌。

在另一方面，上海工人为了巩固抗日民族统一战线，继续推动坚持抗战到底，自己虽遭受到生活的压迫——工时延长、劳动强度增加、工资一般减低、从前所争得的条件被取消、物价飞涨等等——与空前的损失，却仍然能照顾全局、坚忍沉着、言行一致地做到了“以抗战为第一，一切为了抗战”。以这种自我牺牲的英勇无比的模范来推动各界人士团结合作。纵遇目光如豆、只图私利的资本家无理的压迫与进攻，上海工人往往委曲求全、忍辱负痛，把自身利益服从于民族利益的前提上，有时求得资劳双方互让协调之下，曾解决了劳资的某些问题，改进了劳资的关系。

抗战以来，上海工人虽未获得统一的组织领导，但职工的抗战行动已日益走上了统一，恢复了亲密的团结，显然的他们仍坚决的继承着过去的光荣，重新走上统一之路。

上海以外各大城市工人的参战成绩，如青岛纱厂工人在胶东建立坚强的崂山支队；济南兵工厂工人大部都到山东八路军兵工厂工作；广州市工人除参加部队的外，也组织了游击队，经常潜入市区袭击敌人。天津工人在敌伪高压之下，也无时无刻不和压迫者作着坚苦的抗争，曾凭一腔不可遏止的悲愤，一次次纵火焚毁敌厂。又天津工人秘密出版一个叫《炼铁工》的油印刊物，里面虽是不大通顺的文章和别字连篇的工人作品，却表现着坚决抗战的情绪。

至于华北各大矿山工人，在参战方面也表现了伟大的成绩，如井陉矿工、六河沟矿工、门头沟矿工、阳泉矿工、磁县矿工、中兴公司矿工、淄益博矿工、烈山矿工等，除大部直接参加部队外，并各组成游击队，活跃在各个矿山的地区；即使迫不得已仍留矿山工作的工人，只要有机会就把矿山破坏、炸毁机器，或配合军队，里应外合打击敌人。特别是唐山七千矿工的抗日起义，更是华北矿工在抗战史中最光荣的一页。

各主要交通线的铁路工人，在抗战开始时，不避艰险于敌机轰炸之下，继续维持军运；在我军退出铁路线时，则将桥梁险要、车辆机车破坏，不资敌用；并分别组织游击队、铁路破坏队，经常破坏铁路电线，或袭击敌人运输，或配合军队作战，获得无数次光辉的战绩。在今天活跃于各个战线上的铁路工人游击队，就有平汉路工人游击队与铁路破坏队、胶济工人铁路破坏队、津浦工人铁路破坏队、同蒲路铁路工人自卫队、正太铁路工人游击队、道清铁路工人游击队，这是一支有技术的、进步的、坚强的产业工人武装队伍，三年来不断的与日寇进行浴血的斗争，不仅壮大了自己、锻炼了自己，而且成为工人武装队伍的中坚力量。

总之，敌后广大的工人阶级，直接受到敌寇残酷的屠杀、奸淫、压迫、剥削，生活在水深火热之中，但他们热切地关怀着祖国，为着国家民族的利益而前仆后继的英勇斗争着，坚毅地站在自己的岗位上，为着民族的最后解放而艰苦地奋斗着！

五　三年来海外华侨工人的救国运动

散布在全世界的华侨，有一千数百万人，这样巨大的数字中，除了极少数的资本家外，劳苦大众占了绝对的多数。其中又以海员，码头工人（在各商港的），矿工（锡、煤、铁矿），农场工人（树胶、咖啡、胡椒、烟草、麻、果园雇工），机器工人，洗衣工人，侍役，店员，小贩等占大多数。他们在祖国为生活所迫，不得不远涉重洋，漂泊到异国去谋生。他们乃在帝国主义直接凌辱、压迫与剥削之下，曾深受被压迫民族的痛苦，所以对于祖国的兴亡异常关切。他们对中华民族解放的伟大事业的援助与参加，数十年来，就未尝间断过。抗战以来，侨工的救国运动，更广泛迅速的开展起来。

最近陈嘉庚先生率领华侨慰劳团回国，在重庆发表一个演讲《热心赞助祖国抗战，愿意对抗战中祖国投资的不是南洋资本家，而是广大的华侨劳苦大众》。其实这是陈先生的老实话，因为事实就是如此，真正热爱着祖国的，关怀着祖国抗战的，节衣缩食、省下血汗钱捐助祖国抗战的，就是“广大的华侨劳苦大众”。从下面的几个模范例子，更可证实陈先生所说的话不虚。

香港的小贩创造义卖献金的运动，很快就传到南洋，各行各业都风起云涌的卷进了运动漩涡。最令人振奋的事实，如新加坡的报贩义卖、油条小贩义卖、专供苦力吃食的小饭摊义卖，连最贫苦的街头说书人也参加义卖，把当天所收入的悉数献给祖国；菲岛赶牛车的侨工也参加义卖，把一星期载货所得的运费一万元全数献出；马尼拉华侨店员救亡协会所主持的牛奶义卖，在短促的四天内售得一万余元，作为救国献金；在泰国盘谷拉黄包车的侨工，发起“五士丹运动”，他们每天拉车回来便拿出“五士丹”（泰币五分），交保管委员会存储，每月总结一次，寄回祖国；华侨学校教职员亦经常由薪水里扣除至少百分之十或百分之二十作为救国月捐。每逢纪念节日，女工、女理发师、女佣甚至妓女都组织卖花队，到街头去劝买，把一分一文的卖花钱都献给祖国。从这些事实中，可见广大的华侨劳苦大众如何的刻苦自己，用血和汗来支持祖国的抗战。

海外华侨工人因为远离国土，并由于种种条件的限制，不能直接为国出力，所以只能在海外为拥护祖国抗战而努力。但他们在海外努力救亡运动的结果，不仅给了祖国巨大的财力、物力、人力的贡献；而且直接间接还给了日寇许多严重的打击。例如：

散布在各商港的海员和码头工人，一致决定拒运日货。如泰国侨工就因不为日寇装运货物，日寇虽曾派船数十艘到泰国来装运粮食，往往停留数十天，一无所得，空船回航。美国纽约和旧金山的侨工，则组织纠察队联合美国海员工人阻止废铁运往日本。此外如新加坡、香港、马尼拉、巴城、仰光等处的海员与码头工人，同样坚决拒绝为日寇装运货物，使得日寇对国外的输出和输入上受到重大的影响。

“不与日寇汉奸合作”的口号，海外侨工也坚决执行了。日寇在南洋经营铁矿十余处，英勇的侨工不怕失业、不为利诱，发动了空前未有的大罢工，以实际的行动响应了祖国的抗战。如马来亚龙运日营铁矿二千多侨工全体罢工，并退出该矿；泰国宋卡日营铁矿，每天出铁二百吨，侨工罢工的结果，使它陷于停顿；另一日营铁厂的机器则被侨工秘密炸毁；一所日寇在亚洲仅有的铅厂，专制飞机的原料，出产相当可观，颇为日寇所重视，其全部机器也在侨工手里化作灰烬。这些无情的打击与破坏，给予日寇严重的威胁，即铁的出产每年就减少了百分之七十。

香港《南华》《天演》《自由》三报工友反汪罢工，这也是在外人势力之下，以直接行动来打击汉奸的运动，这一运动曾掀起了全国反汪的怒潮；在泰国盘谷，汪派靠了泰国政府的庇护，也办了一个汉奸报——《泰京日报》，每日出四十铢（泰币四十元，现合国币二百五十元）也雇不到一个排字工人，只得宣告流产。日寇在新加坡于“七七”抗战后也出版一种华文日报，借作欺骗宣传。每天工资十二元叨币（新加坡币）招请华文排字工人，一批觉悟的工人发觉敌寇的阴谋，立刻就退了出来。少数落后工人，贪图厚利，执迷不悟继续工作，引起当地侨工的愤怒，乃将工人诱出，绑在街上示众，有一人当场被盛怒之下的群众殴毙。此外对付奸商、抵制仇货的运动，侨工也起了主导的作用，以坚决彻底的精神与出卖祖国的败类作无情的斗争。

抗战以来，有广大的侨工回国参战，只司机工友，三年来动员到祖国各个战线上服务者已有数千人。由美国、加拿大、澳洲、法国、南洋等地回国的飞机师、机械工人亦有数百人。在祖国抗战的最前线，华侨工人为保卫祖国也洒下了光荣的血。

总之，海外千百万的华侨工人，是中国工人阶级中的一个重要组成部分（在过去统计中没有他们的地位），他们在居留政府统治之下，久已深切体验到被压迫民族所受的待遇与痛苦，所以有高度的民族觉悟；他们又经常与世界各国工人接触，亦易受阶级教育的熏陶。因此，他们深切地了解祖国兴亡与盛衰，对于他们自身的解放是有着密切联系的。抗战三年以来，他们在海外始终站在救国运动的最前面；担负起救国的光荣任务，为了祖国抗战而愿贡献一切；始终积极参加祖国民族解放的战争。因为只有祖国抗战获得彻底的胜利，中华民族得到最后的解放，广大的海外华侨工人与其他各界侨胞才能解放。他们明白这一点，所以他们特别关怀着祖国的抗战、团结与进步。

六月三十日

（1940年7月《中国工人》第六期）

注意两个问题上的错误倾向

——写给边区各工厂工会的同志们

悉 根

边区政府是抗日民主的，以工农为骨干的一切抗日人民的政府。边区的工农商学兵各界无论在政治上、文化上、经济上都得到了平等和自由，这是每个工友都知道的。

边区的工厂大部分是由政府创办的，我们边区工人已经得到了政治上平等的权利，参加了政权，因此边区政府是真正抗日人民大众的政府。既然政府是我们自己的政府，那么政府所创办的工厂，就不用说是我们自己的了，可是它并不是像苏联社会主义国家所有那样的工厂，也不是资本主义的、专门剥削工人的工厂；它是完全没有剥削性的，完全为了抗日，为了建设边区，为了改善人民大众的生活而创设的工厂。所以边区工厂的工会工作的中心是团结工人，提高和发展生产，从政治上文化上教育工人，改善工人的生活，这是做边区工会工作的基本认识。边区的工会工作是相当的繁重与艰苦的工作，正因为这工作的繁重，所以在工作中往往要碰钉子、犯错误。一般地说来，不外乎以下两种最容易发生的错误。

一、在团结工人的问题上。我们的团结，是政治上的团结、阶级的团结，并不是私人感情的团结，然而我们的感情，是建筑于政治原则之上的，假使不站在政治的观点上团结工人，而只以私人团结少数落后的工人，那你就要碰钉子，大多数的工人和厂方自然要批评你，结果你就“老鼠跌在风箱里”——两头受气。这种错误，小则使你灰心丧气、消极怠工，大则容易与厂方对立。

二、在教育工人与改善工人生活的问题上。对于这工作，边区政府早有卓著的成绩，且在不断的进步。所以边区的工会工作一不是经济斗争，二不是政治罢工，正因为这样，工会对工人的教育就放松了，对工人的生活与需要，就好像不必再过问了。这种漠不关心的错误，小则会失去工人对工会的信仰，大则脱离群众，工会变成官僚机关，这也是非常危险的。

以上的错误虽然是个别的，不是普遍的，但我们必须时刻注意和纠正，我们真正要认识工厂是我们自己的，所以边区的工会是团结工人、领导工人帮助工厂生产计划的完成，巩固工厂与扩大工厂，深入群众、了解群众的迫切要求，讨论而改善之。教育工人，不但政治的阶级的教育，而且要提高工人的技术水平和文化水平，学习工厂的管理，这是我们工会的中心任务，只有这样，才能提高工会的威信，开展工会的工作。

（1940年7月《中国工人》第六期）

义务工

刘　御

做了八点钟，
再做一点钟！
这点钟，
义务工！
为啥叫做义务工？
既不加工资，
又不受强逼；
为了多生产，
自愿的劳动，
边区各厂的工人，
人人做过义务工。
他们说——
横竖为的是自己，
必要时，
我们还愿意，
多做几点钟。

(1940年7月《中国工人》第六期)

作墙报

福　兴

要作墙报自己作。
不会作，要学作；
学会作，就好作。
作不熟，常常作；
作不好，多作作。
作！作！作！
作到老，学到老！
死了才不作！

（1940年7月《中国工人》第六期）

论抗战中的民生问题

邓　发

中国争取抗战胜利之基本路线，是坚持民族统一战线，只有坚持统一战线，才能坚持长期抗战，现在就这个方针讲一讲与坚持抗战有极密切关系的改良民生问题。

一　抗日战争与改良民生有何关系？

抗战本身，就是一个死里求生的斗争，日本要我们亡国灭种，而我们却要继续生存，要生存就要从死里求生，所以抗战当然是艰苦的，全国人民在抗战中自然都要吃一点苦，不可避免的要蒙受流血牺牲，饱受冻馁饥饿，经历各种患难，这样，我们为什么又要提抗战中的民生改良呢？岂不是故意在政府面前提出难题吗？如果人们这样了解，那就显然是出于误会或不了解其问题的本质了。政府既然领导着全国抗战，政府的目的是国家生存、民族独立，难道人民还不懂得政府正在苦难中领导着全中华民族抗战的苦衷吗？人民拥护政府尚感气力之不足，岂会故意在政府面前提出难题之理？民生问题之提出却恰恰为得拥护和巩固政府，以利于继续坚持抗战，因为：

第一，必须认识抗战力量的主要源泉是活力。而活力的源泉，就是全国最广大的人民。三年来的抗战人民在有钱出钱、有力出力的原则下，踊跃输将，流血流汗，而流血流汗的人是占人口最多数之农民和工人，抗战少不了广大的民众，因他们占人口的绝对多数。继续抗战主要还是要靠广大工农民众努力坚持。抗战固然是每一个中华民族子孙所应尽之天职与义务；如果要广大民众尽国民之天职与义务，但却使他们连最低限度活命之生活都不能维持，使他们家内老幼妻儿饥饿待哺无法解决，使许多城市工人、贫民连吃麦糠、豆腐渣子也朝不保夕，使他们因饥饿而死者日有新闻，使战区受灾难民，吃尽草根树皮，饿殍载道，那么在此不能继续生存下去的情况下，要他们舍身杀敌、弃家投军、努力生产，的确会使他们感到心有余而力不足之憾！所以要继续发扬人民抗战积极性和牺牲决心，我们就不但不能漠视抗战中人民生活的改善，而且只有积极地适当的改善人民生活，才能增加抗战力量，以利于继续抗战！

第二，上面已说明了抗战中改良民生的重要性，现在再说明我们提出和解决这个问题的基本精神是根据下列各点为出发点的，即：（一）改良人民生活不能引起阶级矛盾的尖锐对抗，妨碍统一战线团结抗战的基本原则。（二）必须估计到客观现实之可能性，同时要与《抗战建国纲领》中及政府改良人民生活的法令之精神相适应。（三）肯定人民在抗战中必须艰苦斗争，因此根据上述原则，在抗战期间做适当的和可能的改良人民生活是完全合理的和必须的。

第三，问题的提出，必须考察目前人民生活底具体状况，现在具体情况怎样呢？由于我国领土的丧失，许多城市之被敌占领，许多城市农村之被敌人蹂躏和毁灭，沿海口岸之沦陷，敌人之实行封锁政策等，以及自己在长期抗战中人力物力的不可避免的消耗，使工业品来源缺乏，生产范围缩小，劳动力减弱，再加上发国难财者囤积居奇，奸商的乘机操纵，于是引起物价的飞涨。

根据手上几个重要城市调查的一点材料，就可以看出抗战三年来物价飞涨的图画：根据西南经济研究所的调查，重庆零售物价指数以民国廿六年六月为一〇〇，至廿八年年底止一般物价即涨三倍即三八六。二二六十九种必需品的平均指数，为：

房屋建筑材料指数为	四七〇·六〇
衣料指数为	四六八·二〇
杂项类指数为	四五八·八九
燃料指数为	四〇一·〇〇
食料指数为	二四二·四五

四川省政府建厅驻渝办事处所编之重庆市零售物价指数，廿六年六月指数为一〇〇。

廿八年十二月指数为	三三四·七
廿九年一月指数为	三四九·一
廿九年二月指数为	三七四·三
涨价最快速的为燃料：	
廿八年十二月	六〇〇·二

（均见廿八年十二月三日《扫荡报》）

据贵州省府秘书处统计室调查，贵州物价以民国廿五年指数为一〇〇。

零售物价总指数至廿八年九月即为二七二·八一，各项物价指数如下：

燃料	三七六·九〇
衣料	三六二·四二
杂项	二六七·三〇
食品类	二二一·二七

（见廿九年四月五日《大公报》）

上述物价指数，近数月仍在增涨，在西北一些城市如西安、兰州，根据个别考查，某些物品如燃料，比战前涨至五倍以上，衣料涨至八倍以上，食料涨至二倍到三倍，现在也许早已超过上述指数，可惜手上无具体统计。

至于农村租税不仅依然如旧，不良士绅甚至乘兵役之推行，而加紧剥削敲榨，工人工资大部仍维持现状，虽有部分增加，但增加者也不过是百分之十到百分之二十，因此物价为人民生活资源的收入成了剪刀现象，这是人民生活实际状况，我们绝不掩饰这些铁的事实和困难，我们底任务却在于认识这些困难底来源与克服这些困难的办法。

第四，我们应当估计到日寇、汉奸、投降派，他们正在千方百计企图抓住我国人民生活困苦情形，作为煽动投降的资本，他们宣传人民生活恶化，是由于长期抗战的结果，但我们说人民生活恶化，是由于日寇侵略的结果；日寇投降派宣传只有停止抗战，才能挣脱这个厄运，但我们却相反地，只有坚持抗战到最后的胜利，才能摆脱这个厄运，否则只有堕入更黑暗的深渊。顽固分子也抱着唯恐天下不乱之方针，到处利用人民生活困难的不安情绪，散布投降的种子，甚至做各种过火的煽动，作为嫁祸于中共之良机，例如日寇在上海利用纶昌工潮为诱饵收买罢工的工人；顽固分子在成都煽动打中央等银行和抢米等强盗行为，此种阴谋不言而喻，其目的是引起国内纷乱与社会不安，制造磨擦与破坏统一战线。我们提出适当的改良民生，是为防范敌寇汉奸、顽固分子利用人民生活困苦作阴谋煽动、散布投降毒素的有效办法。

因此提出适当地改善民生的是为得使人民获得最低限度生活的解决，以便更能提高人民抗战积极性，提高人民为国家民族牺牲的决心，发扬其生产热忱，使之团结于政府周围，坚持继续抗战，并粉碎汉奸投降派的阴谋。

二　怎样解决这个问题呢？

第一，必须切实执行政府抗战法令。抗战以来政府的确是颁布过一些改良民生法令，但实行的程度怎样呢？地方行政官吏是否切实执行呢？为着改良民生特别是改良工农生活，目前首先切实督促实施国民政府一九三八年十一月颁布之《战时保护劳工方案》就成为迫切需要了，如实行：……“安定劳工生活：甲、抗战期间雇主不得无故解雇工人，其确有必要情形者须经党政机关许可后方可实行，并应给予解雇金。乙、制定《战时最低标准法令》，雇主不得无故减低工资。丙、严厉督促各种劳工福利设置之施行及保护法令之彻底实行。丁、制定劳资纠纷处理办法，保障工人生计。”应根据保护工人生计之法令，反对少数不顾政府法令与团结抗战而乘机压迫劳工之资本家，应彻底检查国民政府廿七年六月七日公布之《惩办地方贪污暂行条例》及实行《抗战建国纲领》中之改良民生之条文和废除苛捐杂税等等之法令究竟实行到什么程度。据各地的反映，这些法令实行的程度是很微弱的。往往有许多人拿着颁布了之法令作为盾牌，在好的法令掩饰之下作鱼肉人民之事，来安慰自己，地方长官鱼肉人民的事实，这足以说明人民在抗战中除正常负担之外，还有一种额外负担。现在的问题不是有无改良民生法令问题，而是认真切实执行蒋委员长这个指示及政府所颁布之各项保障人民生计改良人民生活法令，及铲除在好的法令掩饰之下作坏事的恶习，那就会使民生达到相当的改良。

第二，必须彻底改革统制办法，实行战时物资统制，统制的目的是在求保障抗战之物质资源，平抑物价，有利民生，反对奸商市侩之操纵居奇，这种目的，对于抗战是有利的。对于抗战有利，我们当然赞同，然而现在统制推行的结果，却使少数无耻官僚自私政客，和少数只顾自私自利不顾国家存亡之资本家，能利用物资统制法令来包办统制，囤积居奇，操纵市场物价，以大发其国难财，于是每一商品如食料、燃料等一被统制，立即涨价数倍，市场货物之流通立感缺乏，如此统制，不但不能达到统制是为了有利于抗战之目的，反而处处损害抗战国策，增加人民疾苦，形成社会不安，以至怨声载道。为使统制有利于人民生活改良，必须改革统制办法，并严惩藉势统制去发国难财之少数官僚政客与大资本家，以解人民倒悬之苦。

第三，实行有钱出钱、有力出力的合理负担，这样一则使全国人民、使各阶级各阶层的人都对抗战有所负担，这是应当的，因为如此既不至于把所有负担都加在有资产者身上，也不致加在工农身上；二则所谓合理，当然就不能是平均负担，这就是有钱的多出些钱，无钱的少出些钱而多出一点力，此种办法在山西具体实行，收效甚大。以后八路军并把它应用到自己行动的区域，处处受到人民欢迎与拥护，要办到这一点不仅要取缔平均负担的办法，而且要惩治贪污枉法的官吏，更进一步将现行国家税制，加以刷新和改变，实行累进税制，才能达到完全合理负担。

第四、实行减租减息，这是实行改良调剂阶级关系的办法。有人怀疑这样做法会引起地方士绅地主的反感，这种怀疑，虽有他片面的理由，但目前情况已经改变了，日本人来了，地主士绅他一样将遭遇田园毁灭，财产没收，甚至有被蹂躏屠杀之惨祸。事实上抗战以来已有不少开明地主士绅倾家荡产献给抗战的事实，我想只要政府极力倡导并经过一些必要的宣传解释工作是可以实行上述合理负担办法的，至于那些只顾私利不顾国家大义的分子表示反对，当然也是可能的。因此必须说明广泛的推行减租减息，一方面固然要政府严令督促实行；同时，还须有许多宣传解释开导与组织工作。就是说一方面要政府的领导与督促，同时要组织广大农民群众起来抗战，只有在这样条件之下，才能实现。

第五，彻底改善兵役制度。因为这个问题与适当的改善民生是密切联系着的，国民服务兵役本是本分和天职，对于政府这个法令应当服从，可是今天的问题是纠正“对于无势贫民则苛派滥索毫不顾恤”（同上）的恶劣行为，与不加宣传解释而只是“捉兵”的办法，制止购买代替办法，因为这种办法的结果，不仅使新兵到部队后，因不了解参加抗日军队的意义而难于巩固，而且老百姓如连为什么要当兵都不知道，那么要设想发扬部队战斗力是困难的，至于贿赂办法只能为地方流氓地痞开发财的方便之门，他们今天被甲家买去，将钱拿到手里，到了部队又逃跑回来了，让乙家再买去，不良之地方官吏即可以从中渔利，给农民派钱买壮丁去代替，随时可藉征兵向农民拷榨滥索，于是便加重农民的负担，增加其生活的痛苦。至于出不起钱的，就逃避兵役“结队上山”，如果不抹杀事实的话，那么这些事实在各省都曾屡见不鲜，如此不仅百弊丛生，影响社会治安与农村生产，对于政府抗战是不利的。问题的解决一方面要严令取缔简单的“捉兵”“买兵”，同时使“征兵求其公平”，就要加强政治宣传解释开导工作；更重要的必须惩治利用兵役制度来剥削欺压农民的不良地方行政人员。因为派差和征兵都由他们经手，所以就凭藉机会勒索农民，对于一般有钱有势的人，不仅有力可以不必出力，有钱也可以不必出钱，对于无势农民，则苛派滥索，再一方面就必须切实执行政府颁布优待抗属及抚恤伤亡抗战军人之法令，使抗战将士遗孤获得劳动力的帮助，使之能继续生产，使他们的生活有所保障，这对于整个民生的改良是不可分离的问题。

第六，发展合作事业增加生产。积极发展生产合作事业，增加生产，对于民生改良是一个重要手段，也就是对于自力更生的重要环节。发展生产合作事业，政府已经积极注意，但必须在组织上大量吸收游资投到生产事业，使之发展成为广大群众的经济运动，政府投入可能的和必需资本并善为指导，如此既可成为打击操纵物价、囤积居奇的奸商的重要武器，又可作为调剂物价的工具，并达到自力更生的目的。人民既可能减少一层奸商的剥削，又可购得较低价格的物品。同时在合作社中还可以规定一定限度的给予抗属的优待。总之，应把发展生产合作事业看做是增加抗战力量、改良民生的一个重要设施。

第七，必须保护夏收秋收，禁止粮食出口调剂粮价。我广大地区已有敌人点和线的占领，敌人利用点线据点不断进行反复扫荡，常到农村劫掠，他为获得食粮与破坏我之抗战，一定到处破坏我之夏收秋收，在华北八路军已提出坚决保护农民夏收秋收计划，并发动部队在不妨碍作战原则之下帮助农民收割。在大江南北淮汉流域产粮之区，组织农民保护夏收秋收应当看作是严重的斗争。抗战军队如能效法八路军的作法，人民是可获得莫大补益的。禁止粮食出口是困死敌人于城市的重要武器；反之，就是自己保有粮食可作长期作战之资源，及保障民生之重要措置。

至于调剂粮价亦为当务之急，因为新麦谷上市，市场常常抓住农民必须出卖粮食的时候，发生抑低粮价，囤积操纵，其结果就是“谷贱伤农”，农民一年劳动所得，又被奸商剥削殆尽，上述诸端，尚望政府施行以保障人民生活与改善人民生活。

三　共产党对于改良民生问题的基本态度和方针

抗战以来我们的基本态度和方针就是切实执行三民主义及政府关于有利于民生改良的一切法令，可惜由于书报不能自由发行，共产党在陕甘宁边区及八路军行动区域的华北，关于实行民生改良的许多具体状况和宝贵经验，不能供诸国人参考，真情实理均未能向外宣扬，相反的造谣惑众之辈却到处散布无稽谰言，敌人的报章，甚至顽固分子主持发行之书报均不约而同的播送出异口同曲的音调，采取同样形式，散布共产党在华北如何实行打土豪、没收土地实行共产等等谣言，更有甚者，顽固分子各处散播共产党利用群众生活痛苦，组织暴动的空气，甚至不惜直接制造暴行事件（如成都事件）来污蔑中共，作为掩饰准备投降之口实，并恐吓社会人士，企图孤立主张坚持抗战的中国共产党和污蔑八路军。上述阴谋实为顽固分子为自己投降妥协开好后门的一种办法。

我们共产党人坚决的揭破这些谣言和欺骗宣传，我们清楚的说明我们对于抗战中的民生问题的基本态度是：

第一，我们中国共产党是坚决主张彻底解决人民疾苦的，在抗战期间时刻都异常关怀中国人民在抗战中生活底痛苦，所以在中共一九三五年《八一宣言》上之十大纲领中，就提出改良工农军学各界生活之明文。我们中国共产党的领袖毛泽东同志在中共六中扩大会报告中，特别指出:“为激发民众的抗战热忱和生产热忱，实行相当必要的民生改善”当作是全中华民族的当前紧急任务之一。可是我们又处处号召中国人民咬紧牙根，以最大的坚忍精神，坚持艰苦斗争，并向中国人民指出：如果中国人民不经历这段最困苦的路程，是要亡国灭种的。我们曾向全国人民说明：在抗战期间，人民生活只能作适当的必要改良。共产党人之所以积极主张可能的适当的改良人民生活，是为了有利于抗战。如果有人责难我们为“改良主义”的话，那我们就公开声明，共产党，真正的马克思列宁主义者，任何时候都不拒绝革命改良的。因为“改良是无产阶级底革命的阶级斗争的副产物。对于整个资本主义世界来说，这种关系是无产阶级底革命策略的基础与初步”。(《列宁选集》第九卷）今天这种改良是对坚持抗战有利的，所以我们就赞成合理的和可能的改良。

第二，共产党在大敌当前，绝不主张采用暴动政策，此种政策远在一九三七年二月十日中国共产党给国民党三中全会电文上即明白宣示了，即国民党接受:(一）停止一切内战，集中国力、一致对外;(二）言论、集会、结社之自由，释放一切政治犯;(三）召集各党各派各界各军的代表会议，集中全国人才，共同救国;(四）迅速完成对日作战之一切准备工作;(五）改善人民生活等五项条件之下，共产党即在其四项保证之第一项中即确定“在全国范围内停止推翻国民政府之武装暴动方针”，三年抗战中，我们对于国民党所提出之要求虽未一一实现，但在国民党坚持抗战原则之下，共产党始终继续执行自己所宣示的政策的，当然我们并不放弃要求国民党实行我们底要求，及其诺言，为了全国团结抗战，共产党并主张一切阶级矛盾均应受民族矛盾所制约。即是说阶级斗争应服从于抗日民族解放斗争的原则。为了团结全民族坚持抗战，应当采取缓和阶级尖锐对抗的矛盾。人们又可能责难我们违背阶级立场，而主张阶级妥协了，在一定的历史条件之下，“马克思主义并不否认妥协，马克思主义认为必须利用妥协，但是这也并不否认：当作有生命的和行动的历史力量的马克思主义又用一切力量反对妥协。谁如果不善于领会这种似乎是矛盾的真理，也便是不懂得马克思主义的ABC”（《列宁全集》第十二卷“反对抵制国会”）。因此我们认为在抗战中缓和阶级矛盾、调剂阶级关系以便把全民族斗争锋芒对准主要敌人——日本帝国主义，这是对于中华民族有利的，亦即对中国无产阶级有利的。所以共产党人主张这种各阶级互让互助的妥协。相反的一切过“左”的政策是可能引导共产党走向孤立的政策，结果是有利于日寇灭亡中国，有利于汉奸顽固派分子统一战线阴谋的。

第三，至于个别共产党员中是否个别有过“左”的思想和行动呢？应当回答是可能产生的，因为有个别党员往往为群众一时情绪所影响，而发生过“左”倾向，如在华北个别地方没收个别拒绝合理负担之地主财产等现象；然而我们共产党的基本态度是反对这种过“左”的倾向的；我们共产党人必须耐心说服群众，不应在现在作任何过分要求，同时我们反对对于人民疾苦漠不关心的态度，反对那种以为在抗战期间不应积极主张改善民生的观点，因为这右的观点不仅会影响群众抗战积极性的发扬，而且会使自己脱离群众而孤立起来。这是我们对于改良民生的基本的态度。所以一切汉奸顽固派制造共产党在华北已实行共产底谣言；及主使流氓，制造捣乱暴动来嫁祸于共产党的阴谋，都是徒劳的。这只能证明汉奸顽固分子之心劳日拙而已。

但我们共产党人对于与坚持抗战密切有关的民生改良是不能熟视无睹的，所以处处寻求适当解决的道路，这条道路就是切实执行政府废除苛捐杂税改良民生之一切法令，切实推行三民主义，制裁贪污枉法之徒，严惩操纵物价、囤积居奇的奸商，发展生产合作事业，调节物价，改善征工和兵役制度，实行减租减息，实行合理负担等上述所说的一切必要的可能措施。同时要求抗战各阶级必须凛于国家大义，而采取互助互让政策，双方都不出诸剧烈阶级斗争形式；因为近来考察一切劳资冲突事件，的确是由于某些资方采取阶级斗争形式，向工人进攻所引起的，如开除工人、降低工资、藉口增加生产，而无限制的增加工作时间等；某些地主与农民冲突也是由于某些地主坚持其惯例，维持其原来对付农民的压制剥削态度，利用兵役制度来鱼肉人民，“对于无势贫民则苛派滥索”所引起的。今天仅仅要求最苦的广大人民深明大义，忍耐一切痛苦是不够的，应当同时要求一切富有者资本家与地主也要采取同样态度：应当给工人农民以必要的生活改良，增加工人工资，减轻农民租税与利息的比率。这样合理的处理抗战中的民生改善问题，对于继续抗战、争取最后胜利是有着严重意义的！

于六月二十五日

（1940年8月《中国工人》第七期）

边区工会工作的缺点

克　真

边区的工会工作固然有不少的成绩，可也并非全无缺点，如不及时指出，易为成绩所掩盖，会使我们自满于现状，障碍工作的更加改进。

边区工厂工会成立最久的已有三年半的历史，这些工会因为它一贯地能保证生产计划的完成，保证工人生活的适当改善，提高工人学习的热忱，所以全体工人的文化政治水平都大大的提高了，凡此都是过去工作的成绩，印刷厂工会就是其中的一个。但要使这些成绩继续发挥，则今后的工作，首先就得在克服缺点方面着手。根据各厂检查工作的总结，一般发现的缺点，约有以下几点：

第一，检查工作不够。第二，工作计划性不够。

这两点是主要的，对一切工作的好和坏是有决定作用的。本来在历届工会总结工作报告时，总有第一什么不够，第二什么不够等等这些缺点的指出。总工会代表也说，这是每一个工会都有的，没有那一个工会说够了。是的，过去可以这样说，“够”字是那么难啊！但在今天再这样说就不对了。因为今天的一切，主要的是工人和几年以前已大不相同了——进步了！那就好，我敢大胆的说：让我们第一步先做到一个“够”字，在够字下面，我们再来加上“精密”的计划，精密的分工，深入的检查，这都是建立在全体执委能够经常的积极工作方面的。

第三，会议制度不健全。由于以上两个缺点的存在，就必然产生第三个缺点。有一时期一切大小会议没有定期的规定，执委会也不经常的开，甚至一个多月不开小组会和工人大会。这样对于过去的工作缺乏检讨的机会，尤其对于建立健全的集体领导上来讲就差得多了，个别负责也就会松懈下去。我们固然反对成天开会，但也不得不反对连必要的会也不开，所以今后规定了每月的集体会议生活——学习讨论会四次，生产小组会和技术课各两次，生活检讨会和大会各一次，在会后要检查决议的是否执行及执行程度如何，因为过去的事实常是这样的，开会时尽有很好的决议，但到执行起来，有些同志就毫不介意，认为决议与我无关，这种态度如不去加以纠正，就会养成习惯，不自觉的做到明知故犯。所以今天工会要正确的领导和健全已有明文规定了的会议制度。

第四，教育工作的不深入不具体，这就表现于提高理论文化教育中而忽视经常注意抓住工人中的落后意识，如对自己工厂的态度，往往反映出某些会员仍用过去对待资本家的态度去对付厂方，有某些要求一时办不到就表示不满意，甚至要离开工厂等。工会对于克服工人中这些落后意识，提高政治觉悟方面是做得太不充分了。

第五，不注意财产的保管，工会的财产只见新的补充，而旧的就不知去向了。每一届工会总要求厂方增加什么，又要什么，结果，一般的厂方都是照办了，但因工会没有注意到很好的保管，这些东西就在无形中损坏了（如俱乐部各种乐器），特别在今后困难更多的面前，更应该注意，这是每一个会员都应该切实爱护的。

以上这些缺点的产生和存在，自然有其客观和主观的原因，但我在这里不想说及了，我只感觉到这样的缺点，在各厂的工会工作中或多或少的存在着，因此我希望今后总工会应在这方面多加注意。

希望总工会要真正的指出各个工会的或大或小的缺点，并指出克服的办法，不仅如此，还要事后去检查，有计划的领导各工会，克服它们主要的缺点，和发扬每个工会的优点，要督促各工会经常的在《中国工人》上互相交换工作经验，讨论工作上的各种问题，发扬我们边区工会工作的民主精神。这样一方面可以加强边区工会工作的领导，又一方面也可使《中国工人》的内容更加充实，真正成为每个学习工会工作的同志不可不读的刊物。

我们相信，今后各工会定能依照总工会第三届执委会扩大会议的决定而深入检查自己的工作。

（1940年8月《中国工人》第七期）

活跃的青工

——第一机器厂青工的生活

陈孝良

青年在抗战中，谁都知道他起了很大的推动作用；至于青工更显出先锋与模范的作用。我厂规定凡在十八岁以下的青工，每天工作六小时，成年工人则做八小时工作。但青工往往在生产紧张时，自动要求加工两小时，与成年工人一样做八小时的工作。有时在特殊生产情况下，也自愿继续加工，常常做到十小时的工作。所以他们的义务劳动，平均每天在二小时以上，甚至到四小时。由于他们积极的劳动，大大提高了全厂的劳动热忱。

他们在学习方面，更是突飞猛进，全厂青工占三分之一，可是每次上课的人数总占二分之一；至于测验成绩亦不落成年工人之后。在生活上也特别活跃，在会场上，只听得青工洪亮的歌声，或向成年工人挑战的呼叫。在运动场上打篮球、排球、乒乓球的大半都是青工。如果碰到举行晚会、游艺节目，几乎被包办了大半，由于青工积极的活动，使得全厂都活跃了起来。

在一月之前，我厂请老百姓搬一个土堆、修一段路、拆一所房子，老百姓要工资二十五元，厂方已允给二十元，但老百姓没有接受这个工程。这消息给青工听到了，“请不到人干，我们干！”一个号召出去，得到全体青工热烈的响应。于是决定在十天内完成这三大工程，但不能妨碍工业生产与学习和会议生活，并选出正副“工头”担任计划指挥的工作。

在吹起床号之前，小“工头”第一个爬起床，到各窑洞把青工叫起，一会儿就集齐了，各人拿了铲子、筐子、杠子就动起手来。等到起床号吹完后，他们已把马路修好了二分之一。星期六规定做六小时的工作，这余下来的两小时是不能轻易放过的，于是继续突击。晚饭时，听到他们热烈的欢呼，知道第一个工程已胜利地完成了。星期日有整天的休息，是一个绝好的机会，在早饭前就开始工作了。工作正在紧张的时候，敌机忽来空袭，这样耽误了约有一小时，使得他们非常愤恨。警报一解除，立刻去向土堆进攻。整天的突击，大家都疲乏了，手上打了泡，肩上红肿起来，但大家不感到这是痛苦，因为站在“自己的机器，自己的工厂……”的立场上，手上的水泡、肩上的红肿，就是给工厂竖着永久不灭的纪念碑。

只剩最后一个工程了，于是利用下午自由活动的时间，突击再突击，在歌声洋溢中结束了这个最后的工程。计算一下，十天的任务，在四天中完成了。

这不过是一个例子，但从这里已叫我们看见了他的英勇活泼的姿态，在生产战线上青工总是站在最前线！

（1940年8月《中国工人》第七期）

晋西北雇工的生活

旭 初

王布华是岢岚县 × 区李家条人，今年二十岁。他八岁的时候，就给人家放牛，得的工资是很少的，他放着五条牛，一条牛每月一角，每年可放五个月，这样他一年的总收入是二元五角。这年他还是一个小孩子，不知道放牛的常识，竟把人家的小牛犊子给摔死了。第一年的工资便赔了人家，但他仍然要给人家放牛，否则就没饭吃。他长到十三岁便开始作长工，每年作工时间是整整十二个月，工资仅仅十三元。他一年年的长大了，工资也渐渐的多些，去年已经赚到二十元了，这个数目是他的工资的最高纪录，所以他终年穿的像讨吃的化子一样；但他确是成年的劳动者，是中国社会上的生产者，是中国工人中间最痛苦的一个。

王布华的父亲王照云，今年五十二岁了，是一个孤子，十五岁父母双亡，跟着他祖母过生活，家住在保德县 × 区天条子。因为生活没办法，下口外挖甘草。后来娶下老婆生了孩子，就不可能自由的到口外去了，所以到煤窑挖炭，收入异常微小，一家人吃不饱。他为了改善生活，十四年前全家搬到岢岚县 × 区全子沟，作了一年长工，便生出发财的念头，不作长工了，租地来种，以为这样多卖些力气可以改变他穷困的地位。但事实却与他所想的相反，因为他用人家的牛，每年除了给人家外自己仅仅得到十分之二，全家大小忙了一年还是欠好多的债。他以为地方不好，这地方不利于他，为了追求他梦想的好运，又搬到李家条，伙种梁赵保大的地，这时是四六分劈。民国二十八年，他佃了人家二十垧地，年租一元七角，三石莜麦；租牛又花去二石莜麦，借了二石种子，秋天应还二石八斗；好年景每垧地打五斗，他一年可收十石莜麦，自己得到的则仅仅二石莜麦，他辛苦了一辈子，三迁其家，仍是穷人。

王布华的母亲是个穷家的女子，当然她受苦是习惯了的，她与她丈夫一同劳动，幻想着苦尽甜来，希望在勤俭的美德下，换来晚年的好运或子孙的福荫。可是二十余年的实践当中，使她深深的失望了，她勤苦的劳动着，拼命的劳动着，她一家终年吃的是莜面糊，和荞麦花子糊，她不能养活自己的孩子。因此她怕生孩子，老天偏爱护她，叫她生下了四个男孩和一个女孩，这繁重的负担，使她深深的痛苦着，饿着半个肚子，还不能与她的孩子共同生活下去，逼使她把第三个儿子卖给了人家换一条裤子穿，这是她最痛心的事，比她吃荞麦花子糊糊还难过的多。她因负债累累，受地主和债主的欺凌和压迫，使她实难忍受了。她是旧社会的女子，没有什么办法，只有苦恼和生闷气，结果发了疯，终日毫无拘束的叫骂。她痛骂着她所恨的人们，她并有了勇气打她所痛恨的人们。她疯的很厉害。

半封建社会下的剥削阶级向穷困的人们进攻是有加无已的。被压迫的痛苦使王布华怀疑了这个社会制度，使他深深的痛恨这个社会制度。他家里借了河曲二区刘家沟杨树林的一张十元的大花脸（山西票），该时市价折合白洋六元，五分利息，几年以来也没办法还人家。他父亲为了种田向大圪沟张行来村赁一条牛，给人家饲养，每年给人家一石莜麦，生下小牛两家分劈。这牛被债主杨树林看见，给牵去卖了十八元白洋抵了他的旧债，使他们地也耕不成了。但张行来村又来要牛，经人劝说赔了人家牛价二十八元，但他是一文没有，只好把值十二元钱的大肥猪叫人家拉去，可是人家给他作价八元，下欠二十元。看他们也实在没办法，老财主大发善念，可怜他们，允许借给他们少算利息，以三分计算，叫他们慢慢的打利钱，这是他家借人家六元白洋的波折与结果。这件事情比其他的剥削使他感觉得更深刻，使他反对这种剥削这种社会制度的情绪更提高了，革命势力一抬头，他们就强烈的提出了减租减息的要求了。

工会在他们的村子成立后，王布华马上就参加了工会，他是一个聪明的青年，活泼得像个小孩子，做工作很巧妙很灵敏，接受抗战教育很快，特别对于阶级压迫的道理，别人一谈他就明白。因此区工会派他到雇工集训队受训，他感到不识字的苦楚，很愿意多多的学习，所以集训队一月毕业，使他很失望，他要求再学习。他当过组长，对于劳动是争先恐后的，永是起着模范作用，他可以讲很流利的话，他现在知道很多抗战的道理，他对你谈问题总会使你满意，他现在到工会担任工作了，他非常快活，他说工会是他的家，他有两个家，他那一个家是痛苦的，这一个是快乐的，他愿意永远在这个家里，为这个家——工会——的利益而奋斗。

（1940年8月《中国工人》第七期）

大后方铁路工人的生活

杨　任

抗战以来，各种工人的生活，都起了急剧的变化，铁路工人也不是例外。战后工人要进到铁路上做工，就不是一件容易的事，任何一个铁路工人，即是艺徒也好，非花几袋洋面或请几桌客不能进去。在未进工厂以前，一般人总是说铁路工人的生活很好，那是一个铁饭碗，保险打不碎的。但等你真正当了铁路工人，就会知道那是骗人的鬼话。

在这里规定的工作时间是八小时，但在抗战时，交通运输，特别的繁忙，所以劳动时间，往往要超过十小时或十二小时。为了抗战，为了国家民族的独立解放，工人应当以最大努力来适应战时的需要，不过他们的生活仍应注意，尽可能给以改善。如：在火车头上工作的司机、司炉们，不论是半夜三更、冰天雪地，都要在车上工作，没有很好的睡过觉，平日总是穿着衣服在车上的煤堆里躺一下；吃饭更不能很好的吃，都是带些干馍，或买些冷馍以冷水冲下来充饥。他们的工资最高的每月五六十元（实际拿这数目的已很少），大都是拿二十几元；但他们都有老婆和孩子，现在物价比战前高涨了数倍，一家数口简直无法过活。

其次，在铁路工厂内作修理工人、艺徒及长工的，他们的月薪，最高的也不过是四五十元（拿这数目的也是少数），大多数只拿二十几元。最苦的是那些长工和艺徒，他们在工厂里一点地位都没有，不但要常常受到厂长监工的训斥，而且要受工头及老工匠的轻视与虐待。他们开始作工是每月六元，三个月后是九元，现在经工友的多方要求，才增到十二元。物价比从前增加三四倍甚至十倍，但工资仅增三元钱。有些人厂方认为工作不努力的，根本就没有增加。在这样的物价与工资对比下，他们怎能维持生活呢？所以影响所及，在工人中间就发生两种最显著的然而毕竟是痛心的现象：

第一，工人的生活更加恶劣了。工友们从前可以吃白面和大米，可是现在只好吃黑面和小米了。至于小菜、油、酱……要好几天才能吃一次，几乎成了稀奇的东西。宿舍是七八个人住一个小房子，还要在里面烧饭吃，什么光线、空气，简直谈不到的。在抗战初期，还马马虎虎可以得一套新衣服，但现在原来的新衣服已经破旧了，而且再也穿不上新的，只好老是穿着那件满身油灰的、补绽的破衣，看起来简直像叫花子一样。

第二，盗窃事件日益增多。由于上述的原因，使一部分工人竟至不能维持他们最低限度的生活。有个别的人，在迫不得已的情形下，只得进行盗窃。最初还只限于很少数的几个不正经的工友偷东西，然而现在日渐成了普遍的现象□□偷了煤回家可以烧饭；偷了铜铁锡……可以换钱，以补工资的不足；虽有因偷东西被开除的工友，但为了要继续的生活下去，开除的办法也难于收效。这是抗战中的一个严重问题。

但为体念时艰，工人固然不应作过分要求，而且在有钱出钱、有力出力的原则之下，工人为了抗战多出一点力、多流一点汗都是必须的；然而对于工人已不能生活下去的状况，亦不应加以忽视，这就是说应当尽可能来改善工人生活，至于先花钱才能进厂工作之恶习应当废除，虐待工人的办法应当禁止，这些设施目的是使工人乐于为抗战多出力多流汗，亦即为了争取抗战的胜利。

（1940年8月《中国工人》第七期）

抗战以来我们的生活

晋 川

看到《中国工人》出版，心里有说不出的高兴。我们这些笔头笨、口才拙的工人，也有了写文章和发表意见的刊物了。

现在我把抗战以来，大后方工人的生活写下一点，献给《中国工人》。

抗战以来物价是跳跃式的向上涨着，而我们的工资却像河水似的向下低落了！我是一个中等工资的工人，每日工资六角钱，这六角钱怎样支配呢？它只能够买两餐小摊饭吃（每餐至少需用三角钱）。那么第三餐怎样办呢？就只好紧束自己的裤带了！至于养家是根本谈不上的。其他工资更少的工友们，就连自己也怕养不活了。

在抗战以前，我们每日做工九个钟头，现在呢？加到十一个钟头了。资本家利用"在抗战期间要加紧生产"的口号，使工人几个月得不到一天的休息，干得筋疲力尽，头昏眼花，如果提出请假，就要按汉奸治罪，轻罪也得十天禁闭。

至于我们厂里的管理，自从汉口失守后，许多工友都由于路费的限制不能来到大后方，可是工厂的警察、监工、职员等却大部分都跑到大后方来了。他们占全厂人数的很大部分，每一个工人后面都跟着警察或监工监视着。这就是说：我们少数的工人，要养活老板和职员、监工和警察。他们吃饱了的唯一工作就是监视工人。他们监视的方法是这样的：在七八个钳工的案子中间，设一座阎王殿式的监工台，监工们高高坐在上面。好好的眼睛却戴上了一架黑色的茶镜。你道怎的？原来是戴上了黑色眼镜，就只有他看到你，你看不到他。要是不戴这种有色眼镜，你就可以趁他不注目的时候偷偷的歇歇手；可是他戴了这种有色的眼镜你就知不透他是否在注视着你，只好一鼓劲儿的干，不敢歇手。有时他老先生疲倦了的时候，可以坐在那阎王殿上闭目养神，可是你总觉得他是在注视着，于是只好拼命的干！干！干！这真是一个压迫与剥削工人的好办法！

其次，连我们的大小便也被规定了时间：大便一刻钟，小便五分钟，如果有特殊情形必须请假；一次有一个工友王二小因泻肚子没有来得及请假，结果被罚工钱两毛。

我们都是中国人，有时总不免要谈谈国家大事，看看报纸杂志。但是我们的监工先生们看见了便说："你们这些东西是狗扑老鼠，多管闲事……"意思就是说：你们这些下流的工人，也有资格过问国家大事吗？你们做工就对了，国家大事用不到你们管。

这种话我们认为不像是中国人说的，因为中国人为什么不应当关心祖国抗战呢？

藉口抗战而对工人施行恶毒的压迫，我们工人是坚决反对的。同时我们要求政府明令禁止这种不合理的压迫；要求政府实行改善我们工人生活的"战时保护劳工方案"；这样才能更加加强抗日的力量，提早把日寇打出去。

最后希望《中国工人》把我们的困难和要求传达到全国各个地方，多多反映全国工友们的生活状况和斗争情形，并希望《中国工人》永远出版下去，灯塔似的照耀着我们，成为我们奋斗与抗战的指针。

（1940年8月《中国工人》第七期）

重重压迫剥削下的工人生活

瑞 琪

重庆××机器工厂是资本家和封建势力合股开办的，他们开办工厂的目的是赚钱，因此这个厂中不但用最严厉最卑鄙的手段来剥削工人，同时还与驻军勾结，常用军阀的手段来压迫工人，迫使工人们驯服地去服从那不讲道理的厂规。

××工厂采取计时制，就是做一点钟工就给一点钟的工资。并规定了一定的生产标准，达到标准的就可多得工资。每点钟工资从七分到三毛不等。白天照例工作十小时，夜间加工四小时，必要时还得做通夜班（夜间工资与白天一样）。工人能否支持这样长久的工作时间，厂方是不管的，因为重庆的失业工人很多，随便可以找到工人，他知道工人是害怕失业的。于是就任意延长工作时间，星期日本来是休息的，但厂方反要工人做义务工，不给工资。

××工厂中还实行了各种各样剥削工人的办法，例如："旷工"的办法，就是迟到仅一分钟的就作为旷工；额外加做夜工或星期工不到者以旷工论；因有要事请假也作旷工。另一种就是罚工，在规定的时间内不能完成产品者就要罚工；无意损坏物品，也要罚工，甚至要按成本赔偿；在厕所里吸烟也要罚工。一罚就至少是一天的工资，结果工人应得的工资大部分都被剥夺了。厂方还规定工人联保制，就是三个工人保一个工人，假使那个工人因罚工而工资不够赔偿时，保人就要负赔偿的责任。

在每天严密监督之下，并经过长时间的工作后，工人们都精疲力尽了，但他们还是得不到一个安稳的休息，因为他们就在睡梦中心里也还要提防着，怕要误了上工的规定时间。如果迟到，不但得不到工资，反要替厂方白做几点钟工，作为补偿旷工。因此，××工厂的工人们，一天到夜无不过着忙碌而紧张的生活，几乎整个精神都消耗于维持起码的生活上。如稍不小心，厂方便会贴出旷工或罚工的布告，甚至解雇开除，这件事是工人见惯了的而且也是惧怕的！

厂方规定每半月发工资一次，到了这天，工人们的心里都怀着恐慌。恐怕所领到的工资不够支付欠账，在这天的厂门口，一定站满了要账的人。有时工人被迫得没有办法，不是吵架便是殴打，情景非常凄惨。

每天工作十四小时，不分昼夜，汗流浃背，结果所得到的还是吃不得饱，穿不得暖，住不得安。××工厂的工资，最高的有三毛钱一点钟的，可是除少数工头外，事实上一般工人所得的，不过是几分钱或一毛钱。二三毛钱一点钟的工资，只是一个有名无实的假招牌。工人们每月所得到的工资，扣了罚工和旷工外，最多只剩一二十元，如果遇着生病，那就毫无分文收入。在目下百物昂贵、生活程度日高的重庆，个人的生活都不能维持，更谈不到维持一家的生活。

该厂每年赚钱数十万，对于工人的生活却一点改善也没有。在抗战期间，为了增加抗战的物质力量，我们工人无不相忍为国，努力生产。却不料资方竟利用国难来发财，对于我们工人作更进一步的剥削，实是非常痛心的一件事！

（1940年8月《中国工人》第七期）

我们怎样生活着

——一个汽车工友的自述

阿 雪

当人们还在做着甜蜜的梦，天上星月还没有退落的时候，我们就要赶快从床上跳下来，揉开迷糊的眼睛，捆扎起被盖（因为曾经有个时候，车场对于开车工人的住宿问题是不管的，因此如果各人不自带被褥，那就只好自己出钱去宿旅馆）。提着工具包，带着从没有恢复过来的疲劳，走进车场，走到自己的汽车前，加油、上水、检视最重要的机件，一天的紧张工作就从这时开始了。

往往在客货很多的时候，管理员、场长、领班，随时可以强迫着我们把没有修理完好的坏车开出场去，至于这辆车将在中途发生可能的事变、抛锚（出毛病不走）、肇事以至滚岩的惨祸，他们是毫不关心的。只要车一出站，客人不再找他们麻烦，他们的责任就算完了。出事闯祸、挨打受罚、坐监牢，这都是我们工人的事，与他们丝毫无关。

有的少爷先生们，确实不懂得这个道理，常常责骂我们司机的说：你们又不是傻子，为什么要开坏汽车出来呢？是的，开坏汽车在路上吃亏的一定是我们工人自己，谁也明白这个道理。不过，我们要生活呀！如果你想暂时肚子不挨饿，那么你就得咬紧牙龈来冒险，倘若不这样的话，代替我们的人多着呢！

车出站前，站上交给你一张路笺，叫你签名盖章，这就是说：这辆车的一切责任已经由你开车的完全负担了。譬如这路笺上填着这辆车卖的是十张客票，那你就得查对车上是否坐的十个人，假如中途稽查员查出车上有十一个人，那就该你倒霉！如果你开的是货车、邮车，或行李车，那就要查点车厢里的这些东西的件数，是否与路笺上的数目字相符合。最讨厌的是那些零碎的杂件、表报、公文袋、解款袋……等等，夹七杂八，一不小心，缺少一件，就得受罚；甚至一文不值的纸条，也得罚你三元两元，其他较贵重的东西，大半都是要按价赔偿的。

你想：一个人驾驶一辆破车，从朝到晚，手不停、脚不住，全副精神都贯注在指挥机器上面，请问那里还有许多精力去照管杂件，以及背后车厢里的东西呢？开汽车本来就不单是体力的支出，同时还要用脑子，再加上兼理押运员的工作，一心几用，那能不发生问题？所以遗失行李、邮袋、解款袋的事，是常发生，至于遗失杂件公文，那更是家常便饭。在每月的人事登记表上，不断的看见因遗失公文而受罚的人，可是罚是只管在罚，遗失的事还是天天在发生，又有什么办法呢？

罚金种类繁多：故意损坏机件、公物，罚；每天的朝会有一次不到，罚；汽油每加仑烧不到十六公里，罚；遗失文件，罚；……罚。我掉了一张路笺，罚洋五元。一个工友掉了一个邮袋，整整的扣除了他一年零六个月的工资；这还算幸福，路局还给他留下了三分之一的工资来养活他自己的肉体。至于他家里的老婆、孩子，请大家想想，怎样挨过这一年半的时间？

我们的工资分为基本工资和里程工资两项。每月驾驶够两千基本公里的，可以得基本工资。基本工资分三级：一级每天七角，每月二十一元；二级每月十八元；三级每月十五元。除掉基本公里以外，每多百里可得里程工资五角，千里六元，二千里十三元的累进里程工资。这种制度，在表面上看来，似乎很合道理，很公平，多做工多得钱，少做工少得钱，越拼命工资就越多。殊不知这才是一种杀人不见血的毒辣办法，是提高工人劳动强度的最好手段，它可以刺激工人们情愿把自己所有的心血精力，一点不浪费的消耗在这不够养活一家老小的工资上。许多工友，在这工资制度的诱惑下，极度的拼命，以至咯血、残废、牺牲了年轻轻的生命！

现在我们来看看这愈拼命愈多得的工资制度内幕究竟如何？所谓愈多者并不是无限制的多，如果工人的工资也可以积累成为大肚财神，那么工人也可以进跳舞厅抱着女人成天跳舞，什么事情都可以不干，那还成个什么世界？这点财主们是考虑得很周到的。因此，工人的工资，顶多不会让它超过吃、喝的范围，这个如意算盘他们打得很熟悉。不信我们来看看具体事实吧：我们的工资一般是在三十元的上下，不过，开车的人每天都在路上跑，每天都在做旅行家，他们的生活耗费比固定生活耗费要繁重一倍以上；然而他们的工资却顶多超不过五十元一月。因为每月只有三十天，每天从早到晚只能跑两百多公里，一个月最大限度跑七千公里，除掉二千里的基本里程，余下为五千里，可合里程工资二十余元，就算加上第一级的基本工资，也不过四十余元，这样的工资数目，事实上是很少有人达到的。就算这个数目吧，在流动的生活上，至少要以工资二分之一来支付个人最简单的吃用，剩下来的不过勉强可以养活一个小小的家庭。至于不是领第一级基本工资的，或者不能跑到七千公里的人，那就只好自己把裤带束紧一点，休想养活家庭了。在工资制度下，你想得到出路吗？那是梦想，那是“孙悟空想跳出如来佛的手掌心”！

（1940年8月《中国工人》第七期）

上海××公司的店员生活

张　良

店员和工厂工人一样的受着剥削和压迫，过着同样痛苦的生活，现在我想说一说大公司的店员生活。

上海六大公司之一的××公司，只在一个商场就雇佣店员一千多名。在表面上看来，在这样富丽堂皇的大商场工作，比一般商店的店员仿佛要高贵一些似的，其实所受的待遇却不比一般店员更好些！

无论职员、练习生，一律要经过严格的考试。每个人必须具备如下的条件：一、口齿流利，要懂得沪、粤、国语，英语最低限度要能说普通会话及书写——就是至少要有中学程度。二、聪明伶俐，能随机应变。三、态度和蔼，善于招待。四、面目清秀，举动大方（面麻、缺嘴、戴眼镜者等都不录取）。被录取后，需要殷实的铺保。

××公司的商场共分二十五部分之多，每个部分设有部长一人，较大的部分还有副部长。部长的上级是管理员，公司最高的管理者是大班、总经理、总监督、副经理等。他们（部长以上）本身就是股东老板，对待每个店员都操有生死之权。

××公司店员的工作时间，每天是十小时（上午九时到下午七时），可是不能迟到或早退，否则，就要受到处罚，照例迟到五分钟扣洋五分，一天不到扣工资一天，次数多了，可能在年关被开除。过去在星期天还可休息半天，但在“八一三”后，连礼拜天的半天休息都取消了。在工作时间内，绝对不许店员看书报、吵架、开玩笑，如被发觉，马上就要撬牌子（开除），特别是得罪了顾客，管理员可以当顾客面前撬你的牌子，所以店员中有这样流行的一句话，“进公司要三天，出去只要五分钟”，可见一个店员的被开除是何等的容易。

店员的待遇，公司规定“供膳不供宿”，虽有两个宿舍，可是只能容纳十分之二的店员。为了外表上好看，公司特别慷慨发给练习生和女职员的制服是一年五套，好替公司装饰门面。至于工资，练习生每月只有三元到四元，店员每月十二元到二十元，十年以上的老职员也不过三十元到七十元，但这种老职员却绝对少数。每个店员得到的工资，除了装饰自己外（每个人起码要有西装、革履，如果仪容不整洁，就有碍公司的体面，要被开除），拿回家去的就不够过活。另一方面，由于公司门外的候补者（大中学生），又是那样的拥挤，所以每个店员无时无刻不提心吊胆防备失业的到来。

至于公司的营业真是惊人，据说去年一年（一九三九）就赚到利润一千万元，可是店员所得到的花红赏金，却是非常可怜。照例红利四分，就是一年所得到的工资为一百元，分到的红利就是四元，去年由于店员斗争的结果，才增加到四角。这件事虽然胜利了，然而三十二个代表所得到的却是“失业”。讲到赏金，年底总结售货最高纪录的可以得到十元到二十元的赏金。给老板辛苦了一年，赚进几千几万元，而年终的赏钱不过如此而已！

××公司的店员，大多数是广东人，他们都是股东的乡邻亲友，此外则为江浙两省人，但他们是团结的，因为他们同样被剥削被压迫的。只有老职员，因为领工资较高，他们近于安分守己，无论对于什么运动，就是救亡工作，宁可出些钱，要他们去参加实际行动，他们是绝对不干的。至于小职员——青年店员和练习生，他们大多数刚从学校出来，富于热情，有真理的追求心，对现社会不满，特别是练习生，他们的斗争性很强，这次（今年一月）的罢工，练习生起了很大的作用，被公司开除的三十二人，多半是练习生，他们推动这次工潮后，虽然争得了红利由四分增加到四角及年关不裁员等等胜利条件，而积极分子被开除了，因此这样的斗争在一定意义上是失败的。

至于女职员的生活，说起来也是怪可怜的。她们被人称为“花瓶”，公司就是需要这些“花瓶”来点缀，好招徕生意，吸引顾客。她们都是被严格挑选过的，聪明美丽活泼的小姐，个个都有中学程度，而且大半都能说一口流利的英语。她们同男职员一样每天工作十小时，每月的工资也不过十四元到二十元。但她们除工作之外，还要陪老板们应酬，遇老板要请客、要跳舞，她们就不得不去“奉陪”，否则就会领到失业的“赏赐”。

××公司的店员，在抗战中已大大进步起来，他们用一切的方法来组织自己，教育自己，如读书会、救亡团体等等，都很活跃，在这次罢工中，虽然有某些缺点，可是已经表现出团结的力量，今后就需要他们很好来继承过去的光荣历史，更进一步的组织起来、团结起来。这一支强大的有生力量，祖国正热烈地期待着他们。

（1940年8月《中国工人》第七期）

北平工徒的生活

国 华

由于中国是半殖民地半封建的国度，对于工人的剥削也特别残酷，尤其是一般小企业和小厂主的剥削，更有各种各样的形式，例如久在军阀割据下的河北，一般小厂主对于工徒的剥削，是无所不尽其极的，所以在北方流行这样一句话:“老板只有靠吃工徒的血汗才能养活的。”

当农村破产，全家生计不能继续维持，又受到地主高利贷的盘剥，弄得债台高筑，不能不离开了家乡而逃到数百里外的北平去。乡下佬初进工厂自然是不等价的劳动，当我刚踏进厂门便这样注定了我的恶劣的命运，在那张卖身契上写着：

“兹有×××年××岁××省×县人，经×××介绍，愿在本厂学习手艺，及遵守本厂一切之规定，听从师长师兄指导，并努力工作。本厂斟酌工作情形，均予以一定津贴，且供给学习期间之膳宿各费，惟衣服及日用品，必须自理。学期为四年，苟有半途辍学或藉故请假，及拐骗脱逃等情节者，除由保人按月须赔偿膳宿各费外，并缴一定数额之练习金。但必要时，本厂有开除或停止工作之权，恐口无凭，立此保据为证。”

由此再经过了焚香拜师的手续后，自己的一切就整个押给这座人间地狱了。

每逢阴历的初一和十五，各有一次夜工的休息，虽只有短短的晚间三小时，但每人的脸上都显出分外愉快的神情，大家等着账房发津贴。当我走近账房间的时候，便听到“每人两角，签名”的嚣叫声。辛苦了半个月，只有两角（八十枚铜元）的“恩赐”，我们的劳动力是怎样的不值钱呢！我进厂不久便开始认识了半殖民地半封建的剥削，代替了初世纪的奴隶制度，生杀予夺的残余依然保存着。

全厂工徒差不多占百分之九十以上，一律当作奴隶看待，在强度的榨取之外，还要受到惨无人道的虐待。

每一个工徒，自清早六时起，直到夜晚十时才收工，等到把工具收拾完毕，就已经十一点了。除学手艺之外，还要担任打饭、打水、扫地等杂务工作。稍不留意，就要挨打挨骂，有时要被打得口鼻流血，脸额红肿起来；甚至拳脚交加，打得浑身青肿。打骂之后，还要跪三炉香才算完事。在三炉香的长跪时间内，如不留心把香折断了，又要触动了老板大爷的怒，于是手执皮鞭，大施毒手，乱抽一阵。“救命”、“再不敢”这样凄惨的哀鸣，使全厂的每个角落都可以听到，这时大家的心里都跳动起来，感情不能忍住时，往往流出同情的热泪。每一个人的难过，每一个人的愤怒，如被工头看见了，那就要受到同样的苦处。

没有一个人有御寒的棉被，住在不准生火炉的大房间里，每个人只用两条破麻袋睡在已冻裂了的砖地上，就这样恢复一天的疲劳。受了凉伤风咳嗽起来，要想吃药看医生比上天还难，甚至在疟疾发作时，已没有半点的气力了，还要受着非人待遇的打骂，说他是故意偷懒、怠工、调皮、捣蛋。

在严寒刺骨的冬天，一般工徒还是穿着褴褛不堪的单薄的衣裤，被冻得唇紫手裂，老板好像没有看见似的，驱使他们在北风中如牛马一样劳动着。没有“马达”，就用人力来代替，八九尺宽大的笨重的轮盘，就用两个不过十五六岁的孩子来摇动，每分钟有几十转，使他们跟着轮盘的转动而喘不过气来，片刻的休息也得不到。

总之，工徒的生活是没有丝毫保障的，就是挨过了四年奴隶的生活，也不能得到更好些的待遇，因为所学会的手艺，不是到处可以用，可以找到饭吃的。

抗战以来，我国的工业，由集中到分散，由城市而乡村，手工业及小规模工厂，广泛的建立起来，像这类小企业和小工厂的劳资关系，是应当加以彻底改革的，不能让那样惨无人道的剥削方式继续存在下去。

（1940年8月《中国工人》第七期）

邮局苦力的生活

洛　舟

一般人只看到挑着信袋在路上行走的邮差，他们吃不饱、穿不暖、睡不好，过着痛苦的生活。却很少人知道同样受着剥削、受着压迫、过着更苦痛生活的邮局苦力。

距这里七八百里路的一个邮局里头的苦力，吃苦受气，一天到晚在包裹堆里，装邮件、封包裹，六十多公斤的大箱子（药材），弯着腰、驼着背、张大嘴巴，满头是汗，背在背上，呼嘘呼嘘的自车上背到局里，又自局里背到车上，这是他经常的工作。

汽车、马车要是不来，或事情稍少些，局长叫、先生叫、信差叫，就是听差也叫他做事情。收发处在收班时，叫他开信袋、拆信套、对帆袋号码。发班时，又叫他包封套、装信袋、称重量、捆袋口、挟铅丸，一切事情都是他做。装包裹、开袋子、投送包裹税单自然是他做，汇兑处也时常拉他的伕；就是顶下级的在门口卖邮票的听差，也要抓他替自己卖邮票收信件。弄错了吃一顿气，多给了顾客邮票，或多找了钱，要自己赔出。每月十四元的工钱，一元米贴。物价这样昂贵，怎能吃得饱，穿得暖呢？虽然现在添了五元的战时津贴，但也还是无济于事。

工作了一整天，局长、先生、信差、听差都有老婆，回家吃饭去了，惟有他们既养不起家，也吃不起包饭，只有自己在疲劳倦困下，拾起两块破砖，放上一个瓦罐子，生火做黄米饭，塞一塞空洞了的肚皮。

黑暗污脏的包裹房，铺上几条帆布袋，也就是他们的睡房，躺在包裹上，松一松气，缓一缓整天的劳累。

下雨天可就糟了，如遇到包裹多，在大雨淋漓下，掩盖、搬移，浑身上下都是水，活活的像个落水鸡。

在这样的繁重工作下，局长、先生、信差、听差，不时还叫他做私人事情，连平日买油盐、菜蔬、火柴纸烟都叫他去。

往往到了半夜里还在那里装封袋子，不能睡觉。他没有休息时间，整天工作着。他很想学习认字，但机会很少，局长、先生更愚昧的像牛马使用他们。那肯教他学认字！

我同一个苦力相处一个年头，教他认识了不少的字，他们劳动了一整天，常常带着疲倦还来到我房子里学认字。现在我和他远远的别离了，还时常的想念起他。据闻，他的生活更苦，再没有人教他认字了。

（1940年8月《中国工人》第七期）

家庭手工业者的生活

胡　馥

早晨，我正熟睡着，妈妈用枯瘦的手推摇着我，把我从甜梦中惊醒了。

“呀嗯（湖北人叫小孩）起来做活吧！天不早了，今天罐里又没米了，钱也没有了……快起来！”妈妈那种慈祥而又忧愁的样子，以及几乎令人不忍卒听的可怜的声调，立刻把我的疲倦驱散了，刚才的梦境，对我再也没有留恋之感了。

照常是懒洋洋的走到每天都要坐得腰酸的地方去坐下，拿起人家送来的袜子，一针一针的缝着。妹妹也伴着我做，彼此都一声不响的没有家庭的乐趣，没有孩时的天真！虽然我们还是十岁左右的孩子。

“我们比赛吧！看谁做得快，做得好！”压抑着苦闷，为了生活，为了爸爸和妈妈，为了叫妹妹高兴，我用这样的话，去打动她的兴致，已经成为惯例了。

爸爸年老了，什么事也不能做，只有靠我们每天的几毛钱和亲戚的帮助来维持生活，所以我同妹妹做工的收入成为家里非常重要的部分。爸爸为了要来鼓励我们工作，引着小弟弟和小妹妹们，团团地围着我们讲故事，有时也帮助我们抽线穿针。那五六岁的小弟弟和小妹妹有时也加入帮着我们抽掉袜子上不要的纱。妈妈做完了厨房里的事以后，一刻也不休息和我们一起来缝。我们的一家，每天就这样的生活着，整天价坐着，十指不停地缝着，腰脊好像要断了一样，在睡觉时还觉酸痛难堪；有时十指也好像同手脱离了关系似的，麻木得不能活动；眼睛有时昏花半晌不能做事。为了一家生活只好咬紧牙关直做到晚上十二点钟，有时甚至做到两点钟才睡觉。天明最迟不过八点钟就要起来继续工作了。

有一天，家中既没有钱也没有米了，每天送袜子的伙计总不来，昨天做的活又没换成钱，因此我姊妹俩竟得到了休息，但是肚子却是不肯休息的，它会不住的吵闹，全家人焦灼着促使我和妹妹出去找活做。可是跑遍了全街，仍找不到活做，只得垂头丧气的走回家来。要想向邻居借钱，又不好开口，全家的希望都集结在伙计身上。

我们还可忍受一下，但小弟妹们是不顾一切的，肚饿了就闹着要吃，被迫得没办法的妈妈，才向邻居借了一个南瓜。连一点油盐都没有就煮□给他们吃。我们眼巴巴望着的伙计，到晚上还不见来，这时希望就变成绝望了。全家只好喝些清水和南瓜汤，支持过了这一天。

这种悲惨的情景，是家庭手工业者经常的遭遇呀！

家庭手工业者，变成了工厂的附庸之后，大小工厂利用家庭手工业者，可以省下了许多金钱：不要建筑工厂去收容工人；也可以少了许多麻烦，不要用人去管理工人，只要把活送出去，按件计值，这是资本家剥削工人的另一种巧妙方法。所以家庭手工业者每天被剥削的劳动时间实际要比工厂工人多，然而所得的代价，却比他们要少；而且家庭手工业者往往是用了全家的劳动力，所能取得的报酬很少，因为按件计值，一般工资都定得很低，缝一打袜子最多可得二毛钱。一天全家拼命去做，也不过得到四毛钱。一家六口的生活就靠这一点钱。

在城市中的没落的小资产者，多半无田地可耕的，因此男子汉除当小贩苦力以外，家庭妇女与小孩，就做了大小工厂的奴隶。她们不愿进工厂，资本家厂主也落得请她们坐在家里给他争取利润。你愈穷，你就愈要靠工厂吃饭，资本家知道你的要求，于是剥削也更加惨酷了。家庭手工业者表面上看来是很自由的，其实一上了资本家的圈套，一点自由也没有了。市面好时，限定你按时交货，交不足一样扣工钱；市面冷淡时，他可不管你，一月半月不交活给你做也是常事。这时全家的生活就大大成了问题，向厂主借些钱，比上天还难；纵使借到了，则你一辈子也还不清，一生一世成了工厂的奴隶。但家庭手工业者过去几乎被人遗忘了，而他们本身又是那样散漫、落后、无组织，也没有表现过什么力量！在半殖民地半封建的中国社会下，这样的家庭手工业者是占了相当大的数量的。今天，我把自己所受的生活写下来，也许可以引起大家的注意吧！

（1940年8月《中国工人》第七期）

天府煤矿的矿工

杨永直

天府煤矿是目前大后方最大的一个矿坑，四川所用的煤差不多都是由它供给的。战争爆发使它的销路更大大的增加起来。一般物价都高涨了，煤的价格自然也不会例外。何况大后方煤的生产原来就很稀少，在战争时代，大后方的工业猛烈发展起来，煤的需要更加迫切，因此它的价格更大涨而特涨了，较之战前每担竟要涨到数倍之多。

天府煤矿的工人约有四千人，每天可出煤三千吨，战前每担约值十元左右，现在竟涨到二十五六元。资本家自然可以大发其财了；可是我们看看那些挖煤的工人，他们是过着怎样的日子呢？

在碧落如海的嘉陵江边，有两座高山，每天天一亮你就可以看见成群的工人从山顶挑着沉重的煤担走下来，干这种挑工的大半是壮年工人的家属，有五六十岁的老头子，也有十二三岁的小孩，有时还可以看到女工。他们的身体已经被压成奇形怪状，有的背脊骨凸起来，有的胸骨突出来。老头和小孩的身体，就是这样的压在重担之下面，勉强支持着。

翻过两个山头，才能把那一担煤挑送到市场上。一担煤的工资是一吊二百钱到一吊六百钱（五六分钱左右）。他们一天顶多能挑三担，因为路远担重，时间和体力也只能允许他们做这些工作，一天赚不到两毛钱。在大后方生活程度高涨的今天，他们每天喝不到两顿清汤似的稀饭。

天阴下雨的时候，山路泞滑，工人滚下山来跌断了脚骨，这样的惨剧，是时常发生的；为了生活，老头、妇女和小孩还是不分晴雨、不顾危险的整年工作着。

一条狭小的轻便铁路直通进长约四十里的大矿坑。矿坑里漆黑如夜，完全看不见东西。铁路两旁是三尺多深的水沟，你只能小心翼翼的从铁轨上走进去，有时遇着煤车过来你只好站在水沟里让它。

工人都是赤条条的一丝不挂的推着车子走进来走出去，每人屁股上挂着一个电池，一条细电线绕过他的肩膀，通到头上戴着的一盏小电灯，在黑洞里只看见那星星似的电光游来游去。

坑里到处都是水，有时轨道就浸在水里，水里发出硫黄质的臭味。抽水工人赤裸着身体站在水坑里做着抽水的工作，两条脚每天至少有八小时浸在这含着毒质很浓的矿液里，有时是全天浸在水里的。虽然规定每班工作八小时，一天分作三班人替换，可是因为工资太低（每天工价是三毛到四毛钱），工人为了生活，想多赚一些钱，所以有些人是接连做两班工的。

浸在水里的腿，不到三个月的工夫，就慢慢腐烂了。浸在水里还不觉痛，到了晚上睡觉时就如毒蛇咬了似的，那就痛苦难堪。抽水工人很少活到一年以上，干了这项工作想请求离开是不行的，身子就等于卖给资本家了，工头是凶狠的，谁也别想逃出“矿坑”。

有一次，一个在前方作战临阵脱逃的军官逃到这儿，身边已经一个钱没有了，又怕追捕，就跑到这矿里来当抽水工人。可是不到半个月，他就受不了这样的痛苦了，他从伙伴那儿又听说进来不能出去，顶多活一年等等骇人听闻的传说，于是他急了，他苦苦的求工头，告诉工头关于他的来历，答应回家以后以两千元来报答他。工头为利所动，偷偷的把他放了。这里的工人也有为逃避兵役而来的，因此他们过着非人的生活，也不敢声张，因为纵然逃出了矿坑，也逃不出保甲长的魔手呀。

越往矿坑里走，空气就越稀薄；而且热得使你汗流不止，就是在冬天也不用穿一件衣服，空气里带着窒息性的煤气，使你的呼吸急促，好像刚刚跑完一百米赛跑似的。挖煤的地方，三三两两的工人，戴着帽灯，弯着身子站在煤层面前，一下一下的掘着，他们的模样儿已经不像是人类了，简直像一只田鼠，是黑煤和汗水的混合体。

他们常被倒下的煤块压死，或是矿坑里着了火，就被烧死在里面。平均每一礼拜内至少要压死或烧死几个工人。挖煤工人每天工作在十二小时左右，每天的工资是五六毛钱。他们为了生活不得不在煤气逼人的矿坑里整天的工作着。换气设备是极简陋的（以前用人工抽气，最近才改成电力），他们整天不见天日，由矿坑拖着极疲乏的身体出来，就倒在矿坑附近的污秽的草棚里睡了，连和妻子小孩说句话的气力也是没有的，天未亮又进坑去了。他们这样的生活着，就是金刚百炼之身也活不上几年就会给磨折而死的。

他们也深深知道，不赶走日本强盗，他们的生活是不能彻底改善的。去年夏天的北碚自愿军运动，天府煤矿工人就首先报名投军，几天之内就有很多工人参加了，并组织了一个工人自愿军大队，其中主要的还是一批职工，挖煤工人、抽水工人、挑工等参加的很少，因为厂方不准他们去当兵。就是自愿军工人大队，成立没有几天，也被解散了。一部分被编到别的部队里，一部分仍逼着他们回矿做工。

当兵卫国的自由都被厂方剥夺，更说不上工会的组织了。战争促进了煤业的发展，资本家无不大发其财，而工人的生活不仅没有丝毫的改善，更为了市场需要的增加，逼使着工人如牛马一般劳动着，残酷地剥削着工人的血汗，使工人不能得一温饱日子。在这样的情形下，怎样能使工人发挥他的力量，而增强抗战建国的基础?

（1940年8月《中国工人》第七期）

上海粪夫和清道夫的罢工

全　非

上海是天堂还是地狱？这是人言人殊，从未有过结论的问题。为什么不能有结论呢？原因就是因为上海确有这么两种人存在着：在“天堂”上的，有小伙的洋大人和高等华人等，他们威风凛凛，为所欲为，享着骄奢淫逸之乐，操着生杀予夺之权；在“地狱”里的，则有广大的劳苦群众，他们受压迫、受剥削、终日碌碌，只求一饱，但结果还是摆脱不了贫穷、失业、饥寒、死亡的威胁，以及种种惨无人道的迫害。在这样的情形下，你光说上海是“天堂”吧，固然不合事实，只说“地狱”呢，也不免近于武断。

因此上海就成为残酷的人与人相斗的战场。因为在“地狱”里的人，总是想挣断锁链，摆脱痛苦的；而在“天堂”上的人却说这是“造反”的行为，必须加以征服。于是战端就起了：洋人与华人，“高等人”与“下等人”，穷人与富人，资本家与工人……总之，是一场大混战，把各色各样的人都卷入漩涡。

自从上海变成“孤岛”后，情形也许有些改变，但这种斗争却依然在进行着，由于一些丧尽天良、乘机发国难财者不断向工人进攻，以致工人斗争的次数更增多了，方式也更复杂了：罢工当中出现了“静坐”。

这次似乎也有相当的热闹，连清道夫和粪夫也出场了。据五月十七日由香港传来的电讯上说：上海“公共租界筑路工人、清道夫及粪夫，因要求改善待遇不遂，罢工已历五日，致各路弄里垃圾粪便，堆积满地，臭气四散，污秽不堪”。

清道夫和粪夫的情形是如何可怜，公共租界里现在又是一幅怎样的景象，在这几句话里，已经不难想象了。我们知道，清道夫和粪夫，在一般人的心目中是“最下等的人”，也是“最肮脏的人”，然而平心而论，既然同样是人，那末给他们改善一点待遇总是应该的吧！现在上海的工人，在畸形高涨的物价下，所得不够一饱，竟有奄奄待毙之势，因此他们要求改善一些待遇，难道不是万分正当的吗？可是“高等人”是决不如此设想的。你敢“要求”吗？他就给你一个“不遂”（这是最客气的），迫得你不能不罢工，迫得你不得不去犯他们的“法”。所以这次上海粪夫和清道夫的罢工，无论如何，是值得同情的。

从此可得到一点小小的证明，就是说：假如上海真的是“天堂”的话，那末这个天堂也是劳苦大众的血汗堆积起来的，没有劳苦大众的血汗，上海就要变成荒凉的沙漠。现在停止流动的不是只有清道夫和粪夫等一小部分血汗吗？而上海就要“臭气四散，污秽不堪”，弄得这末煞风景了！这是一个证明。其次呢，就是“高等人”如果没有“下等人”，他也决然做不成“高等人”。不要说旁的，只要一些“最下等”“最肮脏的人”不替他们劳动，他们就连清洁卫生都谈不上了。“威风”什么呢？

（1940年8月《中国工人》第七期）

工人阶级应作团结的模范

全　非

一　工人为什么要团结？怎样团结？

世界上有一件事是非常不合理的。就是人们一切所用所吃的东西，没有一样不是经过工人手制的。社会上如果没有工人，那社会就不能继续的存在下去。可是就世界的范围说，除了苏联以外，就中国的范围说，除了边区以外，往往有不少的人瞧不起工人。人们之所以瞧不起工人，无非是因为我们工人的地位卑贱、生活穷困的原故。

然而我们的地位卑贱、生活穷困，却并不是命里注定的，一切埋怨自己命苦的思想都是不正确的。要知道：我们卑劣的地位和贫困的生活，并非不可改变，不过改变这种地位和贫困，一定要靠我们自己的力量，不断的进行无情的斗争，才会达到目的。可是，什么是工人的力量呢？团结，团结就是力量。列宁说的好："要与贫困作斗争，除了工人自己团结之外再没别的方法。"（《列宁选集》第三卷三〇四页）他又说："工人应当万众一心来反对以别人劳动为生活的人，工人自己应当统一起来和一切无产者统一成为一个工人阶级，统一成为一个无产阶级。"（同上三〇九页）这都是至理名言，告诉我们团结的重要。我们工人只要团结，就没有人敢于瞧不起我们。民国十六年春天，中国工人就曾经用自己的力量收回过汉口的租界，那时全国工人团结一致，就使英帝国主义在我们工人面前屈服。

工人为什么要团结？

第一，现在工人所处的地位，所过的生活，是绝对不能容忍的。为要改变工人的地位，摆脱工人的贫困，就不能不作残酷的斗争，为要获得斗争胜利，就要团结自己，成为一支坚强的谁也不能战胜的力量。

第二，工人不仅要改变自己，而且还要改变世界。现在的社会，是小部分的人压迫与剥削绝大多数劳动人民的社会。这是极端不公平的，我们工人就要把它改造成为无剥削的、平等、自由、幸福的社会。这是一桩艰巨的事业，如果工人不一致团结起来，那就不能达到上述的目的。

第三，工人团结起来，才能互相友爱、互相帮助、互相教育，提高自己，发挥伟大的阶级力量，成为改造人类社会的先锋部队。

那末，工人应该怎样团结呢？

首先，工人要有自己的组织，要有自己的工会。工会是团结工人唯一的工具，也是工人在进行斗争时所依靠的堡垒。因此每个工人必须参加和爱护自己的工会，保卫自己的堡垒；无论敌人用任何暴力、任何欺骗、任何藉口，都不能随便轻易取消。因为工人没有工会就会失掉团结的核心，就会无法斗争，就像军队失掉堡垒无法作战一样。所以列宁又告诉我们：

“工会组织不仅对经济斗争的发展和巩固可以给予很大的利益，而且是政治鼓动和革命组织底极重要的助手。”（同上一五九页）

可见工人不但要依靠工会来改善自己的生活，而且要作为进行革命改造世界的重要武器。

其次，最重要的，工人应该团结在自己的政党——共产党的周围，工人在斗争中，如果没有共产党的领导是不能获得胜利的。今天中国的抗战，假使没有中国共产党和中国共产党所坚持之抗日民族统一战线的正确方针，那中国抗战的前途、中国工人阶级的命运，是不堪设想的。所以中国工人阶级一定要认识自己的政党，拥护自己的政党，不论在任何困难环境中，都要和自己的政党走在一起。

二　不仅团结自己，还要团结别人

工人要改变自己，改变世界，因此在斗争中将遇到最凶恶、最野蛮、最顽强、最狡猾的敌人。它们在社会上占着统治的地位，掌握着各种实力，要想战胜它，极不容易，所以当工人和敌人斗争的时候，就要使本身有坚实的团结，但只是这样还不够，还必须善于和别人讲“统一战线”，善于争取朋友、孤立敌人，这是很要紧的一种斗争方法，是我们时刻不能忘记的。

我们要团结那些人，和那些人做朋友呢？第一，要团结农民。农民的地位，一般是和我们工人差不多的。他们中间虽然分了不少阶层，像富农、中农、贫农、雇农（是农村工人）等。但其中除了少数的富农以外，其余都是受压迫、受剥削的人。即使他们多半自己还有一点生产的工具，还有小块可耕的土地，和工厂里的工人比起来似乎好些，但他们是同样不能靠那些东西生活的，因为他们负担着繁重的地租和苛捐杂税，因此他们也非常的不满现状，因此他们对剥削者和压迫者也要反抗了，要革命了，所以农民是工人的“天然同盟军”，工人要团结他们，领导他们摆脱贫困的地位，农民脱离工人的领导是不可能取得解放的，反过来说，工人没有农民的帮助也是难于胜利的。

第二，要团结知识分子。从表面上看，工人和知识分子，似乎没有多大关系，在彼此的日常生活中，似乎还是格格不相入的，因此团结知识分子的问题，常常容易被工人忽略。有的工人甚至轻视知识分子，只是把他们简单的看做资本家的帮手。自然，有的知识分子也一样的在轻视工人，在有意无意的替反革命效劳，但这都是错误的，都是必须纠正的。

显然的，知识分子的出路，决不在于依靠旧势力，古今中外许多成功或失败的革命事变早已证明：知识分子只有和工人站在一起，帮助工人，和工人的斗争目标一致起来，才有光明而伟大的前途。至于工人呢，同样也少不了知识分子的帮助。因为工人要斗争，工人斗争最锐利的武器就是马克思列宁主义。这是一种革命的科学，我们工人因受贫困的驱策，天天为生活而忙着做工，要学习这门学问是很困难的，所以必须有赖于知识分子的帮助，经过他们的传播，我们工人才能懂得马克思列宁主义的道理，才能掌握和运用这个锐利的武器。在技术上，在各个文化部门中，工人也很需要知识分子的帮助，因为我们最终的目的，即在改变世界，那末，旧的坏破了，新的必须创造起来，而这新的世界，乃是建立在旧的基础上的，我们工人对于旧的技术知识，诚然是太缺乏了，所以对于知识分子的帮助，一定要好好的接受和使用。这是苏联在建设社会主义社会的过程中所已经实行了的。

我们中国的知识分子，是较其他国家内的知识分子富于革命性的，因为中国是个半封建半殖民地的国家，觉悟的知识分子因此就很懂得，除了革命以外他们没有其他的出路。所以中国工人阶级一定要去团结他们，用诚恳的态度对付他们，尊重他们的意志，接受他们的帮助，反过来也帮助他们克服缺点，特别是对于贫穷的知识分子，要格外努力争取。

第三，要有条件的去和资本家联合。工人和资本家，无产阶级和资产阶级，本来是两个对立的阶级，彼此的利害，彼此的意志，都是极端相反的，因此他们经常处在冲突和斗争的状态中。

现在我们工人要去和资本家讲团结，岂不是笑话？岂不是失掉自己的阶级立场吗？并不是的。我们知道，中国是个半殖民地的国家，整个民族是受帝国主义压迫的，所以中国工人阶级面前最凶恶的敌人是帝国主义，尤其是日本帝国主义，如果不把日本帝国主义打倒，中国工人与中国人民就不能得到解放，中国共产党之所以有抗日民族统一战线政策的决定，主张全民族一致团结，共同打倒日本帝国主义，也就是为了这个道理。所以今天中国工人之需要和资本家讲联合，乃是中国革命发展过程中的历史要求。那些什么“失掉阶级立场”、“出卖阶级利益”等等的谰言，是托匪汉奸的挑拨离间，我们工人要万分警惕。

可是工人和资本家联合，并不是彼此就没有了利害冲突。不过有了冲突就要在“抗日高于一切”的原则下来求解决。有些资本家假抗战之名，行剥削之实，这种不明民族大义的资本家，我们就要和他作一定限度的斗争，而这斗争的目的，依然是在于促其觉悟，使他走上团结抗战的道路。

总之，工人阶级应该时刻和其他阶级讲“统一战线”，争取同盟军，这是自己斗争过程中非常重要的策略，这部工作如果做不好，全部革命利益就要受到很大的损害，应该特别加以注意。

三　坚决扫除妨害团结的障碍

上面所讲关于团结的重要性，我们工人多已知道，而且已在实行着了。但在实行过程中是否全无困难和缺点呢？这是问题。例如大家都懂得团结的重要，可是在我们中间吵嘴打架的事还是常有发生，这是什么原因呢？原来还有许多障碍在妨害我们的团结啊。

有些什么障碍在妨害我们团结呢？

第一，有的人以地方为中心。譬如我从上海来，因此我就应该和上海人“轧道”（做朋友），说话游戏都很方便，对于其他地方来的人就敬而远之；或者我是陕西人，因此也就把一切行动局限在“陕西人”的范围内。这样的人，主观上不一定不讲团结，但事实上起码是缩小了团结的范围。且久而久之，自然会无形的形成地方小集团，结果弄得彼此隔阂，恶感横生。这种“地方观念”是妨碍工人团结的第一个障碍。

第二，有的人常常以职业单位为中心。譬如我是从大工厂来的，以为自己比人高明，瞧不起“野鸡工厂”出身的；或印厂工人和造纸工人，彼此界限分明，互相歧视。你有口，我有帮，彼此都有“群众”，一句不对，便争执起来，甚至打得头破血流。这种帮口意识和行会主义是碍害工人团结的第二个障碍。

第三，有的人胸襟狭窄，眼光不大，看见别人地位稍许高了点，心里就满不痛快；或者别人的技术确比自己高明，而自己又不去努力赶上，只是心怀妒忌，这种不求长进、度量狭小的落后意识是妨害工人团结的第三个障碍。

以上所说的都是旧社会所遗留下来的产物，深深盘踞在工人的意识领域中，这些毛病，如不克服，我们就不能称为现代的工人，就不能实现我们的团结，不能完成我们改变世界的革命使命。我们工人的志向是远大的，一切事都要从大处着眼，但却要从小处做起，在日常行动中去克服那些坏意识；要下最大的决心，根本铲除那些妨害工人团结的障碍。

四 中国工人阶级要做团结的模范

中国和日本已经打了三年多的仗，这是一件很不容易的事。日本与德国都是世界上的第一等强国。但德国在六七个月时间内就灭亡了七个国家，而日本却费了三年多的岁月，仍不能灭亡一个中国，倒反被中国拖住泥脚，使它进退两难。这是什么原故呢？主要的原因，就在于中国共产党采用了抗日民族统一战线的政策，把全民族团结起来了。

但全国虽然团结起来，而团结还不巩固，且日寇、托派、汉奸、汪精卫的狐群狗党要破坏我们的团结；在抗战的内部又有一小部分顽固分子不了解团结的重要，专找共产党磨擦，甚至武装进攻共产党所领导的军队——八路军、新四军，以致双方削弱了力量。结果大大便宜了日本帝国主义，并造成了抗战现阶段中空前困难与空前危险的局面。

但这种困难与危险必须加以克服，克服的办法，就是加紧全国的团结，尤其是巩固国共两党的团结。中国共产党在抗战三周年纪念时所发表的宣言中，也特别强调了这个问题。共产党的领袖毛泽东同志更在号召一切共产党员作团结的模范。这个号召，不但一切共产党员要切实的做到，就是全国人民也是应该响亮的回答的；至于我们工人，则更加应当身体力行的来响应这个号召。

抗战三年多以来，我们工人在战场上、在生产上、在抗日动员上，已经做了光荣的模范，现在更要做“团结的模范”。

怎样做团结的模范呢？就是在极端困难与危险的关头，我们工人要更加抱定决心，坚持一贯的立场与主张，更加发扬工人阶级刻苦耐劳、英勇牺牲的精神。要团结全国人民，要做团结的模范，首先要团结自己。对于各阶级的态度，就要坚持统一战线的政策，与各党各派亲密合作，特别是国共两党的合作。对于动摇于抗战与投降之间的资本家、地主，要竭力争取他们站在抗战这方面来；对于自私自利发国难财的资本家，要用凛然的大义督责他，必要时和他作适当的斗争，以促其觉醒；对于抗战的资本家、地主，就和他们共同携手为抗战而奋斗。

此外，对农民，对知识分子，对一切城乡的贫民，都要用民族的友爱、革命的热忱去团结他们，和他们建立亲密的关系，并帮助他们、尊重他们。使他们日益进步起来，强壮起来。

为了中华民族的解放，为了中国工人阶级本身的解放，中国工人阶级在今天是应当做团结的模范的！

（1940年9月《中国工人》第八期）

边区印刷厂工会是怎样长大的

李 平 立 民

印厂工会成立于一九三七年四月间，正是抗日民族统一战线形成发展的过程中，因此在当时还反映了以下三方面的困难：

一、工会成立时只有四十余人，成分很复杂，包括十多省份，其中有经过长征及土地革命的，有由各大城市来的，有刚从学校或农村来的。因生活习惯与觉悟程度的不同，一种落后的行会帮口的活动，阻碍了真正的团结。

二、守旧的劳动态度，在资本家工厂内“做工拿钱”的简单传统习惯仍然存在；技术的保守完全障碍了创造性的发挥。一方面不愿进步与学习，一方面不肯教人，所以当时每星期出版一期约六万字的“解放”报，还要经常脱期。

三、工会工作尚处在摸索时期，组织在自流的情形下，只有一个非常软弱的俱乐部、自卫军小组与识字组；在大部分工友还在“封神榜”热的情况中，进行教育很困难。因而流行着轻视工会、仇视工会，甚至以为工会应与工厂“对立”、“斗争”的错误认识。

初期工会的困难就是如此。

然而，我们在党及总工会领导下，经过长期坚苦奋斗，终于把这些困难克服过来了。以下是我们克服困难的办法：

一、从政治教育着手　第一步组织歌咏队、球队、剧团。从体育娱乐工作中提高他们的民族意识与集体生活的精神；第二步就进行有实际意义的政治教育，上政活课、组织政治讨论会。一方面经常请负责同志做报告；一方面进行个别帮助。这是一个长期努力的过程。比如要转变他们看旧小说的习惯，进行了个别说服工作外，还组织了一个“封神榜”讨论会，首先动员看旧小说的工友准备他自己对“封神榜”的兴趣和意见，然后由负责同志在大会上逐一解析和批判，指出旧小说的坏处，阐述革命书报之意义与作用，进而介绍适合于他们程度的通俗书报，有计划的派同志去帮助。这一工作的结果就使他们的旧习惯有一基本的转变。同时阶级教育的加强，政治认识的提高，使他们对工厂和工会的认识与态度也具备了必要的条件。

二、发扬民主互助精神　这不但在工会选举上要完全合乎民主原则，在日常解决问题的方法方式上也要有真正群众工作的作风。就日常生活上的友爱互助，亦为团结与提高工友们最好的工具。比如党志英因父丧返里，工会领导了募捐互助运动，在厂方共同帮助下解决了他的困难，使工友们在实际经验中认识了工会是自己的组织。

三、要进行必要斗争　一个工作的进步，不仅由于采取了政治说服教育及其具体的实践，而且必须与各种坏倾向作必要的斗争。当说服教育没法收效时，斗争是必要的武器。比如我们对帮口地域观念作斗争，自从揭破了欺骗工会、厂方，挑拨工友感情的小组领导者党志英的阴谋后，遂加强了工友们的团结，消除了工友与厂方等的隔阂；在反对田润生等的腐化生活及歧视老百姓等斗争中，使大家提高了生活的积极意义，改善了群众的关系。这不但纠正了个别工友的缺点与错误，而且深刻的教育了全体会员。

三年来我们就依照上述的方针开展工会的工作。由于工友们的努力，总工会与厂方的帮助，而打下了今天的基础。在这奋斗过程中，我们得到什么经验教训呢？

一、在民主集中制的组织原则上，工作表现是尚有许多缺点的。一般的说来，如组织工作尚不能十分深入与站在工作的前面，民主的运用不具体，技术掌握的缺乏，这些都存在着成为我们今后奋斗的目标；但是，我们工会工作，亦有少许成绩。我们担负着目前抗日救国的政治任务，提拔了不少管理工厂及工会工作的干部。一方面供给了前后方兄弟厂的干部约十人；一方面留在我们厂内而曾参加过执委工作的工友（现有会员比例）占有百分之二十，这对于工会工作的开展是起了很大的推动作用。

二、工会与工厂的正常革命关系的建立，必须以互相尊重与共同革命利益为基本立场，合理的解决物质生活的困难，高度的发扬劳动热忱，完成革命的生产任务，真正合乎陕甘宁边区的抗日民主政权的特点，使工厂成为革命家庭，工会成为革命堡垒。

我们在这种原则上科学的解决估价问题，建立互助组织，改进工厂卫生保健等设备，彻底的改变了工友们旧一套的认识与态度。在三年来的实际经验中证明工会和厂方是不能分开的统一体。工会工作已成为工友们自己的事情。如：慰劳八路军募捐，竟超过原定计划的三倍到三倍半；响应世界反侵略运动，有些同志自愿将二十元工资减为二元津贴；以生产竞赛的实际行动来纪念"七一"、"七七"、"十月革命节"；青工也自愿增加自己的额定时间来增强抗战的力量；其他如响应"生产、学习"号召，援助反汪工友，及改善自己生活等运动均表现了革命积极性与创造精神，提高了革命工作的责任心。根本上提高了生产的热忱与改变了劳动的态度。

三、学习已成为大家的嗜好。在技术上如此，理论上也如此。我们不能说学习已经有了使人满意的成绩，在学习领导上及学习方法上还没有什么创造；而且存在着许多缺点，但我们在延安的环境中，工会成为一个马列主义的学校，所获成绩是相当显著的。

在工会成立的初期，不识字的占百分之四十，而识字的大多数都是些“封神榜”的热病者，现在不管在理论上、认识上，可以说完全转变了；而在工会跟着工厂不断扩大的过程中，不断吸收进来直接参加生产的，除不到百分之十是从延安各学校调出来的外，大部分是从农村及各战区来的，他们仅有小学程度，不上二十岁的青年（也有不识字的），而今天已全部参加了党史、中国问题、党建及政治文化课的学习。按其级第来说，已经升了二、三、四、五级不等，而正式学习的开始还是在去年毛主席号召学习以后。

在这些学习组织的领导上我们得到的经验是：首先应把握每个工友要求进步的条件，然后负责人应关心与具体计划每个工友的学习，配合实际生活的每一环节。经常的耐心的进行教育，切实的帮助与指导，这是不会白费努力的。

以上就是我们工会工作的发展过程。然而，我们必须指出：这不是一帆风顺的成果，而是经过多少困难，一点一滴的收获。我们还有许多缺点，而这些缺点的克服与清算，我们除下决心要在实际生活过程中进行外，我们还准备一个一个问题的进行检讨，以便提供工会工作者的参考。

（1940年9月《中国工人》第八期）

在日寇铁蹄下的东北工人

李延禄

东北地大物博，蕴藏丰富，举凡轻重工业上需用的原料，无不应有尽有，因此早在九一八事变之前，日本帝国主义即以南满铁道株式会社为中心，在东北建立了各种的企业组织。在东北各种工业部门之中，无论工业、矿山、水产、运输、铁路、港湾、制油、制铁、电气、煤气等等差不多都为日寇势力所独占，即以主要工厂而论，在九一八事变之前，据一九二九年统计，日寇在东北的主要工厂为七百八十九家，职工数目为一万三千五百七十一人，投资额为三万〇二百〇八万日元，就这一点材料，便可以说明日寇在东北工业上势力的雄厚了。

东北工人数目究竟有多少，我们找不到全体的统计数字，在辽东半岛租界地及南满铁路沿线，直接属于日寇势力范围的工人，据日寇在九一八事变前之统计（一九二九年的统计）为四十万六千人，占该区域总人口的百分之四十五，其中属于工业、矿业、交通、苦力等都市工人，占工人总数百分之三十七，其他则属于农业、渔业、杂役等工人。这是一部分的数字，但自九一八事变之后，日寇占领了东北，掠夺了全部的东北工业，收买了中东铁路，并且为了支持侵略中国的战争，大量的在东北修筑铁路，大量的开发东北富源，因此东北工人的数目，目前更不知增加多少了。

东北工人属于本地者为数甚少，大部分都是山东、河北、河南的移民，这些移民因为关内人多地少，生活不易，故相率出关，就食于东北，他们有的是春去冬归，用一年血汗换来的金钱，赡养他们的一家老小，有的携老扶幼，一去不归，便以东北这个地方作为他们的生活乐土，谁知这些贫苦的关内移民，就这样的陷身于暗无天日的魔窟里了呢！

我们知道，帝国主义是与剥削劳苦民众分不开的，特别是与剥削殖民地或半殖民地的劳苦民众分不开的，日寇既然在东北各种企业部门占了统治地位，于是他就以低廉的工资，榨取我们工人的多量劳动力。在九一八事变之前，在工资方面，中国工人的工资平均约当日本工人百分之二十五点七，在工作时间上，中国工人的工作时间，平均为十一小时二十八分，长者每日可连续工作至十三小时之久；日本工人则只作九小时五十八分。又据南满铁路的报告，煤矿中的中国工人，每人的采煤量为二吨八分，比较一九二九年日本国内以新法采煤的全国平均量二吨五分，尚有过之，这足见日寇剥削我们东北工人的程度是到了什么地步了，也足见日寇在东北各种企业的盈余，都是我们东北工人血汗劳动的结果了。

九一八事变后，东北的工人生活情形，更非一般文字能够形容的。日本帝国主义又想把抢夺殖民地和灭亡中国的巨量消耗，完全加在国内外的工人身上，特别是想加在失掉国权保护的东北工人身上，因此日寇剥削和压迫我们东北工人的事情，也较九一八事变之前更加残酷了，在工资方面，东北的中国工人，虽然也和日本工人一样，一般的都减低了，例如铁路上的修土工人，事变前的工资，每天是两元，事变后减为一元五角，但这减低和日本工人比较起来，是一种近乎比例的减低并非平等的减低，例如中国木工每天工资是五角，而日本木工每天是四元。中日工人的不平待遇，更较以前严重了。在工作时间上，不用说也较事变前加长了，例如筑路工人现在每天须继续工作十八小时，而在其他比较重要的工厂里，还经常的增加夜班，加紧生产，以便供给日寇的军事消耗。在工资方面，特别值得提出来的，就是因为日寇的财政涸竭和怕工人得到工资离开了工作，他们只发给仅能维持工人衣食的少数工资，其余大部分则经常不发，在工厂工人方面，他们为了刺激工人的工作起见，有时还把剩余的工资直接给工人寄回家去，因为这样，可以使工人没有路费，免得工人逃跑。至于非工厂工人，有的因为根本不发，有的因为被日本或朝鲜工头的克扣，他们有时一两个月，甚至两三个月得不到丝毫报酬的义务劳动，那是常有的事情。

我们都知道，东北在七七抗战以后，伪满洲国币跌价了，一切生活的必需物品，都非常的高贵，东北工人已被减低了工资，而且经常的不发，那能够维持自己乃至他们的家庭生活呢？他们真是挨着饥饿与贫困，强迫的作了日寇的牛马。有的工人，因为忍受不了这种压榨，离开了工作，又被日寇认为“逃跑”，不可避免的毒打，更作为他们不发工资的藉口，这种情形，特别是在筑路的土工里到处可以看到。

现在的东北工人，他们在工作中，是经常被日本和朝鲜的工头轮流监视着的（有的企业部门是由日本军队监视），稍一疏忽，便被认作“偷懒”，又是一顿不可避免的痛打，甚至有时因为被认为“偷懒”的原故，遭到了生命的危害，例如一九三三年日寇在哈尔滨修筑呼海路铁桥的时候，更有许多工人，被日寇认为“偷懒”打到松花江里，作了日寇铁蹄下的牺牲者！

至于东北的一般女工，她们也和男工一样，遭受日寇残酷的压迫，如果要说她们和男工不同的话，那就是日本和朝鲜的工头，对于她们的那种特殊待遇了，日本和朝鲜的工头们，把女工作为他们发泄兽欲的对象，他们对于女工们调笑、侮辱、奸淫等等，真是极尽人间丑事，他们有时还把这种对待女工的范围，扩大到工人家庭里去，住工厂或铁路附近的工人，家中如有青年妇女的话，便有领受这种特殊待遇的可能，这种例子我们知道的非常多，例如一九三三年，在吉林蜜山县东八方地方，便有一个十三岁的铁路工人的女儿，被两个日本工头架到树林里，轮流奸污的事实，被害的家庭虽然知道，然而要他们怎样呢！

在政治生活上，工人们不但没有丝毫的集会、结社、言论等等的自由，而且在日寇官营的企业中，每个工人都发有良民证，良民证上粘有本人照片，日寇定期举行检查，以防所谓“不良分子”混入，他们除了收买工头、职员、技术工人，及工人中的少数堕落分子，监视工人的行动外，还派遣奸细，打入工厂，破坏工人运动，如一九三三年哈尔滨电业工人的大逮捕，便是采用这种毒辣手段实行的。

他们对于工人的团结，也非常害怕，他们使用种种办法，离间工人，使之彼此对立，他们知道中东路的工人。因为过去受苏联的影响，有了相当的觉醒，因此他们便裁减了一部分他们认为“可疑”的工人，添雇一批新的工人，而特别提高新雇工人的工资，以便促使新旧工人的对立。他们还利用不同的工作部门或不同的工作关系的工人间的隔膜（如技术工人与普通工人等）挑拨离间，使之彼此矛盾，彼此打架，因为这样可离散工人的团结，使工人无力反抗他们，他们好顺利的从中操纵，好顺利的榨取和奴役。

在日寇铁蹄下的东北工人，他们过着暗无天日的奴隶生活，已竟九年了，他们因为日寇的减少工资，他们因为日寇加长工作时间，他们因为中日工人的不平待遇，他们因为日寇无理由的克扣工资，他们因为日寇减少工资克扣工资使着他们的妻子忍受饥寒，他们因为日寇的侮辱、压迫与杀害等等的残暴行为，已竟蓄积了很大的仇恨，这种东北工人仇恨日寇的心理，在工厂工人方面，虽然由于日寇的恐怖统制，还处在“敢怒而不敢言”的状态上，但是在非工厂工人方面——如铁路工人，已竟有的因为日寇的压迫自动的参加了东北抗日联军；有的因为抗日联军袭击敌人被解放后参加了抗日联军。这些参加抗日联军的东北工人，正如我们所知道的一样，他们为了保卫东北，为了拯救东北的多数同胞，几年来与敌苦斗在广大的东北原野上，不曾片刻的放松他们的任务，而那些被日寇恐怖统治着的东北工厂工人，他们那种“敢怒而不敢言”的愤恨日寇的心理，也正在发展着成长着，遇有机会一定会涌为奔腾豪放的洪流而冲破敌人的奴隶枷锁的。

最后我们都知道，东北工人得到解放也和我们整个东北同胞一样，只有在我们抗战胜利，把日本鬼子打到鸭绿江东岸，才能获得解决，因此我们国内的同胞要想把东北工人解放出来，要想把他们从悲惨的魔窟中解放出来，只有加紧团结、坚持抗战到底、收复东北失地，才是正当的办法，这种解救东北工人同胞办法的实行，不单是我们国内同胞的责任，而且也是我们的义务，东北工人能否得到解放，要看我们国内同胞的这种责任是否尽到，这种义务是否负起以为断。

（1940年10月《中国工人》第九期）

为纪念“九一八”而歌

蔡　捷

把拳头举起来！
今天
是我们
复仇的日子呀。
怕死的奴才
滚开。
让我们
打翻——
这碍路的石块。

谁说，
东北已不属于中国？！
谁说，
三千五百万人民
应该
过那牛马似的生活！？
我们要
抓紧这个喉咙，

把他们的嘴唇
撕破！

那一个会忘却
这黑色的脚印？
我们被践踏着的人群，
要挺起胸脯。
用同一的声音，
向鸭绿江
呼号前进！

（1940年10月《中国工人》第九期）

我怎样认识字的

求 香

机器的发明，本来是减轻劳力，便利生产，创造人类幸福的；然而用在资本家手里，倒变成了锁人的铁链，吃人血汗的恶兽。因为家里很穷苦，我在十岁就跟母亲踏进了武昌第一纱厂，整天消沉在吃人的机器旁边，母女两人好像卖给了工厂一样。所得的工资，不够付每月的房租伙食，终日愁吃愁穿，我时常陪着母亲苦闷着，有时自己这样想："我们永远就这样过下去吗？"

一天我对母亲说："我应该识几个字吧？"母亲愤然的回答："连饭都没得吃，还要读书吗？女孩子读了书有什么用？"

有一天，我在地上拾了一本"工折"，不知是谁掉了的，上面的名字我不认识，心里很焦急。掉了"工折"是要罚工的，我想马上去找着失主，但在工厂里，你的脚是不自由的，连上厕所也不准多走一步。忽见对面的黄阿毛从厕所回来，两眼红肿，好像是哭了一场，我悄悄的问她："你哭什么？掉了折子吗？"果然不错，我连忙将"工折"还给她。可是从此我却得了一个识字的方法，因为我在"工折"上认识了"黄阿毛"三个字。厂里的工友很多，我找认识的人来认识他的名字，这样我岂不可以认识些字了吗？我抱定了这样的决心，每天去借人家的"工折"来认字。但在工作时间是不便在车间里向人借"工折"看，一定趁上厕所时，偷偷的借来看一看。一天，正在厕所里念字，猛听得工头叫我的声音："三十一号！板马儿养的（湖北骂人），你在学识字吗？哼！可惜你的'八字命'不好，要识字去当学堂里的小姐啦，为什么还在工厂做活呢？贱痞！不好好的做活……"我不敢听下去，连忙回去做工，但我想："八字命"是什么呢？"八字命"不好，就是没有钱，有了钱，我不是可以和学堂里读书的小姐一样吗？

现在我来到边区，不但得到读书的机会，而且还和外面大学堂里的小姐少爷一样的学习着。在边区，不但没有人阻止你学习，相反的，而且还有许多人来帮助你学习，鼓励你学习。所谓"八字命"三个字，我今天可明白了：这是资本家骗人的鬼话！

今天我已能够替《中国工人》写这样的一篇小文章，是何等高兴的一件事呀！

（1940年10月《中国工人》第九期）

前线工卫队来信及我们的复信

中国工人社亲爱的同志们：

《中国工人》创刊号的出版，内容丰富充实，报道各地的工运状况，并在理论上以及集纳过去的中国的工运的经验与教训，指导工运及教育工人们，这实是中国空前的专门注意工运问题指导工运的第一个好的刊物。我们读了十二分的高兴，我们的工人干部及全体部队的工人同志们，为关心这个刊物，为爱护这个刊物，特自动的为《中国工人》募集了一些基金，数目是三四〇元，请你们接受。

我们是在晋西北与太原附近活动的工卫纵队，我们这支工人队伍，是在一九三七年的十月——抗战的第一阶段，有名的华北忻口战役的时候，太原的工人们为坚持山西抗战，保卫华北，自动的向阎司令长官请求给予武装所组织起来的。太原沦陷之后，我们这支武装的工人队伍就转进至晋西，汾阳、中阳、离石、方山、静乐、交城、文水、清源、太原、岢岚、五寨等地进行游击战争，抗战二年余，我们与敌寇大小战役凡一百一十多次。我们在这些战斗中牺牲了无数英勇的工人兄弟，同时我们在战斗中壮大了。从太原出发时五百余人，现在壮大到×千人了。我们已逐渐的正规化，形成为一个强壮的装备较好的工人兵团。我们于去年十二月山西形势逆转、旧军进攻新军之际，坚决的参加了这次反对旧军进攻坚决抗日的新军的斗争中，并肃清了内部的投降妥协的顽固分子；而经这次斗争，部队之政治质量愈益进步优良。目前一面在进行整军，一面则进行反扫荡，而以雄壮的姿态在太原附近活动，以威胁敌人。在山西的心脏钳制住敌人在山西各地进行扫荡的兵力，我们虽处于战斗的前线，但极关心全国的工运状况，因而热望贵刊多给我们以工运消息的报道，并在理论上政治上指导我们，尤其是关于全国其他各地工人武装斗争的经验多多给我们介绍一些，以便我们学习，谨此致以民族解放与工人解放的崇高的敬礼！

活动于晋西北的工卫纵队

一九四〇年四月十三日

亲爱的工卫队全体战士们！

接到你们的信以及为《中国工人》募集的基金三百四十元，令我们感到无限的兴奋和感激！

你们正在最前线，深入敌人的后方，而且处在最危险最艰苦的环境中，你们为了国家的独立与民族的解放，以你们最宝贵的头颅和热血，与敌人进行生死的斗争。你们这种英勇的行动，应该得到政府和全国人民的慰勉与嘉奖的，特别是应该给你们以物质的援助；可是现在你们却反过来为《中国工人》募集巨额的基金，帮助了后方的出版事业，这不仅表示你们爱护《中国工人》的热情，而且表示你们对民族、对工人阶级本身的解放事业的无上忠诚。

亲爱的同志们！你们是在战争中生长和壮大起来的一支坚强的工人武装队伍。神圣的民族革命战争已经把你们锻炼成为一股勇猛的铁流。这股铁流的威力，一定要冲破日本帝国主义的顽强壁垒，一定要冲破束缚中华民族和中国人民的坚固锁链。同志们！这正是历史给予你们的使命，全中国人民所属望于你们的事业。你们过去在反扫荡、反投降的许多光辉的战绩中，恰恰证明了你们是能够完成这个伟大的历史使命的！

不论在敌后、大后方与战区，全中国工人阶级正广泛的展开着反对日本帝国主义的斗争。工人自己的武装队伍正在斗争中日益扩大强壮起来。工人阶级自己的政党——中国共产党的威信，在全中国人民的面前也得到空前的提高。全中国广大的人民，特别是劳苦大众，都愿把中华民族以及他们自己的命运委托给工人阶级及其政党了。在这种情况之下，全国的职工运动，也正在极端艰苦的条件之下加紧发展着。所有这些事实都是可以告慰你们的。同时证明了你们的斗争已经得到各方面的配合，你们的战斗已不是孤立的！有全中国广大的工人阶级与人民做你们的后盾。

至于《中国工人》，现在已经出到九期了。但缺点还很多，不能满足大家的要求，你们的称誉，实在令人惭愧。我们希望你们经常能够给我们不客气地批评与指导，使《中国工人》能如你们一样一天天壮大起来。

你们所希望于我们的，我们一定将尽我们的能力与可能去做。同时希望你们今后和我们取得更密切的联系，随时把你们战斗的生活、学习以及每个战斗的情形告诉我们，以便拿你们英勇战斗的模范，号召中国工人阶级一致起来作坚持抗战斗争！我们正和你们关心我们一样，我们以及后方的民众也无时无刻不在关心着你们！此致最崇高的无产阶级的敬礼！

《中国工人》社启

九月十日

（1940年10月《中国工人》第九期）

中国妇女职工及其活动状况

邓　发

中国无产阶级是中国革命的主要社会基础，他是中国革命力量的源泉，虽然中国无产阶级在数量上比较少，但他具有坚强的革命性和斗争的坚忍精神，每个共产党员和革命者，对中国无产阶级的力量及其在革命运动中的领导作用应有正确了解和认识，才能完成他领导革命的任务。中国女工是中国工人阶级的一部分，致力于妇女运动的工作者应当注意致力于女工运动。中国女工在数量上在革命斗争中具有不可轻视的力量，她们同样具有坚强的革命性和斗争的坚忍精神。而且，由于资本主义的发展，需要大量劳动力，尤其需要出自女工身上的贱价劳动力。这是资本主义社会各国一般的规律，不过，在一般的殖民地半殖民地国家内采用得更普遍而已。资本家为什么在殖民地半殖民地里更广泛地吸收女工？原因是女工工资比男工少，比较男工易于统治和欺骗。在殖民地半殖民地社会里，工人阶级的文化程度比较落后，而尤以女工的文化程度更低。女工与男工比较还有她许多弱点，故资本家统治女工比较容易。因此，资本家对于殖民地半殖民地的女工的剥削也进行得更严重而残酷：劳动时间特别长，工资特别低微。同时由于中国农村不断破产，因生活的逼迫，大批农村妇女涌到城市求生，同时，轻工业是半殖民地中国的主要工业，在轻工业部门中的工人，用不着有专门技能的熟练工人。由于上述原因，所以在中国，女工是被大批吸收了，中国女工是随着资本主义发展而一天天增加着。

根据国民政府工商部几年前的一个统计：

东南九省二九个城市中有一二〇四三一七工人，如依已分性别之男女童工计；其中男工占百分之四六点四，而女工占百分之四七点七，童工占百分之六点九（见二十三年《申报年鉴》），从这个统计中，看出中国女工的数目是相当大的。

至于北方，据国民政府实业部二十二年编之《中国劳动年鉴》的统计：

二十三省二〇〇〇一二五六工人中，女工占全数的四分之一，这是因为北方有比较多的铁路和煤矿工业，因之，女工与男工比较起来少些。至于轻工业集中的上海，女工则占全体工人总数三分之一之巨大数量了。

这是半殖民地国度里中外资本家大量采用女工的情形；同时说明了中国女工是中国革命不可轻视的力量！这里，更说明了女工工作在职工运动中有极大的重要性。

至于中国女工的政治经济地位是异常恶劣的，假如中国妇女在政治上是受两重压迫的话，那末，中国女工是受到三重压迫的。中国是在帝国主义压迫下的半殖民地国家，中国妇女受着帝国主义与封建势力的压迫。而女工除了受到封建的同帝国主义的两重压迫之外，还有严重的资本家的压迫。资本家加于女工身上的压迫，除剥削剩余价值外，还有工头的压迫、侮辱和奸淫等虐待。至于政治自由，她们是与整个中国工人阶级所遭遇同等的命运之外，还到处遭到轻视。在经济上，女工所享受的不平等完全反映于女工工资上，女工与男工在同样工作、同样劳动时间内，同样劳动对象与同样劳动强度下，然而女工与男工的工资是各异的。根据上海的材料，男女工资的区别有如下的事实：

作鞋业：男工每月二四元，而女工每月仅六元，女工工资占男工工资四分之一；

作帽业：男工每月二八元，而女工每月仅八元，女工工资亦约占男工工资四分之一；

纺织工业：男工每月四五元，而女工每月仅二五元；

针织工业：男工每月二九元，而女工每月仅十八元。

既然工作时间、工作对象、工作强度都是一样，为什么女工工资特别低呢？这是资本家凭藉传统的压迫妇女的力量，来加诸女工身上的一种特殊待遇。说到劳动，男工女工当然也一样不自由的，劳动完全自由的，只有在苏联社会主义国家里。可是在资本主义社会里，劳动的不自由在男女工人之间、在程度上还有区别的，女工是受着比男工更大的束缚和限制的。我所说的劳动不自由，不仅是由于各种技术不熟练而受到厂方的排斥，而是工人根本不能自由进厂去出卖自己劳动力，但当资本家需要你的时候，退出工厂也不自由的，女工的劳动的不自由，明显地表现在于她们往往有了劳动力，如果是年纪太大了，生得又不好看，想出卖劳动力也是困难的。譬如最近上海许多日本工厂里，雇佣大批女工，除有劳动力外，还要加上年轻与漂亮，作为进厂的条件。职员来说，要求的条件更苛刻了，除了年轻与漂亮外，就需要有相当文化程度，会说点洋泾浜英文，会交际舞，讲话要流利，有交际的手腕，要经过更苛刻的考试，才能获得一位半职。上海常常考五六个女职员，而投考者往往百数十计。在投考之前必须的准备工作是摩登服装、熨发、花钱运动高级职员等，是否可能被考取尚成问题，但钱总是要先花一笔的。这不仅说明劳动不自由，同时，说明了许多小资产阶级的妇女因家庭经济生活的贫困，被迫走入了职工的队伍里，妇女不仅劳动不自由，而且往往为了职业连个人自由都被剥夺殆尽了。这就是禁止在职女职员结婚与禁止雇佣已婚女职员，这种对女职员之特殊待遇之规定，不是出于个别资本家，而是出于政府法令上，国民政府交通部曾核准《邮政总局录用女性职员办法》四项中就规定："……三，已嫁女性不得报考，四，其入局后结婚者即于将届结婚时予以裁退"，结婚女性既不准投考，服务于政府交通机关中的女职员已结婚者又要立即停止其职务，服务于政府交通机关都要受此限制，服务于私人企业者从此可知！这种对女职员的束缚与压迫，是多么严重的事情，连人们的结婚自由都被剥夺了！结婚之女性就不易找到职业，而有职业者要结婚饭碗就立即被打破！这样的命令不仅说明中国女职员的政治经济地位，而且完全暴露了对于妇女不能容忍的态度，因此逼迫着好些女职员在解雇之后，走上了最痛苦悲惨的舞女生活的道路，以致最后流落到最可怜的娼妓道路的深渊，这说明在中国三重压迫下妇女职工，其命运是何等的悲惨！

中国女工一般的生活状况，抗战后是更加恶化了。战后女工所遭遇的压迫是更加悲惨了，这表现在女工与一般工人一样的失业。另一方面，年轻的女工大批的遭受了日本的枪杀奸淫，尤其在天津、上海、广州等地。上海在日本的铁蹄下，先是舞女的大批被绑票，绑到日本兵营里轮流奸淫，后来，大批女工被汽车装着送往日本军营被侮辱蹂躏，在青岛日军竟强迫女工和日本人一起洗澡；在日本工厂里，因为怕女工逃跑，夜里要女工裸体来伴着日本人守卫，女工遭受这种惨无人道的事情是空前的。当然，女学生被侮辱的事实，也是不少的：十几岁的女学生，同时被十几个日本兵强奸致死的在敌后是常见的事，这都是世人皆知的事实，这种惨绝人寰的行为恰恰就表现出日本军阀的没落与丧失人性。

至于战后女工生活已到了不能维持个人生活的程度，不管在开封，在上海、天津、太原，一切烟草业中的女工每天赚钱一毛五分到二毛，这当然是完全无法生活的，在这些地方一石米值六十元到九十元，而每天两毛钱连吃稀饭也吃不够的。纺织业的女工状况也并不比烟草业好得许多，每天一人也只能赚四毛到五毛钱，在上海及敌后，许多地方也是难于维持生活的。被服工厂，每天女工赚钱四毛五分到五毛，而女职员是开始被排斥了。五六毛钱一天，勉强是可以维持生活的。可是她们不能每天都找到工作，她们并不是每天都有工做，往往一个月只能作十五天到二十天，因此，平均起来，每天只有一两角钱，结果依然难于生活下去，许多工厂，常常以比较更低的工资，来收买不熟练的新女工，尤其以无理由的停工来逼迫许多女工走上失业、饥饿与死亡的道路。

在我们大后方女工的情形怎样呢？自然，日本鬼子的蹂躏是尚未轮到她们头上。可是，生活的困迫、工资的低微、工头的压迫、劳动与言论行动的不自由，同样是异常严重的。例如许多女工并不能自由组织起来参加抗战，女工战地服务组织受到不必要的限制与压迫，侮辱与殴打女工之事，时有所闻（如西安大华纱厂），枪击逃避防空之女工的事，竟出于陪都重庆，这又说明我大后方女工之处境及生活状况也并不佳！

女工在这样严重压迫下，于是就与其他工人一样走上斗争的道路！抗战中女工是一支有力的队伍。

她们在各大城市中，不断参加战时服务团、战地工作队，在上海有一个战地服务团，她们走遍了长江南北，驰骋于整个东南战场，虽然在工作过程中曾经受顽固分子的阴谋与压迫，但是她们依然顽强地反抗无理的压迫而为抗战服务。

尚流落于敌后城市里的女工，她们为抗战献金，为抗战义卖，曾表现了最艰苦的为抗战而努力的精神。在日本人压迫下，她们曾暗中进行了许多献金与义卖运动，如自制抗日手绢、国旗，秘密推销，将一切所得奉献于自己祖国的抗战。她们还常常送给抗战军队以礼物，给予无限鼓励，她们进行了，还不断进行着可歌可泣的英勇的斗争！在天津××纱厂工人出版一个名叫《炼铁工》的小报上，经常发表抗日救国的文章，写着："只要她还有一口气，她都要打倒日本人；只要她一天存在，她不忘掉日本人对她的压迫。"此类字句是经常可以看到的。其中一篇署名"小峰"写之《压岁钱》，是一位十八岁之女工速写旧历除夕日本工厂起火全部仓库被焚毁，损失数百万的动人场面，该文充分表示出工人胜利愉快的心情和敌人狼狈的窘态。她还在结尾时幽默地说："这是敌人送给我们数百万《压岁钱》。"这许多事实都说明女工就在日本人最残酷的压迫下，她们也是不断进行反抗的，在日本工厂里，因日本管工强迫女工跳舞，她们用异常巧妙的方法去应付，她们在各方面表现出自己的力量，男女工人曾一致联合进行过反抗。

她们为改善生活而斗争，是与一般男工采取了一致的行动，在敌后城市里，在日本统治下，男女工人的血是一样沸腾着的！她们是一致的行动着！女工没有落后，她们和他们共同的信念是：不忘祖国。民族的愤怒是在男女工人中增长着。

她们除了进行坚苦抗战工作外，她们还努力于为提高自己的政治文化水平而斗争。据报载单在上海一地，在各团体办的女工补习学校，总共有五十余所，人数万余，曾有一篇通讯写她们读半年书后，就可以看书、写墙报、作日记、写信等。并且，在读书过程中，改变了她们的思想意识，有一个女工说：“过去我顶羡慕穿高跟皮鞋，穿长旗袍的摩登装扮，现在我却羡慕到学校夜学读书的姊妹了。”（见《战时生活》）她们在疲乏之余，并在家庭的歧视之下，甚至在反对之下，进行着学习。往往有些女工的母亲用旧的眼光去看自己的女儿，看见女儿去读书，而这样责备她：“为什么天天去呢？”可是许多女工不管一切，仍继续读书，现在，她们已能投稿到报纸副刊与杂志了，这都说明了她们文化政治上的进步。可是，事情并不是那样顺利的，日寇汉奸正用一切方法来破坏这个事业，上海有一位热心女工文化教育的茅丽英女士，竟为汉奸所杀，茅丽英女士是一个知识妇女，致力于艰巨的女工文化教育工作，终为汉奸所害。她的死，曾引起曾受她教育过的女工衷心的哀悼与纪念。

在我后方生产部门中，她们也表现了最英勇的服务精神，她们努力为抗战而生产，她们以最高的服务精神与许多知识分子出身之青年妇女致力于收容难民与看护伤病抗战将士工作，这些事实，表现她们为祖国服务的奋斗精神。在华北之许多女工，她们与广大的农妇都换上了戎装，手执着原始的武器，大有古代花木兰之风，驰骋疆场；或者在各交通道路上守卫、放哨、警卫自己的土地家园。这是在抗战中涌现出来之无数新的女性。

根据目前客观的情况，展开女工运动具备了许多有利条件，同时又存在着许多困难，由于国难日亟，工人所受压迫的严重。另一方面则女工爱国热忱的提高，斗争性的坚强，开展女工工作之有利与困难条件在发展着，先说到有利条件：

第一，女工具有很高的爱国热忱，为了爱护祖国，即使在敌后，在敌人统治下，并未屈服。凡有利于国家民族的，她们不顾个人的安危去工作。她们往往热爱自己祖国比爱护个人生命更重。在我后方，工作虽常遭遇到各种无理压迫和阻碍，但她们对于一切有利国家民族的事业是始终不遗余力进行斗争。

第二，在敌后她们所受民族敌人政治的和经济的压迫与剥削，日益加重，客观的事实迫得她们不得不进行斗争，不得不实行反抗，在敌人的直接压迫下，这些刺激是直接的。所以，她们也最敏感，衷心为抗战而工作、而受到障碍、而感到愤怒和不满。

第三，在敌后，她们亲身受过亡国奴的滋味，又因女工文化程度的提高，其成分有了新的变动：如上海有一万女工，在夜校中读书，文化的提高自然影响到政治觉悟的发展。同时，由于敌人占领区的广泛，许多高小、初中的女学生，被敌人炮火毁灭了家园，而流亡到城市，迫得参加进女工队伍中（在敌后，在我后方城市工厂中，都有此现象），因而形成女工中的新成分，而这种成分，她们不同于一般的农村妇女，这些新的女工们，将其身受农村中的日寇的烧杀事实，传播于女工中，而女工们向农村新来的以及投身于女工中之知识分子宣传敌人对女工的残暴，这些都相互影响，就提高了她们的民族觉醒。

第四，她们大多数是纯洁的青年（整个女工中百分之八十是青年），她们崇尚自由，痛恨黑暗，不满于现状，对日寇的统治表示愤恨。而我后方女工受三年抗战的影响，自沦陷城市中逃出，也是具有拥护政府、坚持抗战等条件。因此，她们易于接受进步思想，便利于妇女运动的工作。

第五，她们富于感情，易被感动（这一点当然也是妇女的弱点，同时又是优点），若将实际的例子向之宣传，具体的指出，怎样追求光明和自由，怎样才能争取民族解放，她们比较容易接受并取得其信任，便利于团结与联络她们。

那末，除了这些优越条件外，尚存在着那些困难条件呢？

第一，妇女由于旧的习惯思想、旧的道德，及家庭束缚，不易使之出来作公开活动，要不怕家人责骂和社会歧视，不是每一个女工可以做到的。例如作抗日救亡工作，必须与男子及知识青年接近，于是不免引起流言及家庭反对，这些情形往往妨碍了工作，影响到她们参加社会政治活动。

第二，社会上轻视妇女的传统习惯没有打破，如禁止结婚妇女任职，结婚后必须辞退等轻视妇女的态度。这种思想习惯，往往反映于妇女中，甚至自己看不起自己，对自己估计不足，至有些致力于妇女工作者也觉得女工工作不易作，女工太散漫，以至轻视这一工作，这是由于社会上轻视妇女恶劣习惯的反映。

第三，许多新的工人，出自农村，自然不能不带来一些农民落后的意识，文化水平较低，斗争经验少，缺乏无产阶级组织性、纪律性的锻炼。特别在敌后，她们在毁灭的农村中流离到城市街头，饥饿将死，遇到招工的人，已觉侥幸遇救，则感激不尽，以致模糊了她的阶级意识。

第四，妇女固有的狭隘性，重于感情，而轻于理智。女工内部易闹小意气，稍受挫折就容易消极失望，再加上农民意识贪图小利，易受欺骗、利用、分裂，妇女受不起社会的轻视和打击，这是女工中最大弱点。

第五，男女工之间的隔膜，不易打成一片，又加上资本家的挑拨离间，常常有意的造成这些隔膜。此外，又由于社会上男女授受不亲的传统思想，也造成了隔膜原因之一，因此而要求我们须要准备必要的干部去作女工工作。

我们应当认识这些弱点而加以克服之，而利用有利的条件去展开女工工作。妇女解放运动者应怎样开展女工工作？首先妇女运动者应将解放劳动妇女工作，作为自己主要的方向，为最受痛苦与压迫的女工求解放，这首先是女党员的工作与责任，共产党若不接近无产阶级与广大劳苦群众，将是没有前途的。无产阶级是共产党的社会基础，那末，无产阶级就是共产党员活动和工作的对象，只有依靠他们，才有不可战胜的力量。因此，一切共产党员和进步的革命青年，必须经常体验最受压迫的女工、农妇的痛苦，并看到她们的力量与前途。认识到离开广大劳动妇女的运动是不会成功的，只有最受压迫的妇女们的起来，妇女的解放才会到来。女工是妇女中无产阶级的骨干，培养与领导她们是共产党员尤其是女共产党员的责任，因此妇女解放运动者应认识自己的方向，我们的责任是——准备组织与教育千百万劳动妇女。正如列宁所说的："使妇女从家庭的奴隶解放出来，则是私有制度已经废除了的国家的妇女的中心的最高的任务，解放工人应该是工人本身的事情，同样的解放妇女和女工也应该是妇女和女工的本身的事情。"每个共产党员特别是女共产党员应该谨记列宁的指示。一切致力于妇女运动者应朝着这个方向前进，才能达到解放妇女的目的。

（1940年11月《中国工人》第十期）

参观边区工厂后对边区工人的希望

朱 德

抗战以来，边区的工人，随着边区工业的发展，有了很大的增加，我们不但已经吸收了许多外来的熟练工人，而且还培养了并且正培养着大量的工人和学徒，替边区经济建设，打下了初步的基础。

边区的工人，正负担着重大的任务。这个任务是什么？这个任务就是坚持自力更生的原则，从经济上建立现在八路军和新四军巩固的后方，建立未来的新中国的模范区域的基础。这是一个光荣而伟大的任务，边区工人应当勇敢地把这个任务负担起来，首先在发展边区经济建设的工作中，成为边区人民的模范。

边区工人和边区以外的工人，有一些基本不同。这些不同之点表现在那里呢？首先，边区工人不是为个人而劳动，不是做任何私人的劳动工具，他们是在替边区人民做工，是在替自己做工。其次，边区工人有充分的民主的抗日的权利和自由，他们能够自由发表言论，选择信仰，自由集会、结社和出版。他们有直接的选举权和被选举权。再次，他们都没有失业的危险，边区物质生活条件诚然较低，但他们都丰衣足食，生活更一天天在改善。最后，边区还保障他们每个人都有光明的前途，他们每个人能够在这里充分发挥自己的天才，这里的工厂同时又是学校，他们在工作和学习中，能够锻炼和培养自己，在政治上和技术上不断进步，成为将来工作的干部和领导者，成为技师、工程师和各种专门家。

正因为边区工人负担着伟大的任务，而且又有最好的工作环境（相当的和平），所以我希望边区工人安心工作，坚定站在自己的岗位上，为完成自己的任务而奋斗。

在敌后方，我们许多工厂的工友们，都曾坚持自己的岗位，表现了工人的坚决英勇的精神，我们许多工厂，尽管离敌人很近，仍然照常上工、日夜开班，我们华北的新华报馆的工人同志，在敌人打来，相距仅四五十里时，还坚持着出报纸，并且最后安全带着机器，突破敌人的包围。工人同志们曾和工作人员共同研究打纸版，研究用骡子来推动印刷机，都曾获得了相当的成绩。有许多外面去的工人，最初不习惯于工人的集体生活，仍然还结弟兄、拜把子、入帮会、信迷信、不安心工作，然而，不久之后，经过大家，特别是工人同志自己的耐心教育、政治文化的水平提高，他们就完全理解自己工作的意义，而安心积极工作了。前方的这些事实，我想也可以作为我们边区工人的经验教训。

此外，我对边区的工人，还有以下的几点希望：

第一，边区工人中，有熟练工人和工人学徒。熟练工人要安心工作，不断提高自己的技术，更要耐烦教育，教会工人学徒真本事。我们的工人学徒，则须要认真努力学习，要每人都下决心，在最短期间内培养自己成为熟练工人。我们还欢迎边区以外的熟练工人，到边区来工作。工人是直接参加生产的，提高技术，不但增加生产，而且，我深信边区工人中一定有不少天才，将来不难在工人中出现许多工程师、技师、专门家和斯达汉诺夫运动者。

第二，边区工人应当爱护工厂、节省原料，尽一切努力来提高生产量和减低制成品的成本。边区工人不是为任何私人的利益而劳动，而是为了抗战、为了人民、为了自己而劳动，必须尽量做到这一点。

第三，边区的工人应当和农民保持密切的联系，使每一个工厂的工人都成为团结周围农民的核心，要不断帮助他们以提高其政治觉悟，并吸收农民中的大批优秀分子到工厂中来。

第四，边区工人，应当加强自己政治文化的学习，努力提高政治文化水平，学习理论，学习先进阶级掌握理论的斗争方法，以培养自己成为一个干部和领导者。

最后，我看见一些工厂的工人家属，比较空闲无事做，我希望把她们也吸收到生产建设的事业中来。例如一些重工业工厂的工人家属，就可以做纺毛纺绵的工作，各工厂的工会，应与厂方共同负责，建立各种小的合作社来进行这类工作，组织纺毛小组，工厂应负责供给她们好的纺纱机。

抗战以来，边区工人同志们的努力，已取得相当大的成绩，但如与我们的需要相较，就非常不够。希望边区工人更加倍努力，完成自己负担着的伟大任务。我曾亲眼看到边区工人积极紧张的工作情形，回来后，又曾听到各工厂正加倍努力，来响应发展边区经济建设的号召，因此，我深信边区工人定能负担起自己的伟大的使命！

（1940年11月《中国工人》第十期）

边区劳动合同的颁行与工人生活的改善

边区总工会为发展战时生产，保护工人利益，提高劳动热忱，便利双方工作进行，特颁布“战时工厂集体合同暂行准则”，这对于发展边区经济建设，巩固与提高边区和改善工人生活，是具有严重意义的！

我们都知道，抗战三年半以来，由于我国领土的丧失，大工业城市的被敌占领或破坏，重要铁路干线、矿山、航路的被敌寇侵夺，在这种情况之下，中国工人阶级遭受了空前的浩劫，有无数的工人在炮火与轰炸之下毁灭了；有无数的工人变为无家可归的饥寒交迫的失业者；留在沦陷区中的工人，则处在敌寇汉奸的皮鞭、刀枪、奸淫的威胁与侮辱之下，过着暗无天日的牛马不如的生活；在我大后方的工人们，虽然他们为抗战而流洒自己的血汗，然而抗战民主受到无理的限制，救亡活动与组织遭到不应有的摧残，又被那些自私自利发国难财的资本家厂主，假借“战时努力生产”的口号，加紧剥削压迫；加上法币跌价，物价飞涨，使工人生活陷于极端的困苦中。

所以在目前，从整个中国的范围内看来，只有陕甘宁边区与八路军、新四军行动区域内的工人，才真正获得了充分的抗日的民主的权利和自由，才真正获得了生活的改善。最近边区总工会颁布之“陕甘宁边区战时工厂集体合同暂行准则”，更证明了边区工人的生活和利益获得了有力而且可靠的保障！

现在边区的工时规定为八小时工作制，加上边区工人自动要求增加的一小时义务工，与一小时的学习技术的时间，一共不过十小时，这个工作日就在全中国范围内仍然是最短的。

就工资上看来，集体合同暂行准则规定的最低工资十六元，最高工资不得超过四十元，并提出有特殊技术的工人另行估价。在名义工资的定额与边区以外相较似不见怎样的高，但如果把边区工人实际所享受的待遇计算起来，则比全国任何地区工人的所得要好得多。譬如：厂方供给了工人的宿舍和必需的家具以及公共的灯火；厂方为工人设备厨房和必需的厨具，并供给伙食管理员与炊事员以及运输上的便利；不仅仅如此，工人患病，获得免费入医院治疗的权利，病中工资照发；久病休养，除给予一定生活费外，还得到一定的津贴，并保留其工作岗位；如果因公伤亡，则与为国牺牲的将士同等待遇，除发给一定的平均工资外，并照政府颁布的抚恤条例办理；特别是女工，于生产前后有两个半月的假期，工资照发，生产与小孩均能领到一定的津贴；小孩较多的工厂，厂方且予以各种的便利帮助工会成立托儿所。此外，并规定边区工人休息的权利，此种权利在世界上只有苏联工人才获得了；但边区工人除例假与每逢星期日休息外，凡工作满一年，事假与病假不超过限度者，都能享受到两星期的休息权利。以上所说到的，在苏联固然早已实行了；可是在中国，为一般工人所梦想不到的，而陕甘宁边区的工人在今天，则已获得了此种权利。

我们边区工人所以能获得生活保障的权利，完全是因为边区是抗日民主的模范根据地，边区已实行了新民主主义的政治，不仅使我们边区工人在生活上获得改善，而且也大大地提高了我们边区工人的文化政治的水平。所以我们边区工人既获得政治、经济、文化、生活之改善和保障，那末边区工人就应以最高的忠诚与自觉性来发展边区的经济建设，更进一步奠定新民主主义的经济基础。因为只有把边区变成向工业发展的、完全自给自足的地区，并且在边区造成起码的必要技术和经济上的前提，才能巩固边区，抵抗日寇汉奸与投降反共者的经济封锁和军事进攻！否则，边区工人生活的改善是不可能的。

这一战时劳动合同的准则，目前虽只限于公营工厂或与政府有关的合作社施行；但边区在建设新民主主义经济的发展过程中，一定会随着发展的过程而扩大其施行的范围。我们相信，全边区工人对于这一有历史意义的战时工厂集体合同暂行准则的施行，一定一致拥护的。特别是公营工厂的工友们，一定能够以最高的劳动热忱、崭新的劳动态度来迎接这新合同的施行。

（1940年12月《中国工人》第十一期）

喜悦和希望

——读了《中国工人》的文学作品以后

茅　盾

在《中国工人》上，读到了不少篇作品，很使我高兴。这些作品，并不是虚构夸张的英雄的故事，而只是知道自己的价值，认清了自己的使命，站在生产战线上，刻苦地而又愉快的工作着的边区工友们的生活记录；这些作品，并不需要什么瑰丽的字句来掩饰内容的空虚，也不需要什么造作的紧张场面来掩饰感情的浮浅，相反的，他们是真挚、朴质，自然而然激动了读者的——没有偏见的读者的心！

有几位作者，在昨日以前还没有提笔写过什么所谓文学的东西，甚至还是半文盲，然而他们今天写了；他们为什么要写？一不是为了自我表现，二不是为了想做什么作家，他们要写，只因在民主自由的环境里他们能为民族的解放贡献他们的力量，为了民族，同时亦为了自己，他们情愿吃小米饭，情愿在八小时以外贡献一小时的义务劳动，他们学习，他们受教育，他们改造自己，是这样的担负起艰巨任务的自觉心，这样的为民族为自己而工作的愉快，使他们要说话，要把他们的喜悦和决心，告诉他们的同伴，告诉其他还没有得到这样的幸福的人们。

这样的写作的动机，是圣洁的，因而由此而出来的作品亦就真挚而生动、自然，也不应该否认，文学作品是需要技巧的，但若追求技巧而损害了真挚朴质，还不如没有倒好些；而况所谓“美”者，也不是一端，粗壮朴质也是一种“美”。因此，我的第一进言，就是不要感于一般所谓技巧之说而踌躇起来，或者感于所谓艺术的洗练之说而刻意追求；暂时不管这一切，只是大胆地照自己的样子写下去，依着自己最真挚的情绪、最深切的印象，写出来就是。

其次，几千年来，因为经济组织与社会制度之故，有所谓“劳心”与“劳力”之分，并在二者之间划下了几乎不能逾越的鸿沟；向来是一般肩不能挑，手不能提，不会什么生产技能的文士，才干什么文学，所谓文学上的技巧，亦大半由他们所创造的。这样的技巧中，所包含的“劳动的律动”，不用说是很少的了。这正需要从事于生产劳动的人们来补救。因此，我的第二进言，就是在技巧这方面，固然要学取既成的技巧而化为己有，但不能以此自限，而要创造出新的合于“劳动的律动”的技巧，把劳动组织和机械的运动，反映在技巧中，以补充我们文学技巧上的偏枯与不足。

这两点，也是我的希望。我相信这希望不会落空，因为初步的保证已经有了。

（1940年12月《中国工人》第十一期）

晋东南工运概况

李　庄

一　抗战前的工人生活

在晋东南的高原上，到处埋藏着丰富深厚的矿藏。煤的储藏量据外国专家的估计，至少可供给全世界一千年之用。河北、河南所用的铁，大部分是供给于晋东南的。其他如火硝、硫黄等的储藏量也很多。因为矿层厚而浅，开采非常容易，所以晋东南到处矿坑林立，采掘业非常发达。

“潞皮”也是非常有名的，抗战前可远销到汉口和天津。“潞酒”则行销河北、河南、山西各省。除了煤铁业以外，就要算这两种工业品出产最多、行销最广了。

由于客观形势的决定，采掘工人和硝皮工人就成了晋东南工人主要成分。按抗战以前来说，只晋城一县就有十三万煤铁工人，二百多个铁工厂，一百几十个煤窑。全县煤业资本共达一百五十万元，每年收入两百余万元。铁业资本四五万元，每年收入七八万元，晋城一县如此，整个晋东南也可想而知了。

除了小部分矿坑有蒸汽曳引机以外，大部分矿坑和工厂，还都是最原始最笨拙的手工业经营。百分之六十以上的工人，都是春夏秋三季种田，冬季农闲的时候做工。实际上做工不过一种农村副业的性质。其他各种零星的手工业除了极少数的例外，百分之八十更是被农民当作副业经营着，所以整个说起来，晋东南工业是落后的，而采掘业表现着畸形的发达。

抗战前工人的生活，是悲惨而可怜的。行会徒弟制度几乎还完整的保留着。超经济的榨取，使徒弟在三年以内，除了极菲薄的食住以外，再得不到任何报酬。徒弟的家庭逢年过节还得向师傅纳“孝敬”。一般工人的待遇，也很菲薄，譬如窑工每日工资最高一毛五分到两毛，而吃饭和下窑所用的灯火还都是工人自备的。工作时间每日从十四小时到十八小时，十六小时则最普通而被认为合理。

晋城有一种大规模的所谓“公司窑”——高平等地也是同样存在的——其中的工人大部分都是“包身工”。每个“包身工”在接到包身的二十几元的年金以后，一切身体生命等自由就都属于“公司”所有了。最苛刻的常常把工人关闭在窑坑里，三月、五月不得出来。每日只给以极少量甚至不足维持生命的粗糙食物，但却要强迫作最多的工作，不从者则给以野蛮的肉刑。“公司”设赌，工人往往中其圈套。把包身的钱输光了，可以向公司预支。工人时常积欠“公司”许多赌债，以致无论何时，都不能赎回自己的身子。这类“包身工”大抵做不到三年、五年就被野蛮的工作耗去了最后的精力，疲乏和饥寒终于把它们吞噬在矿坑里。

二　晋东南工运的发展及现状

晋东南的工人运动，一开始就与民族解放运动密切的结合着。

远在廿六年冬季，敌人冲破娘子关，沿正太路西进的时候，正太沿线的工人，首先遭到敌寇铁蹄直接的压迫。一部分工人失业了，四散了，一部分比较积极热心的就自动放下锤头，拿起步枪，与敌人展开了正面的战斗。首先自动组织起来的是阳泉的矿工，全部八九百人，在冰天雪地中和敌寇的飞机大炮展开了英勇的搏斗，昔阳一战，曾经打死了几百个敌人。榆次晋华纱厂的工人，也在榆次失守以后，自动组织起来，留在榆次附近打游击。

同蒲路铁工队，在太原失守以后，正式成立于侯马，当时他们只有十八斤的白面和三斗小米。他们就拿这点食粮为基础组织起来。他们刚开始便在侯马破获了一个汉奸中心机关，因此得到战区司令长官一百多支步枪的奖赏。他们就以这一批武器为资本，艰苦英勇的转战于同蒲沿线和中条山一带。他们曾以廿四个人收复了芮县，七支枪打退了敌人十三辆汽车。

此外，武乡的工卫队，晋南的工卫队都曾独立的或与军队配合着□□给了敌寇相当重大的打击。不脱离生产的工卫队，打退了抢掠煤窑的土匪七十余人，窑主给工人唱了三天戏，并且增加了他们的工资。

晋东南工人运动有一个特点，就是先参战而后有组织。

前年（一九三八年）的“七七”，正当敌人炮轰绛县城，三架飞机轰炸郭家屹□的时候，就在郭家屹□成立了绛县工救会。接着于七月十八日成立了长治工救会，八月廿四日成立了潞城工救会，九月十四日成立了阳城工救会，九月十五日成立了汾水工救会，九月十六日成立了翼城工救会。正太沿线总工会在五月一日成立。“九一八”产生了晋南总工会。其他各地工救会也如雨后春笋，陆续成立起来。到现在晋东南没有一个县，一个村没有工会组织。前年年底第三、第五两行区的工人救国联合会也正式成立。晋东南的工运渐渐有了部分的统一的领导。

去年（一九三九年）“二七”，平汉路工人大罢工的纪念日，晋东南工人救国总会成立于沁县。到会的代表共计一百二十人。冀西、豫北、同蒲的沿线工会都派有代表参加，这些代表都是经过多日跋涉，冲绕敌人的封锁线来到的，会期七天，通过了许多非常切实的决议案。其中最重要的有：巩固并扩大组织，动员工人参战，加紧经济建设，改善工人生活等。从此以后，晋东南的工人运动，完全被一个最高的工人救国会组织统一领导了起来。有了统一的领导，使工会的各种工作得到更□的开展。

自从敌人的铁蹄踏入晋东南后，各种生产事业，暂时都受到相当的影响。铁的销路断绝后，晋东南的煤铁业，大部分完全停止了。首先，为了救济这个广大数目的失业工友，并扩大抗日部队起见，晋东南总工会，在其××万会员中，发动了×千会员参加抗日军。其次，为了巩固抗日根据地的经济堡垒，并在经济利益的目标下，紧密的团结会员，总工会曾领导各级工会及全体会友，展开了广泛的经济建设运动。由工会直接间接领导的工厂合作社，现在已经有了三百多个。除皮毛、煤铁、硫黄、纺织、肥皂、绸丝……等部门外，还有许多小规模的兵工厂，可以制造手榴弹、步枪和手枪。

参战工作也在积极进行，除了工人自己组织的脱离生产和半脱离生产的工卫队、游击小组，直接打击敌人外，大部分工人都参加了运输队、担架队以协助军队作战，并不时募捐、慰劳各地驻军。

敌区工人工作也有了优良成绩。因为种种的关系，这里不能详细的报告。但是祁县敌纱厂工人的暴动重新投入祖国的怀抱中；榆次敌纱厂的工人的拖枪反正打游击；正太路礼园车站工人的破坏铁路，引导国军于前年七月把礼园车站收复，都是我们敌区工作所得到的成绩。

劳资合作和工人生活的改善情形，也是值得我们在这里报道的。前年春耕时，和顺宜城村的地主，因为敌人进攻，大部逃亡了，壮丁也纷纷参加游击队，以致土地荒芜，无人耕种。村中的雇农二三十人立刻组织了耕种组合，用自己的劳力，耕地主的土地。秋收后的食粮分做三份，一份缴纳地租，一份捐缴救国公粮，一份由种地的人均分。

潞城的裕丰煤矿，曾于去年下旬召集了全矿劳资合作会议，参加的有矿主、工救会代表、矿工代表廿余人，在热烈融洽的气氛中，通过了很多的决议案，主要的如：一、发动工人参战，组织工人游击队，帮助军队作战；二、优待工人，每逢节日，矿方送给工人每人两筐煤；三、推动工人组织，使其日臻完善，建立工人救国会，改善工人生产，增加生产。

长治的一个煤矿，劳资关系至为协调，矿方协助工人组织民革室，给工人请教师补习夜课，并增加工人工资百分之卅，工人则自动提高劳动生产率，增加劳动产量，作为报答的条件。

翼城、长治、潞城等县都有了劳资管理委员会的建立。这个委员会是由劳资双方的代表，专门负责解决劳资间发生的一切纠纷。

很明显的，工人的生活是大大的改善了，从前每日工作时间十六小时的，现在改至十至十二小时。从前矿工工资每日一毛五分到两毛，现则增至四毛至四毛五分，下窑的灯火，是由窑方供给。此外雇主不得无故解雇工人，工人有参加工会、纪念会、民众夜校等自由。

行政区和各县，不时举行工人训练班，训练各级工人干部。晋东南工救总会和晋南工会出版了“工友园地”、“战斗工人”、“太行工人”等定期刊物和许多识字课本、小册子，以提高工人文化水准。

以往的努力，奠定了现在的工作基础。晋东南经敌人二次大围攻之后，工会的工作不但没有受到阻碍，相反的，环境越艰苦，工作反越活跃。这里我们只要看一看晋东南总工会，在去年十二月份的工作布置，就可以证明：

一、加强经济建设，继续开办工厂合作社，建立工人低利借贷所，组织工人运输队。

二、以编村为单位，组织雇工工会支部（受原村工会支部领导），改善工人生活，加强雇工领导。

三、以基点为中心，开展敌占区工人工作，特别是铁路、公路沿线及城市工厂的工人。

四、在民选村长、副闾长过程中，发动工友选任村长、副闾长，以发挥工友的积极工作。

五、组织工人游击小组，打击敌人，打击汉奸。

现在，基于客观环境的需要，工会又增加了一项重要的工作，即协助政府及各救亡团体，加紧反投降反妥协的斗争。

总之，晋东南的工运，是一直向前迈进着！

（1940年12月《中国工人》第十一期）

抗战以来西安职工的生活

郝　光

抗战以来，由于中国民族工业的大大发展和增加，西安的工人，也随着增加起来。根据本年二月的调查，目前西安各部门的产业工人比抗战前增加了百分之七十。就是说：在今天西安已有×万×千产业工人了，这在工业落后的西北说来，已经是一个很大的数目了。

在三年来抗战建国过程中，西安工人无论在那一方面都起了它的先锋与模范的作用。

首先，在参加生产战线上来说，在抗战前，军毯合作社的工人，每人每天工作十二小时，才织成十条至十五条军毯；而现在每天一人可作十五条至三十条军毯，即比抗战前增加了二、三倍。据一九三九年十二月里的统计，西安共有四个军毯合作社，半年就出产了廿万条军毯。本年又订合同准备生产八十万条。被服厂的女工过去每人一天作两套，而现在每天可作三套至四套；铁路工人过去每星期只修理一个车头，而现在同样的人数，一个星期可修理两个车头。其次工务处的工人，他们不怕敌人的炮火，很快的把几次被敌人破坏了的陇海路潼关段修筑起来，当敌人在河对岸发炮时，他们就躲起来，炮声刚停止后，他们又上去修筑，这中间曾牺牲了三十来个英勇的工友。再其次如车务部的工友们，特别是司机和司炉的工友们，他们更表现了英勇不怕牺牲的伟大精神。他们为了把子弹、枪炮、给养等运给前方英勇杀敌的战士，冒着一切危险向前开动，在这样的英勇斗争之下，曾伤害了三十几人，牺牲了十人。从上面的事实中，我们便可看到西安工人是多么热烈的从事战时生产事业。

但是，西安的工人，不仅仅参加了生产战线，而且还积极的参加了抗日部队、机械化兵团、运输队、担架队。据一九三九年的不完全的统计，单西安一个地方就有工人二百三十名参加了机械化兵团，参加其他部队者也有三百一十八人。

其次，西安的工人也参加了抗日救亡的工作，他们组织了许多宣传队和工作团，如铁工话剧团，它给伤兵居民演剧；工人战时救护队，敌机每一次轰炸后，作担架与救护工作。自抗战到现在，共救护出来三十二人。战时宣传队、邮工剧团等都作了许多工作。

所有的西安工人，他们不仅在城市里从事抗日救亡工作，而且还到了农村中去，如铁工剧团、救护队、车上服务团、战时宣传队等的联合下乡宣传，五十来个人自己带着小米，在乡村宣传了一个星期。还有就是铁路工人在去年“七七”二周年纪念时，曾组织了列车宣传队，由宝鸡至潼关各农村中共宣传了八九天，邮工在业余时间常到西安城外十里至二十里的乡村中向老百姓宣传。

最后，西安的工人，不仅出了力，作了宣传等工作；而且还把自己吃饭的钱，捐给政府去抗战。如铁路工人把几年来合作社所得到的红利全部捐给政府。西安市修路工人，把一天吃饭的八毛五分钱（共三百多元）捐给了政府；被服厂的女工，也把一天工作所得的工资全部捐给了政府；全体邮政员工去年捐给政府三百多元，就在去年西安各界献金时也捐了三百多元。

以上这一些事实，都证明了西安工人是抗战建国中最英勇最积极最坚决的力量。

也许有人以为既然工人们如此积极参加抗战建国事业，那末，工人们的生活一定比从前好些了；可是，事实并不如此，西安的资本家利用抗战的名义，首先把工人的工作时间增加了。如军毯厂每日增加了四小时，修路工人增加了一点钟，造纸工人增加了三小时，大华纱厂本来按道理说：甲乙两班每班十二小时已没有办法再增加了，可是资本家还“挖空心思”给工人加上一个“休息日加工六小时”。

工作时间增加了，但是工人的工资可没有增加，不但没有增加，相反的都减少了。由于抗战以来，物价不断的猛涨，使工人的实际工资比抗战前减去了百分之六十五，甚至比这些还多，请看下面的统计：（按左列物价是上半年的统计，现在各物又都猛涨了——编者注）

类别	单位	战前	现在
面粉	每元	七斤六两	四斤七两
盐	每元	五斤	三斤
香油	每元	四斤	一斤三两
石煤	每元	三十斤	九斤
木柴	每元	一百〇四斤	二十斤
小米	每元	十斤	七斤
洋布	每元	一丈	一尺三寸

由以上日常必需品的物价比较表中，便看到每个员工所需要的物品，都比抗战前增加了几倍，有的增加了五倍，有的增加了七倍。

但是工人的工资，除了少数工厂外，而多数的是没有增加的；反之有些个别的工厂里还减少工人的名义工资。如大华纱厂就是一个非常明显的例子，就是在去年（一九三九年），每一个熟练的工人，还可得到八毛三分的工资，而现在最熟练的工人才得四毛四分至四毛六分钱。这就是说：在名义工资上减少了百分之四十。而且就是这几个钱，工人也不是常常拿得到手的。资本家还要常常罚你的工，说你这一点不好来罚你一个工，那一点不好又罚你两个工，另一个作坏了，罚你三个工。还有因工人工作时间太长，吃得不饱，房子里空气不够，工作繁重，工人便时常生病。得了病就得要歇工，因此便须向厂方请假；但是厂方故意不给假，因此工人不能得到休息，没有办法支持下去，便只有自动的休假，可是厂方的规定自动休假是违犯厂规的，概作旷工论，这样就得罚你几个工。这样的事情，每天都有，每天你可以看见大门的旁边挂着几十个被罚工友的名字。不管那一个工友，一月总得被罚几个工的，由于动不动就罚工，就把工钱都罚光了。试想物价的高涨，名义工资的减少，另外再加上罚工，到了月终拿到工人手里头的工资还有多少呢？即使这样，资本家还不按时发给工资，一般总是延押半个月，最快的也得好几天才发工资。

可是有许多工人是有老婆孩子或父母的，工钱被罚光了，一家老少数口的生活就陷于难于想象的痛苦中，各人于是向资本家请求，资本家给你一个不答应。如果工人大家一齐去请求，资本家便于是威吓道："你们是共产党，鼓动工潮！"因此，许多工人由吃四等面，落到吃小米，又由吃小米饭而吃糠皮，住在厂外的工友们大抵过着这样的凄惨生活。至于住在厂内工友的生活也不见得好些，资本家为了要减轻他的负担，故意设法叫工人少吃一些，如西安一个××织毯厂的老板，就是这样给伙夫秘密下命令说："你把馍勿作太熟，不然他们（工人）会吃得太多。"因此那伙夫就把饭每天都作成半生不熟的，最多也不过八成的熟；如××纱厂也是一个很好的例子，它的馒头每一个有半斤多重，所以十次有九次不熟的，稀饭也是半生不熟的，前一批工人吃后，后一批工人接着来吃，因为来不及做，大家只好吃半生不熟的稀饭。在冬天常常在稀饭里发现冰块；而且饭菜肮脏到了极点，在稀饭里就时常发现大老鼠，或几条很长的虫子。但像这样的饭，还是时常吃不到呢！等你一进饭堂，外面的上工号就响了，你就得很快的吃几口，马上向外冲出去上工，因为迟到了，资本家下面的走狗——管理员、科长、工头们就会说你“迟到”，就要罚你的工，因此工人每天不得一餐的饱。有些工友饿得难受极了，拿几个馒头到工房里去吃，但拿馒头吃是犯厂规的，叫科长、管理员、工头及厂管们在门口搜出来的话，就一定会把你打得头破血流的。

有一个童工带了两个馒头被搜出来，说他是小偷，把他打得几乎断了气。有许多工人站在旁边怒目的看着，但谁也不敢说一句话。周围站满厂警，拿着手枪，如果谁要说一句话，他就立刻给你一顶大帽子，说你是“共产党”、“汉奸”，这样便可以马上逮捕你。工厂里的管理员、工头、厂警随便都可以打人的，有时来不及拿木棒，就用皮鞋来跌。××纱厂的工头对付女工，则拉着耳朵打耳光，或者顺手拿一尺来长的纱管，拦头就打，有时把女工打得几天不能上工。

女工不仅要挨打，同时还要被强奸。那些老板、管理员、工头，看到某一个女工长得好看些，便叫去强奸。如果那个女工不允许的话，不是说她工作不好，就是说她偷厂里的东西，找些事来麻烦她，或者干脆把她开除。有许多女工是有父母弟妹的，如果被开除了，全家的生活，就成了问题，在这样情形之下，有个别的女工，就屈服于他们的淫威之下。有一个叫王大姐的女工，被某科长强奸后怀了胎，那女工急得没有办法，某科长就拿出两块大洋叫她到街上去买一副打胎药吃，打胎的结果，把王大姐弄得半月不能起床，这就是他们对待女工的兽行。

西安的某些厂主资本家、顽固分子以及反共专家，不仅在经济上剥削和压迫工人，而且还在政治上实行欺骗麻醉工人。××纱厂的经理，在纪念周上说："你们不要害怕，日本不会炸咱们厂的，同时日本人还不是和咱们中国人一样，他就是来了，也不怎么样，你们不要出去防空。"但不久日本飞机把厂炸了，炸死了一百多个工友，这些牺牲的工友没有得到一文抚恤金，死尸用芦席一包，由厂的后门偷偷的抬了出去。厂主资本家除了用欺骗手段麻醉工人外，更用了许多方法来使工人内部分裂，互相对立。例如他们利用河南工友反对河北工友；利用陕西工友反对河南、河北的工友；利用男工反对女工；利用女工反对童工，以便达到进攻整个工人阶级的计划。

西北的职工，自抗战以来，特别是最近一年来。由于资本家在经济上政治上的压迫与剥削，迫使得工人没有再退让的余地，才不得已起来反抗资方的进攻。在最近一年来，无论大小工厂，都发生了反对资方无理压迫工人的斗争。据一九四〇年二月之统计，为了改善生活待遇与增加工资的经济斗争，自抗战以来共有三十二次，斗争形式由请愿到怠工，由怠工到罢工。

例如××纱厂工人要求开水吃而怠工两三天；要求年终分红的怠工；反对打女工的四小时的罢工；本年一月全体职员反对减少休息时间十五分钟（过去是三十分钟），及反对取消职员室内的火盆而罢工六小时。铁路工人于一九三九年十二月间，向路局请愿要求增加战时津贴，学徒请愿要求给发伙食的事件；邮政员工向管理局要求增加工薪及战时津贴、米贴；军毯厂工人发生要求改善伙食的请愿运动；女工反对减少工资的罢工；××厂女工反对××科长强奸女工的两小时的罢工。

从上面所举的事实看来，没有一件不是由工人受到资本家的无理压迫，逼到工人无路可走而引起的斗争。如××纱厂的资本家，把工人所吃的开水取消了，把职员正午的休息时间三十分钟减去十五分钟，把职员室内的一个小火盆也取消了，克扣职工的伙食费，任意殴打女工、强奸女工等等，就是说资本家要进一步来吃职工们的血和肉；所以以上的不幸事件，完全是资本家所挑起的，也完全是由于资本家藉口“抗战”来加紧剥削与压迫职工所引起的结果。

总之，抗战以来，西安工人都能深明大义，顾到全局，一切为了抗战而努力；为了团结，不惜自我牺牲，委曲求全。但资方却以为工人软弱可欺，一再压迫，工时延长，工资减低，加以物价猛涨，一切行动自由都被严格限制，所以使得西安工人目前的生活恶化到了极点，痛苦也到了极点！

（1940年12月《中国工人》第十一期）

一个养成工的遭遇

徐若光

虽是初秋的时候，但由塞北吹来的秋风，掠过每个匆忙地在沉静的街上走着的工人脸上，都觉得有点凉味了。嚓嚓的脚步声和那吸人血液的工厂汽笛声，冲破了黎明的寂寞。

我和秀英也是人群中的一员，正朝着工厂的路上跨着大步走，才到工厂门口，见着蜂窝般的人群拥挤在一块，好像发生了一件什么事似的，大家都探头探脑的向前望着。

“怎么今天罢工吗？为什么我们不知道呢？”在人群中发生这样惊奇的疑问。

“大概不是的，门口还有人出入，我们去看就知道。”我急促地拉着秀英挤入人群中去。

突然间，在我们面前呈现着一个消瘦的脸孔和穿着褴褛衣裳的一个女孩子，她那苍白的脸和瘦弱的身体，好像她的血液被魔鬼吸尽了似的带着令人可怕的愁容，在人群的包围中痛哭着。

“大姐！”她向着一个怒气冲天的女工头开始这样的要求：“你可怜我吧！就是不要我做工，也应把我的东西给我，可怕的冬天，马上就要到来，没有棉衣□不是要冻死吗？”她再三的哀求着。

她是一个“养成工”，今年才十四岁，叫做小毛。父亲早死了，母亲在别的地方当佣人，还有一个小弟弟跟着母亲。家里什么也没有，母亲不能带她去当佣人，就叫她进工厂去做工，但是她做了八个月的工，分文也没有拿到，现在又无缘无故被开除了；并且厂主还把她的衣裳没收，因此，她为了要拿回她几件破旧的衣裳，苦苦的向着工头请求发还。

“不中用的东西，学了八个月还学不会，现在被开除了，还有脸来要东西，滚开吧！我没有那么多的工夫和你闹。”凶狠的女工头没有一点怜悯她的情绪，反狠狠的诅骂她。

“为什么我自己的东西，都不应当要吗？”可怜的小毛坚决地向女工头质问，“为什么不要脸，不给别人的东西，那才不要脸！”

“对！对！”一片群众的同情声，好像暴风雨般震荡起来。小毛好像勇敢起来，逼着女工头说：“不要我做工，把我的东西给我！”

“这事我管不着。”女工头有点软了，语气平和了些，“你去向厂主要好了。”她说完这句话，想乘机走开，然而小毛死也不放拉着她：“为什么你不管？你是做什么的！现在我可不怕你了，你记得吗？你每次无缘无故的打我，说我不会做工，我知道：因为我家里很穷，没有东西给你，你就不欢喜我，骂我，打我，但我总是为着我的妈妈，为着要吃饭，忍着不和你闹，难道我真的怕你吗？现在我可不怕你了！”她伸起消瘦的小拳头，挺起衰弱的小胸脯，两眼射出愤怒的光芒，坚决地一定要工头退还她的东西：“你不退还我的东西，我今天一定和你拼命到底！”小毛最后下着这样的决心。

群众不平的声音，逼得女工头低了头，假慈悲的向小毛说：“小毛你不要错怪了我，工厂对我说过，叫我不要管这些闲事，你要东西就得拿八十元来取，这还是饭钱，学徒钱还不在内，你明白吗？”

“我有八十元钱，也不会来做工，饭钱？我为什么要给他饭钱！难道我白吃了他的饭吗？我不是和别人一样，一天替他做十二小时的工吗？他不给我的工资罢了，还要向我要饭钱，那有这种道理?”她那小小的心灵起着无限的悲痛，不禁大声的哭起来了。

忽然，汽笛响了，和小毛同一命运的“养成工”和工人，为了他们的生活，不得不离开小毛，带着满腔的愤恨与同情心，一齐涌进那吸吮工人血汗的铁门去！

吸血鬼的爪牙——女工头，也乘机溜走了。

可怜的小毛，茫然地站在工厂门外哭着，工厂的铁门关闭了，一个厂警出来驱逐闲人，小毛悲苦地向着那繁华的十字街头踱着，举着她那无力的脚步边走边想:“往那里去呢?”

（1940年12月《中国工人》第十一期）

本刊诞生一周年与迎接一九四一年

中国工人阶级自己所办的杂志——《中国工人》，已出版到十二期，刚满了一周年。为时虽短，但基本上在读者的赞助与同人的努力之下，总算建立了职运刊物的模型，反映了敌后、大后方，特别是华北和陕甘宁边区的工人生活状况与斗争的情形；同时反映了国际工人阶级及海外华工一些斗争状况。从一般刊物看来，它已成为一种专门关于职工运动的刊物。另一方面，也扩大了它的影响，团结与组织了广大的工人群众。

然而直到现在，它还存在着许多缺点：不通俗、不生动，长篇的与转载的文章过多；一般职运干部所热烈要求的：职运的理论、工作的经验，与工作上的研讨，这些方面的文章都登得太少；对各地区职运情况也很少作有系统的报道；在编排上也不活跃，仍感呆板、零乱；至于发行也不健全，在分配上、寄送上都不能令读者满意。总之，它还未能完全执行毛主席给它的指示：多载些生动的文字，切忌死板、老套，令人看不懂，没味道、不起劲。

本刊今后由于印刷上的困难，篇幅又将减少三分之一，因此，在内容方面将力求短小精干，多反映工人阶级在生产、学习、抗战动员、武装参战的活动情形；有系统的来介绍工作经验与职运理论；改善发行，扩充通讯网，使其影响更加扩大，并能多多吸收远地的来稿；此外当注意大众化，务使能适合工人大众的阅读。

为要达到上述的要求，并使它真正能成为广大工人群众自己的刊物，则有赖于全国工友们和关心中国工人解放事业人士的赞助，特别是各地区的职运干部，要经常为本刊努力写稿并帮助发行。只有这样，才能使本刊的内容更加丰富、新鲜而活泼起来，散播的更广。

今年——一九四一年，正是帝国主义战争继续向全世界范围扩大的一年，同时也是中华民族解放战争进入更加艰苦阶段的一年。我们工人阶级在抗战建国中是一支中坚的力量，当此敌寇加紧新的进攻与诱降活动，以及国内亲日派反共阴谋仍在继续进行，由于反共投降危险依然存在，更感到了自身责任的重大。

我们工人阶级应当怎样来克服当前的困难与危险，并负起这个重担呢？为此，我们在迎接一九四一年的时候，对于全国工友们有如下的几个希望：

一、巩固与扩大抗日民族统一战线，工人阶级应照顾统一战线各阶级的利益，调节劳资关系，工人阶级应成为团结各阶级各阶层人民的模范，以便坚持团结抗战到底！

二、巩固与扩大工人阶级的团结与组织：由局部的团结统一，进而至于全国工人运动的统一，建立全国性的统一工人运动的领导机关；积极参加宪政民主运动，发挥和运用抗日民主的自由权利，以加强工人阶级在抗战建国中的力量。

三、广泛的动员起来，参加到抗日军队与游击队中去；并积极参加各种抗战动员，使抗战建国的基础愈加坚强与扩大。

四、努力参加一切经济建设的工作，积极参加有利于抗战的生产，以加强抗战建国的物质力量。

五、维持革命秩序，尊重政府领导，推行政府有利于抗战的一切法令，参加抗日政权，使工人阶级在抗战建国中更能起模范与先锋的作用。

六、加紧自身的学习，从政治、经济、文化各方面来提高工人阶级的地位，发展工人文化运动，首先是消灭文盲，使自身能掌握解放工人阶级的科学——马列主义。

我们相信：全中国的工友们，一定能继续发挥光荣的传统，以坚强不屈、再接再厉的精神来迎接新的更加艰苦的一年，担负起艰巨的历史使命，为中华民族解放事业的彻底完成而奋斗。

（1941年1月《中国工人》第十二期）

张浩同志祝贺朱老六十大寿的信

张　浩

宝庭同志：

中共中央的许多同志都说过：“要替你做寿。”在延安和在前方的许多工作人员、工人、学生也准备向你祝寿。现在中央职工委员会就代表了大家的意志，替你做六十大寿。我以为这是中国工人阶级中的一件大事，证明中国工人已开始能够掌握自己命运和变换自己命运的一件大事！

我病在床上时常设想到：一个在资本主义、军阀、官僚剥削压迫制度下面的老工人——一个六十岁的老工人，无儿、无女、无分文的积蓄（不可能有积蓄），口里只有三四个无力的牙齿，上唇则是盖不住牙的缺嘴，手指头只剩下七个，眼睛则是半瞎，突然被工厂或轮船上的主人像一只“破草鞋”赶出来，怎么办呢？这种悽惨的遭遇和痛苦是无法形容的！真是欲生不能，欲死不得，其结果，是同一般的老工人一样——白天是在十字街头：“老爷呵大人！给我几个铜元救我一条狗命！”晚上或者睡在弄堂，或者睡在破庙，等候着死的到来。死后被存心善堂收尸的人用一条破席或四块薄木板，就这样结束了他的一生！这绝不是个别的现象，而是资本主义社会下必然的规律。许多的工人，特别是中年以上的工人，谁不为这一结局恐怖着！

做工！做工！日夜手不停。年轻顾不着嘴与身，年老活遭瘟。

若是失了业，更教你：叫天天不应，入地地无门。唉！

这个锁链，何时得松？

敬爱的宝庭同志！

你就是这样的一个老工人。然而你竟能自己掌握着自己的命运，获得了绝对相应的战果，全国的工人，特别是海员工人，对你是信仰与爱护的。延安是你的家，无论厂长与工人，教员与学生，见着你就围绕起来，要你讲你自己的故事，讲革命的道理，有时候，还要你唱一个歌。每个人从内心里感觉到你不独可敬，更觉得可爱，更比自己的父母祖父更可爱。大家都说：朱老到处都有儿子女儿，或者孙子孙女。到底有多少呢？则谁也算不清楚。在星期天总是应接不暇。生活起居，则是享受延安头等的待遇，外加保健委员会的照顾：牙齿用金子镶起来了，不仅有"水皮袄"（有酒吃），并且有大皮袄，日常专有"小鬼"侍候，开会看剧坐在最前列；你这种愉快而幸福的生活，开辟了中国工人待遇的新纪元，不仅使全国工人羡慕，更吸引全国工人及劳苦大众向着你的道路前进！

你的胜利是怎样得来的呢？我想是由于你打破了"安分守己"，不相信"听天由命"的定命论；忠实于阶级、忠实于民族、忠实于自己的党，只知革命的利益、大家的利益，不顾自己的一时的利益。所有这些都是你胜利的原因。但"干到底"的精神，则更是你胜利的主要关键。革命高潮时你是干！低落时更干！当全国总工会执行委员会历届委员时你是努力的干！当你坐牢讨饭时仍是顽强的干！大家拥护你时你干！在个别问题个别时候怀疑你时，你仍然是干！不为威逼、不受利诱、站稳了阶级的立场，以苏联为灯塔，你唯一的信心：就是“干到底”！

鲁迅先生说：赛跑要有跑到底的精神，不一定跑在最前面（大意如是）。是的，你是跑到底的一个，虽然你不是在最前面，甚至也不是在前面，而是跟着跑。这在“英雄豪杰”们看来，是毫不足道的。如果回头一看，从“二七”到现在，剩下的工人干部还有几个？就是从大革命干到现在又还剩下多少？其中□□有的是光荣的牺牲了，但有不少是消极干不到底！或者是跑得太快，跑到泥坑里去了。由此可见，不管跑在前面或跑在后面，只要能跑到底、干到底，便难能而可贵了！我们工人本是平平常常的人，现在知道做自己应做的平平常常的事，用群众的力量干到底，这必然会得着胜利的。工人阶级的力量与精神就在于此，共产党的力量与精神也就在于此！

宝庭同志！你是中国工人前一辈的代表，是有正义感、有觉悟的正派工人的典型。你走的道路是正确的，你的努力，你的奋斗是适当的，因而也就是胜利的。将有千百万工人沿着你的道路跑到底，干到底！他们将更掌握着科学理论的武器，充分利用长期斗争的经验，在坚强领导之下更有力的前进！

在你做寿的时候，我送你一件珍贵的礼物——一件皮大衣，它的珍贵，并不是因为它的毛是直的，它的名字叫做“狐”；相反的，我们过去看着那些吃人肉、喝人血的野兽们穿着，是更增加我们的愤恨。它的珍贵，就在于它是由冀察工人游击队，很正确的执行鲁迅先生的“拿来主义”，从一个大汉奸那里“拿来”的，又执行了鲁迅先生分配的办法，把它送到延安来，虽则他们不一定读过鲁迅先生的文章，我本来想把它送给我的亲爱的母亲。我想从母亲——群众那里得来礼物，依然送给母亲是适当的，然而我的老母亲是成为亡家奴了！

你本来就是中国工人的母亲，又正值你的六旬大寿，穿这件衣服，是非常适当的，所以我就代表中国工人，把这件宝贵的礼物送给你，以表示我们对你的敬意！祝你万寿无疆！

你的战友

张　浩

一九四〇年十二月十二日于病床上

（1941年1月《中国工人》第十二期）

论抗日根据地职工会的基本任务

邓　发

抗战三年以来，由于八路军和新四军的不避艰险危难、深入敌后、艰苦奋斗的结果，他们不仅坚持了华北与大江南北的抗战，并且收复了广大的失地，创造了许多抗日的根据地。同时，在各根据地实现了最进步的真正为广大民众所共有的新民主主义政治。敌后的华北和华中根据地的人民，在新民主主义政权领导之下，在中国共产党、八路军和新四军帮助与指导之下，民众已普遍动员起来，自动组织起来。如工救、农救、青救、妇救等民众团体，已广泛的组织起来。各根据地的职工会在今天已成为工人阶级在敌后坚持抗战的坚强堡垒，如山西省总工会、晋西总工会、晋东南总工会、晋察冀边区工人救国总会、冀中工人抗日建国联合会、第五战区总工会等是。有组织的工人就在 × 十万以上。广大抗日根据地的工人，在各根据地总工会领导之下，在抗日战场上、在生产战线上、在建设根据地的工作中，都创造了许多光辉的成绩。

由于抗日根据地的广大工人已经组织起来，则今后抗日根据地职工会的基本任务，应有明确的规定，实是当前迫切的要求。因为有了明确的基本任务，然后才便于从政治、经济、文化各方面去提高工人阶级的地位，注意工人日常生活待遇，改善劳动的条件，实行劳动纪律，动员广大工人积极参加抗日军队，参加抗日民主政权，参加经济建设，同时又能照顾统一战线各阶级的利益，协调劳资关系，团结抗日根据地各阶级各阶层人民，巩固与扩大抗日根据地，共同抗战到底！在抗日根据地职工会的面前就提出了新的任务，这种新的任务很显然与职工会完全处于无权的受政治压迫的时代是截然不同的。因为现在根据地的职工会及工人阶级不仅享有抗战民主自由权利，而且是受到当地政府法律所保护的。同时，政府已实行从政治、经济、文化各方面来提高和改善了工人阶级的地位，由于抗日根据地职工会所处的地位及环境的不同，因此今天根据地职工会的基本任务不是一般的组织罢工示威来反对内部的政治压迫与经济剥削而是反对外部的主要敌人——日本帝国主义，因此职工会应当执行下列的基本任务：

第一，广泛的动员工人武装参战，动员工人到军队、游击队中去，扩大和巩固抗日军队，参加自卫军守卫、放哨、站岗、救护伤兵、优待抗属，并积极发扬劳动热忱参加有利于抗战生产，创造和表扬生产模范，在一切公营工厂中创造生产中的劳动英雄，职工会应深入群众，领导提高生产率的运动，以适应战争需要。

第二，一切为着巩固抗日政权，努力参加根据地一切建设工作，积极参加宪政民主运动，推行政府法令，维持革命秩序，职工会应当尊重政府领导和行政权力，使工人阶级成为巩固抗日政权的杠杆和执行法令的模范，并纠正各级职工会侵犯政府行政权力的一切行为，如擅自拘捕汉奸罚款，及审讯处决汉奸等。

第三，巩固和扩大职工会组织，工人应充分发挥和运用抗日民主自由权利，向一切工人作深入宣传解释职工会纲领，以便在自愿原则下广泛的吸收抗日根据地工人加入职工会，并使工人认识职工会是工人自己的堡垒和学校。要使职工会成为广大工人群众的和民主的团体，就有赖于职工会工作的深入，使职工会上级与下级、职工会与工人建立密切联系；职工会就必须设法发展各种生产合作事业来解决失业问题，并经常帮助工人解决一切有关于学习问题，及照顾工人家庭中婚丧红白喜事的一切困难，只有这样职工会在工人中的信仰才能提高起来，工人抗战的积极性和牺牲决心才能发扬起来，这是抗日根据地一切职工会更进一步深入群众的艰苦任务。

第四，教育工人阶级是职工会严重的任务，因此职工会应以马列主义的原则教育工人群众，使工人认识解放工人阶级的道路；使他认识工人阶级只有经济斗争是不能达到工人阶级的彻底解放的真理；使他了解工人阶级利益与民族利益一致的原则；使他深刻的认识中国工人阶级是中华民族的子孙，假如中华民族被灭亡了，那么中国工人阶级任何利益也无法保存。因此中国工人阶级利益与整个民族利益是不可分离的部分，必须根据这些原则去说明抗日政府的劳动政策及职工会的任务，并以此来教育职工会干部，并广泛的动员工人参加当地的国民教育及社会教育，切实动员当地工人参加夜校、识字班、俱乐部等活动，经过这些活动去消灭工人中的文盲，必须使工人了解有了必需的文化程度，就能掌握科学和技术，因此消灭文盲对于工人阶级解放事业有着严重意义，职工会应把教育工人阶级的工作当作经常的工作任务。

这是抗日根据地职工会的基本任务，积极参加抗日军队及政府工作，巩固和扩大职工会组织，提高工人理论和文化，这就是广大抗日根据地工人阶级新的斗争内容，抗日根据地职工会能彻底为完成上述任务而斗争，抗日根据地的职工运动一定能胜利的开展起来，敌后战区工人阶级是抗日根据地全体人民之重要力量，这一支力量之充分发挥，对于战胜日本帝国主义是有重大意义的。今天放在抗日根据地职工会面前也只有完成上述任务，华北与华中职工运动才有光明前途，希望各级职工会及根据地全体工人为实行上述任务而斗争。

十二月二十七日

（1941年1月《中国工人》第十二期）

朱宝庭同志传略

全 斐

朱宝庭同志，于一八八〇年生于浙江省镇海县城内。父亲朱富贵，逊清时充镇海炮台的炮兵头目，曾经参加过太平天国的排满运动。母亲王氏，出身渔家，是一个能干的旧式妇女。一家十口的生活，完全仰给于父兄劳动的收入，所以常有断炊之虞。

一八八九年，父死。一八九一年，当朱宝庭同志已经十一岁的时候，依靠一位邻居老先生的帮助，进了“公善堂”读书。可是到了一八九四年，母亲又接着去世，于是迫得他不能不离开学校和家庭，而跟兄长往上海谋生。他曾经在三只英商太古公司的轮船上做过西崽和伙夫的工作，都是因为反抗外国资本家和中国工头的压迫而被开除的。

这时，朱宝庭同志已经开始了对于国事的注意：第一次中日战争的失败，□□□□□□给了他异常深刻的刺激。

自一八九七年到辛亥革命时（一九一一年）为止，朱宝庭同志一直在轮船上度过他的水手生活。他当过舵工、当过漆匠、当过水手头目；他的足迹遍布了许多国家；可是不管怎么样，和他的命运联系着的，却依然是沉重的剥削与压迫。但正在这个时候，他很兴奋的听到了辛亥革命胜利的消息，在水手中间，他是第一个剪掉了辫子，表示了他对于革命的拥护。

在资产阶级手中，机器是一种吃人的东西，一九一二年夏天，朱宝庭同志就被它轧断了三个右手指，他不幸成为残废；而容纳“因公受伤”的残废工人，照例是为资本家的“道德”所不许的，他于是被抛到十字街头，失了业。

可是在另一方面，也有人投给他以真挚的同情。这就是许多水手工友给他的帮助，使他能在船上包饭，并开设小客栈，以维持个人的生活。这小客栈主要的是供给海员工人宿食的，因此也便利于他更广泛的结识工人朋友。接着，上海“水手公所”成立，他是该公所的发起人之一。他以公所的名义，公开征求会员，号召工人团结。

一九一九年的“五四”运动，揭开了中国工人运动的黎明期，朱宝庭同志热烈的参加了这一运动。他在上海领导了中外轮船公司的海员罢工，他们的口号是“拒绝巴黎和约签字”，“严惩卖国贼曹汝霖、陆宗舆、章宗祥”。直到北京政府答应要求时才复工。

由于世界大战后经济恐慌的影响，海员工人的生活极为困难，朱宝庭同志乃发动工人向资本家进行要求增加工资的斗争，资本家慑于工人的力量，只好答应每人增工资五元，斗争才告和平解决。这是一九二〇年夏天的事。后来他向各方募集了经费，在水手公所内创办了工人子弟学校。

一九二二年春，当香港海员罢工时，他在上海开始和共产党接触。此时香港方面的包工头来上海收买工人，企图用上海的工人去破坏香港的罢工，这一阴谋当为朱宝庭同志所揭穿，他公开的出来阻止了赴香港做工的海员，可是他本人也因此被捕，被禁数小时、挨了一顿毒打之后，终因口供中没有证据而被释放。是年“五一”第一次全国劳动大会召开于广州，他被邀参加。回来后，他在上海加入了共产党，在党的指示下，他组织了海员工会，被举为该会副会长。因为领导中国轮船上的水手罢工，中国资产阶级就恨他入骨，在傅筱庵的陷害之下，他终于被捕，关在卢家湾的黑暗牢狱里。后经香港海员总工会的□重抗议，才获释放。一九二四年冬，苏兆征同志代表着粤、港工人团体北上出席“国民会议促成会”，当他途经上海时，朱宝庭同志发动了全国海员，举行了热烈的欢迎大会。

“五卅”运动（一九二五）中，朱宝庭同志在党的指导下发动海员大罢工，这一罢工不仅击中了帝国主义的要害，而且使中国资产阶级也吓得发抖，后来他们果然叛变投降了帝国主义；他们不惜把昨天的朋友当作敌人，不惜施用最无耻最卑鄙的手段收买了大批流氓，企图捣毁工会。为了使工人阶级的利益不被侵犯，何松林同志便派朱宝庭同志组织工人自卫队，但当工作刚开始时，他在总工会忽被流氓围殴，接着在海员工会又被流氓殴打，以致伤重入院。而上海的工会组织，也就在这年被反动军阀封闭了。

一九二六年春，他奉命恢复了上海的海员工会，组织了工人子弟学校和工人俱乐部，建立了上海工人三次起义的一部分基础。全国海员第一次代表大会时，他当选为海员总工会执行委员。当年五月出席第三次全国劳动大会。北伐军克复武汉后，他参加了工农代表团，由粤到汉，当被举为汉口海员工会委员长。此时他不断的领导海员工人作经济斗争，而每次斗争都获胜利，使帝国主义和资本家畏他如虎。一九二七年夏，他在汉参加了第四次全国劳动大会，不久又参加太平洋第一次劳动会议。七月十五日武汉政府宣布“国共分家”后，他秘密到九江，其时正值九江搜捕共产党员非常严厉，且捕获之后，即行活钉或腰斩。他身处危城，简直无处匿藏，但是由于他的大胆机警，终于没有被刽子手识破而脱了险。

一九二八年，他在全国反动的逆流中，开始了最坚苦的秘密工作，坚持了香港海员工人的组织。第二年被派到津、沽间工作，当在塘沽发动轮驳工人罢工。一九三〇年因领导天津纱厂工人斗争，被反革命的当局所通缉，因此他只得离津赴沪。在上海他担任了长江部的水上工作。一九三一年四中全会时，他为拥护国际和中央的正确路线，和罗章龙的右派进行了剧烈的斗争。是年秋，他到海参崴，在海员码头运输国际俱乐部工作。次年八月赴莫斯科，十月返上海。在这个时期内，他为了革命工作，是艰险备尝，奔走频繁的。

一九三三年春，他进入了闽浙赣苏区，在省工会里工作。一九三五年五次“围剿”时，闽浙赣苏区受到极其残酷的摧残，红军为了适应战斗环境，改变为游击队。朱宝庭同志因工作关系，不及随红军散开，乃被反动军队紧紧围住。他躲在山上，一连几个月，不得突围，也得不到粒米充饥，只是找些树皮草根，充塞饥肠。不管是清朗之日，或风雨之夜，除了树林以外，再也没有较好的住宿之所了，而蚊蚋之类的毒虫，把他咬得百孔千疮、满身溃烂。时日久了，他的形状也渐渐变了，他瘦得像一匹猴子，——不，简直像一副可怕的骷髅。

可是他的精神是始终没有屈服。他虽处在死的威胁下，而生之火焰则在他的全身燃烧着——他和死神作了顽强斗争。

一次，他终于被搜山的军队发现了，然而出于意料之外，这些刽子手只是对他打量了一会，就走开了。这其中当然不是没有原因的，他们也知道：这样的“骷髅”，是不必再用屠刀了。

但在另一次民团搜山的时候，朱宝庭同志终于被俘。然而对于这样一个“俘虏”，杀呢还是放，这问题就在他们内部争执起来，结果主张“不必杀，放了也会死”的人得到胜利。朱宝庭同志于是获释。

朱宝庭同志被释后，在路途上确受尽了苦难，可是由于他精神上坚毅与顽强，一面匍匐而行，一面向人求乞，经过了种种的艰难险阻，他终于到达了九江。

在九江，他碰巧找到自己的侄儿（水手）。他的侄儿为他延医疗病。健康恢复后，他又到上海。

一九三六年，是抗敌御侮的救亡运动在全国范围内高涨的一年，共产党的抗日民族统一战线的政策正在群众当中形成了基础。朱宝庭同志为了在群众中开展更广泛的救国工作，便参加了当时上海的武装自卫会，但因叛徒告密，又遭逮捕。

这次是被判了五年徒刑，囚在漕河泾的“模范”监狱里。当被审讯的时候，那法官自称是他的“老朋友”，于是假作慈悲，声言帮忙，以地位金钱为饵，力劝“转向”。而朱宝庭同志不为所诱，他坚持了共产党员应有的人格，并以大义凛然的严正态度，给那法官一个无情的反击，那“老朋友”因此只好面现愧色，哑然无言。

在监狱里，朱宝庭同志依然是一个坚强的战士，有些情绪不好的“犯人”，都在他的“国际歌”和“少年先锋队”的歌声中兴奋起来，进而团结他们，和监狱当局进行改善生活的斗争。他自己虽然常被“钉镣”和拷打，而其他的“犯人”，则的确因此获得较好的待遇。

“八一三”上海抗战后，朱宝庭同志才获保释。他一出狱就到中共中央的所在地——陕甘宁边区。一九三八年春，为了开辟水上职工运动，他曾一度赴汉，直到武汉危急时，才经重庆返边区。

这几年来，朱宝庭同志除了指导职工运动外，对于马列主义的研究与学习尤为努力。今年他在鲁迅先生逝世四周年纪念的大会上说道：“边区的知识分子因为热烈的参加了生产，已经渐渐工农化了，而我呢，则因得到学习的机会，却渐渐知识分子化起来。”这是确实的。

现在朱宝庭同志是中共中央职工委员会的委员之一。他的生命史是和中国职工运动史密切联结着的。虽然他今年已经是六十高龄的人了，但他精神矍铄、步履稳健、热情愉快，不亚青年，而在事实上他也常和青年打成一片的。工厂的工人，乃至学校的学生，都很喜欢听他的讲演，因为他有丰富的经验，又有善于鼓动宣传的天才。

朱宝庭同志是革命的前辈、工人的领袖，全国人民——尤其工人阶级都爱护他，尊敬他，都希望他永远能像今天那样的康健！

（1941年1月《中国工人》第十二期）

雁北煤窑工人的生活

林　朗

中外的资本家们，至今还没有用新式机器来开采雁北的丰富煤层，只有小企业的窑主，蜂聚在山西北部的长城线内，以原始式的煤窑生产，掘发蕴藏在地中的财富。

广布在雁北区的土著窑主们，拿出几百元或几千元做资本，雇用几十个或几百个工人当牛马，对他们实行残酷的封建剥削，除换取自己一家的饱暖外，每月还可获得几十元或几百元的利润。无组织的窑工，散处在山沟僻处，老死不相往来。几千年来黑暗政治的统治，使他们屈服于恶势力之下，一辈子过着饥饿、贫困的生活，累年经月在死亡线上挣扎。全雁北有三万多窑工就这样苟延残喘的生活着！

以灵邱县第二区来说，有四个规模较大的煤窑，共二百多工人，彼此毫无联系地工作着。其中有一座更大的煤窑，雇用工人七十余，日出五百袋细煤，每袋约一百斤，就是每天有五万斤的产量。

掘煤工人，整天在远离地面约有一里的深处工作，顾不了呼吸的困难，举起铁锹向坚硬如石的煤层猛凿，这样大块小块的敲下来，等到运上地面，一口袋才得到七个大子的计件工资。就是最强的工人，每天工作十四小时，也很难超过三十袋。他们的工资每天无法多于二百枚大子，一角钱等于二十五枚大子，所以每天收入最高者，不过八角。一家数口，单靠这八角钱，是难于度日的。

还有一种是背煤工人，把黑窑里掘下来的煤，装进袋里，背到一里多远的站上，再把煤倒出，另行装进煤贩子带来的麻袋，整个白天，他们背上，难以离开一百斤的重荷，气喘汗流，来往不息，踏着崎岖的碎石山路，背脊已成弯曲的弓形，他们同样是计件工资，背了一口袋，换得十一个大子，每天最多只能背三十口袋。

不幸的工人，会经常遇到更大的灾难！有一次，一间房子般大的煤块压下来，一个工人毙命了，两个受了重伤，窑主只施舍了死者家属五十元恤金。死者还有老婆和两个孩子，今后怎样活下去？窑主可就不管了。

一天，窑主们为了减少一笔支出，突然停发背煤工人的麻袋。背煤工人只得花费大半天呆等在站上，一见煤贩子来了，大家就去抢夺煤贩子的麻袋，抢到手的就到煤窑去装煤。谁抢的麻袋最多，也许谁就会获得工资较多。事实上，袋子虽然在工人手里，还受着苛刻的时间限制，必须你背得很快才行，煤贩子是不愿意一个工人因行动迟缓而浪费时间的，他们欢喜不顾生命跑得特别快的工人。

窑主过的是丰衣足食的生活，这般土著的剥削者，有了一座大窑，由五个人管理着，除去了一切费用，每月至少还可挣得几十元利润的。

抗日的浪潮冲破他们保守的圈栏，县工会派了人到水火里来拯救这一群苦难的工人。奸猾的窑主，又搬出他们过去惯于使用的贿赂办法，要用金钱来软化新政府的工作人员，企图稳定□□中的变化。但这一个老套在新政权下已行不通了，虽有个别的贪污腐化的区长，暗中受了窑主的馈赠，但也不能起什么作用。

当工会的人向工人解释并帮助他们改善生活时，他们畏缩着。怕讲话、不敢出头、相互观望、推诿，中间经过许多曲折，才在县工会的帮助下，类乎冒险地向窑主提出最低限度的条件：一，增加工资；二，窑主买麻袋。窑主明知是工会的策动，不敢遽然压迫工人，拒绝要求，只得允许三天后答复。

窑主立刻去找×区长要求援助。第三天，×区长带着满腔愤怒，去找工会负责人说："窑主也是很苦的，关于工人生活困难，可用开办工人合作社的方式解决。"当时被工会严词拒绝，讨得没趣。

后来工会把窑主所得到的厚利，当面细算给窑主看，这才使窑主面红耳赤，理屈词穷。

工会和窑主谈判的结果：一、允许买麻袋（但这是逐渐办到的，先只买一部分）；二、掘煤工和背煤工，各增加四个大子一袋的工资。——问题就这样胜利地解决了。

×区长事后竟组织什么窑主同业公会，企图和工会对抗。可是晋察冀边区的政权是民主的，是抗日人民自己的政权，不会容许那些贪官污吏横行的，于是由工会呈请政府解散那个反动的组织，并且把×区长撤了职。

工人得到了这次的胜利，非常高兴，并且也稍稍明白了：斗争的胜利是建立在自己团结力量的基础上。只有工人组织起来、团结起来，才有力量。现在的雁北窑工，已有了自己的工会，在工会领导之下，一步一步走向前进！

（1941年1月《中国工人》第十二期）

摇机歌

季　夫

摇机真辛苦，
汗随体流下，
为了打日本，
多出一分力，
纸弹与炮弹，
努力再努力！
汗珠如草露，
润湿脚下土。
却不辞劳苦，
多印一页书。
一样能御侮；
创造新乐土！

（1941年1月《中国工人》第十二期）

关于女工工作的几个问题

马亚人

由于资本家利用妇女的廉价的劳动力，利用妇女在生产中容易被剥削与管理，故各业都尽一切可能，大量的来雇用女工，例如中国最重要的几种轻工业，如缫丝业、丝织业，以及棉纺织业、卷烟业等等。女工在工厂中都是占全体工人中的绝对多数。上海××华商纱厂，在战后甚至于对素来大家认为女工所不能担任的机匠工作，也叫女工学习，准备将男工改为女工。因而引起女工的数目日渐增加。例如在上海，据我们的估计，女工将达到二十万人之巨。这部分工人最受压迫、最受痛苦，因此我们加强今后的女工工作，成为一个非常严重的问题。兹就我个人对于这个问题的经验，提出下面几点意见，以供从事工运同志们的参考。

一、女工工作固有其特殊地方：如女工有特殊要求等等，但是女工工作，是不能与男工工作分离的，因为女工与男工同是一个阶级，同是受资本家的压迫。而资本家恰恰在利用男女生理上的不同以及旧社会的传统观念等等来分化、隔离，以及挑拨离间；所以我们将女工运动与男工工作打成一片，在政治上是有非常必要意义的。其次在生产中，即令是女工占绝对多数的卷烟厂与棉纺织厂，男工虽只占绝对的少数，但这少数的男工人，在生产中却比女工占更重要的地位；如卷烟厂中之卷烟间，以及棉纺织厂中之保全部机匠、加油等，都是男工。如工人的活动缺少了他们，那怕你全厂中整个部分的女工都组织起来，然而无论在平时以及在斗争之中，尤其是在斗争之中，在全厂都不容易起决定的作用。再次由于女工的年龄较轻，素来与社会上各方面的接触机会要少，所以无论是斗争经验或社会常识，女工都要比男工差一些；所以女工只有与男工打成一片，才能发扬整个工人阶级——包含女工——的力量。因此女工工作，是整个工人运动中之一部分，与男工工作不能分离。男工要做女工工作，而女工也要做男工工作，这样才能使女工群众的眼光开展。

有些人只在女工本身范围以内兜圈子，或者强调了男女工的待遇不平等，以及只看见男工有时压迫女工的表面现象，而不知这实际上是资本家在后面作祟播弄，遂把男人或男工与资本家一道排列起来，似乎也是斗争对象之一，这是非常狭隘的，而且也是严重错误的。

二、但是另一方面，我们做女工工作，确实也要注意与抓紧女工的（与男工不同的）特殊性，如关于工厂待遇方面，社会地位方面，家庭和婚姻问题方面，以及她们的生理性情、嗜好、习惯等等方面。如果不了解她们的特殊性，不抓住组织女工的一些特殊条件，而只是机械的、一般的和男工同等看待，则这样不但不能广泛的组织女工，深入女工群众，而且也是非常危险，必然要失败的。如有些问题，比方厕所小便处的设置，在男工看来，不是十分严重的问题，无足轻重的；但在某些工厂的女工中，便成为她们非常严重的问题。我记得上海过去某厂，曾经为了这个问题，甚至于酿成了罢工，如在男工方面发生，这便成为怪事。还有如在男工方面，在晚上参加某些活动，夜深回去并不十分要紧，但在女工方面，这就成了大的问题，因夜深了回去，在马路上要遇流氓“盯梢”，或“吃豆腐”，到了家里，父母、兄嫂，甚至自己的弟弟、妹妹都有权来干涉的。假设应付不十分得当的话，下次她便没有办法再出来活动了。还有一些日常家庭的琐碎事务，在男工方面都是不大成问题的，在女工方面也成为大问题，互相谈得津津有味。还有一次我看见一个女工，她的一个铜火炉不见了，在一般男工看来，我想并不会认为这是一件怎样的大事、大损失，但这女工确为这事哭了大半天，许多人多方劝她才罢休。我想像这样的女工，恐怕并不止是她一个人。凡此等等事实，并非由于女工有什么天生的缺点，而是由于在有阶级的社会经济制度之下，又由于数千年来社会上旧的习惯的传统，所以形成了她们生活上、社会地位上都有她们不同的要求；甚至由于环境特殊的关系，影响她们性情和思想上都有些特殊的表现。如果一个职工运动者不注意她们的这些特殊地方，在工作中不抓住这些特殊同题，而一般化就不能深入女工群众、团结女工群众，以及教育女工群众。

三、在上述的两个原则确定之后，再其次在工厂中，来正确处理男工和女工双方的关系，便成为进行工作中的重要问题了。有些人认为男女的隔阂，厂方干涉男女工人的接近，好像是进行女工工作以及在工厂中进行一般工作的莫大妨碍；甚至于有的人夸大这为绝对不可能，这是非常错误的观念，这种思想可以说无形变成了资本家分化男女工人阶级的俘虏，完全仅仅从表面的现象或仅由脑中的推想所下的结论，实际上在工厂中并不完全是这样的，但是，我不否认因为资方的政策与社会的风俗习惯，男女之间有大的隔阂，因为在生产关系上，男女工人无论如何都有不能避免的接触，而在这种接触的时候，男女工人便有互相进行工作的机会。只要男女工人的态度行为都大方、正派、坦白，厂方和工头是没法来干涉的，其他共同一道的工人，更不会怀疑你们是在“吃豆腐”或“轧姘头”而看不起你，攻击你。即令一时发生误会，然不久必涣然冰释，不会成为工作上的致命障碍。如果我们不是如此，而是鬼鬼祟祟，偷偷摸摸，不为别人发现则已，万一被别人发现，即令你们不是有什么恋爱勾当，别人也不会原谅的。因为中国是一个半封建思想很浓厚的社会，从事女工运动的干部，无论是女同志也好，男同志也好，对男女关系问题更应当严肃、慎重，不可互相见，便如猫儿看见老鼠一样，爱得非一口把对方吞下去不可的样子，这是非常有碍整个工作的进行的。至于什么“杯水主义”、“游击主义”更应当毫不留情地肃清，否则正正给资方敌人以口实，使我们无法深入广泛落后的妇女群众。

四、如何处理家庭问题，也是开展女工工作中的一个非常重要的问题。如旧式的封建家庭，在传统的约束妇女观念之下，又加之资本家的欺骗政策影响之下，对于女工的活动，常常是反对禁止的。有些比较明达事理的家庭，对于女工的活动，当不反对，有些甚至于采取同情的态度；但是却有一点，别人的儿女干，他却非常赞成，至于他们自己的儿女干，则不同意了。因此，对女工活动也不能不是一个非常大的妨害。在这样的情形之下，通常一些女工活动分子有二种绝对相反的不同的态度，一种便是向家庭屈服、妥协。向家庭屈服、妥协，便容易对资本家也屈服、妥协。我们常常看见一些狡猾的资方，通过工人的家庭关系，来对女工人威胁利诱。资本家把女工的丈夫或父母叫到厂里来，或简直叫工头与职员对她们的父母说：“你的女儿聪明能干，我们准备提拔她起来做厂中的女职员或送她到某某学校去读书，将来配一个好丈夫，你们叫她从今以后不要和坏人一道，那些坏人不久我们要开除他送到巡捕房去坐牢的。”糊涂一些的父母便信以为真，回家来压迫或劝说自己的儿女，而一些稍为不十分坚定的女工，日常在父母的责骂、哭泣等感情的压迫之下，便走上了动摇妥协之路。起初她们还以为这只是对家庭屈服，殊不知实际便是对资本家屈服。另一些女工看见这样的现象，便走入另一极端，动辄不要家庭、不要父母、闹“家庭革命”，与家庭亲族的关系弄得非常恶劣，这样暂时于她个人的工作或许有利，甚至于真正脱离了家庭而成为一个革命职业家了，但是另引起了广泛的女工家庭中为父母的不安与惶恐，认为革命是革不得的，不是把子女送掉，或是自己也便成革命的对象，于是这种狭隘的、只顾眼前利益的极“左”态度，也容易使我们的活动受极大的限制。

以上这二种不正确的态度，都是使我们工作受到很大的损失，我们首先要认识，我们女工的家庭，是工人阶级的一部分，而且是在目前中国半封建半殖民地经济制度之下，不可能脱离的一部分。女工的父母，他们很多自己就是工人，即令有些不是工人，但是他们是与工人阶级非常亲密接近的，所以我们对于家庭亲属，基本上要采取争取的态度，使他们都了解同情女工的活动，帮助女工的活动，这样不但可以使我们的女工工作，能够更深入的广泛的开展，而且在工作技术上，我们也得到极大的帮助。至于对那些顽固一时不易说服而阻挠工作的父母，我们须与之作坚决的斗争，我相信最后胜利总是儿女的，因为父母总是爱儿女的，总是要牺牲自己来将就儿女的，那怕资本家对他们的威胁利诱如何厉害，但是自己的儿女总比其他一切看得重啊！

五、关于婚姻问题，亦为女工方面的严重问题。由于买卖婚姻制度今日尚在工厂中流行（可参考上海产业与上海职工），很多的女工对于自己的婚姻都是不满意的，又由于日寇以及一部分不肖的工头、职员，以及流氓欺骗女工、强奸和骗奸女工。一般女工由于社会经验的简单和能力的不强，体力不够，很容易上他们的圈套。例如在上海一家大卷烟厂一个锡包间之内，大约有七百人，而被这些混蛋骗去做小老婆的，几乎有四五十，因为这厂内的工资大一些，他们骗女工的目的，不仅在满足他们的兽欲，而且有经济上的目的，讨得这样一个女工，可以对他们“倒贴”。一个国民党员利用职员的地位，甚至于把一对同胞的亲姐妹二人作为他的小老婆（这人后为汉奸）。诸如此类无耻的行为，当然引起广大女工的愤恨与不安。再者，女工不比男工，因为生理上和社会习惯的关系，二十五岁以上如果还没有结婚，非常麻烦了。例如上海某大烟厂，因为她们“高不成，低不就”，没有结婚的三十岁左右的“老大姐”（即未婚的意思），便非常之多，她们对于婚姻问题，更是非常着急的。我们在工厂中如果经常能抓住这些问题，帮助女工适当地解决婚姻问题，提出正确的意见，便能团结女工，譬如我们如果帮助一个女工从流氓的虎口毒手之下挽救出来，这个女工可以终生对你不忘，其他女工也信服你。

从一般小资产阶级破产而走进工厂中工作的女工，她们留恋过去的生活，看不起工人，不愿嫁给男工，由于她们的影响，所以也使其他不少的女工都不愿嫁男工，而愿嫁给一个学生、商人、小职员等类，总之比工人“高一等”的人，出嫁之后便不做工，脱离工人的“苦海”。所以我们对付这样的错误观念，在宣传婚姻问题的时候，应向女工提出我们结婚对象的标准：（一）对方是自吃其力的工人；（二）对方身体强壮，无不良的嗜好与疾病；（三）为人正派；（四）性情相合。在婚姻的问题上来提高女工的阶级觉悟。我们还可以针对着宣传女工对象的不同而增加一些条件上去，如（五）对方是要抗日的；（六）对方是要革命的……。

六、关于女工的组织，我们主要的要抓住女工的要求和日常生活需要来组织女工，甚至最细小的问题，如结绒线衫之类的问题，也可以组织与联络部分的女工的。不过我们组织女工的中心，首先要放在重要的大的生产企业，而女工工作的骨干，则应放在年长的、有社会经验，最好是已婚的女工上面，因为她们受环境的左右，比十七八岁的姑娘少一些，十七八岁的小姑娘，容易来也容易走，流动性大；而这种中年的女工，不容易来也不容易走，我们应以极大的耐心与毅力来争取这类的女工作为群众团体中的骨干，如以这批骨干为基础，则女工工作的基础才可以说是稳定的。

我们组织女工的对象，主要当然是工厂女工，但是同时我们却不要忘记，在大城市中尚有大批的手工业妇女以及女佣。她们在更痛苦的压迫与剥削之下，过着非人的奴隶的生活。例如在上海的女佣（上海称为娘姨），起码在二万人以上，她们的劳动，每日平均在十六小时以上，工资不过四元至六元，还受荐头行的剥削，但是又因为他们的职业太分散与落后，无法用自己的团结力量来改善她们的生活，只好听凭主人的剥削与侮辱。然而这种女佣的地位确实重要，因为统治阶级的一切起居饮食都依赖她们，在某些问题上她们往往能起重要的作用。

七、关于女工的斗争，我们在决定斗争策略与斗争方式的时候，也是不能与男工一样看待的，我们须将该厂女工的社会经验、一般常识、家庭专制，以及女工的体力等等条件，皆在详细估计考虑之列。一般地来说，在女工方面，不宜作持久的斗争，有了十分力量，只能派六分用场。她们的牵制要比男工多一些。还有由于她们的社会接触不多，在常识方面遂比较简单些，例如上海虞洽卿是一个怎样的人？在男工方面，如像在邮政电车工人方面，大家都知道的，但在十七八岁的小姑娘们，则不一定知道，所以在斗争的紧急关头的时候，虞洽卿出来调解，在男工方面，便可以立刻判断出这对于斗争是有利或是有害，但在十七八岁的小姑娘们便大成问题了，因为她们不知其为何许人，稍一不慎，很容易上当。我们领导女工斗争的时候，所以更当特别仔细、慎重、周到，同时还应给女工以更大的伸缩性。最后一个问题，便是在斗争的时候，无论如何要争取男工的合作，才能使斗争的胜利更有力量、更有保障。

八、关于教育女工的问题，提高女工的文化水准与社会常识，在女工方面是比在男工方面更来得重要。因为女工较男工文化落后，以及常识缺乏，这正是今日资本家利用这一点来加紧对女工的压迫与剥削的主要原因，同时也是女工较男工在某些方面有弱点的重要原因。例如女工常常有短见，气量狭小，偏重感情好虚荣等等毛病，并不是什么生理上的、天生成的。如果我们从这方面来克服，女工的发展，是可以与男工一样等重齐观的。例如在上海一个工厂里老板便是这样骂女工："这批烂污货，就是读书读坏了呀，比男人更坏！"我们挨了骂之后，回头细细地想到，这句骂人的话之中，却也包含了我们自己的一部分真理。

至于在教育女工的时候，关于她们的一些优点，我们还要尽量的来发扬。例如她们细心、灵活、纯洁，流氓汉奸不易在她们队伍中活动，对问题不大有成见，服从工人领袖等等优点与美德，我们应予以特别注意，以之来教育整个工人阶级与各阶层的人士。

最后在教育女工干部与进行女工工作的时候，我们还要进行二种不正确的思想斗争，一种便是只看见了女工的缺点，而不了解这些缺点的社会根源及找出克服办法，好像认为这是天生的缺点，遂对这些缺点屈服，无形中得出女工工作没有办法的结论。另一种便是夸大了女工的优点，或拿个别的特殊事实来代替一切，好像女工便可以上天下地，成为一个万能的人，把女工理想化以为男工望尘莫及，这便实际上放弃了加强教育女工的责任与心理，这样同时是对于开展今后的女工工作有害的，我们只有对女工群众有正确的认识与估计，才能确实领导女工运动的方针。

（1941年3月《中国工人》第十三期）

华北的村工会工作

颉　伯

在今天的战区，农村工会工作与其他群众工作一样，村工会是最基本的组织。因为雇工、手工工人、矿工都在乡村，所以村工会的工作如果做的好，华北工会工作可以说就完成了一半（另一半是新兴公营工业）。在战区不管有多大名义的组织，多少级的领导机关，而一切法令与决议的执行，一定要能在乡村中去实现，因此要看工作的好坏，就要从乡村工作看起。

华北村工会的工作，在生活上相当满足了群众的切身要求，群众的认识渐渐提高，基本上群众已起来了。华北村工会的生活，各地各有不同，比较健全的是晋察冀与晋东南的工会。

晋察冀现在每三个月举行全中心村大会一次，讨论与总结工作；并改选中心村工会委员会；村干部会每七天至十天开一次，讨论与检讨工作；工会小组会十天一次，传达一些消息与检讨生活等；工会教育（阶级问题）每星期或半月一次，其余日期，除星期外，在夏季有午校，冬季有夜校，主要是文化课与政治课，这种办法如做得好，收效很大。现在已由强迫受教走到自愿读书，这种活动都是在小学校或俱乐部内，读书后积极分子还留在这个地方吹牛谈天、广播消息或讨论工作问题，成为一个很好的活动地方。

晋东南为了深入下层工作及培养干部，现在采用基点村的实验办

法，其目的，是在使干部深入下层，加深村及煤矿的工作，切切实实的把下层工作建立好。（参看《山西基点村工会的工作》一文）

但由于教育工作的不够，群众狭隘的追求眼前利益与左的偏向还在发展着。如由于过高的要求与不恰当的斗争方式，使抗日根据地内阶级关系尖锐化，这是必须及时纠正的。要纠正工人的这种狭隘行会观念，必须加强教育工作，提高觉悟程度及对抗战的积极性，以转变其追求眼前利益的狭隘观念。

其次则为领导机关与群众隔离的现象：在山岳地带的山西偏村，与山东的乡村，其范围常包含十余里；而且地广人稀，偏村与乡之上才是区，区之范围小者亦数十里，这就使领导机关与群众隔离，干部不易接近会员，工作难于进行。在平原地区的区级，其管理的单位多至四五十村，而村子又大，敌人又活动（一区之内常有一二据点至数据点），因此区的管理也很困难。如要使村的工作作好，区级的领导实占重要地位（一般能力薄弱的村级干部须要区帮助），因此各地都提倡划小区、村的范围，以便领导机关与群众密切的联系，这是非常必要的。

抗战三年以来，由于战争的关系，工人在生活上受到相当的痛苦，特别是由于币价的贬值，物价高涨，原有工资无法维持生活，而且雇主又极力想维持其过去的封建压制，我们当然仍须承认剥削的存在，不能反对一切剥削而是适当的根据上述原则去增加工资及工资改米是必须的。应以和衷共济团结抗战的精神来处理，采取劳资协商、社会公断的办法，以达到解决生活的目的，这样才能使根据地内各阶级阶层人民的团结一致，坚持长期抗战。

在今天的实际情况下，村工会工作必须规定如下的各项任务：

一、经常领导教育工人，领导说服工人参加夜校生活，提高文化水平及政治觉悟。

二、经常反映工人生活情形于上级。

三、尊重与执行政府法令，积极参加一切抗战工作，维持革命秩序。

总之，只有提高工人的觉悟程度，积极参加抗战工作，成为群众的模范，才能提高工人阶级的社会地位。

为了便于深入下层工作，必须加强村内工人的认识：

一、为使工作的深入，必须密切上下层相互的联系，废除山西偏村与山东乡一级的组织，县以下只要县区村三级，党政划分行政区时，望加以考虑，因为行政区不重新划分，单工会划分是不行的。

二、在农村工会工作中，要抓住工人多的村镇及中心矿区进行工作，以这些中心村镇矿区的工作影响小村镇，否则犯了平均使用力量，结果是费力不讨好。

村工作的主要的日常工作，除了政府动员工作与村民一般生活外，约有三种：

一、学习生活，目前以晋察冀为较好，实行冬校午校强迫教育制，这种办法是全村性的，到时间打铃，大家到小学校，由小学教员教一至二小时的文化课或政治课，没有小学校的村就到救亡室、俱乐部或□□室，由能教读的青年担任教员，这种强迫教育的结果，提高了群众的认识，由强迫走上了自愿，为了加强工人的阶级觉悟，工会应积极领导工人参加这一运动。

二、至于工会会议生活、村内小组生活，最好利用夜校上课的前后，大家集合在一处，乘机交换工作意见，课后可与积极分子来谈些问题，所以工会负责人只要能利用学校或俱乐部就够了，遇事临时开会解决问题，而每月或两月只要开一次全体大会，讨论工作与检讨生活，每三月或半年定期实行改选一次，以发扬民主生活。

三、村工会的工作要做得好，还必须依靠自己的政党领导及其他团体协同一致，因为党是一村的最高政治领导，党领导的好，照顾的周到，党政军民各团体就能协同一致，工作才易于进行；否则，工会人数既少，要单独工作就很困难，因此工人阶级必须积极参加党的工作，并与其他□□□关系弄好。

（1941年3月《中国工人》第十三期）

上海日本纱厂对待工人的政策

张 治

“八一三”沪战时，日本纱厂全部开了门，在沪东与沪西的日本纱厂遭受了很大的损失。上海沦陷后，日本纱厂即积极整理，恢复开工，同时吞并中国的纱厂，其规模较之战前更加扩大，这是日寇在沦陷区内尽量利用中国人力物力，积极发展殖民地工业，以便首先在经济上巩固他在中国的统治，遂行其“以战养战”的战略政策。在一九三八年十月后，大部日本纱厂都开工了。

日本帝国主义是一个后起的帝国主义国家，他的工业没有英美等国的繁荣，特别是国内原料缺乏，重工业不很发达，偏重于轻工业，所以日本的纺织工业最为发达；而且在中国各地也开设了不少。日本纺织厂有如下的几个特点：

一、利用其他国家纺织工业的经验，因为他是后起的资本主义国家，为了要赶上欧美各先进的国家，遂利用他国工业建设的技术与压迫工人的经验，新装的机器都比英国厂和中国厂的要新式、简便、灵活，英国厂和中国厂的布机，一个工人最多管六部，而日本厂则一个工人可管三十部；细纱车一木管有八个锭子，英、华厂内只有四个，多的亦不过六个；而且日本厂细纱车上的木管，直接可通到布机车上，不必再经过杼子间；只有少数敌厂，才用较旧式的机器。

二、日本老板都懂得生产，他精通各种车子的使用，甚至每一部车上有多少零件都知道，经常到车间来，遇机器出了毛病，他只用耳朵一听就知道。在管理上他有严密的制度，如会报制度。他们的文化程度高，有通英文、华文的，且有科学的头脑与刻苦蛮干的精神，但气量很狭小。

三、直接雇佣工人，可以不用介绍人，只要身强力壮，特别欢迎朴实的乡下人，凡带流氓习气的老上海都不要，工头尽管介绍工人，但须经日本人许可。

由于日本纱厂有这些特点，所以他对于工人的管理、压迫与剥削，也就来得特别巧妙与残酷。

在管理工人的政策上，也和战前有了许多的不同。上海战争后，大部的工人回到乡下或逃到内地去了，所以当他开厂时，招不到工人，留在上海的工人都不愿替他做工。因此，迫得他不得不改变他的政策，有所谓“糖果政策”的。

第一，先从上层工人，如工头、倌官、机匠、书记等，进行欺骗、麻醉、笼络，把他们召集到写字间去，听大班讲话，他所讲的中心内容：一、“八一三”爆发的原因，反说是由中国政府先打日本。二、说什么日本是不愿打的，总有和平希望，所以中国军队的大炮打到东洋纱厂，还是照旧开工。三、压迫工人的不是日本，而是中国，故意强调工人失业后在收容所和在乡下的苦况，日本这次开厂，都是为了工人。说什么日本人与工人都是做买卖的，打仗是两个国家的事，希望大家好好的做工，不要管这些事。四、东洋兵有时要打工人，因为他们从前线回来，见了中国人就打，这是受不了的，现在日本司令部不久就要把军队撤退，以后就安全了。拿这些甜言蜜语和颠倒是非的谎话来欺骗；同时并请这些较有地位的工人吃饭，拉拢这些人来做他的爪牙。

第二，利用“八一三”纪念那天，举行什么“法币摸彩”，摸中的有五角至二十元的奖，那天不停工的除给“双工资”外，再偿五角。在“九一八”纪念那天，又举行什么法币与物品的联合摸彩；在“七七”纪念那天，则举行什么肥皂、毛巾、牙膏、脸盆、香粉等等摸彩；在中秋节又偿给工人一盒月饼。工人如果帮助他找到工人一名，便偿洋五角。藉这些小恩小惠来笼络工人，并转移工人对“七七”、“八一三”和“九一八”的注意。

第三，在初开工时，凡工人进厂后，每天供给一些日用品，如火油、草纸、棉被、衣服，饭吃他的，菜也相当好，在租界里买不到米时，就烧上好的米饭给工人吃，藉这些不值什么钱的物质待遇来收买工人；同时随便让男女工人混住在一起，以腐化工人生活。

第四，在初开工时，每天工作六小时，不派定工作，可以自由做工，高兴就做，不高兴不做也不要紧，同女工谈话、开玩笑，见了也不管，每星期六还用汽车送工人到租界，星期日再用汽车接回来。故示宽大，藉以引诱工人进厂做工。

这种“糖果政策”主要是开工初期所采用的□等到工人招齐了，日本资本家最怕工人团结起来反对他，于是又进行“分化政策”：

一、在工资上分为论工工资与计件工资，这样使计件工人不是要求工作少做，而要求多做；迫使论工的工人无形中加重了工作，引起他们内部的冲突。

二、极力鼓动工人做计件工，但要熟练工人才能升为计件工人，如果工人做了几年还是论工，就认为这个工人没有用，造成熟练工人与非熟练工人的分裂。

三、在工资上计件工资较高，论工工资较少，而且分成三级二十二等，所以即使做同样工作，但工资要相差从一分至四角之多。

如××厂的机匠，同样管一百六十部车，但阿甲工资为五角五分，阿乙工资为九角五分，藉工资等级的不同来引起工人互相妒忌。

四、在管理上也采用分化政策。日本领班在某些地方不直接去管理工人，利用中国工头、僫官（组长）、书记及计件工人去管理工人。经过这些人去检查工作，增加工作，不让工人偷空休息等，使得一般工人都恨这些人，互相攻击甚至相打。

日本老板一般采取分化政策，同时又用欺骗政策：

一、以厂要增加工作时间，工人不同意，他劝工人先做下去，不久就要加工资的，等到工人做下去时，他好像忘了所说的话，迫得紧了，最多只增加一分钱。

二、工人同领班争吵打架，到人事课去解决。该课主任故意表示“帮助”工人，当场就“骂”这领班，工人见了领班已“吃排头”，再加上该课主任的安慰，不少人受骗下来（这种办法在英、华厂的领班是不能忍受的）。

三、工人向厂方要求增加工资或恢复工资，工人先向领班讲，他说我不管这事，请去问大班；去问大班，他也这一套回答工人。工人没有办法，就要求回家不做工了，于是人事课出来做好人，劝工人继续上工，表示他愿来帮助工人想办法；但一面把厂门关起来，不让工人离厂。过了一时，去问人事课，他说大班已经答应了，今天去问他，推到明天，明天再去问他，他就改变政策，拿出“威吓政策”了。他说公司已经答应了，可是现在公司里不管工钱的事了，改由司令部管了，要到司令部去商量。最后去问他，便说司令部决定一律不加工钱。既不加工钱，工人就决定不干；于是他又进一步改用强迫政策，个别工人不做工就打，大家都不做工就不让工人出厂门，强迫工人要做下去；这时再来一个“分化政策”，先加僫官五分钱，要她也来强迫工人工作，工人在敌人高压之下，只得复工；但到工人改变斗争形式，实行怠工，使他的生产大大低落时，才答应稍稍增加一些工资。

除以上所说的各种政策外，又实行恐怖政策。利用汉奸在厂内火烧一些旧棉花，于是藉口说厂内有游击队，司令部就派军警来捕人，常常无故捕去几个人，藉此来威吓工人，使工人不敢反抗。在厂内的活动分子，他首先来收买，如不受收买，就逮捕起来，所以常有工人失踪的事发生。

至于打骂凌辱的制度，简直是家常便饭。那些领班专去找工人的弱点，即使一点小事，就挨一顿打骂。例如工人辞工，要求把存下的工钱拿回，这就非被打一顿不可，所以在日本厂的工人辞工时，能拿到工钱的人很少。就是答应给工钱，也不会十足发还。战时日厂这样没收工人的工钱，至少有数万元。

总之，日本资本家是最狡猾阴险毒辣的东西，目前他要加紧剥削中国工人，他并不把中国工人当人看待，以上所说的各种对待中国工人的政策，不过是比较显著的几个，还有种种恶毒手段，是笔难尽述的。

（1941年3月《中国工人》第十三期）

处在敌寇铁蹄下的上海女工生活

宁

上海变成了“孤岛”已经有三个多年头了。在这个“孤岛”上，人们不要忘记，还有五百万以上（根据工部局统计）的同胞，与数十万男女工人们，他们在敌人的铁蹄下正在遭受着空前的压迫、侮辱与非人的剥削，特别是占工人广大数量的劳动妇女们，她们的生活是更加痛苦了。她们在高度的生活水准下面，在敌寇资本家残酷的剥削下面，她们以最长的工作时间所得到的是最低限度的工资。敌寇、汉奸，以及一些没有良心的老板们，加之于她们身上的劳动强度，迅速的摧残了她们的青春，使得绝大部分的劳动妇女，都有眼花、头晕、腰酸、妇女病以及各厂所流行的失业病。□□厂与丝厂做工的女工，打骂是经常的事，在其他各业女工中，也是经常发现的。随意开除，滥罚工资，这是普遍的现象。尤其是虹口一带敌厂做工的女工，敌人把她们看做娼妓一样，对于她们人格的侮辱，可以说发挥到极点。被奸淫而致死亡的，不知有多少！将近二十万的上海女工，目前正在遭受着严重的灾害与空前的浩劫！

一　上海女工的人数及其分布的情形

根据熟悉上海女工情形者的估计，全上海的女工人数，在十八万人以上。在沪东、沪西、浦东等地纱厂做工的女工就有十万人以上。烟厂女工有一万五千人，针织厂女工一万人，布厂女工八千人，绸厂女工五千人，丝厂女工四千人，蛋厂、糖厂等食品厂女工五千人，化妆品、肥皂厂女工三千人，橡胶厂女工八千人，印花厂女工三千人，另外还有毛织厂、自来火厂、花边厂、灯泡厂、纽扣厂、搪瓷厂、赛璐璐厂、装订盆子厂、药厂、洋线厂、热水瓶厂、电珠厂，以及茶叶、刺绣等女工，当有二万人（另外还有二万家庭雇佣女工尚未算进在内）。这些女工，她们大多集中在沪东、沪西、法租界徐家汇与浦东等地，住在沪西的要算最多，沪东其次，法租界与浦东比较少些。

纱厂、灯厂、绸厂、橡胶厂、蛋厂等女工都比较集中，她们往往都是数千人或数百人在一个工厂里做工，其他各厂虽然也有数千人或数百人在一起工作，但小厂也多，因此，一般的比较分散。

二　各业女工的年龄、籍贯及其来源

全上海广大数量的女工，可以说绝大部分都是青年女工，就其主要的来说，如十万纱厂女工，在十五岁至二十五岁的，就占到全数百分之七十五以上，二十五岁以上的占百分之十五,九岁至十五岁的女工占百分之十的数字。在一万五千的烟厂女工当中，二十五岁以下的要占到百分之七十,二十五岁以上的占百分之三十。在一万个针织女工当中，十五岁至二十五岁的占百分之七十五,二十五岁以上的占百分之十五,十五岁以下的占百分之十，同纱厂女工一样，绸厂女工一般的年龄比较大点，但绝大部分也在十五六岁至二十五六岁之间，其他各业女工一般的相差不多。由此可见，上海的女工都是相当年轻的。

全上海的女工当中，可以说最大多数是江苏、浙江两省人，其他各省则占很小的数字。在十万纱厂女工来看，江苏人占到百分之九十以上，在纱厂里面主要的分作三伙人，即江北帮、无锡常州帮、本地帮。江北籍以盐城、阜宁、通州、泰县等为最多；无锡常州帮就是以无锡、常州、宜兴、镇江、句容、溧阳等地为多；本地帮则大部分都是浦东人。在二万烟厂与绸厂的女工当中，则浙江人占到绝对的数字：在烟厂当中，大部分都是宁绍人，也有一部分浦东人；在××、××等烟厂，则宁绍人占多数；在××、××等烟厂，浦东人就相对多了。在绸厂则浙东的嵊县、东阳、新昌等为最多，其次是浙西的杭、嘉、湖，江苏的苏州、常州等人很多，在一万毛织女工当中，他们主要的都是江苏南部人，及浙江人，江北与其他各省的人并不很多。其他各业女工，大部分也都在江苏、浙江两省范围以内。

至于这些女工的来源，各厂女工都有其不同的来源的，比如纱厂与丝厂女工，占全数百分之九十以上都是从破坏的农村中来的。很少有城市小资产阶级□□到纱厂里去做女工的，而且住在上海比较久的所谓“老上海”与社会关系好一点的人，也不会到纱厂或丝厂里去做工；而且在纱厂里能够活动一点的女工，她们以纱厂做暂时立脚的地方，她们一有别的机会就要“跳厂”去做别的女工了。所以纱厂与丝厂女工只有新从农村到上海，或者不很活动的，以及没有好的社会关系的人才会到这些地方去做女工。在女工当中，她们是最苦的，他们都要与家里的人共同负担生活。比如烟厂、针织厂、糖厂、蛋厂等女工与纱厂女工就不同了，她们虽也有新从农村中来，但这个数字并不很大，她们很多都是上海住了很久的商人或工人的子女，也有一些从小资产阶级破产家庭里来的。因此，她们的社会关系一般的要比纱厂女工好一些，她们也都比较活动，她们有百分之五以上的女工不需要家庭负担的；有百分之六十五的女工与家里人共同负担家庭生活；只有百分之三十要完全负担家庭生活的。绸厂女工与纱厂女工相同的是她们也都来自农村，都由亲戚、朋友、丈夫等关系带出来的，但她们与纱厂、丝厂女工不同的是她们在乡下一般的都有田地。如果说纱厂丝厂女工是从贫农、雇农，或者自耕农家庭里来比较多的话，那末，绸厂女工都是在自耕农、中农以上家庭来比较多了（因为进厂学的时候，要有五十元学费，并且三年内不能赚钱），她们的文化水准一般的比烟厂等女工要高点，但对于上流的社会没有像烟厂女工那样熟悉。

三　敌寇对于上海女工的兽行

战后由于日寇在上海占统治地位，所以无论是日本厂、英美厂、中国厂以及各种任何产业，都直接间接受日寇的压迫。

敌寇对于上海广大的女工，除了残酷的剥削她们的血汗外，他们还给予女工以惨无人道的最野蛮的侮辱，我们只要看下面几个例子就可以知道一个大概了：

有一次英商××糖厂，有数十个青年女工放工的时候，经过外白渡桥敌兵的岗位，刚刚天下大雨，敌兵为了要侮辱这些女工，宣布暂时检查“派司”，让这些女工在倾盆大雨下，淋得像落汤之鸡。因为六月天气，女工都穿的单衣服，因此每一个人的衣服都同肉粘在一起，敌寇们看了哈哈拍手大笑，停了很久，然后才宣布检查“派司”，在检查女工“派司”的时候，任意的对于女工侮辱。敌寇在侮辱女工的时候，假如有男工表示愤怒或立停观望时，马上被敌寇捉去痛打，痛打以后，整天的跪在敌寇的岗位旁边。

有一次，一个纱厂的青年女工，经过外白渡桥，敌寇要她解衣检查，女工不得已把外衣解开，敌寇要她把衬衣也解开，那个青年女工不肯，敌寇就用刺刀把她的内衣割开了，因此，这个女工的两个乳峰都露在外面，敌寇等拍手大笑。

有一次在沪东上海纱厂门口，晚上六点钟刚刚放工的时候，看见一个女工与一个男工谈话，马上把两个工人叫去，命令那个女工站在他的岗位旁边，强迫这个男工跪在这个女工面前，作向这个女工求婚的形状，让来来去去的走路人看，以取快乐。

敌寇在工厂里面对于女工的侮辱也是经常的，如沪西日华纱厂的敌寇，在做夜工的时候，到车间里随便拉女工接吻，强迫女工在车间里同他跳舞，女工不肯，就会吃“日本雪茄烟”（打耳光的意思）。

至于被敌寇强奸的不知有多少，单单被强奸而死的，也就很多，报纸上是从来看不到的。如沪东××纱厂清花间，女工早去上工的时候，发现被奸死的女工尸首。格兰路发现过两次被敌寇奸死的女工，至于被敌人强奸受伤不能工作的时常有听到，敌人对上海女工的侮辱，是每一个中华民国的同胞所不能忍受的惨痛的耻辱！

四　各业资本家对于女工的政策

战后各业资本家都集中力量来加紧工人中的剥削，因为英美资方与中国资方受日商的竞争与排挤之下，不敢反抗，而将从日寇方面所受的损失，加重在工人身上，尤其是加在女工身上。他们的政策大致如下：

一、压榨政策。这个政策，敌寇等对于女工是惯用的。他们把女工看作一块猪油，他们把这块猪油放在热锅子上炸，他们尽可能炸到更多的油，使得他们自己的肚子可以大起来，他们的具体表现在什么地方呢？

第一，表现在对女工的工资与工作时间问题上，敌寇们对于女工的剥削可以说已经超过了资本主义的剥削方式了。在十多万个纱厂与丝厂女工当中表现得最为明显。她们每天的工作时间要做十二小时以上（因为日夜分甲乙两班，无法再增加），在星期日则要做十五小时至十八小时。敌寇们发给她们的工资，最低的只有一角八分，一般年轻力壮的熟练女工也不过拿五六毛钱一天，只有极少数工头才能得到一元左右的工资。不管论工论件的平均工资只有五六毛，经过女工几次斗争以后，现在的平均工资总算有六毛钱了。烟厂与针织厂的女工工资，大部分都是论件的，她们的工作时间，一般的十一小时，但当资本家生意忙的时候，十八小时工作也是经常的。沪西××烟厂老板为了要“别印花”的关系，强迫工人继续四十八小时以上的工作，并且不准工人回家吃饭，只能在厂门口买大饼油条当饭吃；其他烟厂也有同样的情形。工人在十八小时以上的情形下，少数女工赚到二元钱一天也是有的，但不是经常的事，平均起来，一天的工资也不过六毛左右。在罐头间做工的女工，工资比较大一点。罐头间女工很少，大部分都有“脚路”。绸厂女工在抗战前工资一般的要比其他女工高一点，现在平均起来同纱厂女工差不多了。一方面因为资本家经常要停工，一方面资本家用的原料差了，使生活很难做，其他各业女工，大部分维持在这个水平左右。

由此我们可以看到在上海买米四十多元一担，十五元才能租一个灶披间的情况下，女工们快要穷得裤子都没有得穿了。敌寇、汉奸们对于女工的榨取还谈得上有一点什么人心！

第二，表现在增加女工的劳动强度上，敌寇、汉奸们除了以最长的工作时间与最低的工资剥削女工外，她们为了要达到更多的榨取女工的剩余价值，他们还用各种办法去增加女工的劳动强度。比如在十余万的纱厂、针织女工当中，敌寇、汉奸们经常采取了共同的办法，如换牙齿、换皮带、放松香、放肥皂等办法，使机器转快，逼使女工的工作紧张。其次是采取竞赛的办法，即所谓“别出数”，甲班与乙班比，甲组与乙组比，甚至于个人与个人比赛。看那一个做得多，做得少的女工，轻则“吃排头”重则开除。其他还有加生活等办法，所谓加生活就是一个女工除了自己应做的工作外，厂方无报酬的再叫她做其他生活。绸厂女工也同样的厂方把机器转快，过去每分钟一百廿梭，现在每分钟要二百梭，因此绸厂女工一天极度的工作以后，都觉得有头晕、眼花、腰酸等毛病。烟厂以及其他女工也是这样，因此上海二十万女工，几乎都是面黄肌瘦，变成了锅里的油渣。

第三，表现在养成工与包身工的奴隶制度。什么叫养成工呢？就是由厂方或厂方代理人（大多数是包饭作老板），招收一些失业女工，或者没有职业的贫苦妇女，到厂里去学做生活，规定在一定时间内（一个月至五个月），厂方不给工资，只供给她吃二餐像监狱里一样的饭，有的厂则发给一角八分工资，并且规定学出后（一二个星期就可以学会了），在数年内不准掉厂，由厂方给以最低的工资（比一般女工还要低）。至于包身工，那真是一件人间的惨事，包身工是由一个老板（往往是包饭作老板），到农村里去招来的一些破产的农民的儿女，以二三十元的代价，换取她三年至五年的身体自由。在这三年至五年当中，做来的工资，都要归老板所有，就是生病也要去做工，老板是同厂方订好合同的。这些女工往往不到三年五年就被榨死了，在敌寇汉奸的压榨政策下，这些女工是最好的对象，因为她们完全失去了反抗的能力。

二、分化政策。这是敌寇汉奸们对于女工的第二个政策。这个政策首先表现在工资问题上，是再明显不过了。在纱厂、烟厂等工厂中，他们把工资分为论工论件，特别在敌寇的纱厂里，他们把女工的工资分为三级二十二等。特级五等，优级五等，普通级十二等，每等的工资只差三分与四分之间。至于论件的工资当然更不能统一了，就是在华商的纱厂中，也同样的采取分化的办法，论工工资在三角至七角的工资当中，差不多也将近二十等了。在烟厂大部分是论件的，她们做的生活，往往各人不同，所以她们的工资也同样没有办法统一的。针织厂也是同样的情形。至于男工的工资，往往都是论工的，而且比女工高，因此对女工的要求也是不一致的。在敌寇汉奸们的分化政策下，由于工资问题，往往使男女工人在斗争中不能团结一致，而在女工本身的单位上，往往也不能团结；甚至引起彼此间的对立，这是应该引起我们百倍的注意。

第二个具体表现在分化男女工人的团结问题上：甲，敌寇汉奸们对于男女工人的待遇上分为很大的差别，比如工资，男工工资总比女工工资高，男工大部分是论工，女工则大部分论件。男工工作时间比较短。女工比较长，比如在烟厂男工每星期有五十支烟偿，女工则没有。纱厂男工有花红二三十元，女工只有五元。因此，男女工人被隔得很远了。

乙，利用旧社会习惯来分化男女工人，如沪西××等纱厂，公开不准男女工人谈话，他们在男女工人之间造起了一座封建的城墙，使得男女工人无法团结。假如有一个男工对女工谈话，厂方马上就发出一种谣言，说某某与某某“轧姘头”，这样一来，男女工人就不敢靠近了。

丙，特别明显的表现在斗争的时候，厂方到不得已的时候，往往答应一部分男工利益，叫他们不能告诉女工，使得男女工行动不一致来破坏斗争，这是敌人汉奸们经常用的手段。

分化政策第三个具体表现是分化女工本身的团结。它在女工中间除了把女工本身划了很多等级外，他们还用临时工与长工的办法来分化。在烟厂内临时工的数字是非常之大的，比如××烟公司还想出更巧妙的办法来分化女工的团结。他们把女工分为“红饭单”、“绿饭单”、“白饭单”三种。“红饭单”表示临时工，她们不能加入工会，并不能得到厂方各种优待。“白饭单”是表示长工，“绿饭单”是“红饭单”至“白饭单”的过渡。在×厂红绿饭单的女工就占全数女工三分之一以上，这样就可以使女工本身有要求的时候就不一致了，在其他各业的女工中，敌寇汉奸所采取的办法是各色各样的，可以说非常巧妙，无奇不有。

三、欺骗收买政策，欺骗收买也是敌寇汉奸们惯用的手段。就拿沪西××纱厂来说吧，因为厂方去年生意忙得不得了，他们想出了一个欺骗工人的办法，使得工人在星期日那天更早的去上工。他们向女工们宣布，在中午十二点以前上工的，每个工人有跳舞袜，或毛巾香肥皂等□。工人们在十二点以前都去上工了，但是得到的是三分钱一盒的臭胭脂，叫女工们大家拿去涂在面孔上。好像四马路的“野鸡”（即妓女）。女工们都上了厂方一个大当！

至于收买在各纱厂都很流行，每月受厂方津贴的工头，每厂有五六人，她们的津贴自五元至十元一月。我们还可以经常看到沪西×纱厂的资本家请活动的女工坐汽车兜风，六月里吃荷兰水、冰淇淋，甚至带女工到跳舞场去跳舞，他们一方面麻醉女工的阶级意识，一方面利用她们控制厂内其他女工。

敌寇汉奸们除了经常的实行上面这些政策以对付女工外，他们有时还配合运用恐吓政策与美人政策，来破坏女工的各种斗争，这里我们可以看到女工当前的敌人是何等狡猾呵！

五　暴风雨前夜的上海女工

处在敌人、汉奸残酷压榨下的将近二十万有斗争历史的上海女工，能不作声息的容忍下去么？不能的！她们用各种巧妙的方式在日本厂与日寇进行顽强斗争，在中国厂进行反对顽固的大资本家加紧压迫工人与反对投降妥协的斗争，如××纱厂、内衣公司的斗争，皆以女工做主力。她们除了已经进行了千百次与敌人、汉奸胜利的斗争外，一般女工学习读书的风气比以前任何时候以及比男工更高，更加强自己的学习教育工作。许多工人夜校里皆以女工占绝对的多数。她们清楚的认识目前主要的任务是怎样的以无比的耐心，用最巧妙的办法去巩固已经团结起来的女工姐妹们与男工兄弟们；并且非常谨慎的在这个巩固的基础上去求得发展；尤其为了最近的将来与敌寇作决定的战斗，全上海的女工更将加紧对于战斗知识的学习。她们将保证自己，在全国对日寇胜利的决战中，在上海的战线上，她们将与男工战友与其他抗日的战士们并肩战胜日寇！

（1941年3月《中国工人》第十三期）

西安的人力车夫

郝　光

自“七七”事变以来，日本帝国主义强盗占了我们许多的城市和领土，使得沦陷区的同胞大批的逃到大后方。他们希望政府能给他们一些帮助，同时他们更希望能为祖国做些事。可是他们来到大后方以后，并没有得到政府的救济，依然做着难民，东西漂流，过着饥寒交迫的生活。有的人为生活所迫就加入了人力车夫的队伍，据一九四〇年七月的统计，只西安一处的人力车夫，比抗战前增加了五倍有余。一个人被生活所迫和牛马一样去拉洋车，这是一件何等残酷的遭遇！可是□□□样一位高明的记者先生，在《新秦日报》（一九四〇年×月）发表一篇关于人力车夫生活的文章，他说一个高级职员所过的生活，还不如人力车夫过的舒服和美满。理由是：一个洋车夫每天可得到五至六元，每月平均可得一百五十元至一百八十元之多，因此得出结论说：比一般高级职员还要好。洋车夫的生活，真如那位先生所说那样的舒服和美满吗？现在请看人力车夫所过的真实生活吧：

每天早晨，正当一般市民还在甜蜜的梦乡时，大街小巷上已布满了饥寒交迫的车夫们，或在街上来往的蠕动者，呼唤着去寻找乘客，直到深夜的一两点钟，人们都安息在床上，他们仍然徘徊在街头，希望能遇到夜出的□□。

在炎热的夏天里，市民们坐在□□还叫着热的当儿，洋车夫们正在火炉似的阳光下拼命的奔跑着，一天到晚，汗流浃背，就没穿过干的衣服，到了冬天，坐在洋车上的人穿着重装还觉冷的时候，而洋车夫们则在寒风刺骨的雪地上奔跑着，有时他们刚跑后停下来时，被汗湿透的破衣马上就冻成了冰块。他们为了要活命，天天过着这样非人的生活。因此，在冬天被冻死的、在夏天得急病死的，就不计其数。凡拉上几年车的人，不但要很快成了残废，而且他的寿命要比一般人短的多。

抗战后，一般市民都不能维持原来的经济生活，因此多数市民都坐不起洋车，所以车夫们要找到一个乘客是相当困难的，而乘客们要求车夫们的条件又相当的苛□，时常听到乘客们向车夫们吆喝："快一点拉，否则不给你钱！"这还算是好的，如遇到那些所谓"党老爷"或者"特务"，不但叫他们拉快，而且开口就骂、动手就打，去年七月间，一个五十多岁的老车夫，拉着一位佩戴陕西省党部证章的先生，一上车就命令这老车夫"快跑"，可怜那老车夫用尽了所有的力量往前跑，由东关到西关的这条遥长的马路，因体力不能支持下去，不得不把脚步放慢一些。那位先生不由分说，用脚就踢，并骂道："你这老东西，真混蛋，把我的公事都误了！"那老车夫向他哀求说："先生不要动脚，因为我已上了年纪，没有气力一口气跑完这一条长路，请原谅些。"那位党老爷，不但不体谅他、同情他，反而用力又向老车夫的背上乱踢，把老车夫踢倒在地上，口鼻流血，那党老爷还大骂不休："谁叫你这老狗做洋车夫，跑不快就不要拉。"老车夫爬起来一面擦着泪和血，一面很悲痛的诉说："先生！我的家给日本鬼子占去了，一家老小四五口人逃到这里来，一无亲，二无故，全靠我一人吃饭，不拉车还有什么办法呢？"这位省党部的先生，向老车夫瞪了一眼，一个铜板也不给，大摇大摆就走，表示不屑听的样子，老车夫拉起车子追着说：“先生，赏我几个钱！”那位“党老爷”回头恶狠狠的说：“你到省党部要去吧！”在街上的人看见这样情形，无不怒形于色，有的人愤愤的说：“这是什么世界？无法无天！”那可怜的老车夫，一个铜板也没有要到，拉着空车哭着说：“唉！老了，老了！四、五口人吃什么呢？”

警察是人力车夫的死对头，因警察在街上主要的事就是欺侮和压迫人力车夫。西安警察的警棒，好像专为人力车夫而设的，经常挥动警棒好像打牲口一样向人力车夫乱打，晚上车上的灯不亮要挨打，放车不正要挨打，警察局发给的背心不穿要挨打；不仅如此，警察还用尽一切方法来找车夫的不是，挨打还是小事，而且常常要受罚，或者被拘押起来。一罚起码三、五元，拿不出罚款，就在拘留所做苦工。人力车夫一天到晚，不论风雪日炙，牛马一样的干着，而每日最多也不过拉到四、五元。但西安的物价比战前涨了十倍到二十倍。在去年七月间，最粗劣的专供车夫吃的馍每斤（十三两半）就要五毛。只见几粒小米的稀饭，每碗也要一毛钱。吃不饱就没有气力拉车，一般人吃两顿饭，而车夫就要吃三顿，而且比一般人还吃得多。他们一天吃五斤馍，就要花二元半，一天至少要喝十碗开水，就要五毛，有时拉了一个整天，还不能谋得一饱。战前车租白天三毛、晚上两毛，现在白天涨到九毛、晚上七毛，比过去高了两倍多。过去每逢旧历年放假七天，车夫可不出车租，拉七天的车，但这样待遇，最近也被取消了。每站的车资，警局过去能定四分，现在名义上虽每站增加二分，但和物价及车租相比，实际上不但没有增加，反而大大的减少了。牛马拉了整天的车，走了远路，有时还要休息一两天，何况人力车夫到底还是一个人！所以每拉了三两天，就得休息一天；遇到警报又不能拉，这样除了休息与警报的时间外，每月最多只能拉到二十天，少的只有十几天，每月平均收入最高的不过一百元，除了缴车租，送介绍人、保人和车主的“礼”外，自己所得下的就无几了。

这种牛马不如的生活，在今天还不是随便可以找到的，要想当一个人力车夫，首先必须缴五六十元的车租，要有保人，否则是找不到车子拉的。

由此可见，人力车夫的生活发国难财只有了，老爷们党的[①]？果真比高级职员还舒服和美满吗？或受党老爷豢养的记者，才看见人力车夫一天拉了四五块，也以为人力车夫好像跟他一样发了国难财，他不想一想：人家一天到晚流血流汗，才拉得四五块钱，除了车租、送礼、罚款之外，还不得半饱，怎比得上你们，利用省党部的牌子，囤积居奇，一捞就几千几万，而得了过着荒淫无耻的豪奢的生活！

（1941年3月《中国工人》第十二期）

---

① 原文如此。